プリント形式のリアル過去問で本番の臨場感！

愛知県

金城学院中学校

2025年春受験用

解答集

本書は，実物をなるべくそのままに，プリント形式で年度ごとに収録しています。
問題用紙を教科別に分けて使うことができるので，本番さながらの演習ができます。

■ 収録内容

・解答集（この冊子です）

書籍ＩＤ番号，この問題集の使い方，最新年度実物データ，リアル過去問の活用，
解答例と解説，ご使用にあたってのお願い・ご注意，お問い合わせ

・2024（令和６）年度 ～ 2020（令和２）年度　学力検査問題

JN132089

○は収録あり	年度	'24	'23	'22	'21	'20
■ 問題※		○	○	○	○	○
■ 解答用紙		○	○	○	○	○
■ 配点						

全教科に解説があります

※2022年度より思考力入試を実施。2021年度より実施の英語利用入試の英語の問題は非公表。
注）問題文等非掲載：2024年度思考力の問7，2021年度社会の15

問題文などの非掲載につきまして

著作権上の都合により，本書に収録している過去入試問題の本文や図表の一部を掲載しておりません。ご不便をおかけし，誠に申し訳ございません。

教英出版

■ 書籍ＩＤ番号

入試に役立つダウンロード付録や学校情報などを随時更新して掲載しています。
教英出版ウェブサイトの「ご購入者様のページ」画面で，書籍ＩＤ番号を入力してご利用ください。

書籍ＩＤ番号　104121

（有効期限：2025年9月30日まで）

【入試に役立つダウンロード付録】
「要点のまとめ(国語／算数)」
「課題作文演習」ほか

■ この問題集の使い方

年度ごとにプリント形式で収録しています。針を外して教科ごとに分けて使用します。①片側，②中央のどちらかでとじてありますので，下図を参考に，問題用紙と解答用紙に分けて準備をしましょう（解答用紙がない場合もあります）。

針を外すときは，けがをしないように十分注意してください。また，針を外すと紛失しやすくなりますので気をつけましょう。

① 片側でとじてあるもの

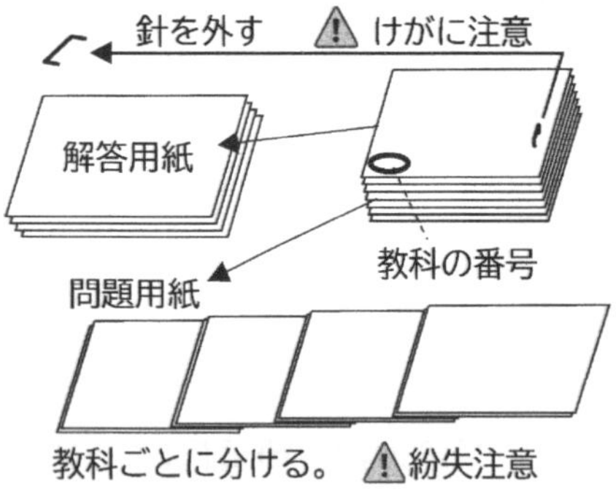

② 中央でとじてあるもの

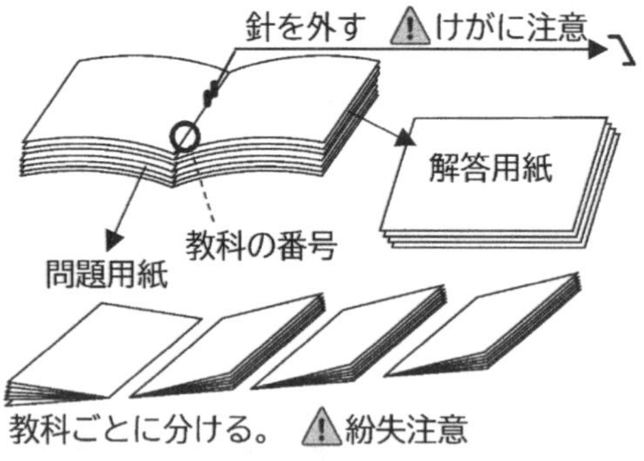

※教科数が上図と異なる場合があります。
　解答用紙がない場合や，問題と一体になっている場合があります。
　教科の番号は，教科ごとに分けるときの参考にしてください。

■ 最新年度 実物データ

実物をなるべくそのままに編集していますが，収録の都合上，実際の試験問題とは異なる場合があります。実物のサイズ，様式は右表で確認してください。

問題用紙	Ｂ５冊子(二つ折り) 思考力：Ａ４冊子(二つ折り)
解答用紙	片面プリント

リアル過去問の活用

～リアル過去問なら入試本番で力を発揮することができる～

本番を体験しよう！

問題用紙の形式（縦向き / 横向き），問題の配置や余白など，実物に近い紙面構成なので本番の臨場感が味わえます。まずはパラパラとめくって眺めてみてください。「これが志望校の入試問題なんだ！」と思えば入試に向けて気持ちが高まることでしょう。

入試を知ろう！

同じ教科の過去数年分の問題紙面を並べて，見比べてみましょう。

① 問題の量

毎年同じ大問数か，年によって違うのか，また全体の問題量はどのくらいか知っておきましょう。どのくらいのスピードで解けば時間内に終わるのか，大問ひとつにかけられる時間を計算してみましょう。

② 出題分野

よく出題されている分野とそうでない分野を見つけましょう。同じような問題が過去にも出題されていることに気がつくはずです。

③ 出題順序

得意な分野が毎年同じ大問番号で出題されていると分かれば，本番で取りこぼさないように先回りして解答することができるでしょう。

④ 解答方法

記述式か選択式か（マークシートか），見ておきましょう。記述式なら，単位まで書く必要があるかどうか，文字数はどのくらいかなど，細かいところまでチェックしておきましょう。計算過程を書く必要があるかどうかも重要です。

⑤ 問題の難易度

必ず正解したい基本問題，条件や指示の読み間違いといったケアレスミスに気をつけたい問題，後回しにしたほうがいい問題などをチェックしておきましょう。

問題を解こう！

志望校の入試傾向をつかんだら，問題を何度も解いていきましょう。ほかにも問題文の独特な言いまわしや，その学校独自の答え方を発見できることもあるでしょう。オリンピックや環境問題など，話題になった出来事を毎年出題する学校だと分かれば，日頃のニュースの見かたも変わってきます。

こうして志望校の入試傾向を知り対策を立てることこそが，過去問を解く最大の理由なのです。

実力を知ろう！

過去問を解くにあたって，得点はそれほど重要ではありません。大切なのは，志望校の過去問演習を通して，苦手な教科，苦手な分野を知ることです。苦手な教科，分野が分かったら，教科書や参考書に戻って重点的に学習する時間をつくりましょう。今の自分の実力を知れば，入試本番までの勉強の道すじが見えてきます。

試験に慣れよう！

入試では時間配分も重要です。本番で時間が足りなくなってあわてないように，リアル過去問で実戦演習をして，時間配分や出題パターンに慣れておきましょう。教科ごとに気持ちを切り替える練習もしておきましょう。

心を整えよう！

入試は誰でも緊張するものです。入試前日になったら，演習をやり尽くしたリアル過去問の表紙を眺めてみましょう。問題の内容を見る必要はもうありません。どんな形式だったかな？受験番号や氏名はどこに書くのかな？…ほんの少し見ておくだけでも，志望校の入試に向けて心の準備が整うことでしょう。

そして入試本番では，見慣れた問題紙面が緊張した心を落ち着かせてくれるはずです。

※まれに入試形式を変更する学校もありますが，条件はほかの受験生も同じです。心を整えてあせらずに問題に取りかかりましょう。

金城学院中学校

《国　語》

【一】 1．ア　2．衣食住　3．量　4．④快適　⑤専門　5．B　6．ア　7．イ
8．絵をかくのが得意　9．A．エ　B．カ　10．(1)ウ　(2)ア　11．オ　12．オ
13．弥生時代に他者との大規模な協力関係が必要とされる水田での稲作を行う生活をするようになり、食料生産が安定したから。　14．(1)学校のあいさつ運動　(2)児童会役員として、児童会のメンバーや学区の方たちと協力し、校門に立って積極的にあいさつをした。

【二】 1．びんぼう　2．ウ　3．幸男ももっ　4．予測が外れたときどうしようもないから
5．昔話／石碑／お祭りの歌　6．ウ，キ　7．無我夢中　8．目視　9．(1)コンパス　(2)エ
10．ウ，オ　11．頷いた〔別解〕首をたてに振った　12．(1)イ　(2)みんなそろって無事に下山して家に帰ることが最も大切だから、保仁が置いてけぼりになるようなことが　13．オ　14．エ

《算　数》

1　(1)217050　(2)$4\frac{1}{2}$　(3)$\frac{3}{14}$　(4)90　(5)①ウ　②イ　③ア　(6)②，④　(7)4.5　(8)5.2　(9)5
(10)192

2　(1)あ．4　い．6　(2)18　(3)72　(4)④　(5)230　(6)560

3　(1)あ．D　い．100　(2)8時5分

4　(1)400　※(2)1◎95，5◎15

5　①グループXとグループYの平均時間と調査人数の積をそれぞれ求めて，その和を100で割る
②(43.2×70＋76.6×30)÷100　③53.22

※の求め方は解説を参照してください。

《理　科》

1　(1)イ，ウ　(2)電気の量が同じとき，豆電球より発光ダイオードの方が長い時間明かりをつけることができる。
(3)発光ダイオードをつなぐ向きを反対にする。／手回し発電機のハンドルを反対に回す。などから1つ

2　(1)においを調べた。　(2)固体…3　液体…0　気体…3　(3)A．ア　C．エ　E．イ　F．カ

3　(1)エ　(2)原因…エ　組み合わせ…B　(3)イ　(4)イ

4　(1)①ア　②オ　(2)イ　(3)①　(4)6000　(5)ア，ウ　(6)イ，エ

《社　会》

1　問1．i．個人　ii．尊重　問2．(1)イ　(2)イ　問3．国民主権　問4．イ　問5．プライバシー
問6．ア

2　問1．前方後円墳　問2．はにわ　問3．風土記

3　問1．1，4　問2．ア　問3．ウ　問4．1→3→4→2→5

4 問1．北里柴三郎　問2．ウ　問3．エ　問4．オ→ア→イ

5 問1．ⅰ．信濃　ⅱ．(夏の)季節風　問2．イ　問3．ウ　問4．火山灰など／土地がやせていて水持ちも悪い　問5．ウ　問6．こども家庭庁

《思考力入試》

〈第1部〉

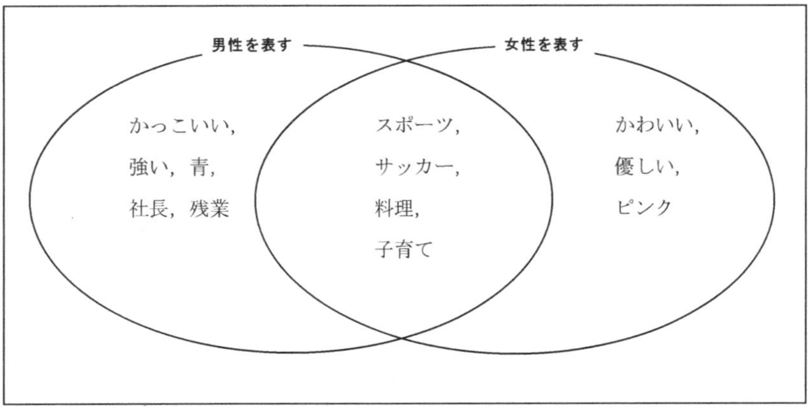

問1．右図　問2．カナダの内閣は，男女の割合がほぼ同じだが，日本の内閣は，女性が占める割合が低く，日本では女性の政治参画があまり進んでいない。　問3．ア．不平等　イ．125　ウ．政治参画　エ．ジェンダー平等がほとんど進んでいない　問4．(1)①○　②×　③×　④×　⑤○　⑥△　(2)日本では男性がリーダーというイメージが強く，中学生になるとこうした性別役割意識が高まる。この意識が，女子が生徒会長に立候補することをさまたげたり，選挙の投票行動に影響を与えたりしていると考えられる。　問5．女子のみが受けられる入試を設けると，受験での女子の競争率が低くなって，男女で学力の水準に差が生じたり，女子枠で入学した人に対するへん見が生まれたりする可能性がある。　問6．参考にした資料番号…(ク)　日本では男性の有償労働の時間が海外に比べて長く，男性が家事や育児に積極的に関わりたいと考えていたとしても，周囲の目が気になり，仕事を休んだり，残業をせずに早く帰ったりするのが難しいと感じてしまうこと。

〈第2部〉

問7．※解答非掲載　問8．男子の目を気にすることなく，自分がやりたいことにちょう戦できることや，男子がいないことで，リーダーの役割を果たす機会が増え，社会に出てもリーダーシップを発揮しやすくなること。　問9．主体性を持って，様々なことにちょう戦する。

《思考力入試　算数基礎テスト》

1 (1)18　(2)6300　(3)81　(4)4　(5)$1\frac{59}{60}$

2 (1)6：5　(2)反比例　(3)350　(4)1割3分5厘　(5)辺…18　頂点…12

3 1，2，3，6，9，18

4 14

5 50.24

6 とり肉…240　ぶた肉…320

7 $y=2000-60\times x$

《2024 国語 解説》

【一】

1 「人間たちの協力の最たるものは、『職業』です」「みんなが自分以外の誰《だれ》かのために質の高い仕事をすることで～生活を送ることができています」「一方的な関係ではありません～社会という大きな協力関係の網《あみ》の目の中に組み込《こ》まれています」と述べていることから、アが適する。

2 ② の後に「身に着けている衣服も毎日食べている食料も、住んでいる家も」と続くことから考える。

5 言い切りの形に直すと、Bは「作れる」、他は「作る」となる。

6 ――部⑥の２行後で「社会の歯車になることでほとんどの人は個性を発揮して、みんなの役に立てるのだと思います」と述べていることから、アが適する。

7 ⑦ の直前で述べた「社会の歯車になることでほとんどの人は個性を発揮して、みんなの役に立てる」ということをわかりやすくするために、「３人家族だけで無人島で暮らしている」という話を用いて説明しているので、イの「たとえば」が適する。

8 「それ以外の個性」の例は、――部⑧の２～３行前で「勉強が得意とか、絵をかくのが得意とかコミュニケーション能力が高いとか低いなどの個性」と挙げられている。

9 「協力関係の網の目の中にいる人間～自分が生き残って増えるためには他の人の能力も重要～自分の能力も～貢献《こうけん》しています～増える単位が自分の体を超《こ》えて広がっている」「大規模《だいきぼ》な協力関係は人間ならでは～人間以外の生物が非血縁《けつえん》個体と協力することは～ほとんどありません」と述べていることから読みとる。

11 ⑪ の直前に「他者の気持ちを察することのできる」とあることから、オの「共感」が適する。

12 本文最後の２段落で「他の個体との協力を可能とする人間の性質は、元をたどれば少産少死の戦略によってもたらされた」「やさしさの進化は少産少死の戦略を極《きわ》めてきた生物にとって必然だった」と述べていることから、オのようなことが言える。

【二】

2 秀明《ひであき》が直前で「おまえの頭の中にあること全部が、ヒントになるかもしれない～必ず話してほしい～俺《おれ》も一《いっ》緒《しょ》に考えるから」と言っているのを参照。桐人《きりと》を信じ、協力して困難に立ち向かおうとする、切実で強い決意が読みとれるので、ウが適する。

3 「共感もする」とあるので、保仁《やすひと》の「とにかくなんにでも反論したい」気持ちもわかるということ。その気持ちが、――部③の直後の一文で「幸男《ゆきお》も～どうしようもない混乱を、きつい言葉で表に出していたかもしれなかった」と述べられている。

4 本文最初の段落で、秀明が「予測が外れたときどうしようもないから。だから俺が最悪を考える係になる」と言っている。

10 ウの「笑顔《えがお》がにじみ出た」、オの「自分の大切なもの～強いためらいを感じた」ということは書かれていない。

11 「かぶりを振《ふ》る」は、頭を左右に振ることで、否定や不承知を表す。これとは逆の動作なので、頭を縦に振る動作をぬきだす。

13 オの「最後までわがままをいう保仁をリーダーから引きずり落として」が間違《まちが》い。秀明が保仁に「駄目《だめ》だ」と言ったのは、「一番後ろは一番危険だ～気づかれずに置いてけぼりになる」という理由からである。

14　問題文【一】では、「力や体力が必要な職業もあれば、勉強や絵を描《か》くことやコミュニケーション能力が必要な職業もあります」という「他人との協力からなる社会」に生き、「私たち人間は、現在、社会という大きな協力関係の網の目の中に組み込まれています」ということを述べている。問題文【二】では、秀明が「みんなが同じじゃ駄目なんだ」と言い、考えや性格などが異なる中学生が協力する様子が書かれている。よって、エの「多様性の大切さ」ということが言える。

《2024　算数　解説》

[1] (1)　与式＝267＋217×(1000－1)＝267＋217×1000－217＝217×1000＋50＝217000＋50＝**217050**

(2)　与式＝$(\frac{4}{7}-\frac{4}{7})+(\frac{1}{4}+\frac{9}{4})+(\frac{4}{3}-\frac{4}{3})+(\frac{1}{2}+\frac{3}{2})=\frac{10}{4}+\frac{4}{2}=\frac{5}{2}+\frac{4}{2}=\frac{9}{2}=$ $\mathbf{4\frac{1}{2}}$

(3)　$\frac{4}{7}:\frac{8}{3}$の比の値《あたい》は，$\frac{4}{7}\div\frac{8}{3}=\frac{4}{7}\times\frac{3}{8}=$ $\mathbf{\frac{3}{14}}$

(4)　**【解き方】１日目に使った残りは最初の$1-\frac{2}{7}=\frac{5}{7}$，２日目に使った残りは最初の$\frac{5}{7}\times(1-\frac{1}{3})=\frac{10}{21}$，３日目に使った残りは最初の$\frac{10}{21}\times(1-\frac{3}{10})=\frac{1}{3}$である。**

最初に入っていた水の$\frac{1}{3}$が30Ｌにあたるから，最初に入っていた水は$30\div\frac{1}{3}=$**90**(Ｌ)である。

(5)　**【解き方】円グラフは全体の中での構成比をみるときに，折れ線グラフは量の増減をみるときに，棒グラフは量の大小を比べるときにそれぞれ用いる。**

①　年代ごとに借りた本の冊数の大小をみたいので，**ウ**の棒グラフが適する。

②　月ごとの増減をみたいので，**イ**の折れ線グラフが適する。

③　年代による利用人数の構成比をみたいので，**ア**の円グラフが適する。

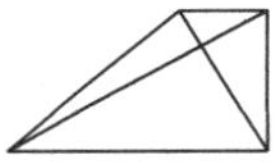

(6)　①４つの辺の長さがすべて等しい四角形はひし形であり，正方形はひし形の一部である。よって，正しくない。　③例えば，右図のような台形の対角線は明らかにまん中の点で交わらないので，正しくない。　したがって，正しいものは**②，④**である。

(7)　**【解き方】右図で，ＯＢ＝ＢＣ＝ＣＯ＝３cmだから，三角形ＯＢＣは正三角形である。**

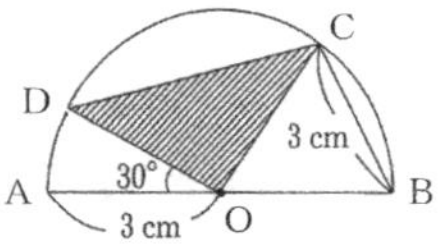

角ＣＯＢ＝60°だから，角ＤＯＣ＝角ＡＯＢ－角ＡＯＤ－角ＣＯＢ＝180°－30°－60°＝90°である。

ＯＣ＝ＯＤ＝３cmより，三角形ＯＣＤは直角二等辺三角形なので，斜線《しゃせん》部分の面積は３×３÷２＝**4.5**(㎠)である。

(8)　**【解き方】1cm＝$\frac{1}{100}$m＝$(\frac{1}{100}\times\frac{1}{1000})$km＝$\frac{1}{100000}$kmである。**

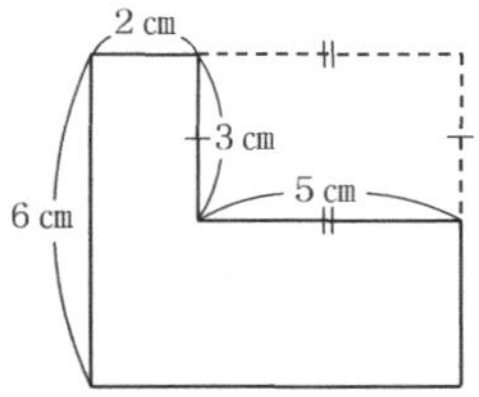

縮図の周りの長さは{６＋(２＋５)}×２＝(６＋７)×２＝26(cm)だから，実際の土地の周りの長さは26×20000＝520000(cm)→$(520000\times\frac{1}{100000})$km＝**5.2**kmである。

(9)　**【解き方】底面積が等しいとき，水面の高さは入っている水の体積に比例する。**

容器Ｂに入っているジュースの体積は(３×３×3.14×10)×２＝180×3.14(㎤)である。

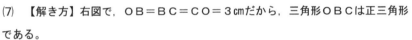

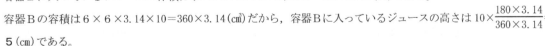

容器Ｂの容積は６×６×3.14×10＝360×3.14(㎤)だから，容器Ｂに入っているジュースの高さは$10\times\frac{180\times3.14}{360\times3.14}=$ **５**(cm)である。

(10)　**【解き方】展開図を組み立てると，右図のような底面が台形の四角柱となる。**

求める体積は，{(５＋11)×４÷２}×６＝**192**(㎤)

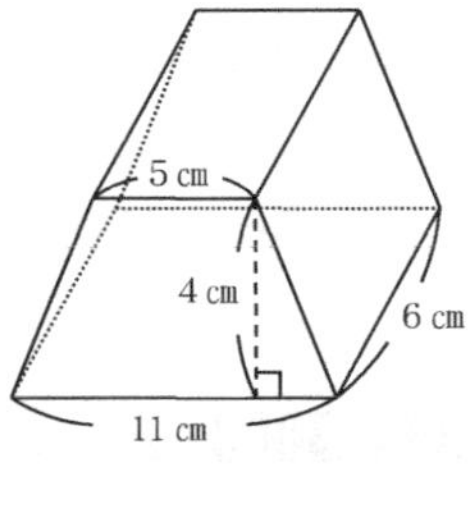

[2] (1)　**【解き方】まずは[あ][あ]と[あ][い]の十の位の数を考える。**

40×40＝1600，50×50＝2500だから，[あ][あ]と[あ][い]はそれぞれ40より大きく，

50 より小さい数なので，[あ]＝**4** に決まる。

44×4[い]＝2024 であり，４と[い]をかけたときの一の位の数が４になるから，

[い]は１か６のどちらかである。44×41＝1804，44×46＝2024 より，[い]＝**6** となる。

(2)　**【解き方】使う 50 円玉の枚数によって場合を分けて考える。**

50 円玉を２枚使うとき，100 円を支払う方法は１通りある。

50 円玉を１枚使うとき，使う 10 円玉の枚数は０枚から５枚の６通りあるから，100 円を支払う方法は６通りある。

50 円玉を使わないとき，使う 10 円玉の枚数は０枚から 10 枚の 11 通りあるから，100 円を支払う方法は 11 通りある。

以上より，100 円を支払う方法は全部で１＋６＋11＝**18**(通り) ある。

(3)　**【解き方】正十角形の１つの内角の大きさは，$\dfrac{180° \times (10-2)}{10}$＝144° である。**

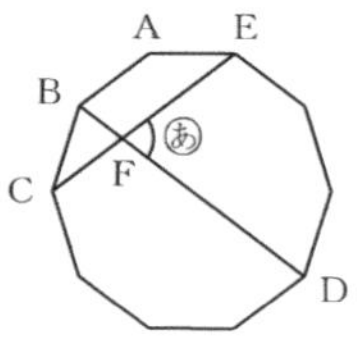

右図で，ＢＤは正十角形の対称の軸だから，角ＦＢＣ＝144° ÷２＝72°

四角形ＡＢＣＥについて，図の対称性より，角ＢＣＦ＝(360° －144° ×２)÷２＝36°

向かい合う角は等しいから，角(あ)＝角ＣＦＢ＝180° －(72° ＋36°)＝**72°**

(4)　赤，黄，緑，白の面は黒の面と向かい合わないから，黒の面と向かい合うのは**青**の面である。

(5)　**【解き方】売れたメロンの利益と損失の差を求める。**

メロンを１個売ったときの利益は 500×0.3＝150(円)である。売れ残ったメロンが 20 個のときの利益が 21500 円であり，メロンが 20 個売れ残ったことによる損失は 500×20＝10000(円)だから，売れたメロンの個数は (21500＋10000)÷150＝210(個)である。よって，仕入れたメロンの個数は 210＋20＝**230**(個)

(6)　**【解き方】同じ時間に進む道のりの比は，速さの比と等しい。**

Ａさんが家を出発した６分後の２人の間の道のりは，$840 \times \dfrac{12-6}{12}$＝420(m)となる。その後，２人がすれちがうまでに進んだ道のりの比は１：２だから，Ａさんがさらに $420 \times \dfrac{1}{1+2}$＝140(m)進んだ地点ですれちがう。

よって，家から 420＋140＝**560**(m)の地点である。

3　(1)　Ａ駅→Ｃ駅→Ｂ駅のように乗りかえるときの運賃は 5800＋900＝6700(円)，Ａ駅→Ｄ駅→Ｂ駅のように乗りかえるときの運賃は 6400＋200＝6600(円)だから，**Ｄ**駅で乗りかえる方が 6700－6600＝**100**(円)安くなる。

(2)　**【解き方】祖父母の家に 10 時ちょうどに着くとして，新幹線に乗る時間を逆算する。**

Ｄ駅に着いてから祖父母の家までは 10＋５＋10＝25(分)かかるから，Ｄ駅には 10 時－25 分＝９時 35 分までに着く必要がある。Ａ駅からＤ駅までは 75＋10＝85(分)→１時間 25 分かかるから，新幹線に９時 35 分－１時間 25 分＝８時 10 分までに乗る必要がある。よって，Ａ駅の新幹線の時刻表より，遅くとも**８時５分**に発車する新幹線に乗ればよい。

4　(1)　**【解き方】１番左の列に並ぶ数は，上から１＝１×１，４＝２×２，９＝３×３，…となるので，上からｎ番目の数はｎ×ｎとなる。また，そこから１つ右にいくにつれて，並ぶ数はｎずつ大きくなっていく。**

８◎１＝８×８＝64 だから，８◎１＋８◎２＋８◎３＋８◎４＋８◎５＝64＋(64＋８)＋(64＋８×２)＋(64＋８×３)＋(64＋８×４)＝64×５＋８×(１＋２＋３＋４)＝**400**

(2)　**【解き方】ａ◎ｂは必ずａの倍数になる。９×９＝81 より９◎１＝81，10×10＝100 より 10◎１＝100 だから，ａ◎ｂ＝95 のとき，ａは９以下の数である。**

95 の約数のうち，９以下の数は１と５の２個だから，ａ＝１，５となる。

ａ＝１のとき，１◎ｂ＝ｂだから，**１◎95**＝95 である。

ａ＝５のとき，ｂ＝(95－５×５)÷５＋１＝15 より，**５◎15**＝95 である。

5　(平均値)＝(時間の合計)÷(調査人数)で求められる。また，各グループの時間の合計は(平均時間)×(調査人数)で求められるので，グループＸとグループＹそれぞれにおいて，合計時間を求め，その和を調査人数の合計の100で割る必要がある。

《2024　理科　解説》

1　⑴　アとイを閉じるとイの右の豆電球のみが光り，アとウを閉じるとイの右の豆電球が光らない。

⑵　明かりをつけるとき，発光ダイオードは豆電球より使う電気の量が少ない。

⑶　発光ダイオードは決まった向きにしか電流が流れない。また，手回し発電機のハンドルを反対に回すと，回路に流れる電流の向きは反対になる。

2　⑴　水よう液を温めると，気体がとけている水よう液では気体がとけきれなくなって出てくるため，においのある気体がとけている水よう液を温めるとにおいがする。ＡとＦは，においのある塩化水素がとけた塩酸か，アンモニアがとけたアンモニア水とわかる。

⑵　塩酸は塩化水素(気体)，水酸化ナトリウム水よう液は水酸化ナトリウム(固体)，炭酸水は二酸化炭素(気体)，食塩水(塩化ナトリウム水よう液)は食塩(塩化ナトリウム)(固体)，石灰水は水酸化カルシウム(固体)，アンモニア水はアンモニア(気体)がとけた水よう液である。

⑶　実験１において，酸性の水よう液によって青色リトマス紙は赤色に変化し，アルカリ性の水よう液によって赤色リトマス紙は青色に変化し，中性の水よう液ではどちらのリトマス紙も変化しない。６つの水よう液のうち，酸性の水よう液は２つ(塩酸と炭酸水)，中性の水よう液は１つ(食塩水)，アルカリ性の水よう液は３つ(水酸化ナトリウム水溶液，石灰水，アンモニア水)である。⑴解説と合わせると，Ａは塩酸，Ｂは炭酸水，Ｃは食塩水，Ｆはアンモニア水とわかる。実験３より，Ａ(塩酸)とＥを混ぜて水を蒸発させると食塩ができたから，Ｅは水酸化ナトリウム水溶液，Ｄは残りの石灰水とわかる。

3　⑵　まいたけを入れたお父さんとお母さんとよつばの茶わん蒸しが固まらず，まいたけを入れなかったゆりとポチの茶わん蒸しが固まったことに注目する。また，まいたけの有無だけが異なるお父さんとゆりの茶わん蒸しを比べることで，茶わん蒸しにまいたけを入れたため固まらなかったと言える。

⑶　具材を入れていないぽちの茶わん蒸しが固まらなかった場合，その原因は卵にあると言える。

⑷　生のパイナップルに含まれるたんぱく質を分解する成分Ｘが，ゼラチンの主成分であるたんぱく質を分解してしまうため，ゼリーが固まらなくなる可能性がある。

4　⑷　斜面《しゃめん》Ｘには１㎡あたりに平均(30＋50＋40)÷３＝40(本)の草が生えていると考えられる。よって，斜面Ｘの面積が150㎡のとき，全部で40×150＝6000(本)の草が生えていると予想できる。

⑸　斜面Ｘと斜面Ｙの植物の生え方がちがう原因について調べている。それぞれの斜面で複数のデータを集めて平均することで，より正確に比べることができる。

⑹　ア×…全体的に地面の温度が高い斜面Ｙには，斜面Ｘより日光がよく当たっていると考えられるが，斜面Ｙの方が植物が少ない。　イ○…日光がよく当たっていると考えられる斜面Ｙの土の中の水分の割合は小さく，植物が少ない。　ウ×…土の水分量が30％のデータがないためわからない。　エ○…土の水分量がおよそ25％の斜面Ｘより，およそ15％の斜面Ｙの方が植物はあまり生育していない。

《2024　社会　解説》

1　問２(1)　個人の尊重は，憲法上の権利保障の出発点となる規範である。　(2)　職業選択の自由は，経済活動の自由にあたる。ア・ウ・エは精神活動の自由にあたる。

問３　主権が国民にあることを「国民主権」または「主権在民」という。日本国憲法の三大原則は，平和主義・国民主権・基本的人権の尊重である。

問４　日本国憲法第13条の権利を幸福追求権という。

問５　「私生活を暴露するような」からプライバシーの権利と判断する。プライバシーの権利や環境権，知る権利，自己決定権など，日本国憲法に規定のない権利を，新しい人権と呼ぶ。

問６　憲法を尊重し守る義務は，天皇・国務大臣・国会議員・裁判官・その他の公務員にあり，日本国民すべてにあるわけではない。また，国民主権の意義は，憲法にのっとって国家権力を行使させることにあり，権力者や国に都合のよい法律を制定させることではない。

2　問１　古墳は，大王の権力の大きさを示すものとして，次第に巨大化していった。古墳には，前方後円墳のほか，方墳・円墳などさまざまな形状がある。

問２　埴輪には，家形，馬形などさまざまな形状がある。

問３　現存する風土記は，出雲国(島根県)・常陸国(茨城県)・播磨国(兵庫県)・豊後国(大分県)・肥前国(佐賀県)の５つある。

3　問１　１の元寇は博多湾(福岡県)，４の島原・天草一揆は，島原(長崎県)，天草地方(熊本県)で起こった。２の大塩平八郎の乱は大阪府，３の山城の国一揆は京都府で起こった。

問２　開国後，主に生糸が輸出されるようになったことで生産が追いつかなくなり，国内では品不足となって，生活用品なども含めて物価が上昇した。

問３　「書院造」「生け花」「水墨画」などから，室町時代後期の東山文化の頃と判断する。山城の国一揆は，室町時代後期(戦国時代)の 1485 年に起こった。１は鎌倉時代，２は江戸時代後期，４は江戸時代前期，５は江戸時代末。

問４　１(鎌倉時代)→３(室町時代)→４(江戸時代前期)→２(江戸時代後期)→５(江戸時代末)

4　問１　北里柴三郎は，破傷風の血清療法の開発やペスト菌の発見などで知られる。

問２　イギリスとの貿易は，江戸時代末の開国後にすでに始まっている。明治政府が派遣した使節団は岩倉使節団である。不平等条約の改正の交渉を目的として，岩倉使節団(岩倉具視・伊藤博文・大久保利通・木戸孝允ら)は多くの留学生とともに出発したが，改正交渉は失敗に終わり，欧米の視察に切り替えた。

問３　大日本帝国憲法は，伊藤博文が君主権の強いドイツの憲法理論を参考にして起草した。

問４　オ(1923年)→ア(1945年)→イ(1964年)　ウは1890年，エは1905年(日比谷焼き打ち事件)。

5　問１　ⅰ．「日本最長の河川」より，信濃川である。信濃川は，長野県では千曲川，新潟県では信濃川と呼ばれる。

問２　アは福井県，ウは富山県，エは石川県。

問３　Ｂさんの選んだ都道府県は，「四国地方の南部」「面積は四国地方では最大」「桂浜」「武士の銅像(＝坂本龍馬)」などから高知県である。高知県高知市は夏の降水量が多い太平洋側の気候である。それぞれの雨温図の左右の目もりの数値が異なることに注意しよう。アは日本海側の気候の新潟市，イは京都市，エは鹿児島市。

問４　Ｄさんの選んだ都道府県は，「九州地方の南部」「宇宙センター(＝種子島宇宙センター)」などから鹿児島県である。シラス台地は南九州に広く分布していて，鹿児島県は面積の６割をシラスが覆っている。シラスは水はけがよいため，稲作に向かず，畑作や畜産がさかんに営まれている。

問5　Cさんの選んだ都道府県は，「近畿地方の中北部」「天橋立」などから京都府である。学校や会社などが多く集まり，周辺地域からの通勤・通学者が多い都市部では，昼夜間人口比率は高くなる。

問6　こども家庭庁は，それまで内閣府や厚生労働省が担っていた子ども関連の事務の一元化を目的に，内閣府の外局として2023年4月1日に発足した。

《2024　思考力入試　解説》

〈第１部〉

問３ア　直後に「１が完全に平等」とあるので，０は完全に不平等だと考えられる。　**ウ**　日本の「政治参画」の指数は 0.057 であり，男女格差が非常に大きい。　**エ**　日本以外のＧ７の国々のグラフは右肩上がりになっているが，日本だけが横ばい状態である。

問４(1)①　資料(ア)より○。　**②**　資料(ウ)より，日本では，女性の家事・育児時間が長いことが読み取れる。よって，×。　**③**　資料(オ)より，日本のパートタイム労働者の賃金水準は，フルタイム労働者の６割に満たないことが読み取れる。よって，×。　**④**　資料(イ)(カ)(キ)より，日本の女性のリーダーの割合は，男性のリーダーの割合よりも低いことが読み取れる。よって，×。　**⑤**　資料(ク)より○。　**⑥**　小中学校の女性校長の割合については，年ごとの比率の変化を表した資料がないため，資料だけではわからない。よって，△。

〈第２部〉

問８　男子生徒がいないことで，学びにどのような変化が表れるかを考える。

《2024　思考力入試　計算力テスト　解説》

1 (1)　与式$=6\times3=\mathbf{18}$

(2)　与式$=(7\times2)\times25\times(9\times2)=(7\times9)\times(25\times2\times2)=63\times100=\mathbf{6300}$

(3)　与式$=(\frac{26}{7}-\frac{7}{5})\times(84-49)=(\frac{130}{35}-\frac{49}{35})\times35=\frac{81}{35}\times35=\mathbf{81}$

(4)　与式$=1012-12\times\{6\times(2+15)-126\div7\}=1012-12\times(6\times17-18)=1012-12\times(102-18)=1012-12\times84=1012-1008=\mathbf{4}$

(5)　与式$=\frac{2}{3}\div\frac{1}{5}-\frac{3}{10}\times\frac{5}{2}-\frac{3}{5}=\frac{2}{3}\times5-\frac{3}{4}-\frac{3}{5}=\frac{10}{3}-\frac{3}{4}-\frac{3}{5}=\frac{200}{60}-\frac{45}{60}-\frac{36}{60}=\frac{119}{60}=\mathbf{1\frac{59}{60}}$

2 (1)　$\frac{3}{5}:\frac{1}{2}=(\frac{3}{5}\times10):(\frac{1}{2}\times10)=\mathbf{6:5}$

(2)　面積が 50 ㎠の長方形の縦の長さを$x$cm，横の長さを$y$cmとすると，$y=50\div x$と表せるから，縦の長さは横の長さに**反比例**する。

(3)　去年の値段は 420÷1.2＝**350**(円)

(4)　27÷200＝0.135 だから，花だんの面積は公園の面積の**１割３分５厘**である。

(5)　六角柱は右のような立体だから，辺の数は６×３＝**18**(本)，頂点の数は６×２＝**12**(個)ある。

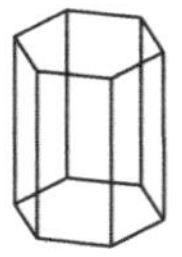

3　公約数は最大公約数の約数である。最大公約数を求めるときは，右の筆算のように割り切れる数で次々に割っていき，割った数をすべてかけあわせればよい。よって，54 と 144 の最大公約数は，２×３×３＝18 だから，公約数は**１，２，３，６，９，18** である。

```
2) 54 144
3) 27  72
3)  9  24
    3   8
```

4 表にまとめると右のようになる。チョコレートを持ってきたがクッキーを持ってこなかった人は㋐＝18－７＝11(人)，クッキーを持ってきたがチョコレートを持ってこなかった人は㋑＝15－７＝８(人)なので，クッキーもチョコレートも持ってこなかった人は㋒＝40－(７＋11＋８)＝**14**(人)である。

		クッキー		合計
		○	×	
チョコレート	○	7	㋐	18
	×	㋑	㋒	
合計		15		40

※「持ってきた」は○，「持ってこなかった」は×と表す。

5 求める面積は，半径が３＋２＝５(㎝)の円の面積から，半径が３㎝の円の面積を引いた値《あたい》だから，５×５×3.14－３×３×3.14＝**50.24**(㎠)である。

6 とり肉100ｇとぶた肉100ｇの値段は560円だから，とり肉200ｇとぶた肉200ｇの値段は560×２＝1120(円)である。この値段と，とり肉150ｇとぶた肉200ｇの値段の差の1120－1000＝120(円)は，とり肉200－150＝50(ｇ)の値段にあたるから，とり肉100ｇの値段は $120\times\frac{100}{50}$＝**240**(円)である。よって，ぶた肉100ｇの値段は560－240＝**320**(円)である。

7 ２㎞＝2000ｍであり，Ａさんは60×x(ｍ)だけ歩いたから，**y＝2000－60×x**となる。

金城学院中学校

《国　語》

【一】１．ある社～しくみ　２．ア　３．エ　４．価値　５．イ　６．⑦ウ　⑧エ　７．ことばを覚える際に、「小さな」ことばではなく、「大きな」ことばを選ぶこと。　８．イ　９．ア　10．ウ　11．エ　12．ア　13．⑴ア　⑵ア　⑶イ　⑷イ　⑸イ

【二】１．写真館に飾ってある写真の中に、自分と両親が写った家族写真があることに初めて気がついたから。　２．くぎ　３．エ　４．ウ　５．イ　６．みやげ　７．虫　８．イ　９．ア　10．エ　11．息子は我に　12．息子は、悟が家族写真を撮ることにこだわる理由を妻から聞いて、真剣に悟の身を心配するとともに、おそらく悟の気持ちを理解して撮影に協力的になったのだと知ったから。　13．ア，ウ，キ　14．エ〔別解〕イ　15．ウ

《算　数》

1　⑴11　⑵$\frac{1}{3}$　⑶17　余り…0.05　⑷16　⑸126　⑹37.5　⑺②　⑻10　⑼13.8　⑽①

2　⑴容器…①，３　⑵４：９　⑶10　⑷71　⑸60　⑹５

3　⑴８　⑵90

※4　24.8

5　⑴２×1000＋０×100＋２×10＋３×１

⑵見分け方…下２けたが「00」または４の倍数であること。　理由…３けた以上の数について，下２けたを引いた数は必ず 100 の倍数になる。100 は４の倍数だから，下２けたを引いた数は必ず４の倍数になる。４の倍数と４の倍数の和は４の倍数になるから，下２けたが４の倍数ならば，その数は４の倍数になる。

※の求め方は解説を参照してください。

《理　科》

1　⑴ア．ヒマワリ　イ．アサガオ　ウ．インゲンマメ　⑵ア　⑶春　⑷水

2　⑴流水によって運ばれる間に角がとれるから。　⑵ア　⑶ウ　⑷４つ

3　⑴ア　⑵ウ　⑶エ　⑷ご差を小さくするため。　⑸36　⑹12

4　⑴60　⑵仮説…ア　理由…アルコールのりゅう子の数が増えると，図２のときのビニール袋全体の重さが６０ｇより重くなるはずだから。　⑶イ　⑷状態変化によってりゅう子の数や大きさは変化せず，りゅう子とりゅう子のすき間の大きさが変化することで，体積が変化する。

《社　会》

1　７〔別解〕８

2　問１．⑴ウ，オ　⑵ウ　問２．記号…イ　読み…いずも〔別解〕いづも

3　問１．①今川　②鉄砲　問２．ア．○　イ．×　ウ．×　問３．⑴神奈川県　⑵イ，エ

4　問１．エ　問２．日露戦争　問３．満 25／男子　問４．イ　問５．イ

5　問１．エ　問２．島の形が細長くて森林が少なく，河川は短くて小規模だから。

6 問1．ア　問2．地産地消　問3．トレーサビリティ

7 問1．ウ　問2．プレート

8 問1．前文　問2．平和　問3．オ　問4．ア

9 ア

《思考力》

(1) スマートフォン／モバイルバッテリー／ゲームソフト

(2) (例文)友達と連らくを取り合ったり，いっしょに遊んだりしたいから。

(3) 水道／食べ物／くつ

(4) 1位…水道　2位…食べ物　3位…くつ／生活が安全になる　理由…(例文)水道があれば，危険をおかして遠くはなれた川まで歩く必要がなくなり，きれいで安全な水が使えるようになるので，最も優先度が高い。また，もっと食べ物があれば元気になり，病気の予防につながる。くつは，感染しょうにかかるリスクを減らしてくれるが，水道や食べ物ほどは優先度が高くない。

(5) (例文)願いがかなえられる前は…重いバケツを頭にのせ，危険な道を長時間歩いてあまりきれいでない水を運んでいた。　願いがかなえられた後は…水くみに行かなくても安全な水が手に入るようになり，学校に行ったり他のことに時間を使ったりできるようになった。

(6) (例文)資料①からは，ファティマの家は貧しく，水道がないため，ファティマは一日中家事や仕事をしなくてはならないことや，学校に通えていないことがわかる。資料②からは，ファティマの両親はほとんど字が読めないため，おそらく学校に通っていなかったことがわかる。学校教育を受けていないと，高い収入を得られる仕事に就くのが難しい。親の収入が少なく貧しい家では，子どもを学校に通わせることができない。また，学校に通わなかった親が学校教育を重要視せず，子どもを学校に通わせようとしない場合もある。こうした家の子どもは，学校教育を受けられないまま大人になるので，貧困が次の世代に引きつがれてしまう。また，貧困と低就学率の悪じゅんかんにより，国が豊かにならず，水道や電気などのインフラ整備もなかなか進まない。

(7) (例文)字が読めなくても生活には困らないからだいじょうぶよ。明日も水くみがあるんだから早くねなさい。

《思考力入試　算数基礎テスト》

1 (1)1700　(2)18　(3)62.8　(4)$4\frac{1}{18}$　(5)8

2 160

3 24

4 343

5 4

6 288

7 20

8 7

9 ア．7　イ．6　ウ．2

10 450

11 72

2023 解説 令和５年度

金城学院中学校

《2023　国語　解説》

【一】

1　次の段落で、「ことばとは、ある社会集団の～しくみなのです」と説明している。

2　次の段落に、「数少ない人が特定の地域・環境《かんきょう》で生活している中で用いている『小さな』ことば」とあるので、アが適する。

3　――部③とエの「ような」は、「まるで～のようだ」というたとえの意味で使われている。ア～ウの「ような」は、例を挙げて示す意味で使われている。

4　２行前に「優《すぐ》れたことばと劣《おと》ったことばがあるわけではありません」とあるので、「ことば」の価値はどれも等しいと考えられる。

7　取捨選択《せんたく》とは、よいものを選び、悪いものを捨てること。直前の１文の内容に着目する。「前者(＝多くの人との間で使えることばを覚えること)のほうがもちろん魅力的《みりょくてき》です」とあるので、「ことばを覚える」という観点からは、「大きな」ことばのほうが選ばれるということ。

8　２段落目で、「ことばと文化」の間には密接な関連があり、両者は表裏一体であると述べている。また、最初の段落に、「ことばとは、それぞれが～等しい価値を持っています」とあることから、「大きな」ことばも「小さな」ことばも、文化的な価値は等しいことがわかる。よって、イが適する。

9　「めったに」は、あとに「ない」などの打ち消しの意味を表すことばがくる。アの「まるで」は、あとに「ようだ」などのたとえの意味を表すことばがくる。「めったに」と「まるで」は、どちらも、あとに決まった意味のことばがくるので、アが適する。

10　ナワトル語を話すナワ人にとっては、「周辺の非ナワトル語話者民族」の話すことばは理解できないはずである。よって、ウが適する。

11　雪を表すことばが多いということは、日常生活の中で雪と深いかかわりを持っているということである。よって、エが適する。

12　捕《とら》えた小熊の肉を食べることや、神様が「その身の肉や毛皮をヒトへのお土産《みやげ》として持参する」とあることから、熊は人間に恵みを与える存在である。また、熊は神様と密接なかかわりがあることがわかるので、神聖なものだと言える。よって、アが適する。

13(1)　資料ａを見ると、「ウー語(中国)」「中国語(広東《カントン》語)」などがあることから、アが適する。　(2)　スペイン語の母語人口は、スペインの人口の何倍もあるので、アが適する。　(3)　「学校で英語を学んでいる学生が多いから」かどうかは、資料からはわからない。英語の母語人口が多い理由の一つは、アメリカやカナダなどに、英語を母語としている人が多いことである。よって、イが適する。　(4)　「アニメや日本料理などの～しているからである」の部分は、資料からはわからない。日本の人口よりも日本語を母語としている人の方が少ないので、日本の母語人口の大半は日本人だと思われる。よって、イが適する。　(5)　全体的に資料からはわからないので、イが適する。

【二】

1　この後、悟《さとる》は、写真館の飾《かざ》り窓に飾ってある自分たちの家族写真に目がくぎ付けになっている。また、この写真の存在に「初めてそのとき気づいた」とある。

2　くぎ付けとは、そこから動けなくなること。

3　──部③とエの「まい」は、打ち消しの意志の意味で使われている。ア～ウの「まい」は、打ち消しの推量の意味で使われている。

5　──部⑤の写真は、箱に入れられて押し入れの奥にしまわれていたので、ほこりをかぶっている可能性は低い。よって、イが正解。

8　３行後に「吉田が、うんまあ、あんなことになってから、店の表にずっと飾ってたんですけど」とあるので、店の飾り棚に悟の家の家族写真が飾られるようになったきっかけは、悟の父が亡くなったことだとわかる。よって、イが正解。

9　思いを巡《めぐ》らせるとは、あれこれと考えるという意味。よって、アが適する。

10　前文に、悟の娘《むすめ》は家族写真を撮《と》りに行くことに不満を抱《いだ》いていたとある。よって、不機嫌《ふきげん》そうな様子を表すエが適する。

11　直後に「咎《とが》められるのが気まずかったのではなく」とあるので、息子が気まずそうにしている場面を探す。「一昨日《おととい》の晩」、息子が「我に返ったように目を見開いた」のを見た悟は、「明らかに何か気まずい感じだ。撮影《さつえい》に行きたくないとごねたことを咎められるのではないかと怯《ひる》んだに違いない」と思っていた。

12　娘と同じく家族写真を撮りに行くことに不満を抱いていた息子は、なぜか急に撮影に協力的になった。息子のこうした変化を不思議に思い、妻にそのことを尋《たず》ねたところからの会話の内容に着目する。──部⑫の２～３行前の妻の言葉から、「写真を撮るのはよくない前兆だ」と勘違《かんちが》いしたとはいえ、息子は父の身を真剣に心配していたことがわかる。また、息子が撮影に協力的になったのは、悟が家族写真を撮りたがっている理由を妻から聞き、悟の気持ちを理解してくれたからなのかもしれないと思っている。悟はこのことが嬉《うれ》しかったのである。

14　悟が家族の未来の姿を想像するようになったのは、──部⑫よりも後である。よって、エはふさわしくない。また、文章中では、母が父について「家族一緒《いっしょ》のところを遺《のこ》したかったのかもしれないね」と言い、悟は真下さんが「吉田(＝悟の父)もそう望んでいるんじゃないかなって思って」と言い、届《とど》けてくれた家族写真を持って上京した。こうした描写から、家族写真を撮ることは、父の思いを継ぐことだと言えなくもない。しかし、イの「毎年写真を撮ることこそが」というのは強すぎる。よって、イもふさわしくない。

15　この文章は、悟の視点から描《えが》かれているので、ウの「それぞれの視点からの心情が描かれていたので」は誤り。よって、ウが正解。

《2023　算数　解説》

1　(1)　与式$=55-\frac{22}{111}\div\frac{1}{222}=55-\frac{22}{111}\times222=55-44=$**11**

(2)　与式$=(3\frac{1}{5}-\frac{3}{7}\times\frac{14}{3})\times\frac{5}{18}=(3\frac{1}{5}-2)\times\frac{5}{18}=1\frac{1}{5}\times\frac{5}{18}=\frac{6}{5}\times\frac{5}{18}=\mathbf{\frac{1}{3}}$

(3)　6÷0.35＝17余り0.05より，**17**個の容器がいっぱいになって**0.05**L余る。

(4)　**【解き方】長方形内には直径４cmの円が１つと，直径４cmの半円が２つあるので，右図のように補助線を引き，斜線《しゃせん》部分を移動する。**

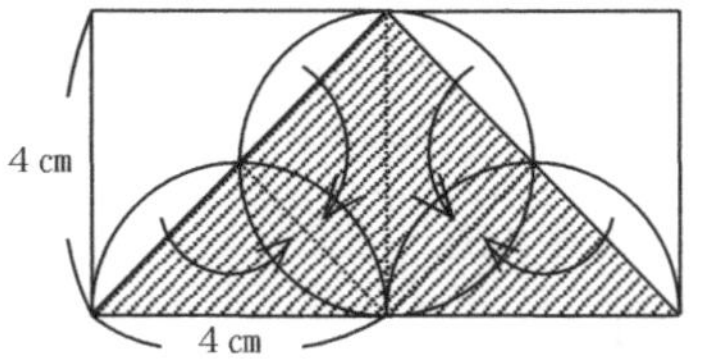

斜線部分の面積は底辺８cm，高さ４cmの三角形の面積と等しいから，

求める面積は，８×４÷２＝**16**(cm²)

⑸　**【解き方】右図のように高さ２cmのところで底面と平行な平面で切って，２つの立体に分ける。**

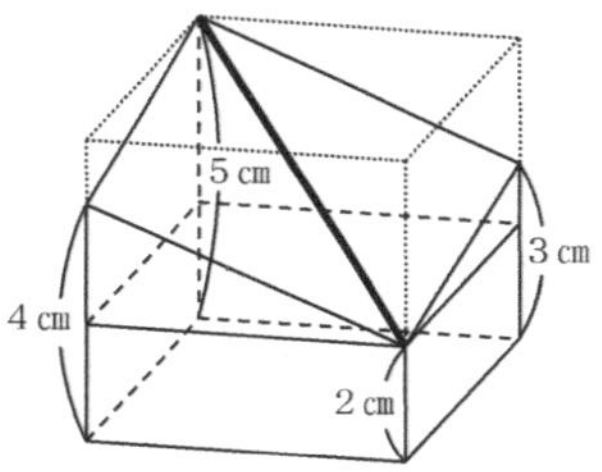

下の立体は底面積が６×６＝36(cm²)で高さが２cmの直方体だから，

体積は，36×２＝72(cm³)

上の立体は，底面が１辺６cmの正方形で高さが５－２＝３(cm)の直方体を，対角線(図の太線)をふくむように切断してできる立体なので，体積はこの直方体の$\frac{1}{2}$であり，６×６×３×$\frac{1}{2}$＝54(cm³)

よって，求める体積は，72＋54＝**126**(cm³)

⑹　**【解き方】仕入れ値を 100 として考える。**

仕入れ値を 100 とすると定価は 100×(１＋0.6)＝160 だから，損をしないためには 160－100＝60 まで割引できる。

したがって，$\frac{60}{160}$×100＝**37.5**(%)まで割引できる。

⑺　**【解き方】一方の値《あたい》をx，もう一方の値をyとしたとき，$y=\frac{(\text{決まった数})}{x}$となれば$x$と$y$は反比例している。**

①円の半径をx，円周をyとすると，y＝x×２×3.14＝6.28×xとなるので，適さない。

②平行四辺形の底辺を$x$cm，高さを$y$cmとすると，x×y＝20 より，$y=\frac{20}{x}$となるので適する。

③反比例の関係にあれば一方を大きくするともう一方は小さくなるが，正三角形の周りの長さを長くすると面積は増えるので，適さない。

④三角柱の高さをx，体積をyとすると，y＝20×xとなるので適さない。

よって，適するものは**②**である。

⑻　**【解き方】Ａさんの速さを秒速○mの形に直して考える。**

Ａさんの速さは時速 27 km＝秒速(27×1000÷60÷60)m＝秒速 7.5mである。よって，450m走るのに，Ａさんは 450÷7.5＝60(秒)，Ｂさんは 450÷９＝50(秒)かかる。したがって，60－50＝**10**(秒)の差がつく。

⑼　**【解き方】１辺が 100mの正方形の面積が 100m×100m＝10000 m²＝１ヘクタールである。**

水田の面積は(320×430)m²＝137600 m²＝13.76 ヘクタールだから，$\frac{1}{10}$の位までのがい数で求めると，**13.8** ヘクタールとなる。

⑽　**【解き方】空間図形を切断するときの切り口の線をかくときは，同じ面上の２点を結び，平行な面にできる切り口の線は平行になることを利用する。**

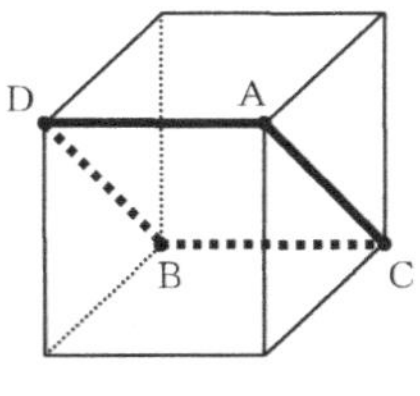

ＡとＣ，ＢとＣは同じ面上にある２点なので，それぞれ直線で結ぶ。

さらに，Ａを通りＢＣに平行な直線と，Ｂを通りＡＣに平行な直線をかくと，右図の太線部のようになる。よって，切り口の形は**①**の長方形になる。

2　⑴　①は１辺 20 cmの立方体からＡと合同な図形を１個分切り取った形なので，

①の容積はＡの(20×20×20)÷(10×10×10)－１＝７(倍)である。

②の容積はＡの(20×20×30÷３)÷(10×10×10)＝４(倍)である。

よって，①の容器が７－４＝**３**(ばい分)多く水を入れることができる。

⑵　**【解き方】三角形ＡＣＤと三角形ＡＢＣは，底辺をそれぞれＡＤ，ＢＣとしたときの高さが等しいから，面積比はＡＤ：ＢＣ＝５：13 となる。したがって，三角形ＡＣＤの面積を⑤，三角形ＡＢＣの面積を⑬とする。**

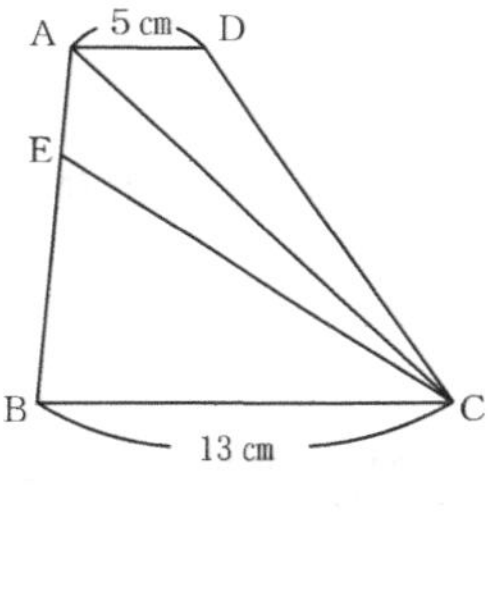

台形ＡＢＣＤの面積は，⑤＋⑬＝⑱だから，

四角形ＡＥＣＤと三角形ＥＢＣの面積は，⑱÷２＝⑨

したがって，三角形ＡＥＣの面積は，⑨－⑤＝④

三角形ＡＥＣと三角形ＥＢＣは，底辺をそれぞれＡＥ，ＥＢとしたときの高さが

等しいから，ＡＥ：ＥＢは面積比と等しく，④：⑨＝**４：９**となる。

⑶　**【解き方】最初に３人に４本ずつ配り，残りの15－４×３＝３(本)の配り方を考えればよい。**

１人が３本もらう場合，３人のうち１人を決めるから３通り。

１人が２本，もう１人が１本をもらう場合，２本もらう人の決め方が３通りあり，その３通りそれぞれに対して

１本もらう人の決め方が２通りあるから，３×２＝６(通り)

１人１本ずつもらう場合は１通り。

よって，配り方は全部で３＋６＋１＝**10**(通り)ある。

⑷　**【解き方】１から1000までの整数のうちの７の倍数の個数から，１から499までの整数のうちの７の倍数の個数を引けばよい。**

1000÷７＝142余り６より，１から1000までの整数のうち，７の倍数は142個ある。

499÷７＝71余り２より，１から499までの整数のうち，７の倍数は71個ある。

よって，500から1000までの整数のうち，７の倍数の個数は142－71＝**71**(個)である。

⑸　**【解き方】棒Ｂの長さを⑩とすると，棒Ａの長さは⑩×1.2＝⑫となる。**

地面の上に出ている棒の高さは，Ａは⑫×$\frac{1}{2}$＝⑥，Ｂは⑩×(１－$\frac{4}{5}$)＝②だから，⑥－②＝20㎝　　④＝20㎝

よって，棒Ａの長さは20×$\frac{⑫}{④}$＝**60**(㎝)である。

⑹　**【解き方】右の図１のように記号をおく。**

角ＢＡＤ＝180°－角ＡＤＢ－角ＡＢＤ＝90°－角ＡＢＤ，

角ＣＢＥ＝180°－角ＣＢＡ－角ＡＢＤ＝90°－角ＡＢＤだから，

角ＢＡＤ＝角ＣＢＥである。同様に，角ＡＢＤ＝角ＢＣＥで，

折り返したときに重なる角は等しいから，図２のように等しい角がわかる。

図１

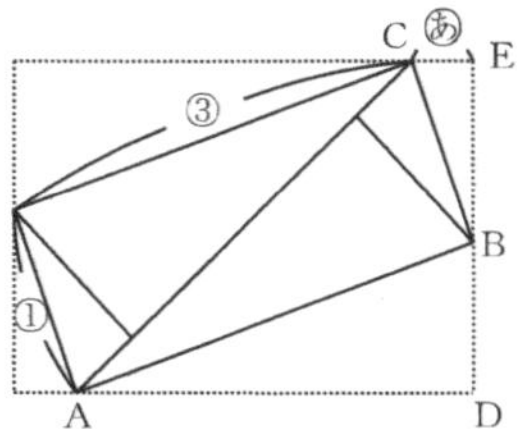

図２

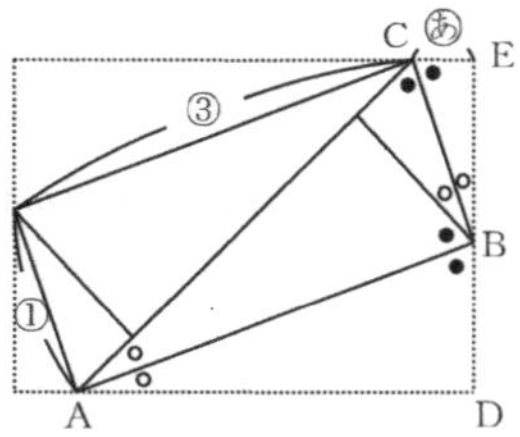

三角形ＣＥＢ，三角形ＢＤＡ，三角形ＣＢＡは大きさが異なる同じ形の

直角三角形で，直角をはさむ２辺の比は，ＣＢ：ＢＡ＝１：３である。

したがって，ＥＢ＝ＣＥ×３

三角形ＣＥＢと三角形ＢＤＡの対応する辺の比はＣＢ：ＢＡ＝１：３だから，

ＢＤ＝ＣＥ×３

よって，ＥＢ＝ＢＤだから，ＥＢ＝30÷２＝15(㎝)なので，㋐＝15÷３＝**５**(㎝)

３　⑴　**【解き方】新しい円は，もともとある円と２回ずつ交わる。**

５個目の円はすでにある４個の円と２回ずつ交わるので，交わる点の個数は，２×４＝**８**(個)増える。

⑵　**【解き方】⑴より，交わる点が増える個数は，１×２＝２(個)，２×２＝４(個)，３×２＝６(個)，…と，連続する偶数になる。**

円が５個のときの交わる点の個数は，12＋８＝20(個)である。10個目の円をかくときに増える個数は２×９＝18(個)だから，求める個数は，20＋10＋12＋14＋16＋18＝**90**(個)

４　**【解き方】(平均値)×(人数)＝(合計)となることを利用する。**

30人の平均値が25.1ｍのとき，30人の記録の合計は25.1×30＝753(ｍ)である。⑳の人の記録は20ｍであり，

誤って 29mと記録をしていたので，正しい記録の合計は 753－(29－20)＝744(m)である。

よって，30 人の正しい平均値は 744÷30＝**24.8**(m)である。

5 ⑴ 2023÷1000＝２余り 23，23÷10＝２余り３だから，2023 を十進位取り記数法で表すと，

２×1000＋０×100＋２×10＋３×１となる。

⑵ ４の倍数の見分け方を知っていると計算問題などでも役に立つので，覚えておこう。

《2023　理科　解説》

1 ⑵ グラフより，最低気温が５℃～20℃になるのは，２月～６月と９月～12 月，最高気温が５℃～20℃になるのは，１月～４月と 11 月～12 月だから，これらの期間を合わせると，２月～４月と 11 月～12 月となる。

⑶ ９月～10 月に発芽したネモフィラは，11 月～12 月と２月～４月の期間で生育し，春に花をさかせると考えられる。

⑷ 発芽に必要な条件は水，空気，適当な温度である。ふくろの中のタネは水が不足しているので発芽しない。

2 ⑵ ホタテガイは冷たくて浅い海に生息しているので，Ｃの砂の層はこのような場所でできたと考えられる。

⑶ この地域の地層は水平に積み重なっていて，ずれていないので，標高 90mのＤでは，標高 100mのＢで地表から 15mの深さに見られる火山灰の層が地表からの深さ５mに見られ，標高 80mのＣで地表からの深さ５mに見られる火山灰の層が地表から 15mの深さに見られる。よって，ウが正答となる。

⑷ 図２から，Ａ地点にある火山灰の地層の標高は 70－7.5＝62.5(m)と 70－15＝55(m)，Ｂ地点にある火山灰の地層の標高は 100－15＝85(m)，Ｃ地点にある火山灰の地層の標高は 80－５＝75(m)と 80－17.5＝62.5(m)である。よって，標高が高い方から，85m，75m，62.5m，55mの４つである。

3 ⑴ 表より，おもりの重さが同じＡとＥを比べると，糸の長さが長いほど，10 往復にかかった時間が長いことがわかる。

⑵ 表より，糸の長さが同じＣとＥを比べると，10 往復にかかった時間はおもりの重さによって変わらないことがわかる。

⑶ ⑴で糸が長いほどふりこの周期が長いのは，ふりこの長さ(支点からおもりの重さがかかる点までの長さ)が長いほどふりこの周期が長くなるからである。ブランコをふりこと考える。ブランコに座って乗っている人が立つと，人の体重がかかる点の高さが高くなってふりこの長さが短くなるので，周期は短くなる。

⑷ 10 往復の時間を数回はかってその平均値を 10 で割って１往復の時間を求めることで，誤差《ごさ》を小さくし，より正確な値を求めることができる。

⑸ 表より，糸の長さが 20 cmの４倍の 80 cmになると，10 往復にかかった時間が２倍になっていることがわかる。よって，糸の長さを 80 cmの４倍の 320 cmにすると，10 往復にかかった時間は 18 秒の２倍の 36 秒になる。

⑹ 10 往復のうち５往復は糸の長さが 55 cm，もう５往復はくぎにかかって糸の長さが 55－35＝20(cm)のふりこになると考えると，$15\times\frac{5}{10}+9\times\frac{5}{10}=12$(秒)となる。

4 ⑴ 50＋10＝60(ｇ)

⑵ アルコールのりゅう子の数が増えると，アルコール全体の重さも増えると考えられるが，⑴ではアルコールの重さを 10ｇで計算しており，アルコールの重さは増えていないから，アの仮説は否定される。

⑶ 実験２でろうが液体から固体に変化しても重さは 50ｇのまま変化しないことがわかる。よって，りゅう子の数や大きさは変化しないと考えられるので，イが正答である。

⑷ ⑶より，状態変化によってりゅう子の数や大きさが変化せずにりゅう子のすき間が変化することがわかる。状態変化という言葉を使ってまとめる。

《2023　社会　解説》

[1] 設問文に「日本地図と関係がある」と書かれているので，日本地図を思い浮かべて壁紙を見てみよう。上から「ほー1」「ほー34」「しー4」「きー？」とかかれているので，日本地図において，日本を大きく4つに分けていると考えよう。日本には大きな4つの島があり，「ほ」が北海道，「ほ」が本州，「し」が四国，「き」が九州，数字はそれぞれ，そこに属する都道府県の数を表している。九州の島には7つの県が属するので，？は7と導き出せる。沖縄県については九州の島には属していないが，この壁紙には沖縄県(または南西諸島)を示す数字がかかれていないので，沖縄県を入れて九州地方とすることも考えられ，沖縄県を含めた8を別解とした。右側にかかれている「うほちー8」は，ちほう(地方)が8つあること，「んほにー1」はにほん(日本)が1つであることを表していると考えられる。

[2] **問1**(1)　8世紀は701年～800年の間のことである。ウとオは奈良時代のできごとなので，正しい。都が平城京にうつされた710年から，平安京にうつる794年までを奈良時代とする(長岡京にうつる784年までとする場合もある)。　(2)　律令制における，税の種類については右表。

名称	内容	納める場所
租	収穫した稲の約3％	国府
調	布または特産物	都
庸	10日間の労役にかわる布	都
雑徭	年間60日以内の労役	
衛士	1年間の都の警備	
防人	3年間の九州北部の警備	

問2　出雲は現在の島根県あたりの地名である。

[3] **問1**　1560年，織田信長は桶狭間の戦いで今川氏を破った。

問2　ア．正しい。イ．誤り。大阪城を築いたのは豊臣秀吉である。ウ．誤り。1582年，織田信長は家来の明智光秀におそわれて自害し(本能寺の変)，明智光秀は同じく信長の家来であった豊臣秀吉にたおされた。

問3(1)　「この人物」は源頼朝である。源頼朝は鎌倉(現在の神奈川県)に幕府を開いた。　(2)　アとウはどちらも，源頼朝の死後，源氏の将軍が3代で途絶えた後に北条泰時が行ったことである。アの承久の乱では，朝廷が2代執権の北条義時に対して挙兵し，幕府側の総大将として，北条義時の子である北条泰時が戦った。

[4] **問1**　アは木戸孝允，イは木戸孝允・大久保利通，ウは伊藤博文，エは板垣退助のついての説明。

問2　与謝野晶子は1904年の日露戦争に出征した弟を思って，「君死にたまふことなかれ」で始まる詩を発表した。

問3　選挙権の年れいや要件の変化については右表。

選挙法改正年 (主なもののみ抜粋)	直接国税の要件	性別による制限	年齢による制限
1889年	15円以上	男子のみ	満25歳以上
1925年	なし	男子のみ	満25歳以上
1945年	なし	なし	満20歳以上
2015年	なし	なし	満18歳以上

問4　イの農地改革は太平洋戦争後，ＧＨＱの指示によって行われた。

問5　Ａは津田梅子，Ｂは与謝野晶子，Ｃは平塚らいてう，Ｄは樋口一葉。

[5] **問1**　①のヤンバルクイナは，沖縄本島北部のやんばる(山原)地域にのみ生息する飛べないクイナ，②のクロウサギは，奄美大島と徳之島にのみ生息するアマミノクロウサギ，③のヤマネコは，西表島のみに生息するイリオモテヤマネコであり，これらは絶滅が危ぶまれており，国の天然記念物に指定されている。

問2．南北に細長い沖縄県(本島)では，川は東西に流れていて短く，広い森林もないため，雨が降ってもあまり蓄えられずにすぐに海に流れ出てしまう。

[6] **問1**　日本の小麦の食料自給率はかなり低いことは覚えておこう。イは果物，ウは肉，エは野菜である。

問2　地産地消はほかにも，トラックなどによる輸送距離が短くなることで，地球温暖化の原因の1つとなっている二酸化炭素の排出を減らすなどの効果がある。

[7] **問1**　アはロッキー山脈，イはピレネー山脈，エはスカンディナビア山脈，オはヒマラヤ山脈。

問２　日本周辺のプレートや海溝については右図。

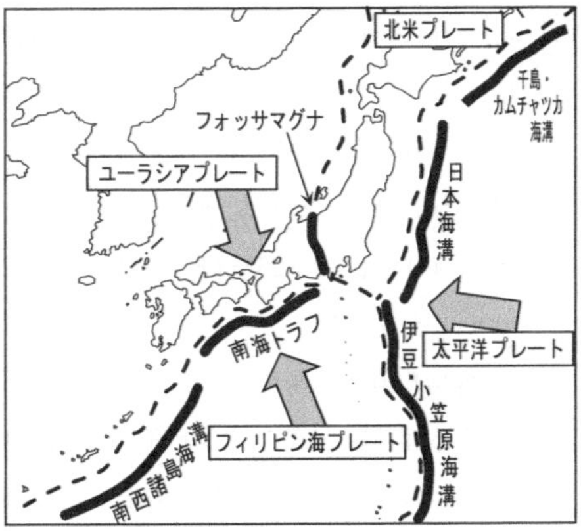

8　問２　日本国憲法前文には「日本国民は，恒久平和を念願し」とある。

問３　日本国憲法前文おいて，①は「平和を愛する諸国民の公正と信義に信頼して」，②は「専制と隷従，圧迫と偏狭を地上から永遠に除去しよう」，③は「平和のうちに生存する権利を有することを確認する」と書かれている。

問４　非核三原則は，佐藤栄作首相が打ち出した。1974 年，この原則に基づく政治・外交が評価され，佐藤栄作はノーベル平和賞を受賞した。

9　記事中に「円安が進み」とあり，円安(＝円の価値が下がること)では，１ドルに交換できる円の金額が上がるので，アかウであり，2022 年９月頃には１ドル＝140 円台で推移していたので，アと判断する。2022 年 10 月頃には１ドル＝150 円台まで円安が進み，話題になった。

《2023　思考力　解説》

(3)(4)　ファティマは、１日に２回、６キロはなれた川まで水をくみに行っている。この家事は非常に時間がかかり、肉体的にもつらいものである。また、道中には、地らいやがけがり、危険な野生動物もいる。さらに、苦労してくんでくる水は「茶色い水」であり、飲むには適していない。ファティマが最も願っているのは、楽に安全な水が手に入ることだと考えられる。こうした水の問題を解決するには、水道や井戸が必要である。資料①からは、食事の問題も読み取れる。「毎日の食事は、いもを中心とした簡単なものです」とあるので、栄養がかたより、不足していると考えられる。こうした状きょうでは、成長がさまたげられたり、病気にかかりやすく、場合によっては命を落としたりしてしまう。他には、朝早く起きて家ちくの世話をしなければならないこと、くつをはいていないことなどから、ファティマがお願いするものを考えることができる。

(5)　ファティマは、家事や家ちくの世話などでいそがしく、学校に通っていない。水くみに時間をとられなくなれば、学校に行けるようになるかもしれない。

(6)　資料②からは、ファティマの両親はほとんど字が読めないことがわかる。本に書かれているのは、日常生活でも使う簡単な言葉であり、娘《むすめ》の名前であるFatima《ファティマ》という言葉も出てくる。アフリカの途上国は、国民全体が貧しいわけではない。学校教育を受けた人々は、比較的《ひかくてき》高い収入を得られる仕事につきやすいが、教育を受けていないとそうした仕事につくのは難しい。そのため、教育を受けていない両親の子どもも教育を受けられず、貧困が次の世代に引きつがれるという問題が存在する。

(7)　お父さんは月明かりのもとで本のページをめくり、お母さんは本に書いてある内容を気にしている。二人とも本に興味はあるが、何が書いてあるのかはわからない。お母さんが何と言ったかは想像するしかないが、本については、「自分たちの生活には関係ない」、「読めないのでわからない」、「明日字が読める人に聞いてみたら？」などの答えが考えられる。ファティマの両親が、娘を学校に通わせられないことを残念に思っているかどうか、この国で女子への学校教育がどの程度重視されているかによっても、答えは変わってくると考えられる。

《2023　思考力入試　計算力テスト　解説》

1　(1)　与式＝17×(25×4)＝17×100＝**1700**

(2)　与式＝5＋2×5＋3＝5＋10＋3＝**18**

(3)　与式＝(53－17－16)×3.14＝20×3.14＝**62.8**

(4)　与式＝$(\frac{10}{6}+\frac{9}{6})\times\frac{4}{3}-\frac{1}{6}=\frac{19}{6}\times\frac{4}{3}-\frac{1}{6}=\frac{38}{9}-\frac{1}{6}=\frac{76}{18}-\frac{3}{18}=\frac{73}{18}=\mathbf{4\frac{1}{18}}$

(5)　与式＝[{16－26÷(8－6)}×6÷3]÷2＋5＝{(16－26÷2)×2}÷2＋5＝{(16－13)×2}÷2＋5＝6÷2＋5＝**8**

2　時速9.6㎞＝分速(9.6÷60)㎞＝分速(9.6÷60×1000)m＝分速**160**m

3　求める面積は上底7㎝，下底5㎝，高さ4㎝の台形の面積だから，(7＋5)×4÷2＝**24**(㎠)

4　立方体の表面積は合同な正方形6個の面積の和だから，正方形1個の面積は294÷6＝49(㎠)である。
49＝7×7より，正方形の1辺の長さが7㎝なので，求める体積は7×7×7＝**343**(㎤)

5　反比例している2つの数の積は決まった数になる。$x\times y$＝6×3＝18になるから，x＝4.5のとき，y＝18÷4.5＝**4**

6　展開図を組み立ててできる立体は，底面が直角を作る2辺の長さが8㎝，6㎝の直角三角形で，高さ12㎝の三角柱である。よって，求める体積は8×6÷2×12＝**288**(㎤)

7　6.28÷3.14＝2だから，おうぎ形の面積は6.28＝2×3.14(㎠)である。半径6㎝の円の面積は，6×6×3.14＝36×3.14(㎠)だから，このおうぎ形の面積は半径6㎝の円の面積の，$\frac{2\times3.14}{36\times3.14}=\frac{1}{18}$である。したがって，角あの大きさは，360°×$\frac{1}{18}$＝**20°**

8　食塩水の問題は，うでの長さを濃度《のうど》，おもりを食塩水の重さとしたてんびん図で考えて，うでの長さの比とおもりの重さの比がたがいに逆比になることを利用する。
右のようなてんびん図がかける。a：bは，食塩水の量の比である200：300＝2：3の逆比に等しくなるので，a：b＝3：2となる。a：(a＋b)＝3：5となるから，a＝(9－4)×$\frac{3}{5}$＝3(%)なので，求める濃度は，4＋3＝**7**(%)

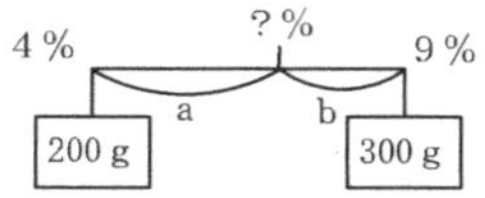

9　2けたの数「9ア」にウをかけると，百の位が1の3けたの数になるから，ウ＝**2**に決まる。
ア×ウの一の位が4でウが2だから，アは2か7だが，アとウは異なる数なのでア＝**7**である。
したがって，2けたの数「イウ」は，6014÷97＝62だから，イ＝**6**である。
97×2＝1$\underline{9}$4，97×6＝$\underline{58}$2だから，ア～カがすべて異なる数となるので，条件に合う。

10　ノートを買った残りのお金は持っていたお金の$1-\frac{3}{5}=\frac{2}{5}$であり，えん筆を買った残りのお金はノートを買った残りのお金の$1-\frac{1}{3}=\frac{2}{3}$だから，初めに持っていたお金の$\frac{2}{5}\times\frac{2}{3}=\frac{4}{15}$が120円にあたる。よって，初めに持っていたお金は120÷$\frac{4}{15}$＝**450**(円)である。

11　図の立体の表面積は，立体を正面，奥，右，左，上，下それぞれから見たときに見える図形の面積の和である。
立体を正面または奥から見たとき，1辺の長さが1㎝の正方形が1＋2＋3＋4＝10(個)ずつ見える。
立体を右または左から見たとき，1辺の長さが1㎝の正方形が1＋2＋3＋4＝10(個)ずつ見える。
立体を上または下から見たとき，1辺の長さが1㎝の正方形が4×4＝16(個)ずつ見える。
1辺1㎝の正方形の面積は1㎠だから，求める表面積は(10＋10＋16)×2＝**72**(㎠)である。

★金城学院中学校

《国　語》

【一】　1．長い　2．現実　3．(1)③13　④16　(2)A．学校が変わって新たに人間関係を築き始める
B．ケータイやスマホを使って早く友だちをつくろうとする　4．一体　5．ア　6．ノルアドレナリン
7．⑧しゃくど　⑱まか　⑨測　⑭保証　8．ウ　9．分かれ目　10．反転　11．互いに仲良
12．制度的な枠組みに縛られない自由な付きあいで、いっしょにいると充実感を覚える関係。　13．ア
14．(1)悩みを相談したり、仲良く行動を共にしたりする関係。　(2)(例文)A．子どもが親を頼り切れず、親の期待に沿って気に入られようとするあまり、子どもが不安を募らせたりストレスを感じたりすること　B．親が子どものありのままを受け止め、尊重すべきことと厳しく教えるべきことを、ぶれずに判断するのがよい

【二】　1．はう　2．紙一重　3．エ　4．取り乱しすぎ(や)　5．ひきょうな　6．まま
7．⑦群がった　⑩映る　8．ア　9．ア．救急車の屋根を激しくたたく雨　イ．真夏の快晴
10．イ　11．ウ　12．逆転され　13．初め…最高の球場　終わり…ンに整える　14．A．エ，オ
B．イ　C．ア，ウ，カ　15．ア．イレギュラー　イ．整備　ウ．不機げん　エ．いらだって
16．ぬき出し…です　直し…だよ　17．前…かわいた目だった　後…一筋なみだが落ちた　18．罪悪感
19．イ，エ　20．ア　21．(例文)　(1)国会や地方議会の選挙で立候補する女性の割合が低いこと。　(2)家事や育児をする時間が長く、政治活動との両立が難しいこと。　(3)在宅勤務を定着させ、夫婦の役割分担を見直すことを提案する。

《算　数》

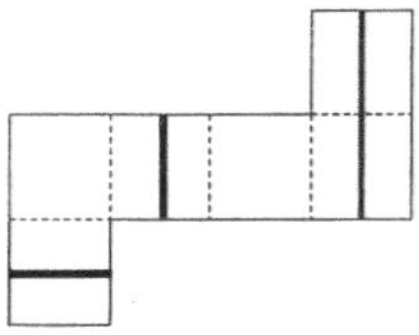

1　(1)1　(2)$\frac{37}{60}$　(3)10　(4)70　(5)62　(6)⑤　(7)27　(8)192　(9)24　(10)130
2　(1)324　(2)18.84　(3)右図　(4)192　(5)24　(6)124
3　(1)2　(2)$\frac{4949}{19800}$
4　(1)軽い…A　重い…B　(2)あ2　い6
5　(1)20　(2)立体の1つの頂点には，面が3つ以上集まり，へこみのない立体の1つの頂点に集まった角の大きさの合計は，360°より小さくなる。正五角形の1つの内角の大きさは108°だから，へこみのない立体をつくるときの1つの頂点に集まる面の数は3となり，4以上の数は条件に合わない。よって，正五角形で作られる立体は12面で作られたものしかないから，13面以上になるものはない。

《理　科》

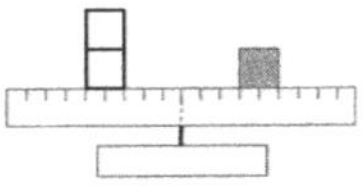

2(1)の図

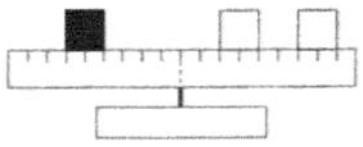

2(2)の図

1　(1)A．b　C．d　(2)日食　月の位置…イ　(3)イ
(4)ア　(5)ウ
2　(1)右図　(2)右図　(3)白／エ　(4)ウ
3　(1)ア．酸素　イ．はく動　(2)a　(3)307.2　(4)⑥→②→①→⑤→④→③　(5)ウ
4　(1)二酸化炭素　(2)イ，オ　(3)①イ〔別解〕ウ　②ウ　③エ　(4)氷は液体の水になると体積が減るが，ドライアイスは固体から直接気体になって体積が急にふえるので，穴がないと袋がはれつするおそれがあるから。

《社　会》

1 問１．京都府　問２．Ａ．イ　Ｂ．ウ

2 問１．ア　問２．イ　問３．ウ　問４．台所　問５．ききんのとき，生活に苦しむ人々を幕府が救済しなかったから。

3 問１．生糸　問２．ウ

4 問１．ア，ウ，エ　問２．エ→オ→イ　問３．日中／減った

5 問１．イ→ア→ウ　問２．焼津　問３．ローリングストック　問４．ウ

6 エ

7 イ

8 問１．国民投票　問２．ア　問３．イ

9 問１．災害救助　問２．エ　問３．赤十字

10 Ａ．ウ　Ｂ．気候変動

《思考力》

問題（１−Ａ） 歴史のある町並みで，日本の伝統的な文化が残っている。

問題（１−Ｂ） Ｄ２／86／清水道

問題（２） (資料①の例文)困っていること…交通じゅうたいが発生すること。　なぜ困っているのか…観光客の自家用車が大量に流入するから。

問題（３） (例文)割引乗車券を導入して公共交通機関の利用者を増やすことによって，道路の交通量を減らす。

問題（４） (Ａの例文)通勤・通学や買い物で路線バスに乗ろうとしても，キャリーバッグなどの大きな荷物を持った観光客が通路をふさぐために混雑して乗り込めないから。

問題（５） (Ｂと③の例文)外国人観光客は，日本人の習慣や文化が分からないので，マナー違反にあたる行動をしやすい。例えば，ゴミをポイ捨てしたり，路上できつ煙したり，撮影禁止の場所で写真を撮ったり，舞妓さんを無断で撮影したりするなど，日本人にとって迷惑に感じる外国人観光客の行動が問題になっている。そのため，京都で守ってほしい習慣やマナーについて，外国語やイラストで分かりやすく伝えるリーフレットを作成して，観光案内所や空港，宿泊施設，観光施設などで配布するのが良いと思う。外国人観光客に京都の文化や景観，住民の暮らしを理解してもらうことで，日本の伝統的な文化を尊重しつつ京都を楽しんでもらいたい。

問題（６） (例文)世界から，おこしやす京都

《思考力入試　計算力テスト》

1．44　2．35　3．19　4．$1\frac{7}{24}$　5．2　6．1440　7．$\frac{1}{5}$　8．1　9．$\frac{21}{40}$　10．2

11．25　12．$1\frac{2}{15}$　13．$\frac{6}{25}$　14．18　15．9

金城学院中学校

《2022　国語　解説》

【一】

1　この傾向《けいこう》について、「実態をよく知らない大人たち」は「大きな勘違《かんちが》い」をしていると述べている。その勘違いとは、「『ネット以外に～居場所がある』『ネット以外に熱中していることがある』『人間関係に恵《めぐ》まれている』と答えた」ような「リアルな生活」が充実《じゅうじつ》している子どもは、ネットの世界に耽溺《たんでき》して(夢中になって)はいないだろう、つまり、スマホなどを使っている時間は短いだろうと思っていたこと。実際はその反対だったので、「長い」が適する。

3　直後に「前者は『中学デビュー』に、後者は『高校デビュー』にあたる年齢《ねんれい》です」とあることに着目する。

4　1つめの ⑤ の一文に「表裏に境目がなくなっています。相互《そうご》に入り混ざり、つながりあっている」とあることから、「表裏一体《ひょうりいったい》」(二つの関係が密接で、切りはなせないこと)だと分かる。「渾然一体《こんぜんいったい》」は、区別なくとけ合って一つのものになる様子。

8　1つめの ⑩ の直前に「いったん減少していた」が「再び増加の傾向を見せはじめる」とある。図2を見ると、「98年」と「2003年」の間で上昇《じょうしょう》に転じているので、ウの「二〇〇〇」年が適する。

10　1つめの ⑫ の前後に「ある時期まで減っていました～ところが～再び増えはじめるのです」とあるので、「反転」(位置や方向や順序などが反対になること。ひっくり返ること)が適する。8の解説も参照。

11　「友人や仲間」との関係における「悩《なや》みや心配」とは、「おそらく不安ではないでしょうか」と述べられている(2つめの ⑫ の次の行)。その「不安」が何からくるものなのかを読み取る。それは「自分が相手から選んでもらえないかもしれない」という不安である。壊《こわ》れやすい関係を維持《いじ》することを常に意識しているため、悩んだり心配したりするのである。そうなってしまう理由を、 ⑯ の直後の一文で「互《たが》いに仲良しであることの根拠《こんきょ》は互いにそう思っている感情の共有にしかないからです」と述べている。

12　直前の「このように」が指す内容を読み取る。この一文は、4段落前から述べてきた、「充実感を覚える」ことと「悩みや心配を感じる」ことの関係をまとめているのである。すなわち、ここでの「軽《かろ》やか」とは、「既存《きそん》の制度や組織に縛《しば》られることなく、付きあう相手を勝手に選べる自由」さのことであり、ここでの「楽しい」とは、いっしょにいるときに「充実感を覚える」ということである。

13　直前の「軽やかで楽しい」と対照的な要素は、「不安」を感じるということである。その不安は、直前の段落で述べられているように、制度的な枠《わく》組みによる拘束力《こうそくりょく》が弱まり、自由度が高くなると同時に「関係が不安定になってきた」(壊れやすくなった)ことからくるものである。よって、アが適する。11の解説も参照。

14(1)　グラフAから母親が「悩みごとの相談相手」になっていること、グラフBから母と息子《むすこ》が「仲良し」と言える関係であること、グラフCから母と息子が一緒《いっしょ》に行動する機会が多いことが読み取れる。　(2)A　〔文章Ⅱ〕の最後の段落で、筆者は「子どもの側からしてみれば、親に一方的に身を任せられず、すべてを頼《たよ》り切ることができないことを意味します～相手(親)の期待に沿い、気に入られるような人間でなければ、自分を愛してもらえないのではないか。そういった不安も募《つの》っていきやすくなるのです」と述べている。

【二】

3　「ハッと」は、急に気付いたり、思い当たったりする様子。前後に「息ができなかった」「とっさに体が動かなかった」とあることからも、おどろきとショックで動揺《どうよう》し、身動きできない状態だったとわかる。「だれかがさけんだ」のを聞いて、我に返ったということ。よって、エが適する。

4　この時の「大地《だいち》の状態」は、「とっさに体が動かなかった」が、「担架《たんか》や！」という声を聞いて、「あわててかけよった」とある。その様子を見ていた甲斐《かい》さんは、落ち着いて担架を持てる心情ではないと判断したのだ。

5　――部⑤のある「～だろうか？」に続けて、重ねて自分に問い続けている。「ほんのわずかでもイレギュラーをラッキーと感じなかったか？　そんなひきょうな考えが、傑《すぐる》のけがを招いてしまったのではないか？」より。

8　母が、傑の手に自分の手を重ねながら「痛い？　大丈夫？」と声をかけた気持ちを、大地はよくわかっているのである。けがをして大変な状態にある息子に声をかけずにはいられない母親に対して、父親は、あげ足をとるように「バカなことを聞くなよ」と言った。その父親に、心の中で「母さんは、痛いかどうかをたしかめたくて話しかけたのではない」と反論している。では何のために話しかけたのか。それは、傑を心配して、いっしょにいることを伝え、なんとか耐《た》えてほしいと思ってはげますためだと考えられる。よって、アが適する。

9　――部⑨の直後に「救急車の屋根を激しく雨がたたいているような気がして、息がつまる(緊張《きんちょう》しすぎて息が止まるような感じがする)。そう感じるのは～父《とう》さんが近くにいるからで～世界はもちろん真夏の快晴だった」とある。そのように感じるほど、父親に対して嫌悪感《けんおかん》を持っているのである。

11　「病院送りの」とあるので、傑のことである。本文後ろから２～３行目の「まだ誕生日前の十五歳《さい》なのだ。つい数か月前に中学を卒業したばかりなのだ」より、傑が高一であることがわかる。よって、ウが適する。

12　「裏目に出た」は、良い結果を期待してしたこと(「ピッチャーを二年生に交代した」こと)が、反対に不都合な結果を招いた(「完ぺきに打たれ～相手校にますます点が入る」ことになった)ということ。つまり、「裏目に出た」は「逆転」されたことを意味している。よって、「裏目に出ていなければ」、逆転されなかったということ。

13　この使い方の「神」は、非常にすぐれているという意味。たとえば、すばらしい対応を「神対応《かみたいおう》」などと言う。阪神《はんしん》園芸の整備のすばらしさを説明している部分なので、――部⑭の１～２行後「最高の球場を、最高のコンディションに整える、プロフェッショナルな集団」より、下線部。

14　A．自分の意思で決められることなので、エとオ。　B．自分の意思とは関係なく起こることなので、イ。
C．ア・ウ・カは、自分の意思で選んだり決めたりすることもできるが、自分の意思だけでは決められなかったり、自分の意思とは関係がなかったりすることもある。つまり、文脈によって変わってくるのである。

15　父親が言いたいのは、整備が良くなかったせいでイレギュラーが起きたのではないかということ。それに対して大地が、「たしかに～でも～百パーセント、イレギュラーの出ないグラウンドをつくりあげることもできないんです」と説明したあとで、「おれが言ったことなど、(父親は)百も承知なのだろう(言われるまでもなく十分にわかっているのだろう)。どこにも不機げんをぶつけることができずに、いらだっているだけなのだ」と思っている。その理不尽《りふじん》な物言いに、傑も「兄《にい》ちゃんにあたるなんて」と言っている。

16　「です」「ます」は、敬語の一種である丁寧語《ていねいご》。ふだんは敬語を使わず、弟の傑が「父さん。カッコ悪いよ。」「最低だよ。」と言ったのと同じような言い方をしているのだろう。

17　きんちょうの糸がほぐれた後の様子は「マットレスをこぶしでたたいた。『おれ、くやしいよ！』～息をはき出すと～目じりから、一筋なみだが落ちた」とあり、おさえていた感情がふき出したのだと読み取れる。これと対照的な様子をさがすと、――部⑭の10行前に「かわいた目だった」とある。

18　直後で「これで三年の先ぱいが～、おれのせいで最後かもしれないって思うと……。」と言っている。

19　イの「無理をしてでもがんばり続ける」、エの「動かしがたい上下関係の中で成長する」といった様子はえがかれていない。

《2022　算数　解説》

1　(1)　与式＝(6＋4－5)÷5＝5÷5＝1

(2)　与式＝$\frac{60}{60}-\frac{30}{60}+\frac{20}{60}-\frac{15}{60}+\frac{12}{60}-\frac{10}{60}=\frac{37}{60}$

(3)　**【解き方】正五角形は，最初の1個を作るのに必要なマッチ棒《ぼう》が5本で，以降は1個多く作るごとに必要なマッチ棒が4本ふえる。**

最初の1個を作ると，残りのマッチ棒は44－5＝39(本)になるから，39÷4＝9余り3より，あと9個正五角形を作れる。よって，最大で1＋9＝10(個)の正五角形を作ることができる。

(4)　(台形の面積)＝{(上底)＋(下底)}×(高さ)÷2だから，台形ＡＥＣＤについて，ＤＣ＝160×2÷(17＋15)＝10(cm)である。よって，三角形ＡＢＥの面積は，14×10÷2＝70(cm²)

(5)　右図のように記号をおく。三角形の1つの外角は，これととなりあわない2つの内角の和に等しいから，三角形ＡＢＣについて，角㋐＝25°＋37°＝62°

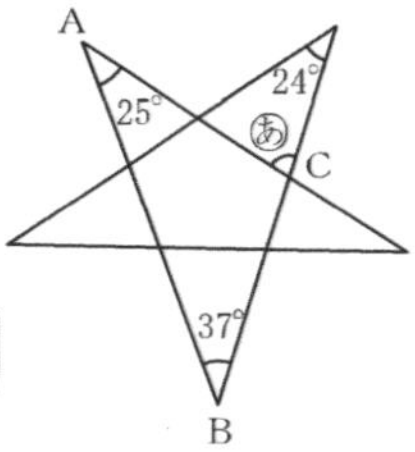

(6)　図ⅰのように記号をおくと，切り開いたときは図ⅱのようになる。

図ⅰ

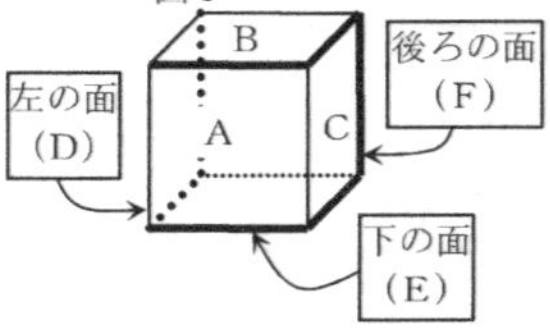

図ⅱ

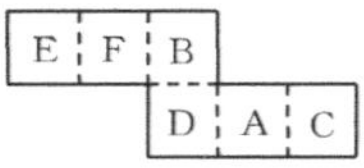

(7)　ある立方体の1辺の長さを1とすると，体積は1×1×1＝1となる。

1辺の長さを3倍すると，1辺の長さが1×3＝3となるので，体積は3×3×3＝27となる。

よって，体積は27倍になる。

(8)　浴槽《よくそう》の容積は，80×50×60＝240000(cm³)で，1Ｌ＝1000cm³だから，$\frac{240000}{1000}$＝240(Ｌ)である。

よって，必要な水の量は，240×0.8＝192(Ｌ)

(9)　正方形のたての長さは8の倍数，横の長さは6の倍数となる。8と6の最小公倍数は24だから，正方形の1辺の長さは24cmにすればよい。

(10)　Ａ「バスケットボールをしたことがありますか？」，Ｂ「バスケットボールは好きですか？」として表にまとめると，右のようになる。

㋐＝280－60＝220，㋑＝350－220＝130だから，求める人数は130人である。

		B		合計
		好き	きらい	
A	ある	㋐	60	280
	ない	㋑		220
合計		350	150	500

2　(1)　**【解き方】「1，3，5，7」の4個の数が何回くり返されているか考える。**

82÷4＝20余り2より，82番目までは，4個の数が20回くり返され，その後に1，3と並ぶ。

よって，求める数は，(1＋3＋5＋7)×20＋1＋3＝324

(2)　**【解き方】半径ＯＡが動いてできる図形は，右図の色付き部分である。**

三角形ＯＡＯ′は1辺が6cmの正三角形だから，角ＯＡＯ′＝60°

よって，求める面積は，6×6×3.14×$\frac{60°}{360°}$＝6×3.14＝18.84(cm²)

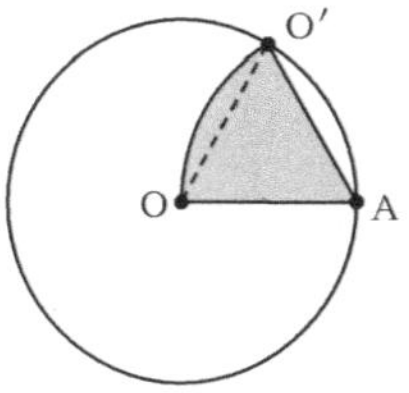

(3)　**【解き方】立方体の展開図では，となりの面にくっつくのならば，面を90°ずつ回転移動させることができることを利用する。**

図Ⅰにおいて，90°の回転移動を，うすいグレーの面は矢印の方向に2回，こいグレーの面は矢印の方向に1回だけ行うと，図Ⅱのようになる。書き込んだ線は展開図で1つにつながるので，残りの線は図Ⅱの点線である。面の位置をもとに戻すと，解答例のようになる。

図Ⅰ

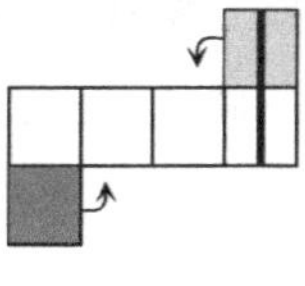

図Ⅱ

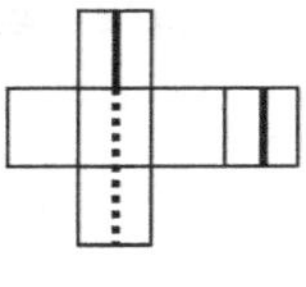

(4)　**【解き方】Ａ，Ｂ，Ｃのかみ合う歯の数はそれぞれ同じである。**

Aが120回転すると，Aのかみ合う歯の数は8×120＝960(個)になる。よって，Cは960÷5＝192(回転)する。

⑸　**【解き方】右，下，左，上へ1つ移動することをそれぞれ，「→」「↓」「←」「↑」と表し，移動しないことを「止」と表す。「→」「↓」「←」「↑」となる目の出方はそれぞれ1通り，「止」となる目の出方は2通りある。**

4回サイコロを投げてBに到着するのは，「→」が1回，「↓」が2回，「止」が1回のときである。

4回のうち「→」と「止」がそれぞれ何回目かを決めれば，残り2回は「↓」に決まる。

(→，止)が4回サイコロを投げたうちの何回目になるのかを考えると，(1，2)(1，3)(1，4)(2，1)(2，3)(2，4)(3，1)(3，2)(3，4)(4，1)(4，2)(4，3)の12通りある。

「止」となるサイコロの目の出方は2通りあるから，求める出方は全部で，12×2＝24(通り)

⑹　A駅からB駅まで，電車は10時20分－10時＝20分＝$\frac{20}{60}$時間＝$\frac{1}{3}$時間で進むから，A駅からB駅までの道のりは，108×$\frac{1}{3}$＝36(km)である。よって，B駅からC駅までの道のりは98－36＝62(km)で，かかった時間は10時55分－10時25分＝30分＝$\frac{1}{2}$時間だから，求める速さは，時速(62÷$\frac{1}{2}$)km＝時速124km

3　⑴　$\frac{1}{3\times4}-\frac{1}{4\times5}=\frac{5}{3\times4\times5}-\frac{3}{3\times4\times5}=\frac{2}{3\times4\times5}$だから，□＝2

⑵　⑴をふまえると，$\frac{1}{3\times4\times5}=\frac{2}{3\times4\times5}\times\frac{1}{2}=(\frac{1}{3\times4}-\frac{1}{4\times5})\times\frac{1}{2}$だから，

与式＝$(\frac{1}{1\times2}-\frac{1}{2\times3})\times\frac{1}{2}+(\frac{1}{2\times3}-\frac{1}{3\times4})\times\frac{1}{2}+(\frac{1}{3\times4}-\frac{1}{4\times5})\times\frac{1}{2}+\cdots+(\frac{1}{98\times99}-\frac{1}{99\times100})\times\frac{1}{2}=$
$(\frac{1}{1\times2}-\frac{1}{2\times3}+\frac{1}{2\times3}-\frac{1}{3\times4}+\frac{1}{3\times4}-\frac{1}{4\times5}+\cdots+\frac{1}{98\times99}-\frac{1}{99\times100})\times\frac{1}{2}=(\frac{1}{1\times2}-\frac{1}{99\times100})\times\frac{1}{2}=$
$(\frac{4950}{9900}-\frac{1}{9900})\times\frac{1}{2}=\frac{4949}{9900}\times\frac{1}{2}=\frac{4949}{19800}$

4　⑴　②より，「Bが2－1＝1(個)」と「C3－1＝2(個)」の重さは等しい。

よって，①より，「Aが3個，Bが2個」と「Bが6÷2＝3(個)」の重さは等しいから，「Aが3個」と「Bが3－2＝1(個)」の重さは等しい。よって，Bの重さを2と3の最小公倍数である⑥とすると，Aの重さは⑥÷3＝②，Cの重さは⑥÷2＝③だから，1番軽いおもりはA，1番重いおもりはBである。

⑵　**【解き方】⑴をふまえる。3種類のおもりはそれぞれ6個ずつであることに注意する。**

「Aが2個，Bが3個」の重さの合計は②×2＋⑥×3＝㉒で，Aは残り6－2＝4(個)，Cは残り6個ある。

Aが4個以内でAとCの重さの合計が㉒となるのは，②×2＋③×6＝㉒より，Aが$_{あ}$2個，Cが$_{い}$6個のときである。

5　⑴　正五角形12個の頂点の個数の合計は，5×12＝60(個)

問題の立体は，1個の頂点に正五角形の頂点が3個集まっているから，頂点の個数は，60÷3＝20(個)

⑵　例えば，右図のように正六角形を3個並べると，1つの頂点に集まった3つの角の大きさの和が360°になる。このとき，右図の3個の正六角形は折って立体をつくることができないので，へこみのない立体をつくることができるのは，1つの頂点に集まった角の大きさの和が360°より小さいときだとわかる。

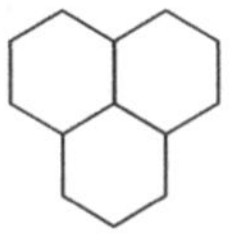

《2022　理科　解説》

1　⑴　月は太陽と同じように，東の地平線からのぼり，南の空で最も高くなったあと，西の地平線にしずむ。よって，西の空(A)では右下に，東の空(C)では右上に向かって動く。

⑵　三日月の3日前は新月である。新月は，太陽，月，地球の順に一直線に並んだときのイである。このとき，太陽が月によって隠《かく》されることで太陽が欠けて見える現象を日食という。なお，エのように，太陽，地球，月の順に

一直線に並ぶ満月のとき，月が地球の影《かげ》に入ることで月が欠けて見える現象を月食という。

(3) Aは西の空の地平線付近のようすであり，bの方向に太陽があるので，少し前に太陽が西の地平線にしずんだ。

(4) Cは東の空の地平線付近のようすであり，cの方向に太陽があるので，間もなく太陽が東の地平線からのぼる。

(5) 新月から約3日後がAの三日月，新月から約15日後がBの満月だから，三日月の約15－3＝12(日後)が満月である。

2 (1) ブロックの重さはブロックの中心(重心)にすべてかかると考える。図1では，黒色のブロックの重心は支点から左に2㎝，2個の白色のブロックの重心は支点から右に2㎝の位置にある。てこをかたむけるはたらき〔おもりの重さ(g)×支点からの距離《きょり》(㎝)〕に着目すると，支点の左では50×2＝100，支点の右では(25＋25)×2＝100となり，左右で等しいので，てこがつりあっている。このように考えると，図2では，てこを右にかたむけるはたらきが50×4＝200だから，てこを左にかたむけるはたらきも200になればよい。解答例の図では，(25＋25)×4＝200になっている。2個の白色のブロックの重心の支点からの距離の和が200÷25＝8(㎝)になればつりあうので，解答例の他にも，支点から左に0㎝と8㎝，1㎝と7㎝，2㎝と6㎝，3㎝と5㎝の組み合わせが考えられる。

(2) 図3では，てこを右にかたむけるはたらきが25×3＋25×7＝250だから，白色のブロック1個ではつりあわせることができない。よって，黒色のブロックの重心が支点から左に250÷50＝5(㎝)の位置にあればよい。

(3) 図Iのように，ギザギザに番号をつけ，これを支点からの距離とする。また，白色のブロックの重さを1，黒色のブロックの重さを2とする。図6では，てこを左にかたむけるはたらきが2×1＋1×2＋1×3＝7だから，白色のブロックを支点から左に7÷1＝7の位置におけばよい。

図I

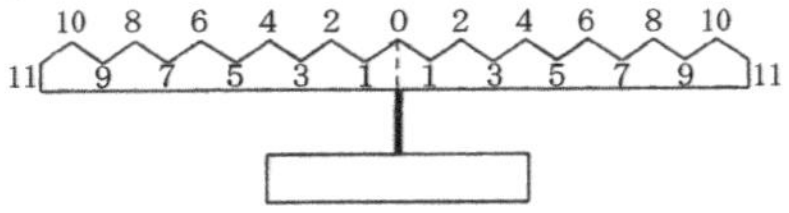

(4) 左右で同じ番号にある同じ色のブロックや，重心が0の位置にあるブロックがてこをかたむけるはたらきは考えなくてよい。例えば，アでは左の5と7にある白色のブロックと，右の1と5にあるブロックで考えると，左にかたむけるはたらきが1×5＋1×7＝12で，右にかたむけるはたらきが2×1＋2×5＝12となるから，つりあう。このように考えて，イでは左にかたむけるはたらきが1×1＋2×3＝7，右にかたむけるはたらきが2×1＋1×5＝7だから，つりあう。ウでは左にかたむけるはたらきが2×3＋1×9＝15，右にかたむけるが1×7＋2×9＝25だから，つりあわない。

3 (2) 血液は，全身→c→心臓→d→肺→a→心臓→bの順に流れる。酸素は肺で血液中にとりこまれるので，肺を通った直後のaを流れる血液に最も多く含《ふく》まれる。

(3) 1分間のはく動で送り出される血液は80×64＝5120(mL)→5.12Lだから，1時間→60分間では5.12×60＝307.2(L)である。

(4) 水の中に入れたジャガイモは，ジャガイモの体積と同じ体積の水を押しのけるから，ジャガイモを入れたことであふれた水の体積を測れば，それがジャガイモの体積と等しい。

4 (1) ドライアイスは二酸化炭素の固体であり，空気中で放置すると，ドライアイスは固体から直接気体に変化する。

(2) ア×…塩酸に鉄を入れると水素が発生する。　ウ×…植物が呼吸をするときに体内に取り入れる気体は酸素である。植物が光合成をするときに体内に取り入れる気体が二酸化炭素である。　エ×…空気中に含まれる気体を体積の割合が大きい順に4番目まで並べると，ちっ素(約78％)，酸素(約21％)，アルゴン(約1％)，二酸化炭素(約0.04％)となる。

(3) 白い煙《けむり》のようなものは，空気中の水蒸気が冷やされて水や氷の粒《つぶ》になったものである。また，ドライアイスの表面にできたものは，白い粉のように見えたから，空気中の水蒸気が冷やされてできた氷の粒だと考えられる。

(4) ドライアイスが固体から気体に変化すると体積は約814倍になる。これに対し，氷が水に変化すると体積は約0.9倍になる。

《2022 社会 解説》

1 問1 平安時代は平安京，江戸時代は江戸で政治が行われた。794 年に平安京が置かれた際，唐の長安の都制にならって碁盤の目状に区画された。長安は現在の西安あたりになる。

問2 桃の節句は３月３日のひな祭り，菊の節句は９月９日の重陽の節句である。

2 問1 ア．「石高は約一万石で，大名としては最も少ない」から，外様大名と判断する。大名(１万石以上の領地を与えられた藩主)のうち，関ヶ原の戦い前後に徳川氏に従った外様大名は最も江戸から遠ざけられ，徳川家一門の親藩や関ヶ原の戦い以前から徳川氏に従っていた譜代大名が要地に配置されていた。

問2 加賀国は石川県の旧国名だから，イを選ぶ。アは仙台藩，ウは尾張藩，エは薩摩藩。

問3 ウを選ぶ。豊臣秀吉は，朝鮮侵略の本営として現在の佐賀県に名護屋城をつくった。アとイは織田信長，エは足利義政。

問4 諸藩の蔵屋敷が集まる大阪に年貢米や特産物が運ばれたため，経済の中心地として「天下の台所」と呼ばれた。

問5 元大阪町奉行所の与力であった大塩平八郎は，天保のききんに苦しむ人々に対する奉行所の対応を批判し，1837 年に彼らを救うために挙兵した(大塩平八郎の乱)。

3 問1 Ｂの「殖産興業政策」「富岡製糸場」から導ける。群馬県の富岡製糸場は生糸の品質や生産技術を向上させるためにつくられた。

問2 ウ．Ａの日清戦争は 1894～1895 年，Ｂの富岡製糸場の開業は 1872 年，Ｃの第一次世界大戦は 1914～1918 年なので，Ｂ→Ａ→Ｃの順になる。

4 問1 1921 年よりも前なので，ア(1889 年)とウ(1890 年代)とエ(1910 年)を選ぶ。イは 1923 年，オは 1925 年。

問2 太平洋戦争中の 1943～1945 年なので，エ．1944 年→オ．1945 年３月→イ．1945 年８月。アは 1925 年，ウは 1933～1935 年。

問3 日中戦争中の 1938 年に国家総動員法が制定されたため，国民の生活は厳しく統制された。配給制が導入されて食料は通帳，衣服は切符による配給となった。

5 問1 加工が進むにつれて，まぐろの大きさは小さくなっていくので，イ→ア→ウの順になる。

問2 かつおの水あげ量が日本一であることから，焼津港のある静岡県焼津市と判断する。

問3 非常食を一定量に保ちながら，消費と購入をくり返すローリングストック法で，食料品の鮮度を保てる。

問4 ウ．群馬県の嬬恋村では，夏でも涼しい気候をいかして，高原野菜のキャベツを時期をずらして栽培している(高冷地農業による抑制栽培)。

6 問 エ．Ａは中国が約半分を占めるので石炭，Ｂはサウジアラビアが入るので原油，Ｃはオーストラリアが入るので鉄鉱石と判断する。

7 問 イが正しい。 Ａ．スエズ運河は地中海と紅海を結ぶ。パナマ運河は太平洋とカリブ海を結ぶ。ベーリング海峡はユーラシア大陸とアメリカ大陸の間，マゼラン海峡は南アメリカ大陸南端とフエゴ島の間である。 Ｂ．物資の運搬なのでコンテナ船と判断する。食料品用の冷凍コンテナなどもある。

8 問1 日本国憲法の基本原理である「国民主権」に基づき，その改正には国民投票で有効投票の過半数の賛成を必要とする。

問2　アが正しい。イの団結権(労働基本権)は社会権，ウは自由権，エは生存権(社会権)。

問3　イが正しい。　ア．納税は国民の義務であり，年齢による区別はない。　ウ．東日本大震災のための復興特別税が課された。　エ．税収の不足を補うために国債(借金)を発行している。

9　問2　エを選ぶ。碑文を表すたて線を加えると，自然災害伝承碑になる。アは茶畑，イは消防署，ウは老人ホーム。

問3　災害時，日本赤十字社は医療救護班を派遣したり，義援金を受付けたりする。

10　問A　グラスゴーはイギリスのスコットランドにあるので，ウを選ぶ。アはオスロ(ノルウェー)，イはベルリン(ドイツ)，エはパリ(フランス)，オはマドリード(スペイン)。　B　「ＣＯＰ26」とも言い，2015年採択のパリ協定のルールブックを完成させた。また，途上国がカーボンニュートラル(植林や森林管理によって温室効果ガスを吸収し，排出量を実質ゼロにすること)を宣言した。

《2022　思考力　解説》

問題(1－A)

左上は清水寺，左下は座禅(仏教の修行)，中上は金閣，中下は舞妓，右上は嵐山の竹林と人力車，右下は京都タワーや五重塔を模した京都限定スイーツである。世界文化遺産に登録されている歴史ある寺社，昔ながらの民家が残された町並み，京都料理などからイメージすれば良い。

問題(1－B)

バス停「清水道」または「五条坂」で降りればよい。「清水道」と「五条坂」にある番号58番，86番，100番，106番，202番，206番，207番から京都駅で乗れるバスを「京都駅バス乗り場系統案内図」から探し，のりばを見つける。行き方は解答例以外にもいくつかある。

問題(2)

車の交通量が増えると，排気ガス量が増えるなどの観光公害も発生する。解答例の他，資料②の例文として，「観光客が集まって混雑すること。」に困っており，その理由を「古都の景観にダメージをもたらすから。」としたり，資料③の例文として，「マナー違反による迷惑行為が多いこと。」に困っており，その理由を「外国人には日本の文化や生活習慣が分からないから。」としたりすることもできる。

問題(3)

交通量を減らすために，自家用車での移動距離を短くして，代わりに鉄道やバスで移動する「パークアンドライド」を推しょうしたり，混雑状況の情報を発信して交通量の分散化をはかったりするなどの方法も考えられる。

問題(4)

キャリーバッグなどの大きな荷物を持った観光客は，バスに乗り込む際に時間がかかり，交通のスムーズな運行に悪影響を及ぼす。そのため，駅でキャリーバッグを持ってバスに乗ろうとしている観光客に声をかけて，ロッカーの利用を働きかけるなどの取組が行われている。

問題(5)

資料③より，外国人観光客のマナー違反を取り上げれば良い。トイレの使い方や道路に広がって歩くこと，土足で畳に上がること，帽子やサングラスをしたまま参拝することなどの迷惑行為も問題になっている。その対策として，リーフレットの他，マナー啓発動画やチラシ，ステッカーなどの作成も考えられる。その際に多言語に対応した案内をつくり，日本語の分からない外国人が使いやすい工夫を取り入れよう。地域全体で観光客を受け入れているという意識を持ち，自治体や地域の人々がともに解決に向けて取り組むことが問題の解決につながる。

問題（６）

京都の方言や地名を取り入れたキャッチフレーズを考えると良い。「八つ橋」「祇園祭」など，京都市の名物を取り入れることもできる。

《2022　思考力入試　計算力テスト　解説》

1　与式$=50-8+2=42+2=44$

2　与式$=75-8\times5=75-40=35$

3　与式$=9+8+6.3-4.3=17+2=19$

4　与式$=\frac{12}{24}+\frac{8}{24}+\frac{6}{24}+\frac{4}{24}+\frac{1}{24}=\frac{31}{24}=1\frac{7}{24}$

5　与式$=0.002\div0.001=2$

6　与式$=12\times4\times12\times4-12\times3\times12\times3+12\times2\times12\times2-12\times12=12\times12\times(16-9+4-1)=144\times10=1440$

7　与式$=(\frac{9}{12}-\frac{8}{12})\times\frac{4}{3}\times1.8=\frac{1}{12}\times\frac{4}{3}\times\frac{9}{5}=\frac{1}{5}$

8　与式$=\frac{8}{3}\div(5.2-1\frac{1}{3}-1.2)=\frac{8}{3}\div(4-\frac{4}{3})=\frac{8}{3}\div\frac{8}{3}=1$

9　与式$=\frac{1}{3}+\frac{1}{8}+\frac{1}{15}=\frac{40}{120}+\frac{15}{120}+\frac{8}{120}=\frac{63}{120}=\frac{21}{40}$

10　与式$=(6\times4-36\div18\times5)\div7=(24-2\times5)\div7=(24-10)\div7=14\div7=2$

11　１から99までの連続する奇数は$(99-1)\div2+1=50$(個)ある。よって，１から99までの連続する奇数の和の２倍は，右の筆算より，100×50となるから，１から99までの連続する奇数の和は，$\frac{100\times50}{2}=100\times25$となるので，□＝25

$$\begin{array}{rl} & 1+\ 3+\ 5+\cdots\cdots+\ 99 \\ +) & 99+97+95+\cdots\cdots+\ 1 \\ \hline & 100+100+100+\cdots\cdots+100 \end{array}$$

12　与式$=\frac{2}{3}+\frac{1}{4}+\frac{2}{15}+\frac{1}{3\times4}=\frac{2}{3}+\frac{1}{4}+\frac{2}{15}+\frac{1}{3}-\frac{1}{4}=\frac{2}{3}+\frac{1}{3}+\frac{1}{4}-\frac{1}{4}+\frac{2}{15}=1+\frac{2}{15}=1\frac{2}{15}$

13　与式$=2000\times\frac{3}{10000}\div\frac{5}{4}\times\frac{1}{2}=2000\times\frac{3}{10000}\times\frac{4}{5}\times\frac{1}{2}=\frac{6}{25}$

14　ａとｂは，最大公約数が６なのでともに６の倍数であり，最小公倍数が36なのでともに36の約数である。36の約数のうちの６の倍数は，６，12，18，36である。このうち，$b=a\times\frac{1}{2}+3$となるａ，ｂの組み合わせは，$a=18$，$b=12$だけである。

15　百の位の筆算の計算はくり上がりがあるので，□＝１とわかる。よって，一の位の筆算の計算より，○＝１＋１＝２
十の位の筆算では，一の位からのくり上がりはなく，△＋２の一の位の数が□＝１となることから，△＝９だとわかる。$291+921=1212$だから，この筆算は正しい。

★金城学院中学校

《国　語》

【一】１．外国から木～入している　２．エ　３．③雑木　⑤挙　４．危機　５．ウ　６．ア　７．イ　８．持続的な木～れた林産物　９．イ　10．ブラック　11．ア　12．ウ　13．イ　14．認知度　15．(1)88　(2)この制度に　(3)(例文)自然環境を守るために、農薬を減らして米を作っている様子を、インターネットを利用して動画で配信する。

【二】１．ウ　２．(1)ア，オ　(2)エ，オ　３．エ　４．(1)ア　(2)エ　(3)ウ　５．全部捨てた　６．三番目…イ　五番目…ウ　７．エ　８．ア　９．(1)おさない頃に別れた兄の鈴森明人であり、二十年以上まえ、道端で絵を売っていた鈴木という男であるという　(2)題材は、ずっと昔、兄と戯れた畑の中の風景であり、自分が今いる場所は、かつて家族と暮らした場所だとわかった　10．ウ　11．ア　12．明人さんがその時言った、たったひとりの妹というのは、　13．ア　14．ウ　15．ウ　16．(1)国立近代美術館　(2)半券　17．を失った彩を引き取り、兄の思いも大切にしながら生きていく　18．エ　19．道

《算　数》

1　(1)1054　(2)$5\frac{7}{9}$　(3)あ，う，か　(4)えんぴつ３本とノート１冊の値段の合計　(5)4400　(6)450　(7)100　(8)124　(9)①辺ＡＣ　②角Ｂ　(10)251.2

2　(1)$\frac{176}{272}$　(2)30　(3)$4\frac{74}{169}$　(4)36　(5)6　(6)2

3　(1)名前…正方形　１辺の長さ…５　(2)Ａ．６　Ｂ．120

4　(1)9　※(2)$12\frac{6}{7}$

5　面積が$\frac{1}{2}$，$\frac{1}{4}$，$\frac{1}{8}$，…の長方形または正方形の面積の合計が１を超えるかどうかを考える。新たに加える長方形または正方形の面積はつねに，「面積を１にするために必要な面積」の半分である。したがって，面積の合計が１を超えることは絶対にない。　図…右図

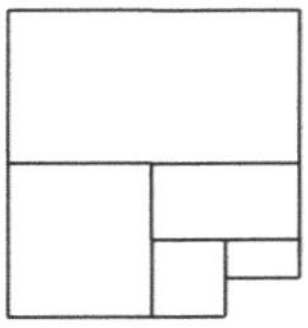

※の求め方は解説を参照してください。

《理　科》

1　(1)Ａ．ア　Ｂ．ウ，エ　Ｃ．イ，オ　(2)青いリトマス紙　(3)ア，オ　(4)イ　(5)ウ

2　(1)40　(2)24　(3)④　(4)7.0

3　(1)裏側　(2)右図　(3)(イ)→(ウ)→(ア)　(4)記号…④／14時ごろに最も高くなるから。　(5)実験Ｂの図…右図　理由…葉だけからの蒸散量は，実験Ａの蒸散量と葉以外の部分からの蒸散量の差だから。

4　(1)ア．蒸発　イ．水蒸気　ウ．雲　(2)①オ　②ア　③エ　(3)エ　(4)①１つ目…空気　２つ目…適当な温度　②小さくて丸みを帯びている。　③大きくなる。　(5)484

3(2)の図

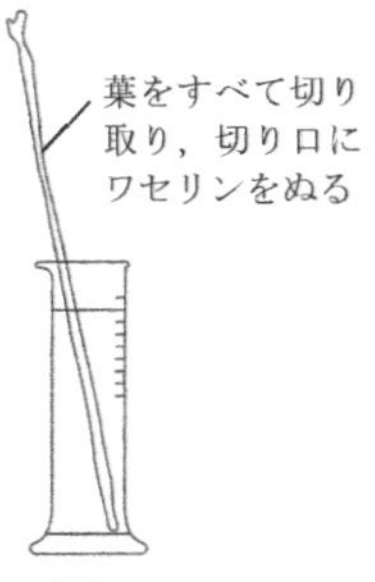

3(5)実験Ｂの図

《社　会》

1 ア．円　イ．方　ウ．方　エ．円

2 ①ア　②ウ

3 ⑴国分寺　⑵ウ

4 記号…ウ　戦乱名…応仁の乱

5 石見銀山

6 ①イ　②エ　③オ

7 イ

8 ⑴イ　⑵福沢諭吉

9 ⑴ウ　⑵ベルリン

10 ⑴イスラム　⑵②イ　③ア　⑶ウ

11 ⑴イ　⑵暖流と寒流で潮目ができるから。

12 ⑴エ　⑵ア

13 ⑴①イ　②ウ　⑵ア

14 ア，ウ

15 ＳＤＧｓ

16 ＥＵ

17 核兵器

金城学院中学校

《2021　国語　解説》

【一】

1　日本の森林の面積がそれほど減っていない（したがって、森林性の生物も減っていない）理由を述べた、２～３行後の「外国から木材や紙の原料となるパルプを輸入している」からぬき出す。

5　第２段落を参照。「熱帯林（＝森林）を～切り開いて造られた」「アブラヤシ農園」の「アブラヤシ」の実からとれる「パーム油」で、「アイスクリーム」を作るから、エ→イ→ウ→アの順になる。よってウが適する。

6　主語は、動作、作用、状態などの主体を表す語。「花がさく」の「花が」にあたる部分。また、「私たちは～蝕《むしば》んでいるという認識を持つ必要がある」とつなげられるので、アが適する。

8　「森林認証制度」について説明した３行前の「持続的な木材生産や生物に配慮《はいりょ》した経営を行っている森から得られた林産物」からぬき出す。

9　ア．森林面積は、カナダが 34,707 万 ha で、アメリカは 31,010 万 ha。カナダの方が、森林面積が大きいので、適さない。　イ．オーストリアの森林面積は、387 万 ha で、主要国の中でもっとも小さい。一方、認証森林の割合は 69％で、カナダの 54％より高いので、適する。　ウ．森林面積は、日本が 2,496 万 ha で、ドイツは 1,142 万 ha なので日本の方が大きい。しかし、認証森林の割合はドイツが 78％で、日本は８％。日本の方がドイツより低いので、適さない。　エ．森林面積は、フィンランドが 2,222 万 ha で、スウェーデンは 2,807 万 ha。スウェーデンの方が、森林面積が大きいので、適さない。

10　森林認証の一種である、カエルのマークがついていないコーヒーについて例えた言葉で、「生態系への配慮が足らない」と言っているから、「不正な、闇《やみ》の」という意味の「ブラック」が入る。砂糖、ミルクを入れない「ブラックコーヒー」とかけている。

11　同段落の最初の部分に着目する。「トキやコウノトリの生息環境を整えるため」、「減農薬」（＝「農薬を減らす」）の他に――部⑪のようなことが行われているという流れである。よってアが適する。

13　「ゲンゴロウ～などの昆《こん》虫、フナやナマズなどの魚」は、自然の残っているところであれば、日本の広範囲に生息する「地味な生き物」である。どの地域にでもいるのだから、イの「米の生産地を～分かりやすく示す」効果はないと考えられる。

14　森林認証という言葉やロゴマークを知っているかどうかなどをグラフにしているから、「認知度」が適する。

15(1)　「認証品」について知らない人が多いため、筆者は認知度を高め、その価値を伝えて購入をうながさなければならないと考えている。だから、森林認証の製品を購入することにそれほど積極的ではない「製品の種類、価格によっては購入したいと思う」人（Ｂ）と、「購入したいとは思わない」人（Ｃ）が対象となる。よってＢ＋Ｃ＝81.6＋6.5＝88.1 となり、88.1 の小数第一位を四捨五入した 88％が答えになる。　(2)　直後の「もう一つ重要なのは」に続く、「この制度によって～フィードバックする仕組みを造ること」からぬき出す。

【二】

1　「作品番号二十九番。その作家の名前は、鈴木明人《すずきあきひと》といった」「鈴木。二十年以上まえ、道端《みちばた》で絵を売っていた男の苗字だ」からア、「明人。幼《おさな》い頃《ころ》に別れた兄の名前だった」からイ、「作品に描《えが》かれていた風景は～兄と戯《たわむ》れた畑の中の風景であり」からエは、それぞれ翠《みどり》が――部①のようになった理由としてふさわしい。

2(1)　意地　ア．意見　イ．位　ウ．平均値　エ．胃　オ．地価　よって、アとオが適する。

⑵　市営　ア．支出　イ．永久　ウ．英会話　エ．朝市　オ．営業　よって、エとオが適する。

3　作品番号二十九番の作者は兄かもしれないと思った翠は、連絡先を知りたいと強く思っている。その状況で、友山が「ご本人の了解を得たら(連絡先を)お知らせしますよ」と言ったので安心した。よって、エが適する。

5　東山魁夷《かいい》の『道』という作品の前での鈴木の言葉、「全部捨てた。そうしたら、道が見えてきた」と、「あの言葉が、『作品番号二十九番』に繋《つな》がったのだと思いたかった」という翠の思いから、「全部捨てた」ということが、作品番号二十九番の絵の大事な要素であることがわかる。

6　アからオを時間の流れにしたがってならべ直すと、エ(母と兄と三人で暮らしていた頃)→ア(母の死後、養女になった時…四十年近く前)→イ(道端で鈴木(兄)が絵を売っていた時…二十年以上前)→カ(兄が娘の彩《あや》を育てている時期)→ウ(美術審査《しんさ》会の翌日、友山の連絡を待っている時)→オ(兄の家を訪ね、兄の娘である少女が茶碗《ちゃわん》を運んできた時)となる。よって、三番目がイ、五番目がウとなる。

8　友山は、翠と鈴木(鈴森《すずもり》)明人の関係は、審査員と作品の出品者という関係だとしか思っていないので、翠が手紙を出してまで連絡をとろうとしていることに驚《おどろ》いている。よって、アが適する。

9⑴　水田のあいだの「くたびれた道」にたどり着く前は、作品番号二十九番の作者について「いまから会う人が、あの鈴木だったら。そして兄だったら。もしも～たとえあの鈴木でなかったとしても。ましてや兄でなかったとしても」と、気持ちがゆれ動き、三者が同一人物であることに確信を持てずにいた。　⑵　本文の最初の方の「作品に描かれていた風景は～兄と戯れた畑の中の風景であり」と、――部⑨の前後の「不思議ななつかしさが胸に募《つの》る」「この道はあの道だ。おさない頃《ころ》、母と兄と三人でたどった、あの道だ」などに着目する。

10　「がらっと」と、ウは実際の音をまねして言葉にした擬音《ぎおん》語(擬声《ぎせい》語)。他は物事の状態や身ぶり(音以外)を言葉で表した擬態《ぎたい》語。

11　「ひだまり」は、温かく幸せなイメージをもつことばである。直前の「彩と共に枕《まくら》もとで画集を広げ～走らせもした」もふまえ、「ひだまりのような日々」が、娘と過ごす幸せな時間の比喩《ひゆ》であることを読み取る。よって、アが適する。エは、「伝え合い自覚できた」が、本文に書かれていない内容。

13　イ(三人称)、ウ(二人称)、エ(一人称)は、話し手との関係を示す人称《にんしょう》代名詞である。アは普通名詞。

14　彩が「お父さんのあの絵～私が塗《ぬ》ったんです～私が塗りました」と涙《なみだ》を流して謝《あやま》っていることから、作家以外の人が手を入れたことが問題になるのではないかと考えていることがわかる。よって、ウが適する。

15　3行前に「だからこそその部分(彩が手を入れた場所)は輝《かがや》いていた～ように」とあり、翠は絵をよいものだと評価している。よって、ウが適する。

16　空らんに入るものと、次の行の「それ」「半券」は同じものである。「半券」は「古ぼけて黄ばん」でいるので、相当昔のものだとわかる。ここから、二十年以上まえに国立近代美術館で翠が会った鈴木という人物は、翠の兄である自分だったということを伝えるために、半券を添付《てんぷ》しようとしたことが読み取れる。

17　――線部⑲の「この道」は、翠がおさない頃に、母と兄とたどった道であり、兄との思い出が残る道なので、家族を象徴《しょうちょう》するものである。彩に対して「この道を一緒《いっしょ》に行こうよ」と告げることは、彩を引き取り、家族になるということを表していると考えられる。兄の「最後の言葉」には、「お父さんには、妹がいるんだ～お前はひとりじゃないんだよ」とあるので、彩をひとりにしないことは、兄の思いに沿《そ》うことでもあると考えられる。

18　9の⑴の解答と解説を参照。「小さな紙切れ」を渡される前、――線部⑨の時点で、翠は兄や絵についていろいろなことを確信していた。よって、エが正解。

19　兄の絵に描かれた「道」、翠の記憶の中の兄と戯れた「道」、――線部⑧の「道」はすべて同じものであり、この「道」が兄と翠をつなぐ非常に重要な役割を果たしている。

―《2021　算数　解説》―

1 (1)　与式$=96\times0.25+52\times10\times0.25+36\times100\times0.25=(96+520+3600)\times0.25=4216\times\frac{1}{4}=1054$

(2)　与式$=\frac{8}{15}\times(\frac{5}{2}+\frac{17}{3}\div0.68)=\frac{8}{15}\times(\frac{5}{2}+\frac{17}{3}\div\frac{68}{100})=\frac{8}{15}\times(\frac{5}{2}+\frac{17}{3}\times\frac{100}{68})=\frac{8}{15}\times(\frac{5}{2}+\frac{25}{3})=\frac{8}{15}\times(\frac{15}{6}+\frac{50}{6})=$
$\frac{8}{15}\times\frac{65}{6}=\frac{52}{9}=5\frac{7}{9}$

(3)　**【解き方】偶数と奇数の和は奇数となり，偶数同士または奇数同士の和は偶数となる。また，偶数が１つでもふくまれる積は偶数，奇数同士の積は奇数となる。**

(あ)[奇]＋[偶]×[奇]＝[奇]＋[偶]＝[奇]　　(い)[偶]＋[奇]×[偶]＝[偶]＋[偶]＝[偶]　　(う)[奇]＋[偶]×[偶]＝[奇]＋[偶]＝[奇]

(え)[偶]＋[偶]×[偶]＝[偶]＋[偶]＝[偶]　　(お)[奇]＋[奇]×[奇]＝[奇]＋[奇]＝[偶]　　(か)[偶]＋[奇]×[奇]＝[偶]＋[奇]＝[奇]

よって，答えが奇数になるのは，(あ)，(う)，(か)である。

(4)　x円×３本＋200円のように，式に単位をつけると考えやすい。

(5)　①よりＡ，Ｂ，Ｃの値段の合計は$5800\times3=17400$(円)　　②よりＡ，Ｃの値段の合計は$6500\times2=13000$(円)
よって，Ｂの値段は$17400-13000=4400$(円)である。

(6)　入っていたジュースの$40\%=\frac{40}{100}=\frac{2}{5}$が$2000-1380=620$(g)だから，入っていたジュースは$620\div\frac{2}{5}=$
$620\times\frac{5}{2}=1550$(g)である。よって，びんの重さは$2000-1550=450$(g)である。

(7)　Ｂさんは20分で$130\times20=2600$(m)進むから，Ａさんは20分で$2600-600=2000$(m)進む。
よって，Ａさんの速さは，分速$(2000\div20)$m＝分速100mである。

(8)　**【解き方】折って重なる角の大きさは等しいことと，平行線の同位角は等しいことを利用する。**

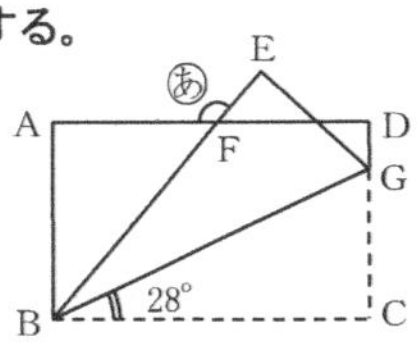

右図のように記号をおく。折って重なる角だから，角ＥＢＧ＝角ＣＢＧ＝28°
角ＥＢＣ＝28°＋28°＝56°であり，ＡＤとＢＣは平行だから，角ＥＦＤ＝角ＥＢＣ＝56°
よって，角(あ)＝180°－56°＝124°

(9)　**【解き方】三角形の合同条件より，合同な三角形をかくには，「３つの辺の長さ」「２つの辺の長さとその間の角の大きさ」「１つの辺の長さとその両はしの角の大きさ」がわかればよい。**

辺ＡＢの長さと角Ａの大きさを測ったので，①辺ＡＣの長さを測ると「２つの辺とその間の角」がわかり，
②角Ｂの大きさを測ると「１つの辺とその両はしの角」がわかるから，合同な三角形をかくことができる。
なお，角Ｃの大きさを測ることで，角Ｂの大きさを計算で求めることができるが，計算で角Ｂの大きさを求めるということは，角Ｂの大きさを測るということと同じことと考えられるため，「あと１つ」測るという条件に合わないであろう。

(10)　**【解き方】できる立体は，右図のようになる。体積は，底面の半径が３＋２＝５(cm)，高さが５cmの円柱の体積から，底面の半径が３cm，高さが５cmの円柱の体積を引けばよい。**

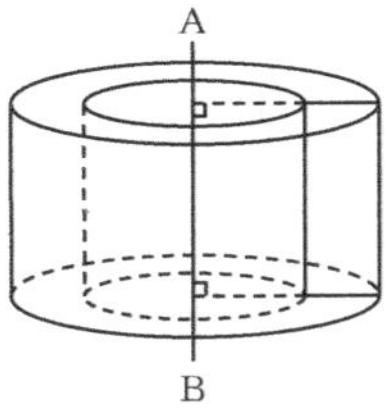

求める体積は，$5\times5\times3.14\times5-3\times3\times3.14\times5=(25-9)\times3.14\times5=$
$16\times3.14\times5=80\times3.14=251.2$(cm³)

2 (1)　**【解き方】$\frac{11}{17}$の分母と分子を２倍，３倍…すると，分母と分子の差も２倍，３倍…となる。よって，約分して$\frac{11}{17}$になる分数の分母と分子の差は，常に$17-11=6$の倍数となる。**

６の倍数のうち，２けたで最大の数は，$100\div6=16$余り４より，$6\times16=96$である。
よって，求める分数は，$\frac{11\times16}{17\times16}=\frac{176}{272}$である。

(2)　100点（３問正解）と75点（Aをふくむ２問正解）の人は必ずAを正解しており，50点の人は，Aだけを正解したか，BとCだけ正解した人である。また，25点，０点の人はAを正解していない。
BとCを２問とも正解した15人のうち，９人は３問正解したから，BとCだけ正解した人は15－９＝６(人)である。
よって，50点の人のうち，Aだけを正解した人は15－６＝９(人)だから，求める人数は，９＋12＋９＝30(人)

(3)　**【解き方１】三角形ACDと三角形BCAは同じ形の三角形であることから，ADとCDの長さを求める。**
AC：BC＝５：13だから，AD＝BA×$\frac{5}{13}$＝12×$\frac{5}{13}$＝$\frac{60}{13}$(cm)，CD＝CA×$\frac{5}{13}$＝５×$\frac{5}{13}$＝$\frac{25}{13}$(cm)
よって，三角形ACDの面積は，AD×CD÷２＝$\frac{60}{13}$×$\frac{25}{13}$÷２＝$\frac{750}{169}$＝$4\frac{74}{169}$(cm²)
【解き方２】同じ形の三角形について，辺の長さの比がａ：ｂのとき，面積の比は（ａ×ａ）：（ｂ×ｂ）となることを利用する。
三角形ACDと三角形BCAは同じ形の三角形であり，三角形BCAの面積は，AB×AC÷２＝12×５÷２＝30(cm²)
AC：BC＝５：13より，三角形ACDと三角形BCAの面積の比は，（５×５）：(13×13)＝25：169だから，
三角形ACDの面積は，30×$\frac{25}{169}$＝$\frac{750}{169}$＝$4\frac{74}{169}$(cm²)

(4)　切り落とす前の立体は正八面体といい，辺が12本，頂点が６個ある。頂点を１個切り落とすごとに，辺は４本増えるから，求める辺の数は，12＋４×６＝36(本)である。

(5)　**【解き方】10等分した後の表面積が切る前の表面積の２倍になったのだから，切ることで増えた表面積は，切る前の表面積に等しい。**
右図のように直方体の３種類の面をア，イ，ウとする。切ることで増えた面は
(切り口の数)×２＝９×２＝18(面)あるから，直方体の表面積はウの18面分である。
イとウの面積比は30：10＝３：１だから，イ２つとウ２つの面積の和は，ウの
（１＋３）×２＝８(面分)である。したがって，ア１つの面積は，ウの(18－８)÷２＝５(面分)である。
アとウの面積比は30：(高さ)と等しく，これが５：１になるのだから，高さは，30×$\frac{1}{5}$＝６(cm)

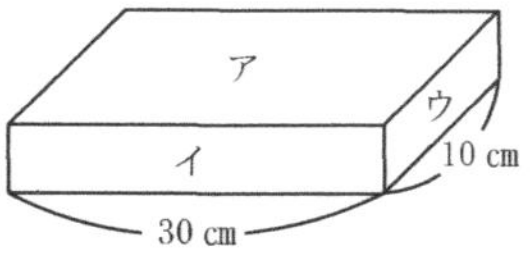

(6)　**【解き方】Aは比例だから，入れる数を２倍，３倍，…すると，出てくる数は２倍，３倍，…される。Bは反比例だから，入れる数を２倍，３倍，…すると，出てくる数は$\frac{1}{2}$倍，$\frac{1}{3}$倍，…される。**
50は10の50÷10＝５(倍)だから，Aに50を入れると，５×５＝25が出てくる。
25は10の25÷10＝$\frac{5}{2}$(倍)だから，Bに25を入れると，５×$\frac{2}{5}$＝２が出てくる。よって，求める数は２である。

3　(1)　実際に命令を実行し続けると，右図のような１辺が２＋３＝５(cm)の正方形ができる。
なお，１回の命令で，点は右図のPからQまで進む。

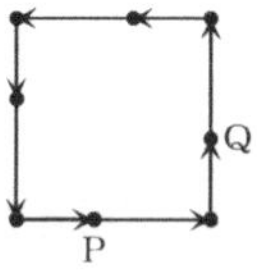

(2)　正三角形の１つの内角の大きさは60°だから，点Sからまっすぐ$_{A}$6cm進み，進む向きを左に180°－60°＝$_{B}$120°回すことをくりかえすと，右図のように１辺が６cmの正三角形をかける。なお，進む向きを左に180°＋60°＝240°回した場合は，図の三角形を上下にひっくり返した正三角形ができるが，０°以上180°以下ではないので，条件に合わない。

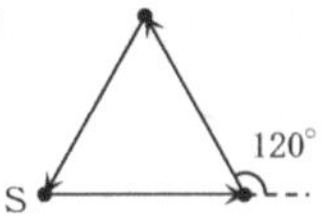

4　(1)　**【解き方】右のてんびん図を利用して考える。**
ａ：ｂは，食塩水の量の比の逆比に等しくなる。
５％と15％の食塩水の量の比は，300：200＝３：２だから，ａ：ｂ＝２：３である。
よって，できた食塩水の濃度は，５＋(15－５)×$\frac{2}{2+3}$＝５＋４＝９(％)である。

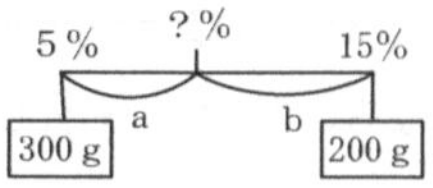

(2)　**【解き方】同じ量を取り出して戻しているから，混ぜた後の容器A，Bの食塩水の量はそれぞれ200ｇ，300ｇのままである。また，それぞれに含まれる食塩の量の合計は変わらないことから，混ぜた後の容器A，Bに含ま**

れる食塩の量の比を出し，容器Aに含まれる食塩の量を求める。

食塩の量の合計は，$200\times\frac{15}{100}+300\times\frac{5}{100}=30+15=45$(g)である。

食塩水の量が等しい2つの食塩水について，濃度の比が2：1のときは，含まれる食塩の量の比も2：1となる。

また，含まれる食塩の量は，食塩水の量に比例する。

混ぜた後の容器A，Bは濃度の比が2：1で，食塩水の量の比が200：300＝2：3だから，含まれる食塩の量の比は，(2×2)：(1×3)＝4：3だとわかる。よって，混ぜた後の容器Aに含まれる食塩の量は$45\times\frac{4}{4+3}=\frac{180}{7}$(g)だから，求める濃度は，$\frac{180}{7}\div200\times100=\frac{90}{7}=12\frac{6}{7}$(%)である。

5 面積が$\frac{1}{2}$の長方形は面積が1になるには$1-\frac{1}{2}=\frac{1}{2}$足りない。次に加える$\frac{1}{4}$は$\frac{1}{2}$の半分だから，加えても1には$\frac{1}{4}$足りない。次に加える$\frac{1}{8}$は$\frac{1}{4}$の半分だから，加えても1には$\frac{1}{8}$足りない。このように，いくら加えていっても1には足りない部分が残り続ける。

《2021　理科　解説》

1 (1) BTB液は酸性で黄色，中性で緑色，アルカリ性で青色を示す。Aグループは中性のア，Bグループは酸性のウ，エ，Cグループはアルカリ性のイ，オである。

(2) 酸性の水よう液は青いリトマス紙を赤くし，アルカリ性の水よう液は赤いリトマス紙を青くする。中性の水よう液はどちらのリトマス紙の色も変えない。したがって，Bグループ(酸性)の水よう液によって，青いリトマス紙が赤くなる。

(3) ア，オ〇…固体がとけている水よう液は，加熱して水を蒸発させると固体が残るが，液体や気体がとけている水よう液は，加熱して水を蒸発させると何も残らない。したがって，水を蒸発させると固体が残るのは，食塩水と石灰水である。

(4) イ〇…Cグループ(アルカリ性)の中で，においのする水よう液はアンモニア水である。

(5) ウ〇…アルミニウムは塩酸にとけて，水素が発生する。

2 (1) 表より，ふりこの長さが0.25mから1mへ(2×2＝)4倍になると，10往復するのにかかる時間は10秒から20秒へ2倍になっており，0.50mから2mへ(2×2＝)4倍になると，10往復するのにかかる時間は14秒から28秒へ2倍になっていることがわかる。したがって，ふりこの長さが1.0mの4倍の4.0mのとき，10往復するのにかかる時間は20秒の2倍の40秒である。

(2) ふりこが10往復するのにかかる時間は，ふりこの長さによって決まり，ふりこの高さによって変わらない。表より，ふりこの長さが1.5mのとき，10往復するのにかかる時間は24秒である。

(3) ④〇…最高点ではおもりが一瞬《いっしゅん》止まる。このときに糸が切れておもりが床に落ちる場合，そのまま真下に落ちる。

(4) 長さが1.0mのふりこが10往復するのにかかる時間は20秒(1往復するのにかかる時間は2.0秒)，長さが2.0mのふりこが10往復するのにかかる時間は28秒(1往復するのにかかる時間は2.8秒)である。したがって，1.0mのふりこがぶつかる方の最高点に最初に到達するのは2.0÷2＝1.0(秒後)であり，1.0秒後，3.0秒後，5.0秒後，7.0秒後，9.0秒後，…と奇数秒後にふりこがぶつかる方の最高点に到達する。2.0mのふりこがぶつかる方の最高点に最初に到達するのは2.8÷2＝1.4(秒後)であり，1.4秒後，4.2秒後，7.0秒後，9.8秒後，…にふりこがぶつかる方の最高点に到達する。したがって，7.0秒後である。

3 (1) 気孔はふつう葉の裏側に多い。

(3) ①蒸散の量の増加の後に②根から水を吸い上げる量が増えている。これは，蒸散によって葉から水蒸気を放出して失うことで，根から水を吸収する力がはたらくからである。

(4) 太陽からの光は，空気を通りぬけて，当たったものを直接あたためる。このような熱の伝わり方を放射という。このため，晴れの日には，日射量が最も多くなる時間(12時ごろ)よりも後の14時ごろに気温が最も高くなる。

(5) ある条件について調べたいときは，その条件だけが異なる2つの実験の結果を比べる。葉だけからの蒸散量を調べたいので，図3の葉がついているアジサイと比べるために，葉がついていないアジサイで同じ実験を行う。

4 (2) 水は地球の表面の約 70%をおおっており，そのうちの約 97.5%が海水(生活に利用できない)で，残りの2.5%の淡水《たんすい》うち，私たちが生活に利用できるようなものの割合はさらに小さい。また，日本の食料自給率はおよそ40%である(2019年時点)。

(4)① 植物の発芽に必要な条件は，水，空気，適当な温度である。　② 川の上流にある大きくとがった石は，流水によって運ばれてくる間に，川底や他の岩石とぶつかって角がとれるので，下流の石は小さくて丸みを帯びている。　③ 空気と同様に，水も温めると体積が大きくなる。なお，水の体積は4℃のときに最も小さくなる。

(5) メニューの質量の単位がすべてgで，それぞれの食品1kgあたりの仮想水の単位がすべてm^3だから，1000g→1kg，1m^3→1000Lより，表の数値のまま計算すればよい。食パンは 1.6×60＝96(L)，バターは 13×13＝169(L)，イチゴは 0.68×75＝51(L)，オレンジジュースは 0.84×200＝168(L)となる。したがって，96＋169＋51＋168＝484(L)となる。

《2021　社会　解説》

1 (1)・(2) 丸い部分の「円墳」と，四角い部分の「方墳」が合わさっている。ほかに前方後円墳などもあり，日本最大の前方後円墳として，大阪府堺市の大仙古墳が有名である。

2 ① ア．推古天皇は女性だったため，甥《おい》の聖徳太子が摂政となって政治を行った。隋との対等な国交を目指した聖徳太子は，隋の進んだ制度や文化を取り入れるために，小野妹子を遣隋使として派遣した。

② ウ．小野妹子は，隋の皇帝煬帝《ようだい》にあてた国書をもって派遣された。煬帝は，中国の皇帝にしか使われない天子という言葉を倭国の王が使ったことに怒ったと言われている。

3 (1) 聖武天皇は，仏教の力で世の中を安定させようとして国分寺を全国につくり，奈良の都に東大寺と大仏をつくった。

(2) 律令制は飛鳥から奈良時代にあたるから，ウが誤り。収穫の約半分を年貢米として納める「五公五民」は，江戸時代中期以降に課された。

4 ウを選ぶ。室町幕府8代将軍足利義政の跡継ぎ争いに有力守護の勢力争いが複雑にからみあって，応仁の乱が始まった。主戦場となった京都から公家や貴族らが地方へと逃れ，祇園祭も中断されたが，その後京都の有力な商人である町衆らが復活させた。アは石川県，イは秋田県，エは青森県で行われる。

5 石見銀山のある安芸国は，1555年から毛利氏の領有となった。石見銀山から採れた銀は，西まわりで長崎に運ばれると，南蛮貿易によってヨーロッパに輸出された。

6 ①はイ，②はエ，③はオを選ぶ。アは老中，ウは目付である。

7 イが正しい。国学は『古事記』『日本書紀』などの研究を通じて，仏教や儒教の影響を受ける前の日本古来の精神を学ぶ学問で，本居宣長が大成させた。蘭学はオランダ語で書かれた書物を通じて西洋の学術を研究しようとした学問。杉田玄白は，前野良沢とともにオランダ語で書かれた『ターヘル・アナトミア』を翻訳し，『解体新書』を出版した人物である。

8 (1) イが誤り。農地改革は昭和時代に行われた。

(2) 福沢諭吉が書いた『学問のすゝめ』は，冒頭の言葉「天は人の上に人を造らず，人の下に人を造らず」が広く知られており，人間の自由・平等や学問の大切さが説かれている。

9 (1) 1964年のウを選ぶ。アは1956年，イは1946年，エは1995年，オは1978年，カは1951年，キ(ベルリンの壁崩壊)は1989年。

(2) 第二次世界大戦終了後のドイツは，アメリカなどが統治する西ドイツと，旧ソ連が統治する東ドイツに分裂された。東ドイツの首都ベルリンの一部は，西ドイツの領土(西ベルリン)とされていたため，東ドイツ国民が西ベルリンを通って西ドイツに脱出することが多発し，労働人口の流出をおそれた東ドイツが壁を築き封鎖していた。

10 Ａはアメリカ，Ｂは中国，Ｃはサウジアラビア，Ｄは韓国である。

(1) サウジアラビアの国旗には，イスラム教の聖典『コーラン』の一節と，聖地メッカを守護する剣が描かれている。

(2) ②はイ，③はアを選ぶ。ウは中国の旧正月，エはアメリカのキリスト教の祝日である。

(3) アメリカは，国土面積が最も大きいウと判断する。アは中国，イは韓国，エはサウジアラビアである。

11 (1) イが誤り。茨城県は「東北地方」ではなく「関東地方」である。

(2) 暖流の日本海流(黒潮)と寒流の千島海流(親潮)がぶつかる潮目では，プランクトンが豊富なため，好漁場となる。

12 (1) エを選ぶ。最上川は東北地方を流れる。アは北海道，イは中部地方，ウは関東地方を流れる。

(2) アが正しい。　①代かきは，田植えの前に田に水を入れて，土のかたまりをくだいてならす作業である。②田植えは，苗を田んぼに移して植えていく作業である。　③だっこくは，稲からもみをとる作業である。

13 (1)① イ．沖縄返還は1972年だからＢと判断する。　② ウ．「平成」改元は1989年だからＣと判断する。

(2) ア．日本は火力発電量の割合が高く，2011年の東日本大震災による福島第一原子力発電所事故以降，原子力発電量の割合が激減したから，①を火力，②を原子力，③を水力と判断できる。

14 アとウを選ぶ。アは「勤労の義務」「勤労の権利」，ウは「教育を受ける権利」「教育を受けさせる義務」が規定されている。イは納税の義務，エは参政権である。

15 持続可能な世界を実現するため，17の目標の「ＳＤＧｓ」が掲げられ，環境・経済・人間社会のバランスがとれた社会を取り戻し継続していくことが目指されている。

16 イギリスは，移民の急増などを理由に，2020年２月に正式にＥＵを離脱した。

17 戦時中，広島と長崎に原爆を投下された日本は，唯一の被爆国としての立場から，1972年に非核三原則を表明した。近年，核兵器の開発や保有，使用などを禁止した核兵器禁止条約が発効されるなど，核廃絶に向けた動きが世界中に広まっている。しかし，核兵器禁止条約にはアメリカ，ロシア，中国などが反対し，日本もアメリカの核の傘に守られる安全保障政策などを理由に賛成しなかった。

★金城学院中学校

《国　語》

【一】１．C　２．死んで骨になっても、心のなかからはぜったいに消せやしない　３．②吸　⑧成功　④ゆくえ　４．けどさ、見　５．ア　６．ウ　７．明希と自分が、哀しすぎる記憶を消し、親とのことにしばられなくなる　８．ふりかえる　９．美香　10．エ　11．楽しいもんにすりかえろ　12．施設からぬけだした明希を温かくむかえ入れるため。　13．ア　14．イ

【二】１．①伝統　⑯ふうちょう　２．家族を養うための資金を男性がかせぐ賃金に大きくたよる　３．③イ　④ウ　４．エ　５．従　６．イ　７．ア　８．ア　９．ウ　10．エ　11．バランス　12．正社員が、現時点でパートタイマーと同じ仕事をしている　13．イ　14．ウ　15．二／一　16．公平　17．同じ仕事をしている非正社員を正社員より低賃金で働かせている場合でも、企業内での位置づけが異なれば問題ないという、企業の都合中心の　18．同一価値労働同一賃金の原則　19．以上のよう　20．B，D

【三】１．勝利　２．エ　３．耕す　４．イ　５．ア，オ　６．ア　７．くださる　８．１．カ　２．ウ

《算　数》

1　(1)56　(2)8　(3)10：3　(4)$y=150-10\times x$　(5)42　(6)540　(7)50　(8)9.12　(9)60　(10)15

2　(1)5　(2)8　(3)720　(4)垂直　(5)24　(6)(ア)，(ウ)

3　１年生…Ｆさん　２年生…Ｄさん　３年生…Ｅさん　４年生…Ｂさん　５年生…Ｃさん　６年生…Ａさん

4　(1)480　(2)27.75

5　$\frac{1}{2}$　理由…底面積が$\frac{1}{2}\times\frac{1}{2}=\frac{1}{4}$(倍)で，高さが２倍だから，体積は$\frac{1}{4}\times 2=\frac{1}{2}$(倍)となる。

6　(1)１枚のタイルは，図３の白と黒のマスを１つずつ合わせた長方形であるのに，白のマスの方が黒のマスより２つ多いから。　(2)①と⑤〔別解〕①と③／③と⑤

《理　科》

1 (1)④　(2)ア　(3)イ　(4)ア・2・い／ウ・3・う

2 (1)シェードの周りにはシェードをまわりこむ空気の流れが発生しなかったから。　(2)①速く　②小さく
(3)シェードの窓側の空気があたためられることで天井に向かう空気の流れが発生して，シェードの窓側に働く圧力が小さくなった　(4)①

3 (1)A　(2)(お)　(3)①95　②109　(4)①イ　②水を蒸発させる

4 (1)ススキ→バッタ→カマキリ→モズ　(2)緑色で細長い形をしていて，イネ科の植物の細長い葉やくきに似せている。　(3)エサであるバッタや天敵であるモズから見つかりにくくするため。　(4)日光　(5)あざやかな色をしたからだや花びらのようなあしをもち，ラン科の植物の花に似せている。　(6)ハチ／チョウ　(7)エサとなる昆虫が近づいてくるまで動かずじっとしている。

《社　会》

1 問1．8　問2．エ，オ，イ

2 問1．エ　問2．佐賀県

3 問1．名前…徳川家光　記号…エ　問2．記号…ウ　都道府県…熊本県　問3．①松前　②昆布
問4．ア．○　イ．○　ウ．×　問5．生糸

4 問1．政策…殖産興業　記号…ウ　問2．イ，ウ　問3．(1)語句…足尾銅山　記号…エ　(2)ア．×　イ．×
問4．語句…水俣病　記号…ウ

5 問1．イ　問2．現在の世代だけでなく将来の世代　問3．北海道…エ　宮城県…ウ　問4．台風
問5．静岡県…エ　宮城県…イ

6 問1．権力　問2．裁判員制度　問3．(1)A．8　B．10　(2)軽減税率(制度)　問4．イ

7 石炭火力

2020 解説
令和２年度

金城学院中学校

《2020　国語　解説》

【一】

1　Cは、音を言葉で表した擬音《ぎおん》語。A、B、Dは、ものの状態や様子を言葉で表した擬態《ぎたい》語。

2　前の２行の「わたしがかあちゃんを刺《さ》して～死んじまってたとしても、やっぱりこんなふうにいるってことか。死んで骨になっても、心のなかからはぜったいに消せやしない」を参照。美香《みか》は母親が亡くなっても、父親は母親を忘れることができずに苦しんでいると考えている。――線③の後に、母親が家を出ていったことで、父親が精神的に不安定になり、酔って美香に暴力をふるっていたことが書かれているが、母親が死んだ今も、父はまだ母の存在に苦しみ続けているということ。

4　信也《しんや》は、墓石を見て「似たようなんが、いっぱいあんなぁ。みんな、おんなじような、つまんない人生おくってきたんだろーな」と言った。同じように、たくさんの墓石を見て美香が冷めた気持ちになってしまったことが読み取れる部分を探す。――線⑤の９行後の「けどさ、見てよ。この墓石のオンパレード。どれもこれもしらーっとしてんじゃん」から抜き出す。

6　⑨　は、２行後に「明希がまた、にいっと笑った」とあるから、Bが入る。したがって答えはアカウにしぼられる。そして、⑨　の直後で「できるじゃん、そういう顔」と言っているため、ここで初めて笑ったと考えられる。そのことから、⑥　で「明希がふきだした」とは考えにくい。よってウが適する。

7　直後の「明希の心から哀《かな》しすぎる記憶《きおく》を消したかった。いや、明希のだけじゃない、親とのことにしばられるのは、もうたくさんだ」からまとめる。墓で明希を見つけたとき、明希は母のことを思い出している様子だった。美香は、明希の母親と墓場の哀しい記憶を消そうと考え、墓石をキリンや馬だと思うように言った。しかし、父親になぐられ、母親を殺そうと思いつめていた美香も、親の哀しい記憶にしばられている点で明希と同じであり、二人が救われるように願ったのである。最後の場面の、⑭　をふくむ信也の言葉もヒントになる。

8・9　――部①のあとで、信也が蚊《か》に刺されていた美香の頬《ほお》をぶったため、そのお返しとして、――部⑪では、美香が信也の頬をぶった。

10　「いたー！いたよーっ！」と咲子《さきこ》が叫んだことや、田中先生が原付《げんつき》で猛《もう》スピードで近づいてきたことから、みんなが明希を心配して探していたことがうかがえる。そのため、明希がいなくなったことに対する「怒り」、無事に見つかったことにたいする「安堵《あんど》」や「喜《よろこ》び」はあると考えられるが、「恨《うら》み」があるとは思えない。よって、エが正解。

11　「さっき、おまえ(美香)が明希にいってたこと」で、「記憶」に関することである。また、信也が「おれたち、これまでよりこれからのこと考えたほうが、手っとりばやいぜ」と言っていることから、前向きになるように伝えた言葉である。細かいことまで鮮明《せんめい》に覚えている明希の心から哀しすぎる記憶を消すことで、前向きになってほしいと願い、美香は「いいか、頭んなかの記憶を楽しいもんにすりかえろ」と言った。

12　10の解説も参照。あけぼの園では、美香や信也はもちろん、咲子やけんじ、田中先生も必死で明希を探していた。施設《しせつ》のみんなが明希を心配し、大切に思っているのである。そして、無事見つかった明希を温かくむかえ入れようとしている。玄関《げんかん》のあかりはそれらのことを象徴《しょうちょう》している。

13　明希が目をつぶって何が見えるかきかれたとき、最後に「みかちゃんとしんや」が見えるといっていることから、明希は美香と信也を受け入れている。よって、アが本文の内容とちがっている。

14　まず、文章の4行目に月の描写《びょうしゃ》がある。明希は、父とラーメンを食べたときも、母と墓地にいたときも月がいたと話している。また、美香が墓石はキリンや馬だと話して聞かせた時も、月がアフリカまで散歩についてきたということになった。さらに、明希が「あけぼの園にかえる」といった時にも月の描写がある。この間、明希と美香には、哀しい過去にとらわれず、前を向こうとするようになるという変化がみられる。これらのことから、月は子どもたちに寄り添《そ》い、成長を見守る存在だと考えられる。よって、イが適する。

【二】

2　男性がかせぎ主であることについて説明した、「家族を養うための賃金を男性がかせぐ賃金に大きくたよ」るというのは、1980年代に男女の役割分担が完成したことで、人々に根付いた意識である。

3③図1を見ると、1992年に初めて、「夫のみ就労する世帯数」と「共働き世帯数」が逆転している。　④2003年までしばらく横ばいだった「共働き世帯数」は、増減はあるものの2004年から増加傾向《けいこう》にある。

4　⑤について考えると、エ「標準」が、一般《いっぱん》的(な形)というような意味で使われている。現在は「夫のみ就労する世帯数」よりも「共働き世帯数」の方が多いので、「妻が専業主婦の世帯」が一般的とは言えないのである。

5　「主」は、おもなこと。「従」には「従う」という意味の他に、「中心とはならないもの」という意味がある。

8　「非正規労働者の割合と子どもの～貧困率を重ね合わせたとき、ほとんど同じ動きを示す」ということは、「非正規労働者の割合」が高ければ「子どもの貧困率」も高くなり、「非正規労働者の割合」が低ければ、「子どもの貧困率」も低くなるということ。よって、アが適する。

9　⑦ の直後「短時間勤務のパート・アルバイトの割合が上がっているだけでなく、派遣《はけん》社員～といった～『その他』が、増えている」や「『雇用《こよう》形態の多様化』を目標にした」などに着目する。非正社員が増え、「パート・アルバイト」「派遣社員・契約《けいやく》社員」といった、非正社員のありかたも多様化しているので、ウが適する。

12　――部⑬が指す内容は、直後の「将来の専門的な仕事のために経験を積んでいる」とされていることである。

13　2～3行後に「(同じ仕事をしている正社員と非正社員の)賃金差が差別だと訴《うった》えられないためには」とあるので、「両者(＝正社員と非正社員)の処遇《しょぐう》」の「処遇」とは賃金の処遇である。よって、イが適する。

15　「働き過ぎ～正社員か、低賃金～非正社員か」という極端《きょくたん》な2つの選択肢《せんたくし》からどちらかを選ぶということ。

16　㉒ の前に「行った仕事に対する対価としての賃金を、性別や雇用形態などに関わりなく支払《しはら》われる社会こそが望ましい」とある。日本はそうなっていない不公平な社会なので、公平性を高めるべきだと述べている。

17　――部⑬をふくむ段落で「(企業《きぎょう》本位の)『人材活用の仕組み』という基準」が説明されている。「企業における人材の位置づけが異なるので、両者(＝同じ仕事をしている正社員と非正社員)の処遇を同じものにしなくてよいというもの」や「同じ仕事をしていても、企業の位置づけが異なれば問題ない――こうした基準」などからまとめる。こうした基準は企業にとって都合のよいものであり、公平性を欠くものだと述べられれている。

18　㉑ の前の「行った仕事に対する対価としての賃金を、性別や雇用形態などに関わりなく支払われる」というのは、「同じ仕事をしている人には同じ賃金を保証する」ということであり、これは「同一価値労働同一賃金の原則」を適用するということである。

19　過酷《かこく》な正社員の「働き方から『脱落《だつらく》』する人への眼差《まなざ》し」が厳しくなった結果、ぬけている一文にあるような非正社員に対する意識が生まれ、人々の間に分断が生まれるのである。

20　文章[Ⅰ]にあるように、現在の日本の社会は、「男性かせぎ主」を想定した仕組みになっていて、「働く女性を取り巻《ま》く状況《じょうきょう》は厳しい」。また、文章[Ⅱ]の後半に、企業本位の「人材活用の仕組み」という基準が生む風潮が「よりいっそう女性が正社員として働き続けることを難しくしている」とある。続いて、こうした基準をあらため、「同一価値労働同一賃金の原則」などに基づいた、これからの時代にも通用する基準作りをする必要があると述べているので、BとDが適する。

【三】

4　「おさない」とイの「あぶない」は、どちらも形容詞である。ア、ウ、エはそれぞれ、「よい」「ゆたかだ」「わかる」に「ない」がついたもの。

7　先生への敬意を表すことばに変える。「くれる」は先生の動作なので、尊敬語に直せばよい。

《2020　算数　解説》

[1]　(1)　与式$=4\times(18-4)=4\times14=56$

(2)　与式$=\frac{20}{7}\times\frac{21}{8}+\frac{8}{5}\div\frac{16}{5}=\frac{15}{2}+\frac{8}{5}\times\frac{5}{16}=\frac{15}{2}+\frac{1}{2}=\frac{16}{2}=8$

(3)　1時間＝60分だから，2時間30分＝$(2\times60+30)$分＝150分である。よって，姉と妹の勉強時間の比は，150：45＝10：3である。

(4)　x日後までに読むページ数の合計は$10\times x$(ページ)だから，残りのページ数は$150-10\times x$(ページ)である。よって，$y=150-10\times x$

(5)　花子さんとお父さんの年れいの差は30才である。3年後の花子さんとお父さんの年れいの比は1：3となり，この比の数の差の$3-1=2$が30才と等しい。したがって，3年後のお父さんの年れいは$30\times\frac{3}{2}=45$(才)だから，今のお父さんの年れいは$45-3=42$(才)である。

(6)　2.5合のお米は，$0.18\times2.5=0.45$(L)だから，入れる水の量は，$0.45\times1.2=0.54$(L)である。
1L＝1000mL＝1000㎤だから，0.54L＝(0.54×1000)㎤＝540㎤

(7)　四角形AEFGと四角形ABCDは同じ形だから，角FGA＝角CDA＝120度である。また，角FEA＝$180-80=100$(度)だから，三角形AEFGの内角の和より，㋐の角の大きさは，$360-120-90-100=50$(度)である。

(8)　右のように作図すると，求める面積は色付きの斜線部分の面積の8倍とわかる。

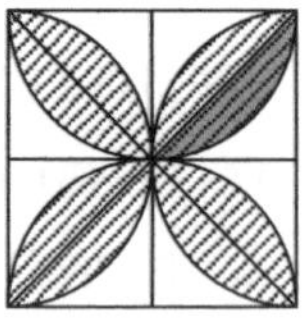

色付きの斜線部分の面積は，半径が$4\div2=2$(㎝)の円の$\frac{1}{4}$の面積から，直角をはさむ2辺の長さが2㎝の直角二等辺三角形の面積を引いたものであり，$2\times2\times3.14\times\frac{1}{4}-2\times2\div2=3.14-2=1.14$(㎠)である。よって，求める面積は，$1.14\times8=9.12$(㎠)である。

(9)　AB，BC，CAはそれぞれ立方体の面の対角線だから，三角形ABCはAB＝BC＝CAの正三角形である。よって，㋐の角の大きさは60度である。

(10)　図1から水の体積を求めて，図2の底面積でわることでも求められるが，以下のように求めることもできる。水の体積は変わらないから，図1と図2における水の高さの比は，底面積の比の逆比に等しくなる。底面積の比は，(20×30)：(30×40)＝1：2だから，水の高さの比は2：1となる。よって，求める水の高さは，$30\times\frac{1}{2}=15$(㎝)である。

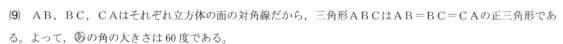

2 (1) $\frac{4}{13}$，$\frac{\square}{7}$，$\frac{3}{4}$の３つの分数について，$\frac{4}{13}$の分母の数を７にすることを考える。このとき，分子と分母の数をともに$\frac{7}{13}$倍すればよいから，分子の数は$4\times\frac{7}{13}=\frac{28}{13}=2\frac{2}{13}$となる。$\frac{3}{4}$の分母の数を７にすると，分子の数は$3\times\frac{7}{4}=\frac{21}{4}=5\frac{1}{4}$となる。したがって，□に入る数は$2\frac{2}{13}$と$5\frac{1}{4}$の間の整数だから，３，４，５のどれかとわかる。$\frac{10}{19}$，$\frac{\square}{9}$，$\frac{4}{5}$の３つの分数についても，同様に考える。$\frac{10}{19}$の分母の数を９にすると，分子の数は$10\times\frac{9}{19}=\frac{90}{19}=4\frac{14}{19}$となる。$\frac{4}{5}$の分母の数を９にすると，分子の数は$4\times\frac{9}{5}=\frac{36}{5}=7\frac{1}{5}$となる。したがって，□に入る数は$4\frac{14}{19}$と$7\frac{1}{5}$の間の整数だから，５，６，７のどれかとわかる。よって，□に共通してあてはまる整数は５である。

(2) $\frac{1}{7}$は，小数第１位から１，４，２，８，５，７の６個の数をくり返しているとわかる。2020÷６＝336 余り４より，小数第 2020 位は，６個の数を 336 回くり返した後の４個目の数だから８とわかる。

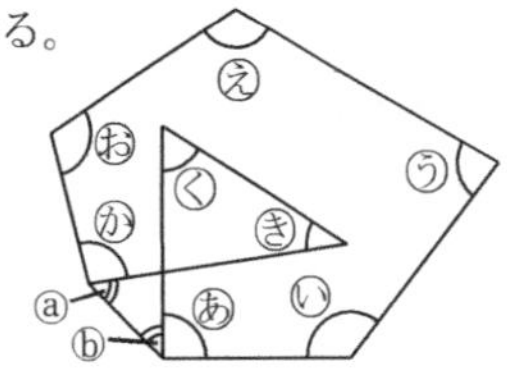

(3) 右のように作図する。対頂角は等しいから，㋖と㋗の角の和とⓐとⓑの角の和は等しくなる。したがって，求める角の和は，六角形の内角の和に等しい。n角形の内角の和は，{180×(n－2)}度で求められるから，求める角の和は，180×(６－２)＝720(度)である。

(4) １つの直線(対称の軸)を折り目にして折ったとき，折り目の両側がぴったり重なる図形を線対称という。対称の軸で折ったときに重なる点を対応する点といい，この２つの点を直線で結ぶとその直線は対称の軸と垂直である。

(5) A，B，C，Dの順にぬる色を決めるとすると，Aにぬる色は赤，青，黄，緑の４通り，Bにぬる色は残りの３通り，Cにぬる色は残りの２通り，Dにぬる色は残りの１通りだから，４色でぬり分ける方法は全部で，４×３×２×１＝24(通り)ある。

(6) (ア)について，一番人数が多いのは算数も国語も 60 点以上 70 点未満の人数だから，正しい。(イ)について，グラフからは人数しかわからないので，正しいかわからない。(ウ)について，算数の最高点は 90 点以上 100 点未満で，国語の最高点は 80 点以上 90 点未満だから，正しい。(エ)について，算数の 70 点以上の人は５＋２＋１＝８(人)，60 点以上の人は８＋９＝17(人)なので，上から 10 番目の点数は 60 点台とわかり，正しくない(なお，国語の上から 10 番目は 70 点台である)。よって，(ア)と(ウ)を選べばよい。

3 AさんはBさんより２学年上で，Cさんより１学年上なので，この３人は下の学年から，Bさん，Cさん，Aさんとなる。また，CさんはDさんより３学年上なので，下の学年からDさん，？さん，Bさん，Cさん，Aさんとなる。？さんはEさんまたはFさんのどちらかであり，EさんはFさんより２学年上なので，代表者の学年は１年生がFさん，２年生がDさん，３年生がEさん，４年生がBさん，５年生がCさん，６年生がAさんである。

4 (1) １cm＝10 mmより，12 cm＝120 mmである。３点P，Q，Rは同時に点Aを出発してから，初めて点Aにもどってくるまでにそれぞれ 120×４＝480(mm)動いている。点Pが初めて点Aにもどるのは 480÷４＝120(秒後)，点Qが初めて点Aにもどるのは 480÷５＝96(秒後)，点Rが初めて点Aにもどるのは 480÷６＝80(秒後)である。３点が初めて同時に点Aを通るのは，120 秒後，96 秒後，80 秒後の最小公倍数のときである。３つ以上の数の最小公倍数を求めるときは，右のような筆算を利用する。３つの数のうち２つ以上を割り切れる数で次々に割っていき(割れない数はそのまま下におろす)，割った数と割られた結果残った数をすべてかけあわせれば，最小公倍数となるから，120，96，80 の最小公倍数は，

2)	120	96	80
2)	60	48	40
2)	30	24	20
2)	15	12	10
3)	15	6	5
5)	5	2	5
	1	2	1

２×２×２×２×３×５×１×２×１＝480 である。よって，求める時間は 480 秒後である。

(2)　85秒後までに，点Ｐは４×85＝340(mm)動いているから，340÷120＝２余り100より，２つの辺と100mm＝10cm動いている。点Ｑは５×85＝425(mm)動いているから，425÷120＝３余り65より，３つの辺と65mm＝6.5cm動いている。点Ｒは初めて点Ａにもどってから，85－80＝５(秒)動いているので，点Ａから６×５＝30(mm)，つまり３cmの位置にある。これらのことから，３点Ｐ，Ｑ，Ｒは右図のような位置にあるとわかる。よって，求める面積は，

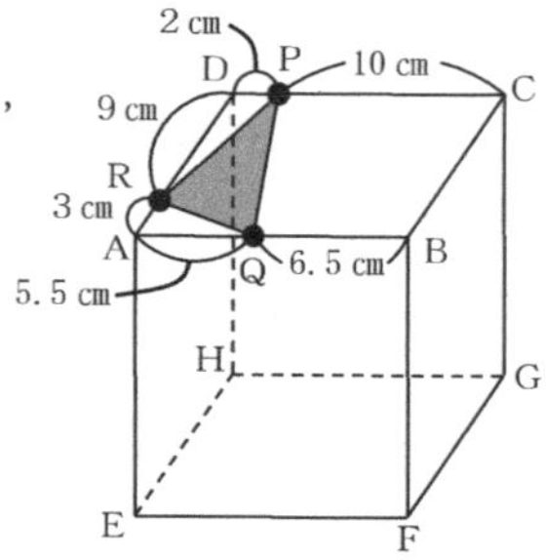

(台形ＤＡＱＰの面積)－(三角形ＤＲＰの面積)－(三角形ＲＡＱの面積)＝

(２＋5.5)×12÷２－２×９÷２－5.5×３÷２＝45－９－8.25＝27.75(cm²)である。

5　円柱の高さが等しいとき，体積は底面積に比例する。また，底面積が等しいとき，体積は高さに比例する。底面積は(半径)×(半径)×(円周率)だから，円柱㋐の底面積は円柱㋑の底面積の$\frac{1}{2}\times\frac{1}{2}=\frac{1}{4}$(倍)である。２つの円柱の高さが等しいと，円柱㋐の体積は円柱㋑の体積の$\frac{1}{4}$倍となるが，実際は，円柱㋐の高さは円柱㋑の高さの２倍だから，円柱㋐の体積は円柱㋑の体積の$\frac{1}{4}\times 2=\frac{1}{2}$(倍)である。

6　(1)　図３において，となり合う白と黒のマスを合わせると，１枚のタイルになる。したがって，白と黒のマスの数が等しくなければ，タイルをしきつめることができない。右図Ｉの○印以外の正方形の部分では白と黒のマスの数は等しいので，○印の白のマスが黒のマスの数より多いから，図１のわくにはタイルをしきつめることができないとわかる。

図Ｉ

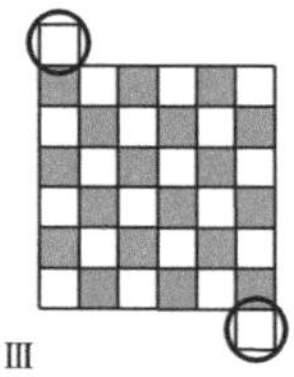

(2)　タイルを上の方から同じ向きで並べると，右図Ⅱのようになるから，①と⑤の２マスを付け加えればよいとわかる。

また，図３のように，白と黒で表すと，右図Ⅲのようになり，白のマスが２つ多いとわかるから，黒のマスを２つ白のマスのとなりに増やせばよい。

よって，白のマスの下の①，③，⑤のうち２つを選んで付け加えてもよい。

図Ⅱ

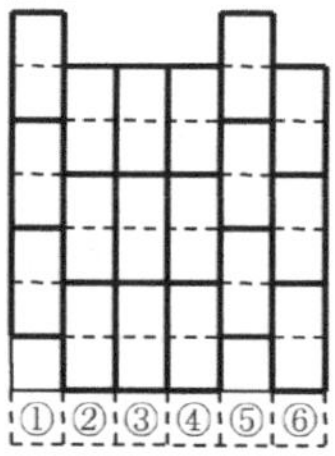

図Ⅲ

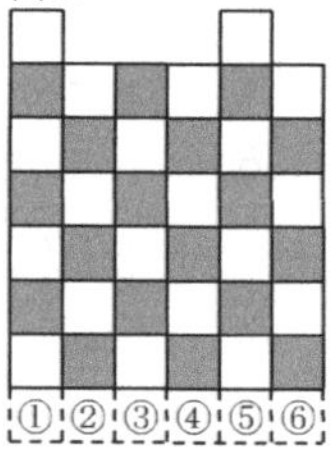

《2020　理科　解説》

1　(1)　④○…日没《にちぼつ》の位置は，春分の日(３月 20 日ごろ)が真西で，だんだん北よりになり，夏至の日(６月 20 日ごろ)が最も北よりなる。その後，再び秋分の日(９月 20 日ごろ)が真西になるので，７月 20 日の日没の位置は，３月20日と６月20日の間にある。

(2)　日没時刻が最も遅《おそ》くなるのは夏至の日を少しすぎたころ(６月下旬《げじゅん》から７月上旬)だから，７月 20 日ごろの日没時刻は，６月20日の日没時刻よりも早い。

(3)　イ○…太陽，地球，月の順に一直線に並び，月の光っている面だけが見えているときが満月である。つまり，地球から見て太陽と月は反対方向にあるから，太陽が西の地平線付近にある日没の午後６時ごろ，満月は東の地平線付近にある。このあと月は，太陽と同じように約12時間かけて西の地平線まで移動する。

(4)　虹《にじ》が見えるのは，太陽を背にして水滴《すいてき》がある方角を見ているときである。朝の早い時間には太陽が東にあるので，西に水滴があればよい。西に水滴があると，このあと観測者がいる東に移動してきて雨になる。したがって，１つ目の組み合わせは「ア・２・い」である。また，午後の遅い時間には太陽が西にあるので，東に水滴があれば

よい。虹を見ているときに，東に水滴があるということは，その前に観測者がいる場所では雨がふっていたということである。したがって，２つ目の組み合わせは「ウ・３・う」である。なお，この考え方をもとにしたのが，「朝虹は雨，夕虹は晴れ」という観天望気である。

2 (1) 図３のように風船の周りに風船をまわりこむ空気の流れが発生したとこで風船が浮《う》き上がったのだから，シェードが浮き上がらなかったのはそのようなことが起こらなかったためである。

(2) ２つの風船の間に風を送っているから，空気の流れは周りより速くなる。また，２つの風船が互《たが》いに引きよせられたのは，２つの風船の間に働く圧力が周りより小さくなった(周りに働く圧力の方が大きくなった)ためだと考えられる。

(4) (い)では，トンネルの中の空気の流れが周りより速くなり，トンネルの中に働く圧力が小さくなるので，上から働く圧力によって屋根が上からおさえつけられるようになり，ほとんど動かない。

3 (1) 水の温度によって水 100 g に溶《と》ける量がほとんど変化しないＡは食塩，大きく変化するＢはホウ酸である。

(2) (お)○…20℃の水 100 g に，Ａは 35.8 g まで，Ｂは 4.80 g まで溶けるから，イではＢの白いつぶが 14－4.80＝9.2(g)でてくる。この残ったＢが，流しだすために加える液体に溶けてはいけない。イをろ過した液は，それ以上Ｂが溶けることができない状態だから，流しだすために加える液体として適している。(あ)，(い)，(う)の液体ではＢが溶け，(え)の液体では(ホウ酸がどれだけ溶けているかわからないので)Ｂが溶ける可能性がある。

(3) ①溶けるＡの量は，温度が一定であれば水の重さに比例する。Ａは 80℃の水 100 g に 38.0 g まで溶けるので，80℃の水 250 g には $38.0\times\frac{250}{100}=95$(g)まで溶ける。　②浴そうには水が 50×150×40＝300000(cm^3)→300 L→300 kgまで入る。Ａは 40℃の水 100 g→0.1 kgに 36.3 g まで溶けるので，$36.3\times\frac{300}{0.1}=108900$(g)→108.9 kg→109 kgが正答となる。

4 (4) 高木の幹や枝にくっついて生育したり，高木の幹に巻きついて上のほうに登っていったりするのは，植物が光合成をするのに必要な日光をめぐる競争に負けないようにするためである。

(7) このような非常に目立つ姿で動き回っていれば，エサとなる昆虫《こんちゅう》や天敵にすぐに見つけられてしまう。

《2020　社会　解説》

1 **問１**　21 世紀は 2001 年～2100 年，８世紀は 701 年～800 年である。

問２　エ．平城京遷都(710 年)→オ．大仏造立の詔(743 年)→イ．平安京遷都(794 年)。ア(645 年)・ウ(607 年)・キ(604 年)は７世紀，カ(1016 年)は 11 世紀。

2 **問１**　エ．「高床倉庫や環濠」「銅鐸」「古代米…稲刈り」「吉野ケ里遺跡」から弥生時代と判断する。弥生時代に稲作が広まると，米や土地，用水をめぐって争うようになったため，集落のまわりを柵やほりで囲んだ環濠集落がつくられた。また，収穫した稲の穂は高床倉庫に蓄えられた。

3 **問１人物**　江戸幕府３代将軍徳川家光は，キリスト教徒の増加がヨーロッパによる日本侵略のきっかけとなり，幕府の支配のさまたげになると考え，キリスト教の布教を行うポルトガルやスペインの船の来航を禁止し，日本人の海外渡航や帰国を禁止した。その後，キリスト教の布教を行わないオランダの商館を出島に移し，キリスト教と関係のない中国と２か国のみ，長崎での貿易を認めた。　**記号**　エが正しい。家光は武力によって大名を制圧し(武断政治)，大名を江戸と領地に１年おきに住まわせる参勤交代には，将軍と大名の主従関係の確認という意味合いがあった。アは北条泰時，イは豊臣秀吉，ウは徳川秀忠の政策である。

問２　島原・天草一揆(長崎県・熊本県)がおきたのは 1637 年だから，ウを選ぶ。

問３②　海上交通がさかんになった江戸時代には，北前船を使い，下関から瀬戸内海を通る西廻り航路で，蝦夷地から京都・大阪まで昆布が運ばれるようになった。

問４ア　「○」である。江戸幕府初代将軍徳川家康のころ，日本と朝鮮との国交が対馬藩の宗氏によって回復し，将軍の代がわりごとに朝鮮通信使が派遣されるようになった。　**イ**　「○」である。長崎での貿易を認められたオランダや中国には，ヨーロッパやアジアの情勢を報告することを義務づけられた(風説書)。　**ウ**　「×」である。琉球王国は，17 世紀初頭に薩摩藩に攻められ，以後，薩摩藩に服属する一方で，中国との朝貢貿易を続けた。

問５　輸出品である生糸の生産が追い付かなくなると，生糸の品質や生産技術の向上を目的として，群馬県に富岡製糸場がつくられた。

4　**問１政策**　製糸場建設を依頼されたフランス人のブリューナは，フランス製機械を輸入しフランス人技師を雇って，富岡製糸場を開設した。　**記号**　殖産興業政策は明治時代だからウが誤り。ラジオ放送の開始は大正時代である。

問２　八幡製鉄所は日清戦争後の下関条約で獲得した賠償金の一部で建設されたから，イとウが正しい。　イ．日清戦争の開始・領事裁判権の撤廃は 1894 年である。　ウ．甲午農民戦争(東学党の乱)をしずめるため朝鮮政府が清に救援を求めると，日本も対抗して朝鮮に軍隊を派遣したことがきっかけとなり，日清戦争が始まった。

ア・エ．日露戦争についての記述である。オ．下関条約では，朝鮮の独立を認めさせただけで，日本領となったのは 1910 年の韓国併合時である。

問３(1)　エ．栃木県の足尾銅山から出た鉱毒が渡良瀬川に流れこみ，流域で農業や漁業を営んでいた人々が大きな被害を受けた(足尾銅山鉱毒事件)。衆議院議員であった田中正造は，帝国議会でこの事件を取り上げて政府の責任を追及し，議員を辞職した後も，鉱毒問題の解決に努めた。　**(2)ア**　「×」である。貴族院は皇族・華族のほか，天皇が任命した議員で構成されたため，選挙では選ばれなかった。　**イ**　「×」である。有権者の資格は，満 25 歳以上で直接国税を 15 円以上納める男子のみに限られていた。

問４語句　「公害」「有毒な水銀」から，八代海沿岸(熊本県・鹿児島県)の水俣病，阿賀野川流域(新潟県)の新潟水俣病についての記述と判断する。　**記号**　高度経済成長期は 1950 年代後半～1973 年だから，ウが誤り。日米間貿易摩擦が起きたのは 1980 年代である。

5　**問１**　イが正しい。日中戦争は 1937 年～1945 年，日露戦争は 1904 年～1905 年，太平洋戦争は 1941 年～1945 年，朝鮮戦争は 1950 年～1953 年(休戦)である。

問２　持続可能な社会の実現には，世界規模で，環境・経済・人間社会のバランスがとれた社会を取り戻し，将来の世代も豊かで便利で快適な生活を手にすることが目指されている。

問３　北海道は，冬の寒さが厳しく梅雨がないからエである。宮城県は，寒流の千島海流とやませや季節風の影響で夏の気温が上がらないからウである。夏の降水量が多いアは南東季節風の影響を受ける静岡県，イは東京都である。

問５　静岡県には東海工業地域があるから製造業合計額が高く，みかんと茶の栽培がさかんだから果実の産出額や農業産出総額が高いエである。残ったうち，人口密度が低く，農業産出総額や米・畜産の産出額が高いアが北海道，人口が多くて人口密度が高く，農業産出額が全体的に低いウが東京都だから，宮城県はイとなる。

6　**問１**　日本では，立法権を持つ国会・行政権を持つ内閣・司法権を持つ裁判所を分散・独立させ，互いを抑制させ合い，バランスを保つことで権力の集中やらん用を防いでいる(三権分立)。

問２　裁判員制度では，重大な刑事事件の一審について，くじで選ばれた裁判員が裁判官とともに裁判に参加し，有罪か無罪か，有罪であればどのような量刑が適当かを決定する。

問３　軽減税率制度では，酒類と外食を除く飲食料品と，定期購読契約が結ばれた週２回以上発行される新聞のみ，消費税率が８％に据え置かれている。消費税は，すべての消費者が平等に負担するため，低所得者ほど税負担の割合が高くなる逆進性が問題となっている。

問４　イが正しい。衆議院議員の任期は４年，参議院議員の任期は６年（３年ごとに半数改選）である。なお，「良識の府」は参議院の呼び名である。

7　石炭火力発電所では地球温暖化の原因となる二酸化炭素を多く排出するため，脱炭素化が進められている国際社会で日本は非難されている。

■ ご使用にあたってのお願い・ご注意

（１）問題文等の非掲載

著作権上の都合により，問題文や図表などの一部を掲載できない場合があります。

誠に申し訳ございませんが，ご了承くださいますようお願いいたします。

（２）過去問における時事性

過去問題集は，学習指導要領の改訂や社会状況の変化，新たな発見などにより，現在とは異なる表記や解説になっている場合があります。過去問の特性上，出題当時のままで出版していますので，あらかじめご了承ください。

（３）配点

学校等から配点が公表されている場合は，記載しています。公表されていない場合は，記載していません。

独自の予想配点は，出題者の意図と異なる場合があり，お客様が学習するうえで誤った判断をしてしまう恐れがあるため記載していません。

（４）無断複製等の禁止

購入された個人のお客様が，ご家庭でご自身またはご家族の学習のためにコピーをすることは可能ですが，それ以外の目的でコピー，スキャン，転載（ブログ，ＳＮＳなどでの公開を含みます）などをすることは法律により禁止されています。学校や学習塾などで，児童生徒のためにコピーをして使用することも法律により禁止されています。

ご不明な点や，違法な疑いのある行為を確認された場合は，弊社までご連絡ください。

（５）けがに注意

この問題集は針を外して使用します。針を外すときは，けがをしないように注意してください。また，表紙カバーや問題用紙の端で手指を傷つけないように十分注意してください。

（６）正誤

制作には万全を期しておりますが，万が一誤りなどがございましたら，弊社までご連絡ください。

なお，誤りが判明した場合は，弊社ウェブサイトの「ご購入者様のページ」に掲載しておりますので，そちらもご確認ください。

■ お問い合わせ

解答例，解説，印刷，製本など，問題集発行におけるすべての責任は弊社にあります。

ご不明な点がございましたら，弊社ウェブサイトの「お問い合わせ」フォームよりご連絡ください。迅速に対応いたしますが，営業日の都合で回答に数日を要する場合があります。

ご入力いただいたメールアドレス宛に自動返信メールをお送りしています。自動返信メールが届かない場合は，「よくある質問」の「メールの問い合わせに対し返信がありません。」の項目をご確認ください。

また弊社営業日（平日）は，午前９時から午後５時まで，電話でのお問い合わせも受け付けています。

2025 春

株式会社教英出版

〒422-8054　静岡県静岡市駿河区南安倍３丁目 12-28

TEL　054-288-2131　　FAX　054-288-2133

URL　https://kyoei-syuppan.net/

MAIL siteform@kyoei-syuppan.net

教英出版の中学受験対策

中学受験面接の基本がここに！
知っておくべき面接試問の要領

面接試験に，落ち着いて自信をもってのぞむためには，あらかじめ十分な準備をしておく必要があります。面接の心得や，受験生と保護者それぞれへの試問例など，面接対策に必要な知識を１冊にまとめました。

- 面接の形式や評価のポイント，マナー，当日までの準備など，面接の基本をていねいに指南「面接はこわくない！」
- 書き込み式なので，質問例に対する自分の答えを整理して本番直前まで使える
- ウェブサイトで質問音声による面接のシミュレーションができる

定価：770円（本体700円+税）

入試テクニックシリーズ

必修編

基本をおさえて実力アップ！
1冊で入試の全範囲を学べる！
基礎力養成に最適！

こんな受験生には必修編がおすすめ！

- 入試レベルの問題を解きたい
- 学校の勉強とのちがいを知りたい
- 入試問題を解く基礎力を固めたい

定価：1,100円（本体1,000+税）

発展編

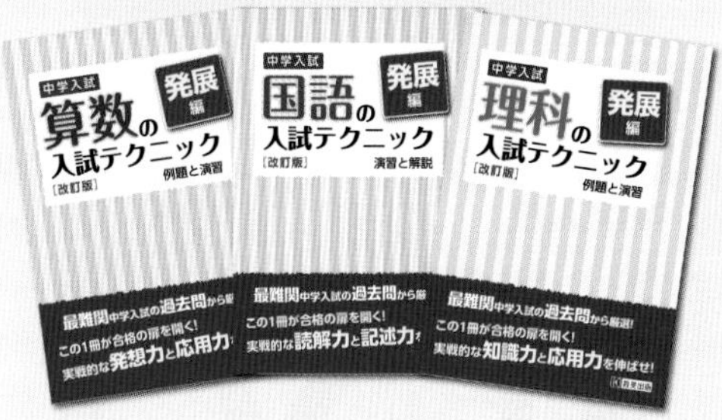

応用力強化で合格をつかむ！
有名私立中の問題で
最適な解き方を学べる！

こんな受験生には発展編がおすすめ！

- もっと難しい問題を解きたい
- 難関中学校をめざしている
- 子どもに難問の解法を教えたい

定価：1,760円（本体1,600+税）

絶賛販売中！

詳しくは教英出版で検索

教英出版 検索

URL https://kyoei-syuppan.net/

教英出版の親子で取りくむシリーズ

公立中高一貫校とは？適性検査とは？
受検を考えはじめた親子のための最初の１冊！

「概要編」では公立中高一貫校の仕組みや適性検査の特徴をわかりやすく説明し，「例題編」では実際の適性検査の中から，よく出題されるパターンの問題を厳選して紹介しています。実際の問題紙面も掲載しているので受検を身近に感じることができます。

- 公立中高一貫校を知ろう！
- 適性検査を知ろう！
- 教科的な問題〈適性検査ってこんな感じ〉
- 実技的な問題〈さらにはこんな問題も！〉
- おさえておきたいキーワード

定価：1,078円（本体980+税）

適性検査の作文問題にも対応！
「書けない」を「書けた！」に導く合格レッスン

「実力養成レッスン」では，作文の技術や素材の見つけ方，書き方や教え方を対話形式でわかりやすく解説。実際の入試作文をもとに，とり外して使える解答用紙に書き込んでレッスンをします。赤ペンの添削例や，「添削チェックシート」を参考にすれば，お子さんが書いた作文をていねいに添削することができます。

- レッスン１　作文の基本と，書くための準備
- レッスン２　さまざまなテーマの入試作文
- レッスン３　長文の内容をふまえて書く入試作文
- 実力だめし！入試作文
- 別冊「添削チェックシート・解答用紙」付き

定価：1,155円（本体1,050+税）

絶賛販売中！

詳しくは教英出版で検索

教英出版　検索

URL https://kyoei-syuppan.net/

教英出版　2025年春受験用　中学入試問題集

学校別問題集

✿はカラー問題対応

北海道

①[市立]札幌開成中等教育学校
②藤女子中学校
③北嶺中学校
④北星学園女子中学校
⑤札幌大谷中学校
⑥札幌光星中学校
⑦立命館慶祥中学校
⑧函館ラ・サール中学校

青森県

①[県立]三本木高等学校附属中学校

岩手県

①[県立]一関第一高等学校附属中学校

宮城県

①[県立]宮城県古川黎明中学校
②[県立]宮城県仙台二華中学校
③[市立]仙台青陵中等教育学校
④東北学院中学校
⑤仙台白百合学園中学校
⑥聖ウルスラ学院英智中学校
⑦宮城学院中学校
⑧秀光中学校
⑨古川学園中学校

秋田県

①[県立] 大館国際情報学院中学校 / 秋田南高等学校中等部 / 横手清陵学院中学校

山形県

①[県立] 東桜学館中学校 / 致道館中学校

福島県

①[県立] 会津学鳳中学校 / ふたば未来学園中学校

茨城県

①[県立] 日立第一高等学校附属中学校 / 太田第一高等学校附属中学校 / 水戸第一高等学校附属中学校 / 鉾田第一高等学校附属中学校 / 鹿島高等学校附属中学校 / 土浦第一高等学校附属中学校 / 竜ヶ崎第一高等学校附属中学校 / 下館第一高等学校附属中学校 / 下妻第一高等学校附属中学校 / 水海道第一高等学校附属中学校 / 勝田中等教育学校 / 並木中等教育学校 / 古河中等教育学校

栃木県

①[県立] 宇都宮東高等学校附属中学校 / 佐野高等学校附属中学校 / 矢板東高等学校附属中学校

群馬県

① [県立]中央中等教育学校 / [市立]四ツ葉学園中等教育学校 / [市立]太田中学校

埼玉県

①[県立]伊奈学園中学校
②[市立]浦和中学校
③[市立]大宮国際中等教育学校
④[市立]川口市立高等学校附属中学校

千葉県

①[県立] 千葉中学校 / 東葛飾中学校
②[市立]稲毛国際中等教育学校

東京都

①[国立]筑波大学附属駒場中学校
②[都立]白鷗高等学校附属中学校
③[都立]桜修館中等教育学校
④[都立]小石川中等教育学校
⑤[都立]両国高等学校附属中学校
⑥[都立]立川国際中等教育学校
⑦[都立]武蔵高等学校附属中学校
⑧[都立]大泉高等学校附属中学校
⑨[都立]富士高等学校附属中学校
⑩[都立]三鷹中等教育学校
⑪[都立]南多摩中等教育学校
⑫[区立]九段中等教育学校
⑬開成中学校
⑭麻布中学校
⑮桜蔭中学校
⑯女子学院中学校
✿⑰豊島岡女子学園中学校
⑱東京都市大学等々力中学校
⑲世田谷学園中学校
✿⑳広尾学園中学校(第2回)
✿㉑広尾学園中学校(医進・サイエンス回)
㉒渋谷教育学園渋谷中学校(第1回)
㉓渋谷教育学園渋谷中学校(第2回)
㉔東京農業大学第一高等学校中等部(2月1日 午後)
㉕東京農業大学第一高等学校中等部(2月2日 午後)

神奈川県

①[県立]相模原中等教育学校
平塚中等教育学校
②[市立]南高等学校附属中学校
③[市立]横浜サイエンスフロンティア高等学校附属中学校
④[市立]川崎高等学校附属中学校
✿⑤聖光学院中学校
✿⑥浅野中学校
⑦洗足学園中学校
⑧法政大学第二中学校
⑨逗子開成中学校(1次)
⑩逗子開成中学校(2・3次)
⑪神奈川大学附属中学校(第1回)
⑫神奈川大学附属中学校(第2・3回)
⑬栄光学園中学校
⑭フェリス女学院中学校

新潟県

①[県立]村上中等教育学校
柏崎翔洋中等教育学校
燕中等教育学校
津南中等教育学校
直江津中等教育学校
佐渡中等教育学校
②[市立]高志中等教育学校
③新潟第一中学校
④新潟明訓中学校

石川県

①[県立]金沢錦丘中学校
②星稜中学校

福井県

①[県立]高志中学校

山梨県

①山梨英和中学校
②山梨学院中学校
③駿台甲府中学校

長野県

①[県立]屋代高等学校附属中学校
諏訪清陵高等学校附属中学校
②[市立]長野中学校

岐阜県

①岐阜東中学校
②鶯谷中学校
③岐阜聖徳学園大学附属中学校

静岡県

①[国立]静岡大学教育学部附属中学校
(静岡・島田・浜松)
②[県立]清水南高等学校中等部
[県立]浜松西高等学校中等部
[市立]沼津高等学校中等部
③不二聖心女子学院中学校
④日本大学三島中学校
⑤加藤学園暁秀中学校
⑥星陵中学校
⑦東海大学付属静岡翔洋高等学校中等部
⑧静岡サレジオ中学校
⑨静岡英和女学院中学校
⑩静岡雙葉中学校
⑪静岡聖光学院中学校
⑫静岡学園中学校
⑬静岡大成中学校
⑭城南静岡中学校
⑮静岡北中学校
⑯常葉大学附属常葉中学校
常葉大学附属橘中学校
常葉大学附属菊川中学校
⑰藤枝明誠中学校
⑱浜松開誠館中学校
⑲静岡県西遠女子学園中学校
⑳浜松日体中学校
㉑浜松学芸中学校

愛知県

①[国立]愛知教育大学附属名古屋中学校
②愛知淑徳中学校
③名古屋経済大学市邨中学校
名古屋経済大学高蔵中学校
④金城学院中学校
⑤椙山女学園中学校
⑥東海中学校
⑦南山中学校男子部
⑧南山中学校女子部
⑨聖霊中学校
⑩滝中学校
⑪名古屋中学校
⑫大成中学校
⑬愛知中学校
⑭星城中学校
⑮名古屋葵大学中学校
(名古屋女子大学中学校)
⑯愛知工業大学名電中学校
⑰海陽中等教育学校(特別給費生)
⑱海陽中等教育学校(I・II)
⑲中部大学春日丘中学校
新刊⑳名古屋国際中学校

三重県

①[国立]三重大学教育学部附属中学校
②暁中学校
③海星中学校
④四日市メリノール学院中学校
⑤高田中学校
⑥セントヨゼフ女子学園中学校
⑦三重中学校
⑧皇學館中学校
⑨鈴鹿中等教育学校
⑩津田学園中学校

滋賀県

①[国立]滋賀大学教育学部附属中学校
②[県立]河瀬中学校
守山中学校
水口東中学校

京都府

①[国立]京都教育大学附属桃山中学校
②[府立]洛北高等学校附属中学校
③[府立]園部高等学校附属中学校
④[府立]福知山高等学校附属中学校
⑤[府立]南陽高等学校附属中学校
⑥[市立]西京高等学校附属中学校
⑦同志社中学校
⑧洛星中学校
⑨洛南高等学校附属中学校
⑩立命館中学校
⑪同志社国際中学校
⑫同志社女子中学校(前期日程)
⑬同志社女子中学校(後期日程)

大阪府

①[国立]大阪教育大学附属天王寺中学校
②[国立]大阪教育大学附属平野中学校
③[国立]大阪教育大学附属池田中学校

④[府立]富田林中学校
⑤[府立]咲くやこの花中学校
⑥[府立]水都国際中学校
⑦清風中学校
⑧高槻中学校（A日程）
⑨高槻中学校（B日程）
⑩明星中学校
⑪大阪女学院中学校
⑫大谷中学校
⑬四天王寺中学校
⑭帝塚山学院中学校
⑮大阪国際中学校
⑯大阪桐蔭中学校
⑰開明中学校
⑱関西大学第一中学校
⑲近畿大学附属中学校
⑳金蘭千里中学校
㉑金光八尾中学校
㉒清風南海中学校
㉓帝塚山学院泉ヶ丘中学校
㉔同志社香里中学校
㉕初芝立命館中学校
㉖関西大学中等部
㉗大阪星光学院中学校

兵庫県

①[国立]神戸大学附属中等教育学校
②[県立]兵庫県立大学附属中学校
③雲雀丘学園中学校
④関西学院中学部
⑤神戸女学院中学部
⑥甲陽学院中学校
⑦甲南中学校
⑧甲南女子中学校
⑨灘中学校
⑩親和中学校
⑪神戸海星女子学院中学校
⑫滝川中学校
⑬啓明学院中学校
⑭三田学園中学校
⑮淳心学院中学校
⑯仁川学院中学校
⑰六甲学院中学校
⑱須磨学園中学校(第1回入試)
⑲須磨学園中学校(第2回入試)
⑳須磨学園中学校(第3回入試)
㉑白陵中学校
㉒夙川中学校

奈良県

①[国立]奈良女子大学附属中等教育学校
②[国立]奈良教育大学附属中学校
③[県立] 国際中学校 / 青翔中学校
④[市立]一条高等学校附属中学校
⑤帝塚山中学校
⑥東大寺学園中学校
⑦奈良学園中学校
⑧西大和学園中学校

和歌山県

①[県立] 古佐田丘中学校 / 向陽中学校 / 桐蔭中学校 / 日高高等学校附属中学校 / 田辺中学校
②智辯学園和歌山中学校
③近畿大学附属和歌山中学校
④開智中学校

岡山県

①[県立]岡山操山中学校
②[県立]倉敷天城中学校
③[県立]岡山大安寺中等教育学校
④[県立]津山中学校
⑤岡山中学校
⑥清心中学校
⑦岡山白陵中学校
⑧金光学園中学校
⑨就実中学校
⑩岡山理科大学附属中学校
⑪山陽学園中学校

広島県

①[国立]広島大学附属中学校
②[国立]広島大学附属福山中学校
③[県立]広島中学校
④[県立]三次中学校
⑤[県立]広島叡智学園中学校
⑥[市立]広島中等教育学校
⑦[市立]福山中学校
⑧広島学院中学校
⑨広島女学院中学校
⑩修道中学校
⑪崇徳中学校
⑫比治山女子中学校
⑬福山暁の星女子中学校
⑭安田女子中学校
⑮広島なぎさ中学校
⑯広島城北中学校
⑰近畿大学附属広島中学校福山校
⑱盈進中学校
⑲如水館中学校
⑳ノートルダム清心中学校
㉑銀河学院中学校
㉒近畿大学附属広島中学校東広島校
㉓AICJ中学校
㉔広島国際学院中学校
㉕広島修道大学ひろしま協創中学校

山口県

①[県立] 下関中等教育学校 / 高森みどり中学校
②野田学園中学校

徳島県

①[県立] 富岡東中学校 / 川島中学校 / 城ノ内中等教育学校
②徳島文理中学校

香川県

①大手前丸亀中学校
②香川誠陵中学校

愛媛県

①[県立] 今治東中等教育学校 / 松山西中等教育学校
②愛光中学校
③済美平成中等教育学校
④新田青雲中等教育学校

高知県

①[県立] 安芸中学校 / 高知国際中学校 / 中村中学校

福岡県

①[国立] 福岡教育大学附属中学校（福岡·小倉·久留米）

②[県立]
- 育徳館中学校
- 門司学園中学校
- 宗像中学校
- 嘉穂高等学校附属中学校
- 輝翔館中等教育学校

③西南学院中学校
④上智福岡中学校
⑤福岡女学院中学校
⑥福岡雙葉中学校
⑦照曜館中学校
⑧筑紫女学園中学校
⑨敬愛中学校
⑩久留米大学附設中学校
⑪飯塚日新館中学校
⑫明治学園中学校
⑬小倉日新館中学校
⑭久留米信愛中学校
⑮中村学園女子中学校
⑯福岡大学附属大濠中学校
⑰筑陽学園中学校
⑱九州国際大学付属中学校
⑲博多女子中学校
⑳東福岡自彊館中学校
㉑八女学院中学校

佐賀県

①[県立]
- 香楠中学校
- 致遠館中学校
- 唐津東中学校
- 武雄青陵中学校

②弘学館中学校
③東明館中学校
④佐賀清和中学校
⑤成穎中学校
⑥早稲田佐賀中学校

長崎県

①[県立]
- 長崎東中学校
- 佐世保北中学校
- 諫早高等学校附属中学校

②青雲中学校
③長崎南山中学校
④長崎日本大学中学校
⑤海星中学校

熊本県

①[県立]
- 玉名高等学校附属中学校
- 宇土中学校
- 八代中学校

②真和中学校
③九州学院中学校
④ルーテル学院中学校
⑤熊本信愛女学院中学校
⑥熊本マリスト学園中学校
⑦熊本学園大学付属中学校

大分県

①[県立]大分豊府中学校
②岩田中学校

宮崎県

①[県立]五ヶ瀬中等教育学校
②[県立]
- 宮崎西高等学校附属中学校
- 都城泉ヶ丘高等学校附属中学校

③宮崎日本大学中学校
④日向学院中学校
⑤宮崎第一中学校

鹿児島県

①[県立]楠隼中学校
②[市立]鹿児島玉龍中学校
③鹿児島修学館中学校
④ラ・サール中学校
⑤志學館中等部

沖縄県

①[県立]
- 与勝緑が丘中学校
- 開邦中学校
- 球陽中学校
- 名護高等学校附属桜中学校

もっと過去問シリーズ

北海道

北嶺中学校
7年分(算数・理科・社会)

静岡県

静岡大学教育学部附属中学校
(静岡·島田·浜松)
10年分(算数)

愛知県

愛知淑徳中学校
7年分(算数・理科・社会)
東海中学校
7年分(算数・理科・社会)
南山中学校男子部
7年分(算数・理科・社会)
南山中学校女子部
7年分(算数・理科・社会)
滝中学校
7年分(算数・理科・社会)
名古屋中学校
7年分(算数・理科・社会)

岡山県

岡山白陵中学校
7年分(算数・理科)

広島県

広島大学附属中学校
7年分(算数・理科・社会)
広島大学附属福山中学校
7年分(算数・理科・社会)
広島学院中学校
7年分(算数・理科・社会)
広島女学院中学校
7年分(算数・理科・社会)
修道中学校
7年分(算数・理科・社会)
ノートルダム清心中学校
7年分(算数・理科・社会)

愛媛県

愛光中学校
7年分(算数・理科・社会)

福岡県

福岡教育大学附属中学校
(福岡·小倉·久留米)
7年分(算数・理科・社会)
西南学院中学校
7年分(算数・理科・社会)
久留米大学附設中学校
7年分(算数・理科・社会)
福岡大学附属大濠中学校
7年分(算数・理科・社会)

佐賀県

早稲田佐賀中学校
7年分(算数・理科・社会)

長崎県

青雲中学校
7年分(算数・理科・社会)

鹿児島県

ラ·サール中学校
7年分(算数・理科・社会)

※もっと過去問シリーズは
国語の収録はありません。

教英出版
〒422-8054
静岡県静岡市駿河区南安倍3丁目12－28
TEL 054-288-2131
FAX 054-288-2133
詳しくは教英出版で検索
教英出版　検索
URL https://kyoei-syuppan.net/

二〇二四年度　金城学院中学校入学試験問題

〔国語〕

(50分)

◎答えは解答用紙に書きなさい。

1　問題は【一】から【二】までで、15ページあります。もし、ページが抜《ぬ》けていたり、同じページがある場合は、手を挙げて先生に知らせてください。

2　解答用紙には受験番号を忘れないように書いてください。名前を書く必要はありません。

3　解答用紙だけを集めます。

【一】 **次の文章を読んで、後の問いに答えなさい。（字数制限のある問いについては、句読点・記号も一字として数えます。）**

現在の人間たちの協力の最たるものは、「職業」です。多くの人は職を持っていて、特定の①仕事をするだけで生きていけるようになっています。私の場合であれば大学教員ですので、大学で講義をしたり、研究をしているだけで、給料をもらって、［②］をまかなうことができます。私が身に着けている衣服も毎日食べている食料も、住んでいる家も、自分で作ったものではありません。作ろうと思っても③質の高いものは作ることができません。その代わりに他のもっと技術のある人間が仕事として作ってくれたものを買っています。

現代人には当たり前すぎて普《ふ》段はあまり意識しないかもしれませんが、これは大きな協力関係です。みんなが自分以外の誰《だれ》かのために質の高い仕事をすることで全員が安全で④カイテキな生活を送ることができています。

職業という協力関係の重要さは、誰《だれ》かが仕事をやめたらどうなるかを考えるとすぐにわかります。たとえば、衣服を作る仕事の人が全員やめてしまったら、みんな自分の服は自分でA作らないといけなくなります。きっと粗《そ》末な衣服しか作れないことでしょう。忙《いそが》しい人は全くB作れないかもしれません。着替《が》えを用意しておくのも大変ですし、洗っているうちにぼろになるでしょうから洗濯《たく》もあまりしなくなるでしょう。衣服は汚《よご》れ、感染症《せんしょう》も広まりやすくなるかもしれません。現代人が安く品質の高い衣服を手に入れることができているのは、C作ることに特《とっ》化した人が⑤センモンにD作ってくれるおかげです。

そしてそれは一方的な関係ではありません。衣服を作る人も食料や住居は別のせんもん家に作ってもらっています。私たち人間は、現在、社会という大きな協力関係の網《あみ》の目の中に組み込《こ》まれています。

「社会の中に組み込《こ》まれる」ということは⑥「社会の歯車になる」ということです。この言葉にはあまりいい印象はないかもしれません。自分の個性とかアイデンティティがおびやかされていると感じるかもしれません。しかしそれは誤解だと私は思います。むしろ社会の歯車になることでほとんどの人は個性を発揮して、みんなの役に立てるのだと思います。

［⑦］社会が全く存在しない状況《きょう》を考えてみましょう。父親、母親、小さい子どもの3人家族だけで無人島で暮

らしているような状況《きょう》です。この場合、生きていくために必要な仕事はすべて3人だけで分担しないといけません。狩《か》りをするのは、生物的に力の強い男性である父親になるでしょう。植物や果物《くだもの》を採集したり、調理したりするのは、狩《か》りに不向きな女性や子どもの仕事になるでしょう。たとえ、狩《か》りなんて荒《あら》っぽいことが嫌《きら》いな男性や、採集よりも狩《か》りのほうが好きな女性だったとしても、餓《う》えないためには身体的に向いている方をやらざるをえません。狩《か》りに失敗したり、食べ物を見つけることに失敗したりすればすぐに命の危機が訪《おとず》れます。また、この世界では、勉強が得意とか、絵をかくのが得意とかコミュニケーション能力が高いとか低いなどの個性が役に立つことはありません。なにより必要なのは、獲《え》物をしとめたり、食料を確保する能力です。力や体力が何よりも重要です。強く丈夫《じょうぶ》で健康な人間だけが生き残る世界です。⑧それ以外の個性には出番はありません。

一方で私たちの社会は違《ちが》います。力や体力が必要な職業もあれば、勉強や絵を描《か》くことやコミュニケーション能力が必要な職業もあります。どれか1つの能力が優《すぐ》れていれば、十分に活躍《やく》の場が見つかります。少なくとも狩猟《しゅりょう》採集社会よりは今の社会の方が自分に合った役割（歯車）が見つかる可能性が高いように思います。

こうした他人との協力からなる社会を形成するようになると、⑨人間という生物が増える単位も変わってきます。人間以前の生き物は自分の力で自分だけを増やしていました。細菌《きん》も線虫《せんちゅう》もカエルも虫もサルも、増えることができるかどうかは自分の能力や運によって決まっていました。優《すぐ》れた能力を持っていれば生殖《しょく》に成功し、子孫を作ることができますし、そうでなければ血《けっ》統は途《と》絶えてしまいます。

ところが協力関係の網《あみ》の目の中にいる人間は違《ちが》います。自分が生き残って増えるためには他の人の能力も重要です。また自分の能力もほかの人が生き残って増えることに貢献《こうけん》しています。自分の命が大事なのと同じように他人の命も大事になっていきます。増える単位が自分の体を超《こ》えて広がっているといってもいいかもしれません。

このような大規模《ぼ》な協力関係は人間ならではの特徴《ちょう》です。人間以外の生物が非血縁《けつえん》個体と協力することは、特殊《しゅ》なケースを除いてほとんどありません。なぜ人間のみでこのような特殊《しゅ》な能力が生まれたのかについてはいろいろな説があります。人間の持つ高度な言語能力や認知能力や寿命《じゅみょう》の長さが大事だったと言われています。また、それらの能力が生まれた背景には、狩猟《しゅりょう》採集生活の中で協力する必要性があったことや、子どもが成長するまでに時間がかかることから子育てに他の個体の協力が必要だったことなどが指摘《てき》されています。

このような性質のどれが直接的な原因だったのかはわかりませんが、いずれにせよ、このような他の個体との協力を可能とする人間の性質は、元をたどれば⑩少産少死の戦略によってもたらされたものです。命を大事にして長く生きるようになり、他個体と付き合うことが可能になったために協力することが有利になりました。

しかも、人間には他者を認識する知能や、他者の気持ちを察することのできる［⑪］能力も備わっています。結果として協力関係がどんどん発展していきました。私たち人間は地球上の他のどんな生物よりも協力的な、いわば「やさしい」生き物です。このようなやさしさの進化は少産少死の戦略を極《きわ》めてきた生物にとって必然だったように思えます。

（市橋伯一《のりかず》『増えるものたちの進化生物学』ちくまプリマー新書　問題の作成上、本文の表記を改編《へん》した部分があります。）

1　――部①筆者の「仕事」についての考え方として正しいものを後から一つ選んで記号で答えなさい。

ア　社会を形成する人たちとつながり助け合うもの。

イ　個人が自分の利益を考えずに役に立とうとするもの。

ウ　みんなが好きなことができる楽しいもの。

エ　自分が生きるためにはつらくても我慢《がまん》するべきもの。

2　［②］にあてはまる漢字三字の言葉を書きなさい。

3　――部③「質」と反対の意味をもつ漢字一字を書きなさい。

4　――部④・⑤のカタカナを漢字に直しなさい。

5　――部A～Dの中で、単語として他と異なるものを一つ選んで記号で答えなさい。

6　――部⑥「「社会の歯車になる」ということです。」について筆者はどのような考えを持っていますか。後から一つ選んで記号で答えなさい。

ア　自分に合った職業を見つけることで自分を生かすことができる。
イ　社会の中で自分らしさをなくしてしまう危険性がある。
ウ　ほとんどの人は自分の意志とは関係なくこの状況《きょう》におかれている。
エ　悪いイメージのある言葉なので人々がこのような状態になることはほとんどない。

7　[⑦]に当てはまる言葉を後から選んで記号で答えなさい。

ア　ところで　　イ　たとえば　　ウ　あるいは　　エ　さらに　　オ　そして

8　――部⑧「それ以外の個性」の例として本文でとりあげられているもので八字で表現されているものを文中からぬきだしなさい。

9　——部⑨「人間という生物が増える単位も変わってきます。」について、増える単位はどのように変わりましたか。後の文（　Ａ　）、（　Ｂ　）に当てはまる記号を選んで答えなさい。ただし、（　Ａ　）は「他人との協力関係がない状態」として考えること。

《文》　・人間が増える単位は（　Ａ　）という単位から（　Ｂ　）へと変わった。

ア　一人　　イ　夫婦《ふ》　　ウ　家族　　エ　血縁《けつえん》関係のある集団　　オ　地域社会

カ　協力関係のある社会　　キ　人類全体

10　——部⑩「少産少死の戦略」について答えなさい。

(1)この内容の説明として正しいものを後から選んで記号で答えなさい。

ア　できるだけたくさんの子どもを産んで、それぞれ大切に育てることで子孫を増やす戦略。

イ　できるだけたくさんの子どもを産んで、たくさん死んでしまっても子孫の数を確保する戦略。

ウ　生まれる子どもの数を少なくして、できるだけ大切に育てることで確実に子孫を残す戦略。

エ　生まれる子どもの数は少なくして、その後は自然や環《かん》境の成り行きにまかせて子孫を残す戦略。

(2)この戦略と最も異なる戦略をとっている生物を後から選んで記号で答えなさい。

ア　サケ　　イ　クジラ　　ウ　カラス　　エ　クマ　　オ　ネコ

11　［　⑪　］に当てはまる言葉を後から選んで記号で答えなさい。

ア　共同　　イ　共存　　ウ　協調　　エ　共有　　オ　共感

2024(R6) 金城学院中
教英出版

12 本文の内容として正しいものを後から一つ選んで記号で答えなさい。

ア 人間の心の中にもとからあった他人を思いやる心が社会を発展させ生き残り戦略に有利に働いた。

イ 人間も他の動物と同じく、強いものが生き残るという自然の法則にしたがって生きている。

ウ 人間の少産少死の生き残り戦略は、多産多死の生き残り戦略より優《すぐ》れているといえる。

エ 人間は個性豊かな存在であり、その個性を生かすことで社会を発展させてきた。

オ 生物の生き残り戦略の競争の中で人間は他者との協力関係を強め発展させてきた。

13 日本では縄文時代から弥生時代に変わり、大きな人口増加があったと言われています。その理由を本文を参考にして考え、与《あた》えられた言葉をすべて用いて、「縄文時代に狩猟《しゅりょう》採集生活をしていた日本人は、」に続くように六十字以内で答えなさい。

《言葉》　協力　　稲《いな》作　　食料生産

14 本文全体を読んで、次の問いに答えなさい。

(1) あなたが小学校時代に周りの人たちと協力してできた事の例を一つあげなさい。

(2) あなたはその集団の中で、どんな立場で、どのような働きができたか答えなさい。

【二】 次の文章を読んで、後の問いに答えなさい。（字数制限のある問いについては、句読点・記号も一字として数えます。）

〔ここまでのあらすじ〕

農村地区（谷津流《やつりゅう》）とそこを開発してできたニュータウン地区の子どもたちは、四月から同じ中学に通うことになったが、お互いの文化を認め合えず仲よくなれない。つめたい関係が続く中、夏休みの林間学校に出かけた。しかし予期せぬ山崩《くず》れにより遭《そう》難する。大人の助けもなく、子どもだけでなんとか山中から家に帰ろうと策を練っていた。

武男《たけお》はなにも言わなかったが、佇《たたず》まいが秀明《ひであき》に賛成だと語っていた。保仁《やすひと》と慎次郎《しんじろう》は自分たちが少数派だと知るや、ふてくされたように口を閉ざした。「なんで最悪《あく》のパターン考えるの？　こんなときくらい、希望を持ったほうが……」幸男《ゆきお》は訊《き》かずにはいられなかった。「よく言うだろ？　希望を持ち続けたからうまくいったとか、生き延《の》びられたとか。漂《ひょう》流した人や遭《そう》難した人が。僕《ぼく》らも今、そんなことになってるよね。だったら」「それでいいよ。幸男はうまくいくほうを考えていい。みんなもさ」秀明は即《そく》答した。「でも、みんなが同じじゃ駄《だ》目なんだ。予測が外れたときどうしようもないから。だから俺《おれ》が最悪《あく》を考える係になる。それだけ」「みんなが同じじゃ駄《だ》目……」緑《みどり》がその部分を自分でも口に出すと、秀明は額にかかる癖《くせ》毛をかきあげた。「俺《おれ》たち得意だろ。いつものニュータウン組と谷津流《やつりゅう》組が揃《そろ》ってる」「ありがとう」唐突《とうとつ》に礼《れい》を言ったのは桐人《きりと》だった。幸男はきょとんとなったが、ややあって桐人の思いが見えた。こんなことになってしまったら、誰《だれ》だって良いことを考えたい。なのに最悪《あく》を考える［　①　］くじを、秀明は自ら引いてくれた。その自己犠牲《ぎせい》への礼《れい》なのだ。

桐人の一言に、秀明も驚《おどろ》いたように目を見開いたが、すぐに「どうも」と笑《わら》って、正面から桐人に顔を近づけ、しせんを自分へと向けさせた。「桐人。覚えてるだけじゃ役に立たないって、前に言ったよな。それ、役立てるのって、今かもしれない。おまえの頭の中にあること全部が、ヒントになるかもしれない。初めに危ないってピンと来たのは、当たってたんだ。だから、なんかまた関係ありそうだって思ったら、必ず話してほしい。おまえがもし意味がわかんなくても、自信なくてもいい。俺《おれ》も一緒《しょ》に考えるから」「昔話なんて聞いてもさあ——」慎次郎の＊[1]茶々《ちゃちゃ》を、秀明は自分の強い言葉でぶった斬《ぎ》る。②「おまえが本気で言ったことを、俺《おれ》は絶対嗤《わら》わない」

「さてと」緑が切り替《か》えるように手を軽く叩《たた》く。「じゃあ、どうしようか。いつまでもここにはいられないよね」「横になって休みたいよ」慎次郎がぼやき、保仁は暗がりの中であたりを見回す。「ここで野宿するのか、まさか？」「ああ、喉渇《のどかわ》いたなあ」元気は自分のひょろりと長い喉《のど》をさすった。源太郎《げんたろう》が「じゃあ俺《おれ》がマジックで水を……なんちゃって」とおどけ、緑が微妙《びみょう》な顔になったとき、風のざわめきとともに、またしても雹《ひょう》が降るような音が、自然公園の方角から流れてきた。警戒《かい》と恐《おそ》れがその場にたちまちみなぎる。「大丈夫《じょうぶ》だ、ここは。やばいのは下だ」武男が言うも、怯《おび》えた保仁は嚙《か》みついた。

「ならずっとここにいるのか？　ここに助けが来るのかよ、いつ！」

山崩《くず》れで帰り道を失ったときにどうすればいいかなんて、学校では教わらなかった。焦《あせ》り、恐怖《きょうふ》、苛《いら》立ち、絶望、様々な感情が渦《うず》巻いて膨《ぼう》張し、幸男は混乱する。「どうした」秀明が短く問う。「桐人、言え」そちらを見ると、桐人が確かに物言いたそうな顔をしていた。秀明に強く「言え」と促《うなが》された彼は、意を決したように口を開いた。

「黒蛇山《くろへびやま》を登ろう。下れないなら」「登ってどうするんだよ、山頂でヘルプミーって旗でも振《ふ》るのか？」保仁はとにかくなんにでも反論したい気分のようだ。③そんな彼を嫌悪《けんお》すると同時に、共感もする。幸男ももっと強く物言いできる立場なら、胸の裡《うち》のどうしようもない混乱を、きつい言葉で表に出していたかもしれなかった。「黒蛇山《くろへびやま》と白鷹山《しろたかやま》は、尾根で繫《つな》がってる」桐人は八つ当たりめいた反論にめげなかった。「白鷹山《しろたかやま》を経由してふもとへ下りるんだ」「その道も崩《くず》れてふさがってたら？」秀明だった。桐人の言葉を嗤《わら》わないと宣言しながら、水は差すんだなと幸男は白けるものの、すぐに秀明の役目を思い出した。④最悪《あく》を考える係を引き受けた彼は、それを実践《せん》しているのだ。

桐人もわかっているのか、⑤説明を始める。「崩《くず》れていないと思う」「なんで？　希望的観測だろ」「まず、白鷹山《しろたかやま》のほうからは、大きな音は聞こえていない。それと……」桐人はいったん言葉を切った。「昔話で災いを起こすのは蛇《へび》神様だけなんだ。さっきも言ったけど、昔話に書かれていた内容は、あの山崩《くず》れをほのめかしているみたいだった。もしかしたら昔もああいう災害が起こって、それをもとに物語が作られたのかも。だとしたら、白鷹山《しろたかやま》は大丈夫《じょうぶ》じゃないかな。それに」話しながら桐人は、嗤《わら》わないと宣言した秀明を試《ため》すように見ていた。「石碑《せきひ》のへびの、ふもとにゐ《い》るべからず、この〝へび〟が黒蛇山《くろへびやま》のことで、山崩《くず》れする山だから、ふもとにいちゃ駄《だ》目だってふうに解釈《しゃく》すると、石碑《せきひ》なんてない白鷹山《しろたかやま》はより安全だと言える。あと、お祭りの歌も。これもさっき言ったとおり、白鷹山《しろたかやま》に向かってる。最後に、谷津流《やつりゅう》で生まれた僕《ぼく》らは、黒蛇山《くろへびやま》には入っちゃ駄《だ》目だって言われて育った。白鷹山《しろたかやま》のほうは、お社に近づくな、お社のある＊2禁足地《きんそくち》には絶対に入るな、って言い含《ふく》められた。少し違《ちが》うんだ」「なるほど。石碑《せきひ》に照らして考えると黒蛇山《くろへびやま》はふもとも含めて全部が駄《だ》目だけど、白鷹山《しろたかやま》は大祭に使う大事な場所だけが駄《だ》目ってことか」すぐに理解した秀明に、桐人は頷《うなず》いた。「白鷹山《しろたかやま》の山道を少し行くくらいなら、大人にばれても全然怒《おこ》られない。お社まで行かなかったかは、必ず確認されるけど」武男も「祖父《じい》ちゃんや父ちゃんも、そういや黒蛇山《くろへびやま》には行かないな」と腕《うで》を組んだ。「白鷹山《しろたかやま》にはお社の様子を見にとかで、地震《しん》の次の日にも登ってた。祖父《じい》ちゃんたちは禁足地《きんそくち》にも入れる。谷津流《やつりゅう》の誰《だれ》より、白鷹山《しろたかやま》のことを知ってる。もし山崩《くず》れしそうなところを見つけてたら、間違《ちが》いなく大騒《さわ》ぎになってる」「地震《しん》って本震《しん》？　その後の余震《しん》？　本震《しん》の翌日なら、まだ予兆はなかったろうな」「でも秀明、俺《おれ》も白鷹山《しろたかやま》のほうが安全だと思うよ」

それは元気だった。元気はどことなく心苦しそうに続けた。「山崩《くず》れが起こったのは、いっぱい木を切ったせいもある。生えすぎた木を程《ほど》よく間引きするんじゃなくて、ああいうふうにやたらと伐採《ばっさい》したら、山崩《くず》れが起きやすくなるらしい……作業員の中で危ないって噂《うわさ》になってるって、父さんが飲んでぼやいてた。その点、白鷹山《しろたかやま》はまだ開発が入ってない」暗におまえの父親の会社が原因だと言われて、保仁が眉《まゆ》を上げた。だが怒《いか》りのマグマが噴《ふん》出する前に、秀明が制した。「喧嘩《けんか》は止めよう。そんなことにエネルギーを使ってる場合じゃない。これからみんなで黒蛇山《くろへびやま》を登って、尾根を渡《わた》らなければならないんだから」「桐人の案を採《さい》用するんだな」

武男が確認する。秀明は首をたてに振《ふ》った。「黒蛇山《くろへびやま》に留まるほうが、どうやら最悪《あく》っぽいからな」「でも、どうやって尾根に出るの？ 道は？」
緑の懸念《けねん》は当然だった。ゴルフ場へ続く道はあるはずだが急斜《しゃ》面を［　⑥　］でとにかく進んだために、現在位置がはっきりしない。おまけに暗闇《やみ》と木々がしかいをさえぎり、⑦モクシでは頂上を見つけることもできない。つまり今、九人の生徒は黒蛇山《くろへびやま》の中で迷子なのだ。「地図とコンパス……方位磁石《じしゃく》があれば……」秀明の呟《つぶや》きはないものねだりに聞こえた。だが、「……コンパスなら持ってる」慎次郎がリュックのポケットをまさぐり、丸く平べったいものを取り出した。

⑧握《にぎ》ればすっかり隠《かく》れてしまう小さな銀色は、蓋《ふた》を開ければ間違《ちが》いなく南北を教えるコンパスだった。「トレッキングで使うかもと思ってさ」⑨なぜか言い訳がましい口ぶりだったが、誰《だれ》もがその小さな味方を喜んだ。緑は拍《はく》手をし、二年生たちは感嘆《たん》し、秀明と桐人は笑《え》みをこぼした。武男ですら「おまえ、気が利《き》くんだな」と感心した。慎次郎ははじめこそ得意げな表情になったものの、すぐに居《い》心地が悪《わる》そうになって、「でも地図がないと」と口にした。「頂上までどう行けばいいかは、僕、なんとなくわかる」

みんなのしせんが桐人に集まる。「まさか山の地図、あるのか？」質《ただ》した武男に「持っていないけど」と⑩かぶりを振《ふ》るも、桐人はこう言い切った。「航空《こうくう》写真で、地形は覚えた」コテージにあった航空《こうくう》写真を、桐人は興味深そうに眺《なが》めていたのだった。二つの山の全景とふもとまでが、鮮《せん》明に写っていた。しかし、見ただけで覚えられるのか――当たり前の疑問を、幸男は自分の中だけでけりをつける。桐人なら覚えられる。とにかく丸暗記だけは、誰《だれ》にも負けないのだ。

秀明が軽く口笛《ぶえ》を吹いた。「桐人。じゃあおまえが地図だ。ここからとりあえずゴルフ場。どっちに行けばいい？」慎次郎が桐人の手にコンパスを載《の》せる。武男が見やすいように懐《かい》中電灯《とう》で照らす。桐人は数秒方位を確認し、夜空を見上げ、コテージの方角を振《ふ》り返ってから、迷いなく森の奥《おく》の一点を指し示した。「あっちのほうだ。ゴルフ場は広いから、多少ずれても、どこかのエリアには引っかかるはず」「よし。おまえは俺《おれ》のあとにぴったりついてこい」懐《かい》中電灯《とう》を持った武男が、指し示した方向へ一歩踏《ふ》み出した。「俺《おれ》が先導する。おまえは俺《おれ》がどっちに進めばいいか教えろ」「桐人の次は緑が行け」「私が先に行っていいの？ どうして？ 秀明くん」「父さんから聞いたことがある。グループが進むとき、先導者の次からは弱い順番なんだ。緑が弱いとは思ってないけど、女の子だし、さっき足がパンパンだって言ってたろ」「わかった」「俺《おれ》が最後を行く」「しゃしゃり出んなよ、秀明」保仁だった。「弱い順なんだろ？ じゃあ俺《おれ》が最後だ。一番強いからな」秀明は少し保仁の顔を眺《なが》め、「駄目《だ》だ」と却《きゃっ》下した。「なんでだよ？」「最悪《あく》のことを考えたからだ。一番後ろは一番危険だ。疲れて前から遅れたとき、気づかれずに置いてけぼりになる。（　A　）⑪これが、今俺《おれ》が考えた最悪《あく》だ。だから駄《だ》目だ」

有《う》無を言わせない迫《はく》力があった。保仁は悔《くや》しそうに黙《だま》った。秀明がしんがりになった。「遅れそうになったら、とにかく声出せ。前後の奴《やつ》らで気を配って進もう」武男が鼓舞《こぶ》した。幸男のすぐ後ろで、慎次郎が「ゴルフ場まで行ったら水が飲めるかな」と呟《つぶや》いた。九人は夜の森を歩き出した。

（乾《いぬい》ルカ『龍神《りゅうじん》の子どもたち』問題の作成上、本文の表記を改編《へん》した部分があります。）

＊1 茶々《ちゃちゃ》・・・さまたげ。ぼう害。

＊2 禁足地《きんそくち》・・・足をふみ入れてはいけない場所。

1　［①］には「損な役回り」を意味する語句が入る。あてはまる言葉をひらがな四字で答えなさい。

2　――部②「おまえが本気で言ったことを、俺《おれ》は絶対嗤《わら》わない」とは秀明がどんなことを思って言った言葉か。最もふさわしいものを後から選んで記号で答えなさい。

ア　昔話をあてにする桐人にいら立ちながらも、もはや無事に帰るにはそれしか方法はないとあきらめて言った言葉。

イ　人の言葉のあげ足をとる慎次郎に対して怒《いか》りを感じ、反げきをするためにとっさに言い返した言葉。

ウ　仲間を信じて協力することでしか、みんな一緒《しょ》に無事に帰ることができないと思い言った言葉。

エ　人が真面目《まじめ》に言ったことを馬鹿にすると、ばちが当たり帰ることができなくなると思って言った言葉。

3　――部③「そんな彼を嫌悪《けんお》すると同時に、共感もする。」とあるが、幸男のその気持ちを説明した一文の、始めの五字をぬきだしなさい。

4　――部④「最悪を考える係を引き受けた」とあるが、秀明はなぜそう考えたのか。本文から十八字でぬきだしなさい。

5　――部⑤「説明を始める。」について、桐人の説明では「大きな音は聞こえていない」と言っているが、それ以外の根拠《きょ》となっているものを本文からそれぞれ五字以内でぬきだし三つ答えなさい。

6　物語の中で「ニュータウン組」と「谷津流《やつりゅう》組」とあるが、「谷津流組」でない人物を後から二人選んで記号で答えなさい。

ア　幸男　　イ　桐人　　ウ　保仁　　エ　秀明　　オ　元気　　カ　緑　　キ　慎次郎

7 ⑥にあてはまるのに最もふさわしい四字熟語を後から選んで漢字に直して答えなさい。

じゆうじざい　ばじとうふう　むがむちゅう　いっせきにちょう　いちごいちえ

8 ——部⑦を漢字に直しなさい。

9 ——部⑧「握《にぎ》ればすっかり隠《かく》れてしまう小さな銀色」について答えなさい。

(1) これは何のことを指しているか本文の言葉を使って答えなさい。

(2) このような表現方法を何というか最もふさわしいものを後から選んで記号で答えなさい。

ア とう置　イ 直ゆ　ウ ぎ人　エ 暗ゆ　オ 対句《つい》

10 ——部⑨「なぜか言い訳がましい口ぶりだった」のはなぜか。ふさわしくないものを後から二つ選んで記号で答えなさい。

ア 秀明の言葉にすぐ反応《のう》してしまい違《い》和感を持たれるといやだから。

イ 自分が仲間の一人として協力しているようで気まずかったから。

ウ みんなにほめられることを想像してしまい笑顔《え》がにじみ出たから。

エ 自分の発言がその場を白けさせるかもと思い自信がなかったから。

オ 自分の大切なものを差し出すことに強いためらいを感じたから。

11 ——部⑩「かぶりを振《ふ》る」と逆の動作を本文からぬきだしなさい。

12 ——部⑪「これが、今俺《おれ》が考えた最悪《あく》だ。」について後の問いに答えなさい。

(1) 「最悪《あく》」の内容として、秀明の言葉（ A ）として最もふさわしいものを後から選び記号で答えなさい。

ア おまえがいら立ち文句を言う。　イ いつの間にかおまえがいない。

ウ 前を行くみんなが気をつかう。　エ おまえのせいでみんなが遅《おく》れる。

(2) この言葉を言った時、秀明のなかで最も大切に考えていたことはどんなことか。与《あた》えられた言葉を、一回ずつ、指定した順番どおりに使用して「～あってはいけないということ。」に続く形で答えなさい。（指定された三つの言葉は、（　）で囲みなさい。）

《言葉》　みんな　だから　保仁

13 後の会話は、この小説の登場人物について感想を出し合ったときのものです。ア～オのうち、間違《ちが》えた解釈《しゃく》をしているものを一つ選んで記号で答えなさい。

ア 谷津流《やつりゅう》組とニュータウン組の子ども達は始め仲が悪かったけど、この緊迫《きんぱく》した状況《きょう》のなかで秀明の言動によって少しずつ変わっていったように思ったよ。

イ そう。それに桐人が反論にもめげずに自分の意見を話せるようになったのは秀明が話を真剣《けん》に聞いてくれたことで自信がもてるようになったからだと思ったわ。

ウ コンパスを持っていた慎次郎も武男に「おまえ、気が利《き》くんだな」と感心されて、かたくなになっていた気持ちが少しずつ打ち解けてきたように感じたなぁ。

エ そのあたりから、慎次郎も桐人の手に持ってきたコンパスを載《の》せてあげたり、武男が見やすいように懐《かい》中電灯《とう》で照らしたり、みんなの気持ちがまとまり始めたね。

オ 秀明が最後までわがままをいう保仁をリーダーから引きずり落として受け入れなかった姿に、本当のリーダーの姿を見たようでせいせいした気分がしたわ。

14　問題文【一】と問題文【二】には書かれている内容で共通することがあると思われます。それを説明したものとして最もふさわしいものを後から選んで記号で答えなさい。

ア　子育ての重要性。

イ　人間がもとからもっている身勝手《みがって》な部分。

ウ　女性の果たすべき役割。

エ　多様性の大切さ。

オ　リーダーになるための条件。

2024年度　金城学院中学校入学試験問題

〔算　数〕

◎答えは解答用紙に書きなさい。

(50分)

1　問題は[1]から[5]までで，12ページあります。もし，ページが抜《ぬ》けていたり，同じページがある場合は，手を挙げて先生に知らせてください。

2　解答用紙には受験番号を忘れないように書いてください。名前を書く必要はありません。

3　解答用紙だけを集めます。

（注）円周率は3.14とします。

1 次の問いに答えなさい。

(1) 次の計算をしなさい。

$267 + 217 \times 999$

(2) 次の計算をしなさい。

$$\left(\frac{4}{7}+\frac{1}{4}\right)+\left(\frac{4}{3}+\frac{1}{2}\right)+\left(\frac{9}{4}-\frac{4}{3}\right)+\left(\frac{3}{2}-\frac{4}{7}\right)$$

(3) $\frac{4}{7} : \frac{8}{3}$ の比の値を求めなさい。

(4) 水そういっぱいに水が入っています。1日目に水そうに入っている水の $\frac{2}{7}$ を使い，2日目には残りの $\frac{1}{3}$ を使いました。さらに3日目には残りの $\frac{3}{10}$ を使ったところ，30Lの水が残りました。最初，水そうに入っていた水の量は何Lですか。

(5) 次の①～③のことがらをわかりやすく表すには，ア～ウのどのグラフを使うとよいですか。それぞれ記号で答えなさい。

① 年代別の市立図書館で借りた本の冊数

② 月ごとの市立図書館を利用した人数の変わり方

③ 年代別の市立図書館を利用した人数の割合

ア 円グラフ
イ 折れ線グラフ
ウ 棒グラフ

(6) 次の①～④の中から正しいものをすべて選びなさい。

① 4つの辺の長さがすべて等しい四角形は正方形である。

② 長方形の2本の対角線の長さは等しい。

③ 四角形の2本の対角線は，それぞれのまん中の点で交わる。

④ ひし形の向かい合う辺は平行で，向かい合う角の大きさは等しい。

(7) 図のような半円の中の斜線《しゃせん》部分の面積を求めなさい。

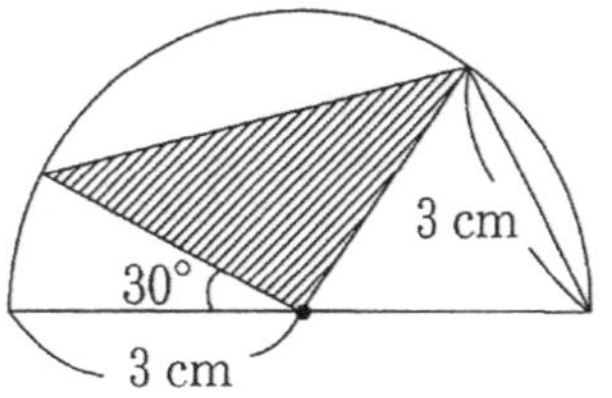

(8) 下の図はある土地の $\frac{1}{20000}$ の縮図です。実際の土地のまわりの長さは何 km ですか。

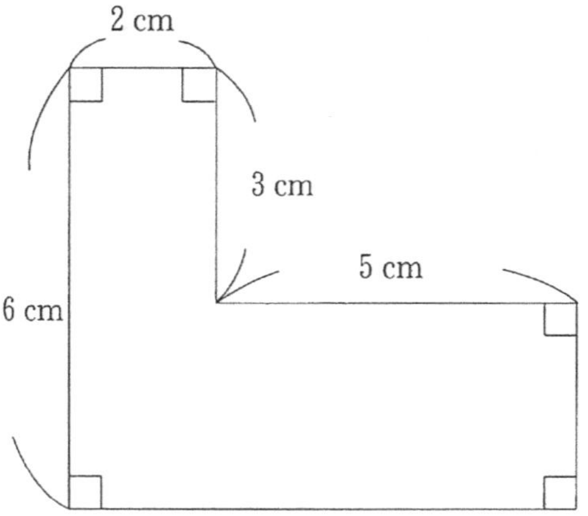

(9) 下の図のような円柱の形をした容器A，Bがあります。容器Aにジュースをいっぱいになるまで入れて，容器Bに移しました。この操作をもう一度くり返します。このとき，容器Bに入っているジュースの高さは何cmですか。

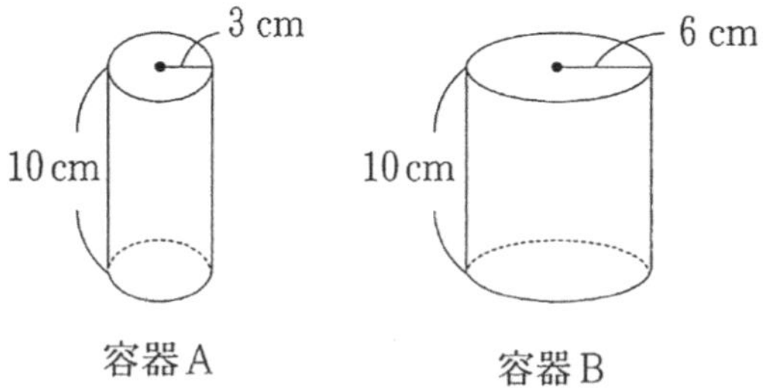

容器A　　容器B

(10) 下の図は，長方形 4 つと台形 2 つを組み合わせた立体の展開図です。この展開図を組み立ててできる立体の体積を求めなさい。

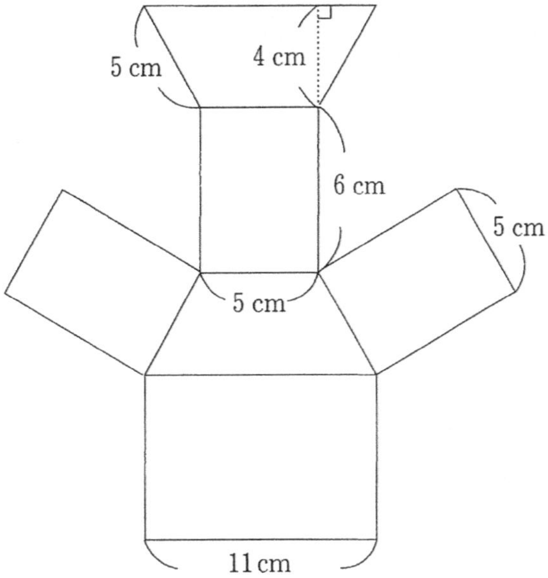

2 次の問いに答えなさい。

(1) 次の2けたどうしのかけ算について，あ，いにあてはまる1～9の数をそれぞれ答えなさい。ただし，すべてのあには同じ数が入ります。

あ あ × あ い ＝ 2024

(2) 5円玉と10円玉と50円玉がそれぞれたくさんあります。これらを使って100円を支払う方法は何通りありますか。ただし，使わない硬貨《こうか》があってもよいとします。

(3)　下の図は正十角形です。角㋐の大きさを求めなさい。

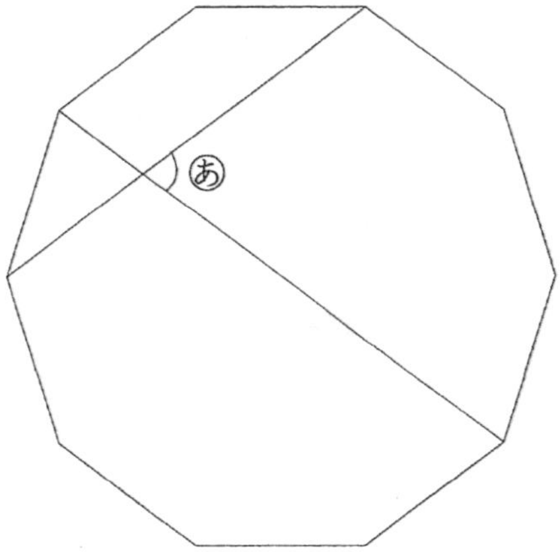

(4) 立方体の6面に，赤，黄，緑，青，白，黒を1色ずつぬりました。この立方体を転がしたとき，図1のようになりました。もう一度転がしたとき，図2のようになりました。

図1　　　　図2

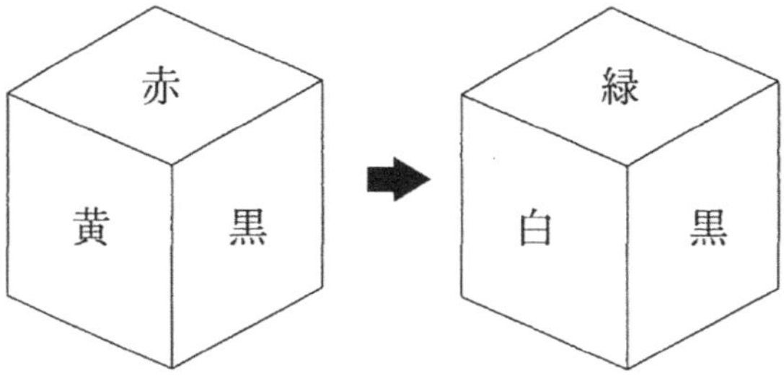

この立方体について，①～④の中から正しいものを1つ選びなさい。

① 緑の面と向かい合う面の色は青である。
② 赤の面と向かい合う面の色は青である。
③ 白の面と向かい合う面の色は青である。
④ 黒の面と向かい合う面の色は青である。

(5)　1個500円のメロンをいくつか仕入れ，3割の利益を見込んで売ったところ，20個が売れ残りました。このとき，売り上げは仕入れ値より21500円多くなりました。仕入れたメロンの個数を求めなさい。

(6)　次のグラフは，Aさんが家を出発してからショッピングセンターに着くまでの時間と歩いた距離《きょり》の関係を表したものです。

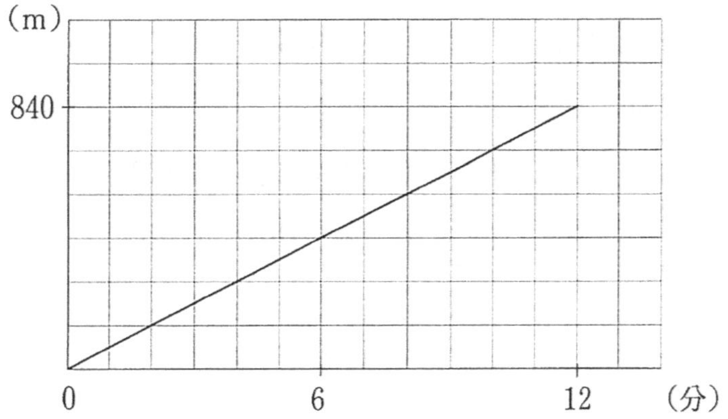

Aさんが家を出発した6分後，Aさんの姉はショッピングセンターを出発し，家に向かって同じ道を自転車で進みました。

姉の進む速さがAさんの進む速さの2倍であったとき，2人は家から何mの地点ですれちがいますか。

3 ゆり子さんは春休みに祖父母の家に遊びに行く計画を立てています。祖父母の家へ行くときは，A駅から新幹線に乗り，C駅またはD駅で金城鉄道に乗りかえて，B駅で下車します。そのあと，B駅からは歩いて祖父母の家に向かいます。

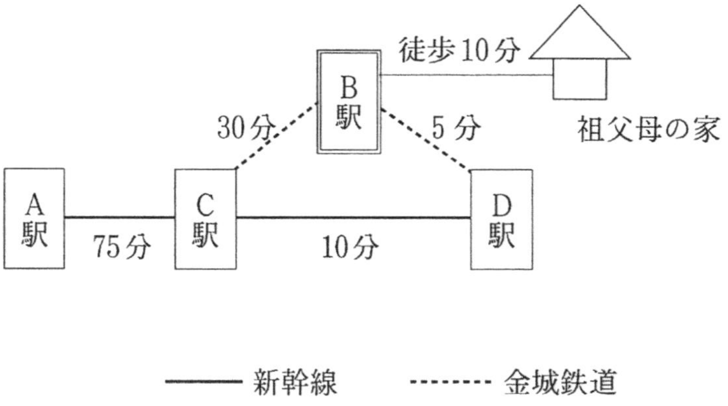

≪A駅の新幹線の時刻表≫

7時	00	30	50	
8時	05	20	35	50
9時	05	25	45	

≪運賃≫

新幹線		金城鉄道	
A駅→C駅	5800円	C駅→B駅	900円
A駅→D駅	6400円	D駅→B駅	200円

(1) C駅で乗りかえる行き方と，D駅で乗りかえる行き方を比べてみました。下の文の あ と い に入る適切な語句や数を答えなさい。

あ 駅で乗りかえる方が い 円安くなる。

(2) (1)で選んだ行き方で祖父母の家に向かいます。10時までに祖父母の家に着くためには遅くともA駅を何時何分に発車する新幹線に乗る必要がありますか。ただし，乗りかえの駅では新幹線が着いた10分後に発車する金城鉄道に乗るものとします。

4 下の表のように，あるきまりにしたがって数が並んでいます。上から数えて a 番目，左から数えて b 番目の数を $a \circledcirc b$ とかくことにします。

たとえば，$3 \circledcirc 4 = 18$，$5 \circledcirc 2 = 30$ です。

1	2	3	4	5	……
4	6	8	10	12	……
9	12	15	18	21	……
16	20	24	28	32	……
25	30	35	40	45	……
⋮	⋮	⋮	⋮	⋮	

(1) $8 \circledcirc 1 + 8 \circledcirc 2 + 8 \circledcirc 3 + 8 \circledcirc 4 + 8 \circledcirc 5$ を計算しなさい。

(2) $a \circledcirc b = 95$ となるものをすべて答えなさい。ただし，求め方もかき，答えは $3 \circledcirc 4$ のようにかきなさい。

5 2023年12月25日に何分間テレビを見ていたかを100人に調査しました。その結果をグループ別にまとめたところ，次の表のようになりました。

	グループX	グループY
調査人数	70人	30人
平均時間	43.2分	76.6分

この表を見ながら，AさんとBさんが話をしています。2人の会話文に合うように，①には適切な文，②には計算式，③には数を入れなさい。ただし，①では「調査人数」と「時間」の2つの言葉を必ず使いなさい。

Aさん：「この日，わたしはクリスマスコンサートに行って，テレビを見る時間がなかったので，グループXの平均時間よりも短かったよ。」

Bさん：「わたしはこの日，ちょうど1時間テレビを見ていたから，100人の平均時間とほぼ同じだよ。だって，100人の平均時間は43.2と76.6をたして2で割るから59.9分だよね。」

Aさん：「100人の平均時間は59.9分じゃないよ。」
「平均値は［　①　］から，
計算式は［　②　］で，
正しい平均時間は［　③　］分になるんだよ。」

Bさん：「そっか。たして2で割っただけじゃだめなんだね。気を付けないといけないね。」

2024(R6) 金城学院中
K 教英出版

2024年度　金城学院中学校入学試験問題

〔理　科〕

◎答えは解答用紙に書きなさい。

(30分)

1　問題は1から4までで、9ページあります。もし、ページが抜《ぬ》けていたり、同じページがある場合は、手を挙げて先生に知らせてください。

2　解答用紙には受験番号を忘れないように書いてください。名前を書く必要はありません。

3　解答用紙だけを集めます。

1

(1) 右の回路において、全ての豆電球を光らせるために閉じるスイッチを２つ選びなさい。

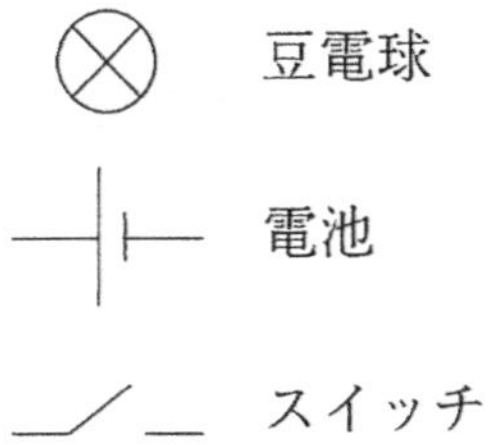

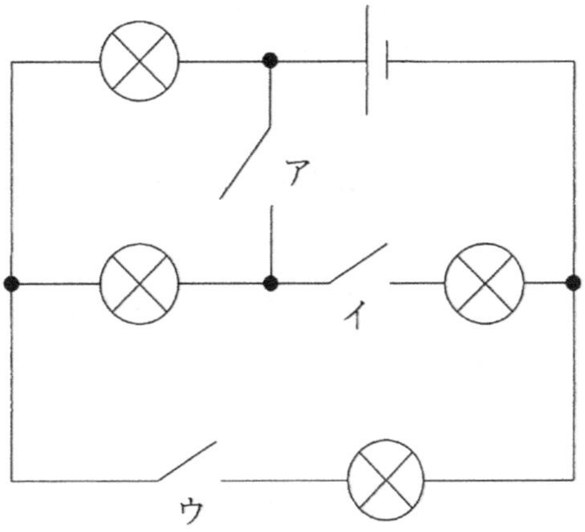

(2) 手回し発電機にコンデンサーをつなぎ、ハンドルを一定の速さで30秒間回して電気をためました。電気をためたコンデンサーに豆電球をつなぎ、明かりのついている時間をはかる実験を３回くり返しました。これと同じ実験を発光ダイオードでも行ったところ、明かりがついていた時間は次のような結果になりました。この結果から豆電球と発光ダイオードのちがいについてわかることを書きなさい。

	1回目	2回目	3回目
豆電球	34秒	35秒	32秒
発光ダイオード	3分以上	3分以上	3分以上

(3) 豆電球と手回し発電機をつないで発電機のハンドルを(2)と同じ速さで回すと豆電球は光りました。しかし、発光ダイオードと手回し発電機をつないでハンドルを回しても光りませんでした。どのような操作をすれば発光ダイオードを光らせることができますか。考えられることを１つ書きなさい。

2

水よう液によってその性質やはたらきにはちがいがあります。これについて下の各問いに答えなさい。

6つの試験管に、それぞれ塩酸、水酸化ナトリウム水よう液、炭酸水、食塩水（塩化ナトリウム水よう液）、石灰水、アンモニア水が入っています。実験1～3をもとにして、6つの水よう液を区別しました。下図はその結果をまとめたものです。

実験1　赤色リトマス紙、青色リトマス紙を使って調べた。
実験2　それぞれの試験管をお湯を入れたビーカーにつけて温め、［　操作　］
実験3　AとEを混ぜ、水を蒸発させて残った固体のつぶを観察した。

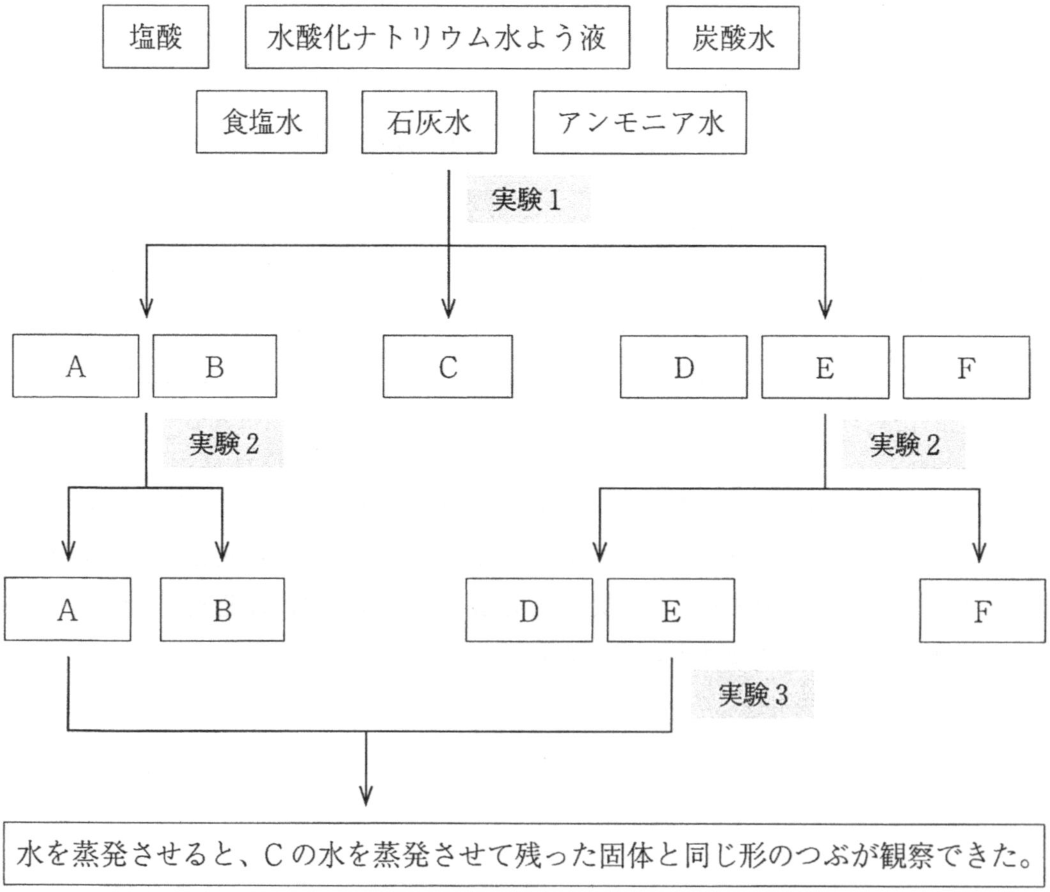

図

(1) 実験２の［操作］を行うと、ＡとＦには共通の特ちょうがあることがわかりました。［操作］に当てはまる文を10字以内で答えなさい。

(2) 水よう液Ａ～Ｆのうち、溶けている物質が固体であるもの、液体であるもの、気体であるものの**数**をそれぞれ答えなさい。

(3) 水よう液Ａ・Ｃ・Ｅ・Ｆをそれぞれ次のア～カから選びなさい。

ア　塩酸　　イ　水酸化ナトリウム水よう液　　ウ　炭酸水
エ　食塩水（塩化ナトリウム水よう液）　　オ　石灰水
カ　アンモニア水

3

下の会話文は、小学6年生のゆりさんと、高校3年生のよつばさんの姉妹のものです。これについて、次の各問いに答えなさい。

ゆり　：どうしよう…。
よつば：どうしたの？
ゆり　：夕食のために茶わん蒸《む》しを作ったのだけど、卵が固まっていないの！
よつば：それは大変！レシピ通りには作ったの？
ゆり　：うん。このレシピの通りに作ったつもりだけど…。

＜茶わん蒸しのレシピ＞

① ボウルに卵を割り、卵1個につき、少量の粉末だしを溶かした水 180 mL を入れてよく混ぜる。
② ①を茶こしでこす。
③ 耐熱性のカップに好きな具材を少量入れ、さらに②の卵液をカップの半分の高さあたりまで加える。
④ それぞれのカップにアルミホイルでふたをして、蒸し器に入れ、加熱する。

ゆり　：具材は家族の好みに合わせて、同じ量になるように調整しながら少しずつ変えたけれど、やっぱりレシピ通りに作ったよ。
よつば：なるほど…。ちょっとできあがった茶わん蒸しを見せて。
ゆり　：もちろん！こんな感じになっちゃった。
よつば：どれどれ…あれ？この茶わん蒸し、固まっているものとそうでないものがあるね。
ゆり　：本当だ！茶わん蒸しは5つ同時に、同じ蒸し器で作っていたし…ますます原因がわからないよ。
よつば：あ、そういえばこの前授業で習ったんだけど、<u>茶わん蒸しが固まるのは、卵に含まれる「たんぱく質」が熱で変化するから</u>なんだって。
ゆり　：…ということは、加熱が足りないのかな？
よつば：その可能性は低いんじゃないかな。だって、［　　　　　］。
ゆり　：たしかにそうだね。じゃあ、茶わん蒸しに入れた具材のちがいかなあ。それぞれのカップには何を入れたか表にまとめてみるね。

＜表＞

だれの茶わん蒸し	お父さん	お母さん	ゆり	よつば	ポチ
入れた具材	とり肉 まいたけ かまぼこ	まいたけ かまぼこ	とり肉 かまぼこ	とり肉 まいたけ	具材なし
固まったかどうか	固まらなかった	固まらなかった	固まった	固まらなかった	固まった

よつば：ペットのぶんまで作っていたのね…ってあれ、もしかして原因がわかったかもしれない！後で茶わん蒸しが固まらなかったくわしいしくみをお母さんに聞いてみようかな。

(1) ＜表＞の茶わん蒸しの結果から考えたとき、ゆりさんとよつばさんの会話文の□には、どのような文があてはまるでしょうか。下のア～エの中から１つ選び、記号で答えなさい。

ア　お父さんの茶わん蒸しにはいろいろな種類の具材がはいっているから
イ　ポチの茶わん蒸しには具材がはいっていないから
ウ　お父さんとお母さんの茶わん蒸しが固まっていないから
エ　ゆりとポチの茶わん蒸しは固まっているから

(2) 茶わん蒸しが固まらなかった原因として考えられるものを下のア～オから１つ選びなさい。また、その原因はだれとだれの茶わん蒸しを比べたらわかりますか。考えられる組み合わせを下のＡ～Ｆからすべて選び、記号で答えなさい。

＜原因＞
ア　卵液をカップの半分の高さまでしか入れなかったため。
イ　それぞれのカップにアルミホイルでふたをしたため。
ウ　茶わん蒸しにとり肉を入れたため。
エ　茶わん蒸しにまいたけを入れたため。
オ　茶わん蒸しにかまぼこを入れたため。

＜組み合わせ＞
Ａ．お父さんとポチ　Ｂ．お父さんとゆり　Ｃ．お母さんとよつば
Ｄ．お母さんとゆり　Ｅ．ゆりとよつば　Ｆ．よつばとポチ

(3)　茶わん蒸しが固まらない原因が「卵」だけにあったとします。その場合、だれの茶わん蒸しがどのようになっていることを確認できたら、そのことがいえるでしょうか。下のア～エの中から１つ選び、記号で答えなさい。

ア　ポチの茶わん蒸しが固まっていること。
イ　ポチの茶わん蒸しが固まっていないこと。
ウ　お父さんの茶わん蒸しが固まっていること。
エ　お父さんの茶わん蒸しが固まっていないこと。

(4)　下線部について、以下の文章を読み、問いに答えなさい。

卵に含まれるたんぱく質が分解されてしまうと、加熱しても卵が固まらなくなることをお母さんが教えてくれました。また、生のパイナップルにはたんぱく質を分解する成分Ｘが含まれており、この成分Ｘは長時間高温でにこむと、そのはたらきが失われることも教えてくれました。

食品に含まれる成分が固まるという点では、しくみこそちがえど、ゼリーも同じように考えることができます。ゼリーを作るときには、砂とうなどが溶けた水よう液を固める材料として、寒天やゼラチンなどが用いられます。これらの材料を温めた水に溶かし、よく冷やすことで、水よう液が固まり、ゼリーができるのです。しかし、寒天やゼラチンなどの主成分が分解されると、水よう液が固まらなくなることが知られています。

これらのことから考えると、パイナップルでゼリーを作ろうとしたとき、ゼリーが「固まらない」という失敗が起こることがあります。失敗が起こる可能性があるものを、下のア～エから１つ選び、記号で答えなさい。

ア　生のパイナップル　＋　寒天（主成分：炭水化物）
イ　生のパイナップル　＋　ゼラチン（主成分：たんぱく質）
ウ　砂とう水でにこんだパイナップル　＋　寒天
エ　砂とう水でにこんだパイナップル　＋　ゼラチン

4

めぐみさんは川に自然観察にいきました。川が曲がって流れているところを見ると、カーブの外側に右図のようなブロックがいくつも置かれていました。

(1) ブロックが川のカーブの内側ではなく外側に置かれている理由として正しくなるように、それぞれの（　）の中から適切な語句を選び、記号で答えなさい。

『川が曲がって流れている場合、カーブの外側は内側と比べて流れが①（ア 速い，イ 遅い）ため、②（ウ たい積，エ 運ぱん，オ しん食）のはたらきが大きくなる。ブロックはそのはたらきを防ぐために置かれている。』

(2) 川のカーブしている部分の断面図として正しいものを1つ選び、記号で答えなさい。

ア

イ

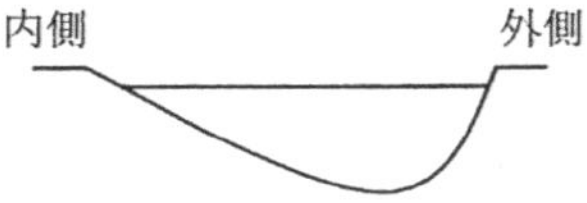

ウ

めぐみさんは、川の別の場所で、川をはさんだ両側の斜面Ｘ・Ｙの土地の植物の生え方に大きなちがいがあることに気がつきました。片側の斜面だけに植物が青々としげり、数も多いのです。右の図はこのちがいを示しています。そこで、めぐみさんは右図のａ～ｆそれぞれの場所で地面の温度と土中の水分の割合を調べました。下の表は調べた結果をまとめたものです。

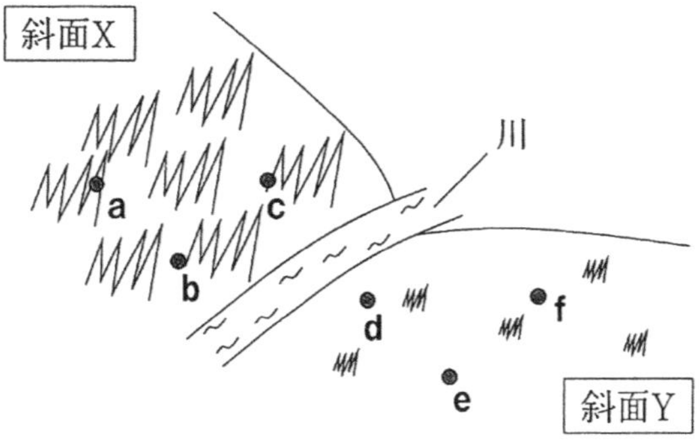

	斜面X			斜面Y		
	a	b	c	d	e	f
地面の温度	24 度	25 度	25 度	33 度	35 度	34 度
土中の水分の割合	25%	24%	25%	15%	14%	14%

(3) 下の文章の（ア）～（ウ）に当てはまる語句の組み合わせとして、正しいものを下の①～④から選びなさい。

植物が(　ア　)からとり入れた水は、植物のからだにある水の通り道を通って運ばれ、からだのすみずみまでいきわたる。植物のからだにとり入れられた水は、主に（　イ　）の気孔とよばれる小さな穴から水蒸気として出ていく。このことを（　ウ　）という。

	ア	イ	ウ
①	根	葉	蒸散
②	根	葉	蒸発
③	葉	根	蒸散
④	葉	根	蒸発

(4)　a、b、cのそれぞれ1 m^2 あたりには、30本、50本、40本の草が生えていました。この斜面Xの面積が150 m^2 であったとき、斜面Xには何本の草が生えていると予想されますか。

(5)　なぜめぐみさんはそれぞれの斜面で3か所ずつ調べたのでしょうか。考えられる理由として**正しくない**ものを下のア～エからすべて選び、記号で答えなさい。

ア　同じ斜面でも少しのちがいがあるかもしれないから。
イ　どれかが適切に調べられていない可能性があるから。
ウ　斜面XとYを比べるとき、それぞれ3か所のデータがあると、最も数値の差が大きいものを選べるから。
エ　データを平均することで、2つの斜面XとYの差がより比べやすくなるから。

(6)　調べた結果から考えられることとして正しいものを下のア～エからすべて選び、記号で答えなさい。

ア　日光が当たれば当たるほど、植物が生育しやすくなる。
イ　日光が当たりすぎると、土の中の水分が少なくなって植物が生育しにくくなる。
ウ　土の水分量が30％のとき、植物はより生育しやすい。
エ　土の水分量が25％の時と比べて、15％の時には植物はあまり生育しない。

金城学院中学校　思考力入試

問題用紙

2024.1.13(土)

(75分)

・放送で第１部の開始の合図があるまで開いてはいけません。
・問題は９ページあります。もし、ページが抜《ぬ》けていたり、同じページがある場合は、手を挙げて先生に知らせてください。
・すべての解答は解答用紙に横書きで書いてください。また、受験番号を忘れないように書いてください。名前を書く必要はありません。
・問題は問１から順番に解いてください。
・問題用紙の空いているスペースに自由にメモを取ってもかまいません。
・第１部(問 1～問 6)は 40 分、第２部(問 7～問 9)は 30 分です。
第１部と第２部の間の５分間に、第１部の解答用紙を集めます。
この時間にトイレに行くことはできません。
・第２部ではレゴで作品を作る時間がありますが、作品の完成度は評価に影響《えいきょう》しません。
・解答用紙だけを集めます。

＜第１部＞

問１　次の四角の中の言葉は、男性、女性、あるいは両方、どの性別を指す言葉だと思いますか。

解答用紙の図に四角の中の言葉をすべて書き入れなさい。

かっこいい、かわいい、優しい、強い、青、ピンク、スポーツ、サッカー 、料理、社長、子育て、残業

問２　次の写真は 2023 年のカナダと日本の内閣の集合写真です。気づいたことを自由に書きなさい。

ただし、書き方は問いません。箇《か》条《じょう》書《が》きでも文章でもかまいません。

問３　次の**図①～③**を見て、下記の文章の空欄《らん》に、ふさわしい言葉を書きなさい。

図①ジェンダー・ギャップ指数(GGI)　2023 年

※参画《さんかく》とは、事業や計画に加わること。

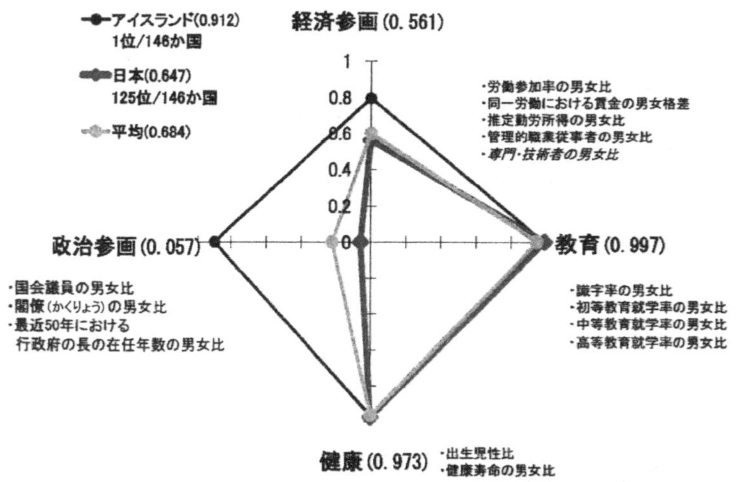

図②GGI ランキング

順位	国名	値
1	アイスランド	0.912
2	ノルウェー	0.879
3	フィンランド	0.863
4	ニュージーランド	0.856
5	スウェーデン	0.815
6	ドイツ	0.815
15	英国	0.792
30	カナダ	0.770
40	フランス	0.756
43	アメリカ	0.748
79	イタリア	0.705
102	マレーシア	0.682
105	韓国	0.680
107	中国	0.678
124	モルディブ	0.649
125	日本	0.647
126	ヨルダン	0.646
127	インド	0.643

図③G7 各国の GGI比較《ひかく》

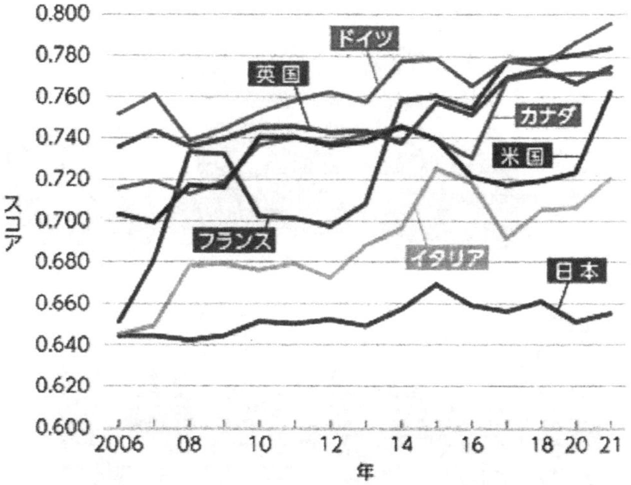

図①は「ジェンダーギャップ指数（Gender Gap Index:GGI）」を表すグラフです。ジェンダーギャップ指数とは、「世界各国の男女格差」を表すものです。中央の０が完全に（　ア　）、１が完全に平等であることを表します。

図②によると 2023 年において、男女格差が最も小さい国はアイスランドで、指数の 0.912 は世界で唯一《ゆいいつ》の 0.9 点台となっており、１０年以上第１位を維持《いじ》しています。対して日本は、世界 146 か国のうち、（　イ　）位です。その理由として**図①**をみると、「教育」と「健康」の項目《こうもく》においては男女格差が小さいですが、「（　ウ　）」と「経済参画」の項目においては男女格差が非常に大きいことがわかります。

また**図③**は G7（先進７か国）のジェンダーギャップ指数の１５年間の推移です。日本以外の G７各国がジェンダー平等を少しずつ実現させているのに対して、日本は（　エ　）状態です。

問４　**この問いは別紙資料(ア)～(ク)を参考にしなさい。**

毎年３月８日は「国際女性デー」です。女性の地位向上や女性差別をなくすことを目的として制定されました。それをふまえ、次の問いに答えなさい。

(1) **別紙資料(ア)～(ク)**を見て、①～⑥の中から、正しいものには○、間違《まちが》っているものには×、資料だけではわからないものには△を書きなさい。

① 大学・大学院卒という同じ学歴だったとしても、男女の生涯《しょうがい》賃金の差は 5000 万円にものぼる。

② 女性の家事・育児時間の長さは、他国と比べても差がなく、平均値である。

③ 日本のパートタイム労働者の人数は男性より女性が多く、賃金水準はフルタイム労働者の７割に達している。

④ 女性のリーダーの割合が増えつつあり、男性のリーダーの割合を超《こ》えたことがわかる。

⑤ 日本の女性は男性と比べて 5.5 倍無償《むしょう》労働している。また、日本の男性は他国の男性と比べて有償《ゆうしょう》労働の時間が長い。

⑥ 小中学校の女性校長の割合は、年々高くなってきている。

(2) 下の資料は 2018 年度の大津市立小中学校の児童・生徒会長の男女比を表したものです。

このような結果になる要因は何か。**別紙資料(ア)～(ク)を参考にして**あなたの考えを書きなさい。

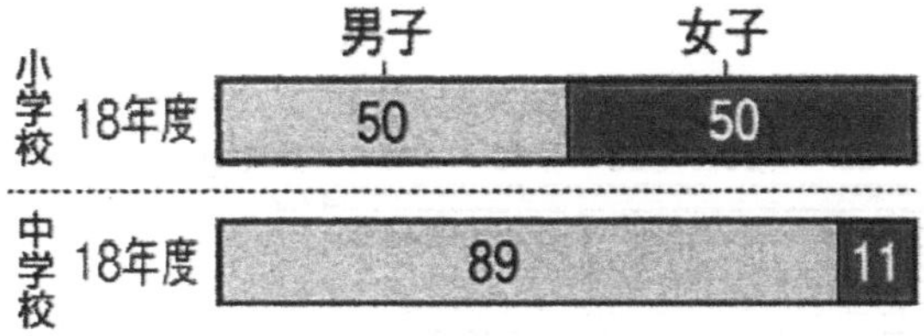

問５　次の四角の資料は、女子のみが受けられる理系学部の推薦《すいせん》入試（通称《つうしょう》 女子枠《わく》）についての資料です。この制度に問題点があるとしたらそれは何か、この資料を読んだ上であなたの考えを書きなさい。

近年、日本の各大学理工学部は、女子のみ受験できる推薦入試（通称 女子枠）を導入している。なぜなら、女子が少なく男子ばかりの同じような人間の集団では柔軟《じゅうなん》性・創造性が発揮されにくく、柔軟な発想と新規の視点をもたらす多様な人材が不可欠だからだ(**図①**参照)。また国際的にみて日本の研究者の女子割合が低いので、女子入学者を増やすことで将来的に研究者の女子割合を高めたいという理由がある(**図②**参照)。

図①大学(学部)在籍《ざいせき》者に占《し》める女子学生の割合(2019年)

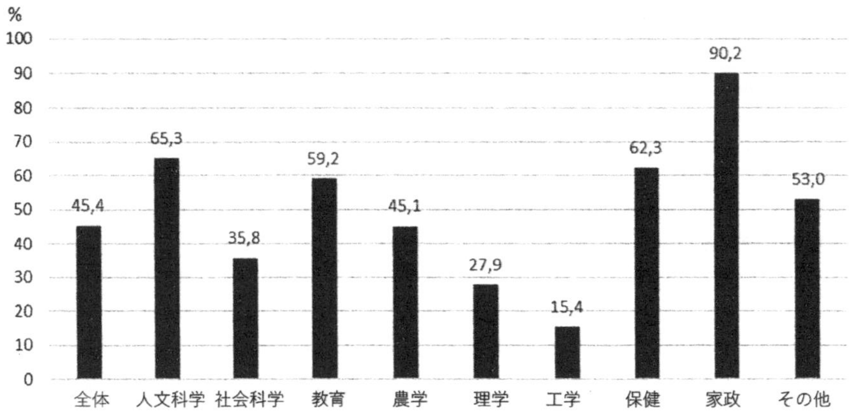

図②研究者に占める女性の割合の国際比較《ひかく》

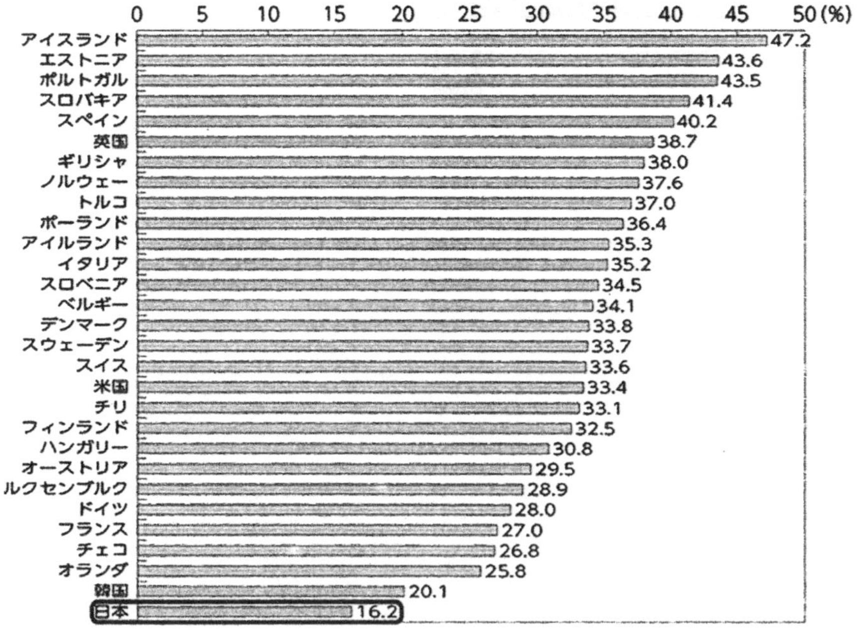

金城学院中学校　思考力入試

資料

2024.1.13(土)

・第１部の問４・問６で使用する資料です。
それまでは開かないようにしましょう。

＜資料ア～ク＞

(ア)　日本の学歴別生涯《しょうがい》賃金(一生のうちで働いて得られるお金)

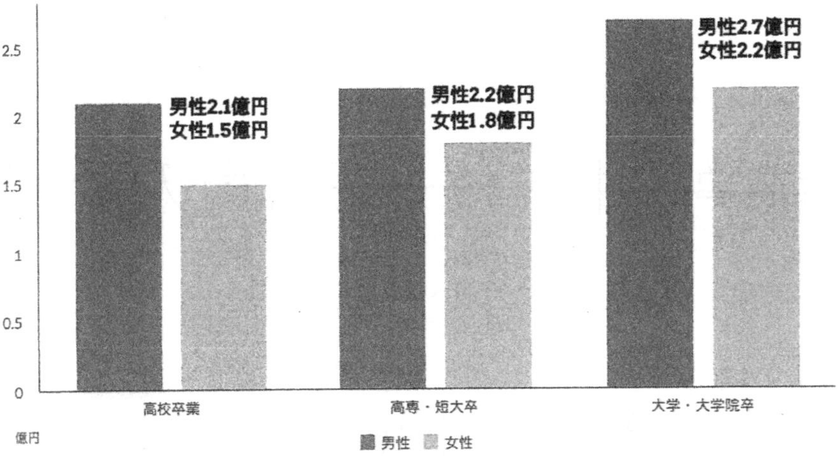

(イ)　日本の階級別役職者に占《し》める女性の割合の推移

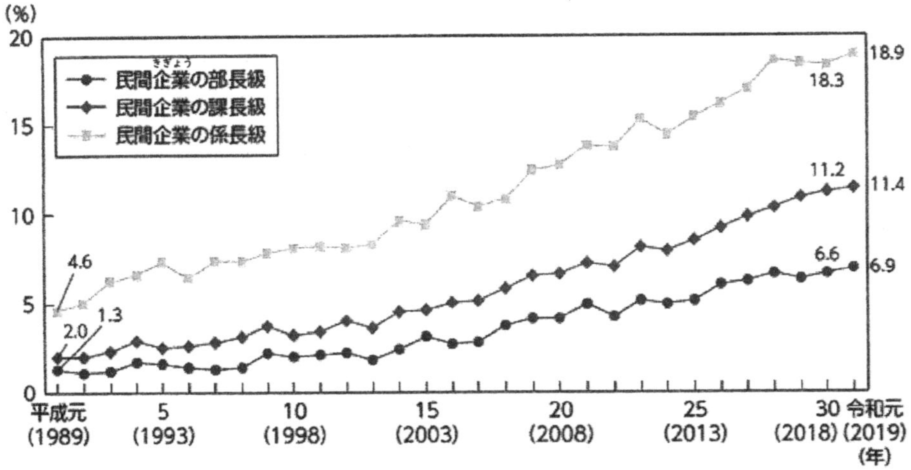

(ウ)　6歳《さい》未満の子供を持つ夫婦の家事・育児関連時間(１日当たり、国際比較《ひかく》)

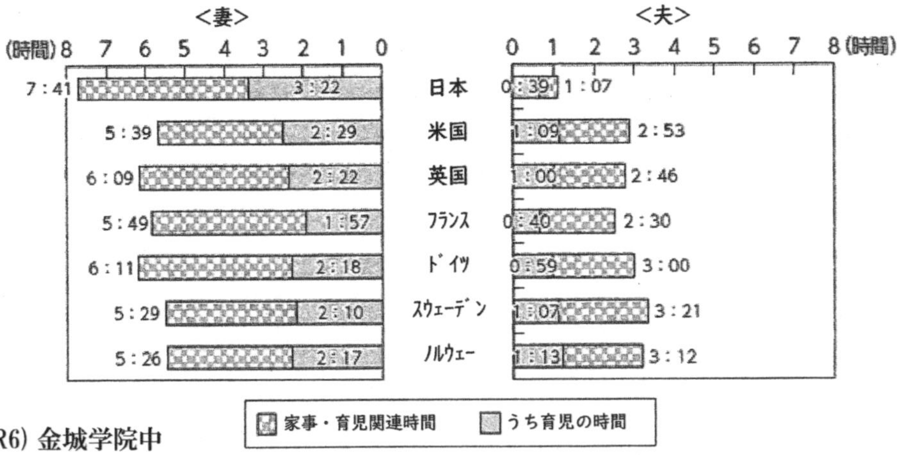

2024年度　金城学院中学校入学試験問題

〔思考力入試　算数基礎テスト〕

◎答えは解答用紙に書きなさい。

(30分)

1　問題は 1 から 7 まであります。

2　解答用紙には受験番号を忘れないように書いてください。名前を書く必要はありません。

3　解答用紙だけを集めます。

1 次の計算をしなさい。

(1) $2.4 \div 0.4 \times 3$

(2) $14 \times 25 \times 18$

(3) $\left(3\frac{5}{7} - \frac{7}{5}\right) \times (6 \times 14 - 49)$

(4) $1012 - 12 \times \{6 \times (2 + 3 \times 5) - 126 \div (9 - 2)\}$

(5) $\frac{2}{3} \div 0.2 - 0.3 \times \frac{5}{2} - \frac{3}{5}$

2 次の問いに答えなさい。

(1) $\frac{3}{5} : \frac{1}{2}$ を簡単な比で表しなさい。

(2) 次の□にあてはまる適切な言葉を答えなさい。

面積が $50\ \mathrm{cm}^2$ の長方形の縦の長さは横の長さに□する。

(3) ある品物が去年の1.2倍に値上がりして，今年は420円で売られています。去年の値段は何円でしたか。

(4) $200\ \mathrm{m}^2$ の公園の中に，$27\ \mathrm{m}^2$ の花だんがあります。花だんの面積は公園の面積の何割何分何厘ですか。

(5) 底面が六角形の角柱の辺と頂点の数をそれぞれ答えなさい。

問 4(2)

25
50
75
100

問 5

25
50
75
100

問 6

参考にした資料番号

25
50
75
100

※問 4(2)～問 6 は、マスが足りなければ、それぞれマスの下の空白部分に続けて書いてもよい。

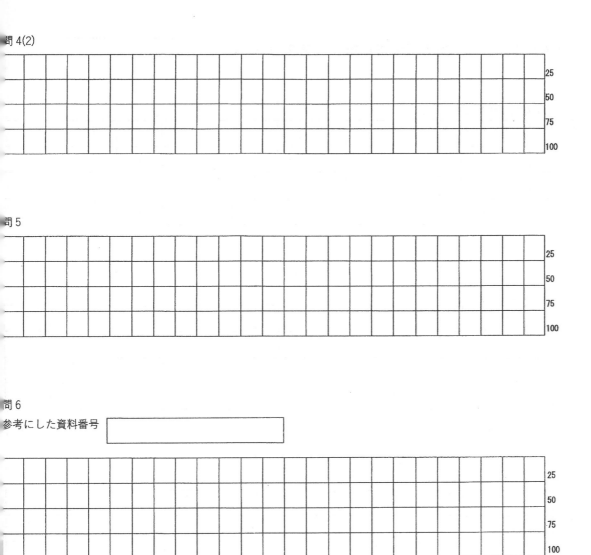

2024.1.13(土) 思考力入試解答用紙　＜第2部＞

受験番号

問7①あなたが理想とする社会

問7②あなたができること

問8

問9

※問7～問8は、マスが足りなければ、それぞれマスの下の空白部分に続けて書いてもよい。

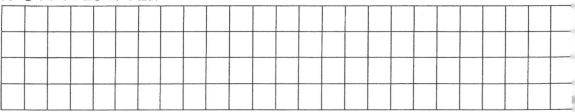

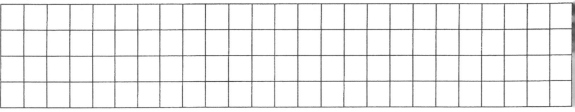

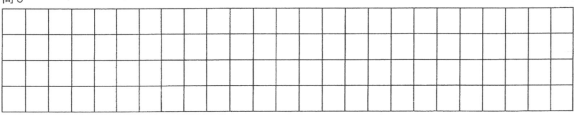

3	
4	人
5	cm^2
6	とり肉　　　　　円，　ぶた肉　　　　　円
7	

受験番号

点数

（配点非公表）

2024年度　算数基礎テスト　解答用紙

1	(1)		(2)	
	(3)		(4)	
	(5)			
2	(1)		(2)	
	(3)	円	(4)	割　分　厘
	(5)	辺　本，	頂点	個

【解答用

2024.1.13(土) 思考力入試解答用紙　＜第１部＞

受験番号

（配点非公表）

問１

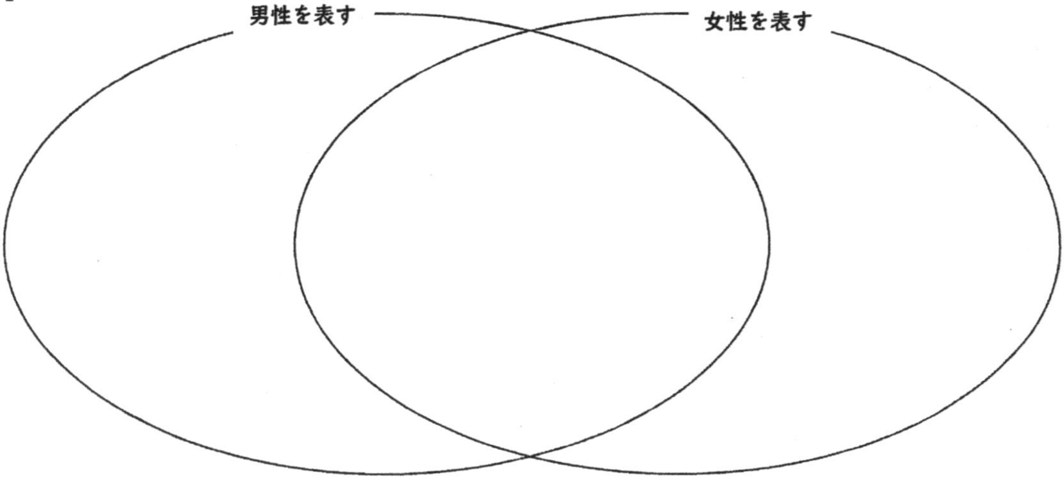

問２

問３

ア	イ	ウ
エ		

問 4(1)

①	②	③	④	⑤	⑥

----------これより下には何も書かないでください。----------

3 54と144の公約数をすべて答えなさい。

4 小学生40人に，遠足に持ってきたおやつを調査しました。クッキーを持ってきたと答えた人は15人，チョコレートを持ってきたと答えた人は18人，どちらも持ってきたと答えた人は7人でした。
クッキーもチョコレートも持ってこなかった人は何人ですか。

5 図のしゃ線部分の面積を求めなさい。ただし，円周率は3.14とします。

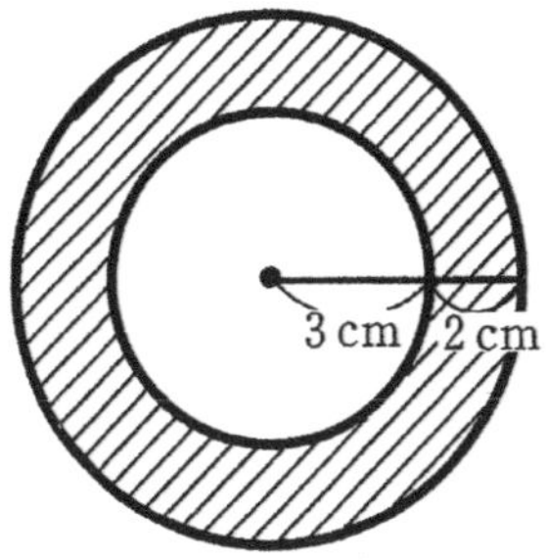

6 とり肉とぶた肉があります。とり肉100 gとぶた肉100 gを買うと560円になります。
また，とり肉150 gとぶた肉200 gを買うと1000円になります。
このとき，とり肉100 gとぶた肉100 gの値段を答えなさい。

7 Aさんの家から学校までは2 kmあります。Aさんは家を出て，学校に向かって分速60 mでx分歩いたところで，学校まであとy mだと分かりました。xとyの関係を式に表しなさい。

(エ)　日本のパート労働者の男女比率

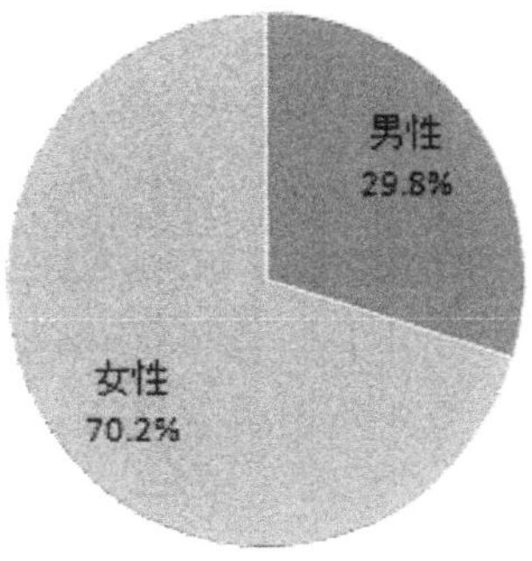

(オ)　パートタイム労働者の賃金水準

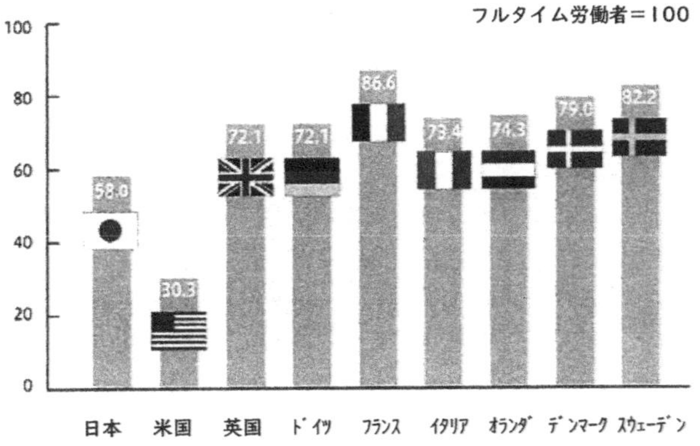

(カ)　主要国の女性校長比率

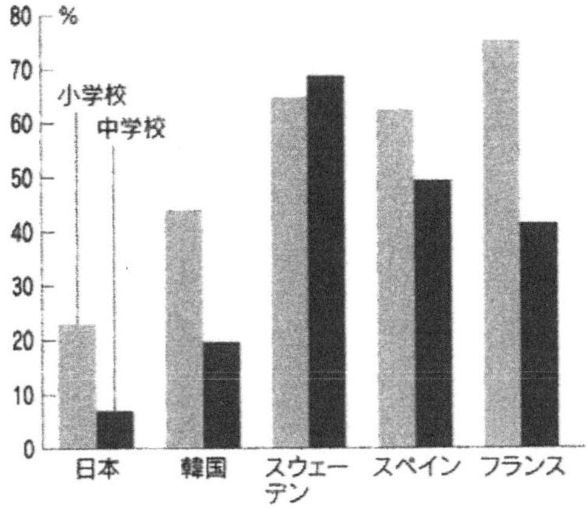

(注)OECD調査、2018年

(キ)　日本の女性議員数

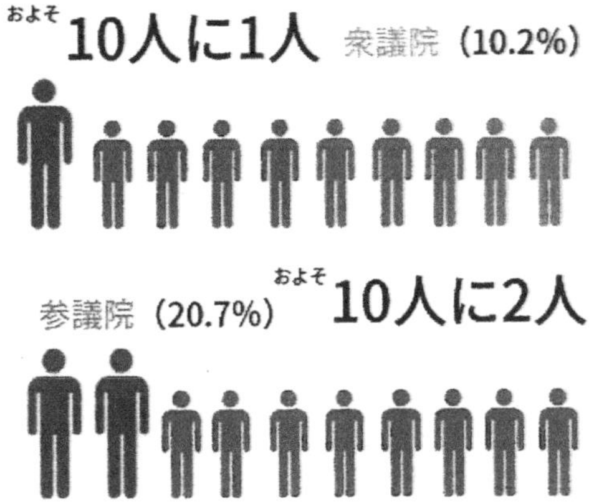

(ク)　男女別に見た生活時間(週全体平均)(1日当たり、国際比較)

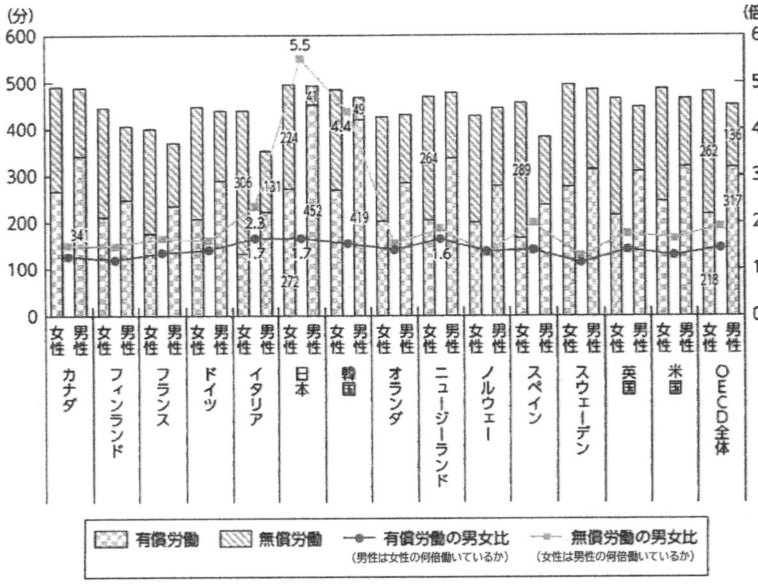

※有償《ゆうしょう》労働とは、働くとお金を得られる労働(会社で働くなど)。
無償《むしょう》労働とは、働いてもお金を得られない労働(家事・育児など)。

＜参考資料＞

別紙資料 (ア) https://ashinaga-for-hs.org/study/
(イ) https://www.gender.go.jp/about_danjo/whitepaper/r02/zentai/html/zuhyo/zuhyo01-02-11.html
(ウ) https://www.gender.go.jp/about_danjo/whitepaper/h30/zentai/html/zuhyo/zuhyo01-03-08.html
(エ)https://mybestjob.jp/saiyo/parat-jittai-matome/
(オ) https://www.adeccogroup.jp/power-of-work/040
(カ) http://yoshimurayasunori.jp/blogs/
(キ) https://www.buzzfeed.com/jp/sumirekotomita/parite-50-50
(ク) https://www.gender.go.jp/about_danjo/whitepaper/r02/zentai/html/column/clm_01.html

問６　**この問いは別紙資料(ア)～(ク)を参考にしなさい。**

毎年１１月１９日は「国際男性デー」です。男性の生きづらさに目を向け、世界のジェンダー平等を促《うなが》すことを目的として制定されました。

以下の資料は「職場や学校、家庭などの場で、『男だから』という固定観念やプレッシャーにより、生きづらさや不便を感じることはありますか」という質問に対するアンケート結果です。

この資料をふまえ、もう１度、**別紙資料(ア)～(ク)**を見てください。これらの資料から、男性にはどのような生きづらさがあると思いますか。特に参考にした**別紙資料の記号**と、あなたの考えを書きなさい。記号はいくつ書いてもかまいません。

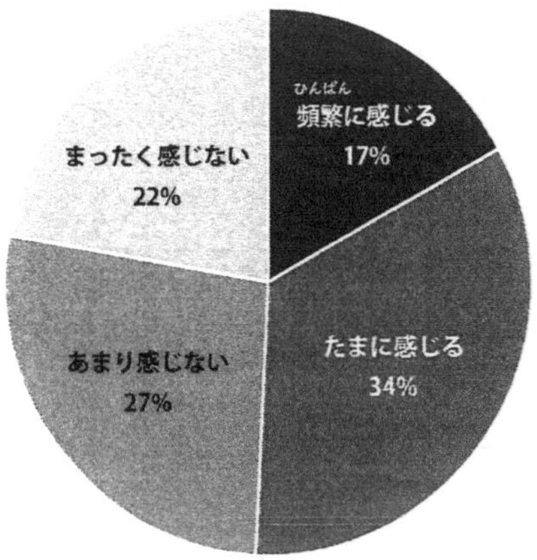

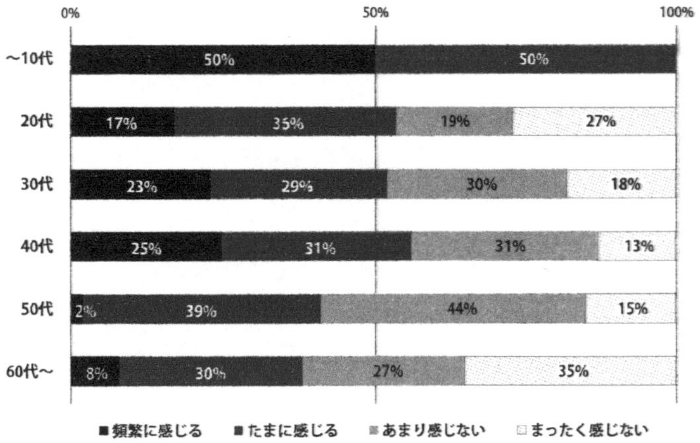

第１部はここで終わりです。

指示があるまで次のページを開いてはいけません。

下は、中学３年生が書いた「身近に感じる男女差別」という題の文章です。

第１部の解答用紙回収中に読みなさい。筆記用具を持ってはいけません。

第２部開始までおよそ５分あります。

お詫び：著作権上の都合により，掲載しておりません。
ご不便をおかけし，誠に申し訳ございません。
教英出版

お詫び：著作権上の都合により，掲載しておりません。
ご不便をおかけし，誠に申し訳ございません。
教英出版

第２部の開始の合図があるまで次のページを開いてはいけません。

＜第2部＞　　**レゴのケースを机の中から出してください。**

問7～9は30分間です。レゴの作品を作ることばかりに時間をかけず、時間配分に気をつけましょう。

問7 先ほどの文章中の下線が引かれたところを見てください。

一人ひとりの個性を互《たが》いに認め合い、受け入れていくために、「あなたが理想とする社会」を第1部の内容も参考にしてレゴの作品に表しなさい。そして、その社会の中で「あなたができること」をその作品に付け加えてください。

作品は右のページに置きなさい。

① 作った作品を元に、「あなたが理想とする社会」についてのあなたの考えを書きなさい。

② 作った作品を元に、「あなたができること」についてのあなたの考えを書きなさい。

問8 「女子校」で学ぶ意義は何だと思いますか。あなたの考えを書きなさい。

問9 金城学院大学の教育スローガン(自分が大切にしている理念や主義を標語にしたもの)は「強く、優しく。」です。「強く、優しく。」とは主体性を持ってものごとを成し遂《と》げ、学んだ知識を人生の場で生かせる「強さ」、まわりの人々の気持ちを理解し、協働していく「優しさ」を兼《か》ね備えることを意味します。あなたのスローガンを1文で、書きなさい。

この中にレゴ作品を置きましょう。必ず受験番号を書きましょう。

受験番号

レゴの作品は指示があるまでこのページの上にのせておいてください。

使わなかったレゴはケースに戻《もど》し、そのケースは机の中にしまってください。

＜参考資料＞

問2　https://www.newsweekjapan.jp/headlines/world/2023/07/457063.php
https://www.kantei.go.jp/jp/101_kishida/meibo/index.html

問3　https://www.gender.go.jp/international/int_syogaikoku/int_shihyo/index.html
https://www.gender.go.jp/public/kyodosankaku/2021/202105/202105_05.html

問4　https://www.asahi.com/articles/ASM275G0PM27PTJB00S.html

問5　https://ampmedia.jp/2021/05/15/science-women/
https://www.gender.go.jp/about_danjo/whitepaper/r01/zentai/html/zuhyo/zuhyo01-00-25.html

問6　https://www.huffingtonpost.jp/entry/story_jp_5dc38f7fe4b00551388285fe

文章　https://houmukyoku.moj.go.jp/kofu/content/001381676.pdf

2024年度　金城学院中学校入学試験問題

〔社　会〕

◎答えは解答用紙に書きなさい。

(30分)

1　問題は1から5までで、10ページあります。もし、ページが抜《ぬ》けていたり、同じページがある場合は、手を挙げて先生に知らせてください。

2　解答用紙には受験番号を忘れないように書いてください。名前を書く必要はありません。

3　解答用紙だけを集めます。

1 次の文を読んで、あとの問いに答えなさい。

今年は日本国憲法が施行《しこう》されてから、77年目になります。今までの歩みの中で国内外の情勢は大きく変化してきていますが、憲法は一度も改正されていません。これまで憲法が大切にしてきた根本的な考え方は何でしょうか。それは、「すべての国民は（　ⅰ　）として（　ⅱ　）される」（第13条）ことです。国民はだれでもかけがえのない存在として大切にされ、互いの違いを認め合って生きようとする考えが憲法の条文になってあらわれているのです。そのために①憲法は３つの基本原理を掲げています。

また第13条は個別の人権とは別に②（ア．幸福の権利　イ．幸福を追求する権利）を保障しています。幸福の内容は人それぞれ違います。自分なりの幸福を自分で考えて決定していくために、必要なすべての人権を憲法は保障しているのです。最近では世の中の変革《へんかく》に伴って、③憲法には定められていない新しい権利も同13条等を根拠にして重要な意味を持ってきています。

もうひとつ忘れてはならないことは、一人ひとりがかけがえのない存在だということは、差別を受けないということです。特定の人にだけ利益を与えたり、与えなかったりといった異なる扱いがあってはなりません。そのためにすべての人権の根源として憲法は「法の下の平等」（第14条）も定めています。

④日本国憲法は、国民の権利・自由を守るために、国がやってはいけないことや国がやるべきことについて国民が定めたきまり（最高法規）で、国民の意思が反映されているのです。

問１　文中の（　ⅰ　）・（　ⅱ　）にあてはまる語句をそれぞれ漢字２字で答えなさい。

問２　次の図は憲法第13条と基本的人権との関係をあらわしたものです。これについて(1)・(2)に答えなさい。

(1)　もっとも適切な関係図はどれですか。ア～エの中から記号で１つ選びなさい。

ア　イ　ウ　エ

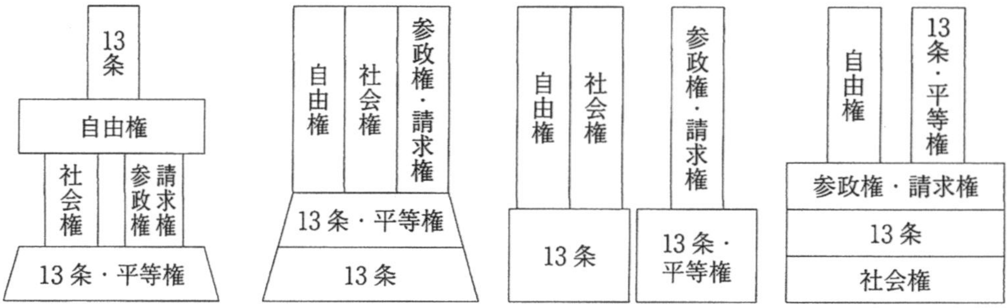

(2) 次のア～エの中には1つだけ異なる自由権があります。これを記号で1つ選びなさい。

ア．思想の自由　　イ．職業選択の自由　　ウ．信教の自由

エ．学問の自由

問3　下線部①の中で国の政治のあり方を最終的に決定する力または権威《けんい》が国民にあることを何といいますか。漢字4字で答えなさい。

問4　下線部②について、アとイのうち正しいものを選びなさい。

問5　下線部③について、1964年に次のような裁判が行われ、新しい人権が認められました。この認められた具体的な権利を何といいますか。6字で答えなさい。

事件の概要

小説で、主人公のモデルとされたA氏が、私生活を暴露《ばくろ》するような描写《びょうしゃ》を公表したことは、権利の侵害にあたるとして、作家と出版社を相手どり裁判所に訴えた。

裁判所の判断

裁判所は判決で、この権利を、私生活をみだりに公開されない法的な権利として認め、同事件でこの権利が侵害されたとして、作家と出版社に損害賠償《そんがいばいしょう》の支払いを命じた。

問6　憲法第99条には「天皇又は摂政《せっしょう》及び国務大臣、国会議員、裁判官その他の公務員は、この憲法を尊重し擁護《ようご》する義務を負う」とあり、「国民」は入っていません。その理由として、下線部④を参考にして正しいものをア～エの中から記号で1つ選びなさい。

ア．憲法は国家権力による人権の規制に対して歯止めをかけており、権力を行使する人々に憲法を守らせる必要があるから。

イ．憲法はあらゆる法の中でも最も強い力があるので、国民が憲法を守るのは当然の義務だから。

ウ．公務員の仕事は法律の知識が必要であるため、まず憲法を知る必要があるから。

エ．権力者や国に都合のよい法律を制定し、国民を規制できるように憲法を知る必要があるから。

2 次の写真は仁徳天皇陵古墳（大仙古墳）です。これに関して、あとの問いに答えなさい。

問１　古墳がたくさん作られる時代になると、権力をあらわすと考えられる大きな古墳は、写真の大仙古墳をはじめ、日本ではほとんど同じ形でした。これらの古墳の種類を答えなさい。

問２　大仙古墳の表面には石がしきつめられ、まわりにはあるものがたくさん並んでいたと考えられます。あるものとは何か３字で答えなさい。

問３　朝廷が諸国に対して、「山・川や原野の名のおこりを記しなさい」、「土地の伝承《でんしょう》を記しなさい」などと命じ、諸国は朝廷に報告書《ほうこくしょ》を提出しました。この報告書を何と言いますか。漢字３字で答えなさい。

3 次の１～５の歴史上のできごとについて、あとの問いに答えなさい。

1．元の軍隊が日本をしたがわせようと、２度にわたっておしよせてきました。御《ご》家人《けにん》たちは元軍の集団戦法や火薬兵器などに苦しみながらも、命がけで戦いました。元軍は暴風雨《ぼうふうう》におそわれて大きな損害を受け、大陸にひきあげました。

2．天保のききんのときに生活に苦しむ人々を救うため、もと幕府の役人であった人物が、仲間をつのって兵をあげ、大商人のやしきなどにせめ入りました。この事件は、１日でおさえられましたが、幕府をたいへんおどろかせました。

3．山城国《やましろこく》の南部では大名どうしの争いがたえなかったため、村に住む武士が農民と力を合わせて立ち上がり、大名に軍を引きあげさせました。その後、有力な農民の意見も取り入れたきまりをつくり、８年間にわたって自分たちの手で政治を行いました。

4．島原や天草地方では、キリスト教信者の農民を含む約４万人が、きびしい年貢《ねんぐ》の取り立てとキリスト教の取りしまりに反対して、一揆をおこしました。農民たちは、４か月も城にたてこもって抵抗しましたが、幕府の12万人の大軍におさえられました。

5．開国して貿易がはじまると、[＊] や茶などがさかんに輸出され、品不足がおこりました。物価がはげしく上がり、生活に苦しむ人々は、世直しを求めて一揆や打ちこわしを各地でおこしました。

問１　１～４のできごとのなかで、九州地方でおきたものを数字で２つ選びなさい。

問２　５の [＊] にあてはまる最もふさわしいものを、次のア～オから記号で１つ選びなさい。

ア．生糸　　イ．銀　　ウ．刀剣　　エ．綿花　　オ．米

問３　次の文は、１～５のどのころにあてはまりますか。あとのア～オから記号で１つ選びなさい。

このころには、書院造の広まりとともに、床の間に生け花がかざられ、ふすまやかけじくには水墨画がえがかれるなど、今でもわたしたちのくらしのなかに生きているような新しい文化が生まれました。

ア．１のころ　　イ．２のころ　　ウ．３のころ　　エ．４のころ
オ．５のころ

問４　１～５のできごとを、おきた順に数字をならべかえなさい。

4 2024年より新しい紙幣《しへい》（お札）が発行されることを知ったゆり子さんは、お札のデザインについて先生と話しています。この会話文を読み、あとの問いに答えなさい。

	現在のお札	新しいお札
千円札	野口英世	（　＊　）
五千円札	樋口一葉	津田梅子
一万円札	福沢諭吉	渋沢栄一

ゆり子：現在のお札と新しいお札にえがかれる人物を表にまとめてみました。千円札は、ともに明治時代に医学の分野で活やくした人物なんですね。

先生　：そうですね。（　＊　）は、このころ死亡する人の多かった破傷風《はしょうふう》という病気の治療のしかたを発見して、日本の医学が世界に認められるきっかけをつくった人物として知られています。

ゆり子：野口英世は、（　＊　）が設立した伝染病《でんせんびょう》の研究所で学んでいたんですよね。

先生　：よく学んでいますね。新五千円札にえがかれる津田梅子は知っていますか？

ゆり子：①明治政府が派遣《はけん》した使節団とともに、アメリカへ留学生として渡《わた》ったんですよね。

先生　：その通り。この使節団の一員には、のちに②大日本帝国憲法の作成に関わった伊藤博文もいました。ちなみに、伊藤は昔の千円札にえがかれてもいたんですよ。

ゆり子：それは知りませんでした。新一万円札にえがかれる渋沢栄一は、どのような人物なのですか？

先生　：日本の「資本主義の父」ともよばれ、おもに明治時代に多くの会社や教育機関を設立しました。明治政府が現在の群馬県に建てた、生糸を生産する工場の経営にも関わりました。

ゆり子：すごい人物なんですね。お札の裏面のデザインも変わると聞きました。

先生　：はい。このうち、新一万円札の裏面には、③東京駅の外観が採用されました。

二〇二四年度〔国語〕解答用紙

受験番号

点数

※100点満点
（配点非公表）

【一】

1	2	3	4		5	6	7	8	9
			④	⑤					A
									B

【二】

1	2	3	4	5	6	7
			18			

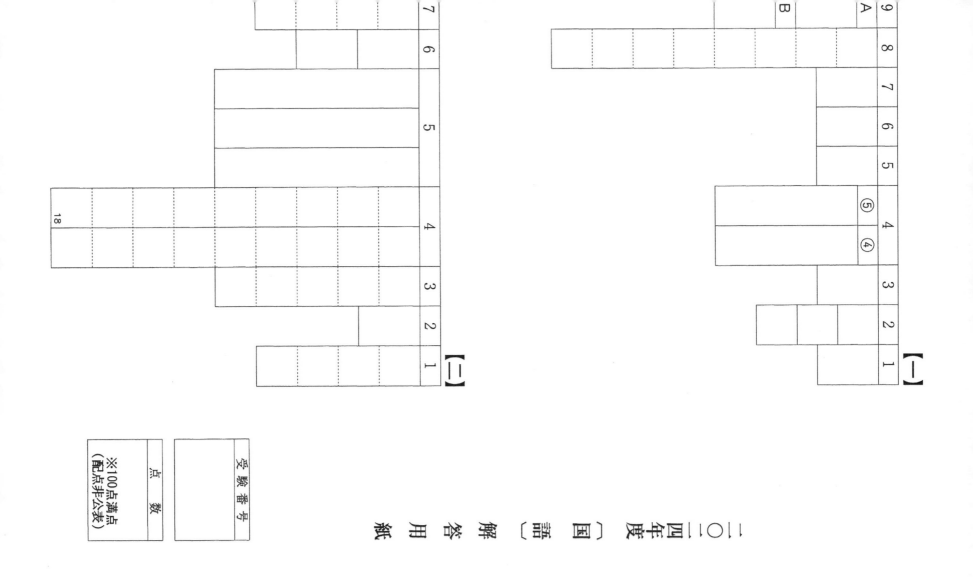

(2)	（求め方）	（答）

5

①	
②	
③	

受　験　番　号	点　　　数
	※100点満点 （配点非公表）

3

(1)		(2)	＜原因＞	＜組み合わせ＞
(3)		(4)		

4

(1)	①	②		(2)	
(3)		(4)	本		
(5)		(6)			

受験番号

点　　数			
			※50点満点 （配点非公表）

問4	→ →

5

問1	i	ii

問2	

問3	

問4	県内では、＿＿＿＿＿＿によって形成されたシラス台地が広がり ＿＿＿＿＿＿ため稲作の栽培に不向きであることが考えられます。

問5	

問6	

受験番号

点数
※50点満点 （配点非公表）

2024年度〔社　会〕解　答　用　紙

1

問1　i　　ii

問2　(1)　　(2)

問3

問4

問5　　の権利

問6

2

問1

問2

問3

3

問1

問2

問3

問4　→　→　→　→

4

問1

問2

問3

【解答

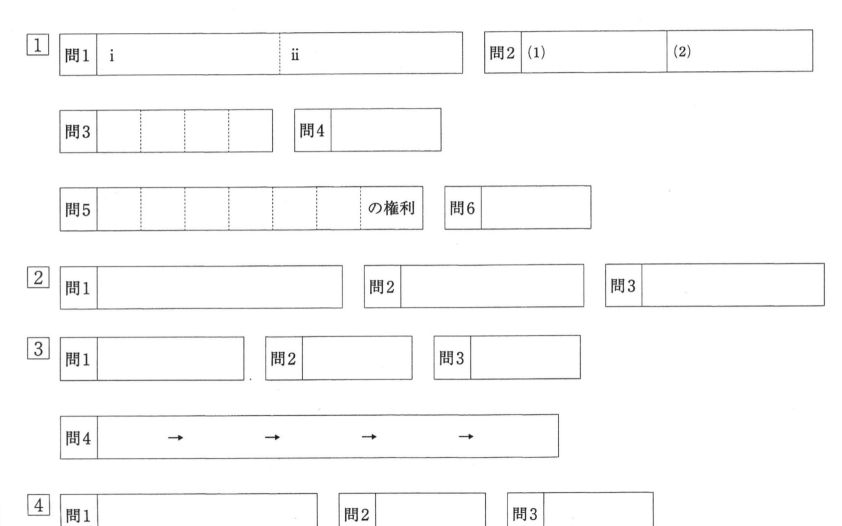

2024年度〔理　科〕解　答　用　紙

1

(1)	と
(2)	
(3)	

2

(1)	10		
(2)	固体	液体	気体
(3)	A	C	E
	F		

【解答

２０２４年度〔算　数〕解　答　用　紙

1

(1)	(2)	(3)
(4) L	(5) ① ② ③	
(6)	(7) cm^2	(8) km
(9) cm	(10) cm^3	

2

(1) あ い	(2) 通り	(3) 度
(4)	(5) 個	(6) m

3

(1) あ い	(2) 時 分

14		13	12	11	1…
(2)	(1)	縄文時代に狩猟採集生活をしていた日本人は、			(2)
		60			

14	13	12		11	10	9
		(2)	(1)			(1)
		あってはいけないということ。				(2)

問１　空らん（　＊　）にあてはまる人物の名前を漢字で答えなさい。

問２　下線部①の「使節団」が海外に派遣されたおもな目的として、誤っているものを、ア～エの中から記号で１つ選びなさい。

ア．西洋の学問や文化を学ぶため。

イ．西洋の政治のしくみを学ぶため。

ウ．イギリスと貿易を開始するため。

エ．アメリカと結んでいた条約を改正するため。

問３　下線部②について、伊藤博文が憲法を学ぶために留学した国と、大日本帝国憲法の条文の一部として正しいものの組み合わせを、あとのア～エの中から記号で１つ選びなさい。

◎留学した国

Ⅰ．フランス　　　Ⅱ．ドイツ

◎大日本帝国憲法の条文の一部

Ⅲ．国民は、法律以外の部分で、自由や権利をおかされない。

Ⅳ．国民は、法律の範囲《はんい》の中で、言論《げんろん》、出版、集会、結社の自由をもつ。

ア．ⅠとⅢ　　イ．ⅠとⅣ　　ウ．ⅡとⅢ　　エ．ⅡとⅣ

問４　下線部③について、東京駅の駅舎《えきしゃ》（建物）は、1914年に完成しました。これより後の時期に起こったできごとを、ア～オの中から３つ選び、おきた順に並べなさい。

ア．東京大空襲《くうしゅう》が発生し、多くの死傷者《ししょうしゃ》が出た。

イ．日本で初めてのオリンピック・パラリンピックが東京で開催《かいさい》された。

ウ．初めての選挙が行われ、第１回の国会が東京で開かれた。

エ．日露戦争が終わったが、ロシアから賠償金《ばいしょうきん》がとれず、東京で民衆による暴動《ぼうどう》が起こった。

オ．関東大震災が発生し、東京などに大きな被害《ひがい》をもたらした。

5　A～Dさんは探究《たんきゅう》学習で日本の47都道府県から１つ選び、グループで調査して発表することになりました。グループで都道府県を１つ選ぶために、A～Dさんはそれぞれ関心のある都道府県を１つ選び、下の資料にまとめました。下の資料とそれに続く会話文を読み、あとの問いに答えなさい。

Aさんの資料

中部地方の北東部に位置し、コメの生産量は全国1位を誇っています。また、気候の特徴として、雪がたくさん降る豪雪《ごうせつ》地帯として有名で、この雪解け水が水田に栄養を与えることから稲作が盛んな地域があり、ここでつくられた「コシヒカリ」はブランド米として人気が高いです。加えて、越後平野を流れる（　ｉ　）川は日本最長の河川として知られています。

Bさんの資料

四国地方の南部に位置し、面積は四国地方では最大ですが、人口は最少となっています。県庁所在地内に広がる桂浜《かつらはま》では月の名所として、観光スポットとなっており、江戸末期に活やくした、武士の銅像があることでも有名です。農業ではナスやピーマンの栽培が盛んになっています。また、（　ii　）の影響を受けやすく、降水量が多いことが特徴です。

Cさんの資料

近畿地方の中北部に位置し、南北に細長く、北は日本海に面しています。長い間、政治・文化の中心地として発展し、寺社仏閣《じしゃぶっかく》の世界遺産が特に多いことで知られています。北部には天橋立《あまのはしだて》があり、海に浮かぶように細長く伸びる松林と砂浜の組み合わせが美しく、日本三景の１つになっています。

Dさんの資料

九州地方の南部に位置し、南の海上には多くの島が存在しています。農業では、茶やさつまいもの栽培が盛んで、加えて畜産業も発達しており、黒ブタの飼育が盛んです。歴史的には日本ではじめてキリスト教や鉄砲が伝わり、現在は宇宙センターがあることでも知られています。

Ａ：僕は冬がとても好きだから、雪に注目して選んだよ。みんなはどこに注目して都道府県を選んだのかな。

Ｂ：私は気候に特徴があるものはどこかと考えたよ。気候に関わる①気温や降水量は必ず、その土地の農業や文化に影響を与えているからね。

Ｄ：そうだね。気候と農業はとても関係があるね。ただ、②私が調べた都道府県には、その土地がどのようにしてできているのか、つまり土壌《どじょう》の性質も農業や畜産業と関わりがあることがわかったよ。

Ｃ：確かに、農業は気候や土地の特徴など、多くの要素が関わり合っているね。

Ａ：僕以外のみんなは、資料の中に歴史についての記述があるね。僕はその視点はなかったよ。加えて、Ｂさんの資料では、人口についても触れられているね。

Ｂ：もちろん、③人口が都道府県によって多い少ないもあるのだけど、お昼と夜での人口の違いや人口の年齢構成などを調べてみると、その都道府県が抱える問題や、今後日本が抱えている人口問題をどのように解決していくのかにつながるかもしれないね。

Ｃ：そうだね。④日本は少子高齢化が進んでいるからこそ、私たちのグループは、人口に注目して、Ｂさんが選んだ都道府県を調査してみるのはどうだろう。

Ａ：そうだね。人口に注目しながらも、気候や歴史を調べてみても面白そうだね。

Ｄ：Ｂさんの選んだ都道府県を調べてみようか。

問１　Ａさんの資料中の（　ｉ　）、Ｂさんの資料中の（　ii　）にあてはまる語句をそれぞれ漢字２字で答えなさい。

問２　Ａさんが選んだ都道府県として適切なものを下のア～エから記号で１つ選びなさい。

ア　　　イ　　　ウ　　　エ

問３　下線部①について、以下の雨温図ア～エは、Ａ～Ｄさんがそれぞれ選んだ都道府県の県庁所在地のものです。Ｂさんの選んだ都道府県の県庁所在地の雨温図として適切なものを、下の雨温図ア～エから記号で１つ選びなさい。

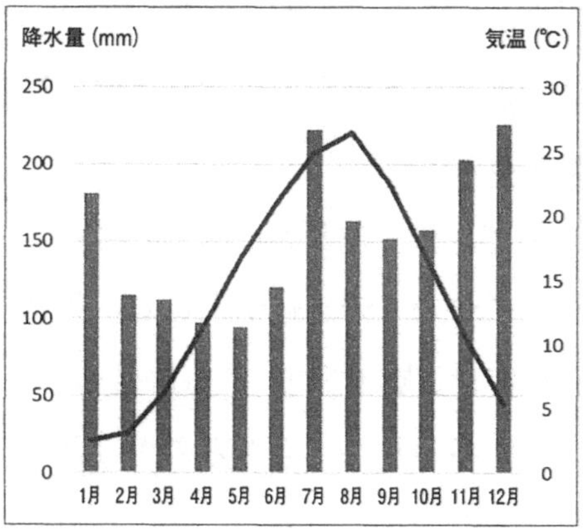

ア

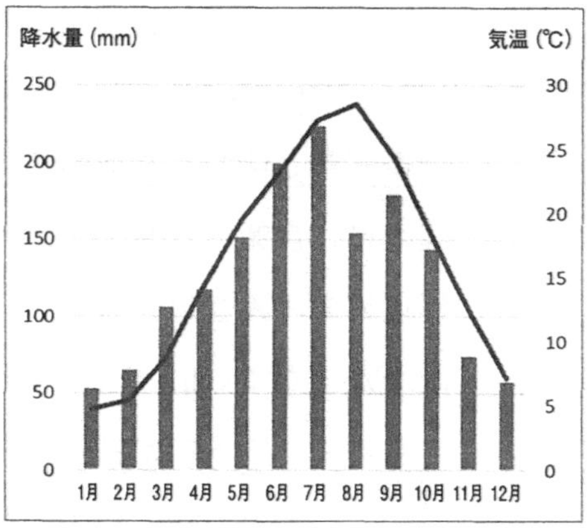

イ

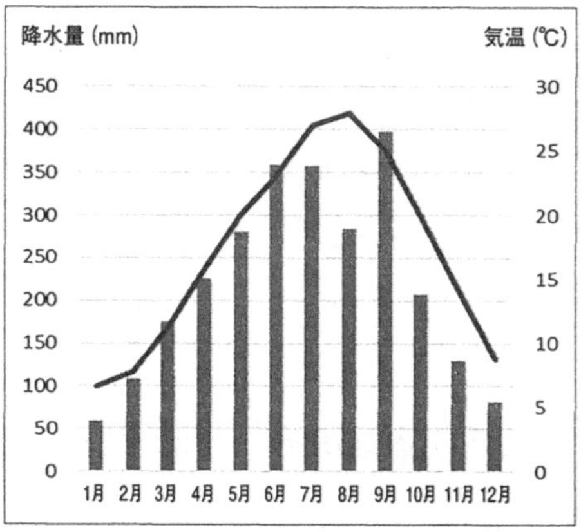

ウ

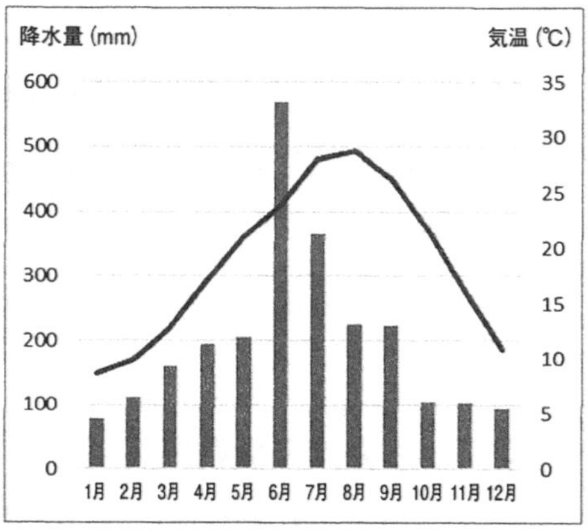

エ

『理科年表2023』より作成

2024(R6) 金城学院中
教英出版

問４　下線部②について、右の表１はＤさんの選んだ都道府県の農業について、収穫量《しゅうかくりょう》・飼養頭数《しようとうすう》、全国における順位を示したものです。これをもとに、Ｄさんは自分が選択した都道府県の農業・畜産業が発展している背景について考え、まとめました。［　　　　］に入る文章を解答らんに合うように答えなさい。

表１

品目	収穫量・飼養頭数	全国における順位
水稲	89,100 t	29位
さつまいも	190,600 t	１位
肉牛用	337,800頭	２位
豚	1,199,000頭	１位
だいこん	925,000 t	４位
かぼちゃ	7,140 t	２位

「令和３年産作物統計」などより作成

①温暖な気候や広大な畑地に恵まれているため、農業・畜産業が発展しています。
②県内で生産された一定基準以上の品質をもつ農畜産物をブランド化することで、農畜産物の知名度や品質を向上させています。
③［　　　　］。そのため、畑作を中心とした農作物の生産や畜産業が発展しています。

問５　下線部③について、下の表２はＡ～Ｄさんが選択した都道府県の面積、昼夜間人口比率《ちゅうやかんじんこうひりつ》と全国における順位、65歳以上人口率についてまとめたものです。このうち、Ｃさんが選んだ都道府県にあてはまるものを表２中のア～エから記号で１つ選びなさい。

表２

	面積（km^2）	昼夜間人口比率（%）	順位	65歳以上人口率（%）
ア	12,584	100.0	18	33.5
イ	7,103	99.9	24	36.1
ウ	4,612	102.0	3	29.6
エ	9,186	99.9	21	33.5

昼夜間人口比率は、常住人口100人あたりの昼間人口

国勢図絵（2023/24）などより作成

問６　下線部④について、子育てや少子化、児童虐待《じどうぎゃくたい》、いじめなど子どもを取り巻く社会問題を解決するために、令和５年（2023年）４月１日に内閣府に新たに組織が設置されました。この行政機関の名前を答えなさい。

二〇二三年度　金城学院中学校入学試験問題

〔国語〕

（50分）

◎答えは解答用紙に書きなさい。

1　問題は【一】から【二】までで、20ページあります。もし、ページが抜《ぬ》けていたり、同じページがある場合は、手を挙げて先生に知らせてください。

2　解答用紙には受験番号を忘れないように書いてください。名前を書く必要はありません。

3　解答用紙だけを集めます。

【一】 次の文章【A】【B】を読んで、後の問いに答えなさい。なお、【B】のⅠ～Ⅳの言語は、本文中の「『小さな』ことば」の具体例です。（字数制限のある問いについては、句読点や記号も一字として数えます。）

【文章A】

世界で話されている①ことばは、およそ7，000もあります。皆《みな》さんはどれだけのことばを知っているでしょうか。「大きな」ことばも②「小さな」ことばもありますが、優《すぐ》れたことばと劣《おと》ったことばがあるわけではありません。ことばとは、それぞれが、世界を見わたすための独特な窓の③ようなものです。どれ一つとして同じ窓はなく、どれもが世界のすべてを見わたせるという意味で、等しい④を持っています。

ことばと文化。それらの間には互《たが》いに密接な関連があり、切り離《はな》して考えることはできません。⑤、ことばを用いるとき、そこには話し手の暮らしている生活や環境《かんきょう》、それに、そこで育まれてきた文化というものが、背景として隠《かく》れているからです。ことばとは、ある社会集団の歴史的な遺産であって、長きにわたって持続した社会文化的習慣の産みだした約束事、しくみなのです。⑥、広い地域にまたがって色々な人、様々な文化の中で話されている「大きな」ことばよりも、数少ない人が特定の地域・環境で生活している中で用いている「小さな」ことばのほうが、もっともっと、背景となる文化から生じた知恵《ちえ》や、その生活ならではの認識・理解といったものを色濃く、純度高く⑦反エイしていることだってあります。そういう意味で、ことばと文化は、⑧表裏《ひょうり》一タイなのです。

コミュニケーションの道具としてことばの経済的な価値を測ると、「大きな」ことばのほうが多くの人との間で用いることができる、⑨、高い経済的な価値をもっているということに疑いはありません。たとえば、中国語普通《ふつう》話（世界1位）なら9億人、英語（世界3位）なら3億7，000万人、日本語（世界9位）でも1億2，800万人もの人が、＊母語として話しています。そのような多くの人との間で使えることばを覚えることと、少しの人との間でしか使えないことばを覚えることとを比べたら、前者のほうがもちろん魅力《みりょく》的です。⑩そのような取捨選択《せんたく》のもと、今、世界では、メディア・ネット・科学技術の発展とともに、「小さな」ことばが次々に消えていってしまっています。その変化は、当然のことです。けれども、その一方で、[⑪]的な価値が等しく高いにもかかわらず、徐々《じょじょ》に担《にな》い手がいなくなっていく「小さな」ことばたちがあることに気をとめるのも、大切なことです。なぜなら、一度失われてしまったことばというのは、よみがえることがまずないのですから。

【文章B】

Ⅰ　ボロソコモダップ（BOROSOKOMODAP）…莫大《ばくだい》な量の小さな何かが降る。

雨が大量に降るのはこの地域では普通なので、雨が降るときにはこうは言わない。⑫めったに降らない小さなものが、莫大な量降りそそぐときに、この表現が用いられる。たとえば植物の種とか。たとえば虫とか。

ドホイ語　**【話者数】**８万人　**【使用地域】**カリマンタン島（インドネシア）

Ⅱ　バサーオ（WASÁÚ）…たどり着けないほど遠い（主に心の距離《きょり》が）。

物理的にたどり着けないほど遠い場所なんて、日常の会話でそうそうない。心理的にたどり着けないほど遠いことなんて、ないに越《こ》したことはないんだけれど。

ポポロカ語　**【話者数】**２万人　**【使用地域】**メキシコ

Ⅲ　シマナ（SIMANA）…降っている雪。

降っている雪、積もった雪、木の上に積もった雪、溶《と》けかけた雪。ウイルタ人は雪をいくつにも分類して区別する。一年の半分が[⑬]に閉ざされる世界で長年暮らしてきたからこそ、それらを区別することに大切な意味がともなう。

ウイルタ語　**【話者数】**１０人　**【使用地域】**サハリン島（ロシア）

Ⅳ　イヨマンテ（IYÓMANTE）…熊祭り。熊送り儀礼《ぎれい》。

捕《とら》えた小熊（の姿をした神様）を、一定期間、大事に村で育て、お祈《いの》りをしつつその肉を村人全員で、心からの感謝とともに食べて、その魂《たましい》を神の国へと送り返す祭。神様は、ヒトの世に降りて来るときには動物などの姿に化け、その身の肉や毛皮をヒトへのお土産として持参するのだという。

アイヌ語　【話者数】５人　【使用地域】北海道

（吉岡乾『なくなりそうな世界のことば』問題作成の都合上、本文の表記を改編した部分があります。）

＊母語…幼児期に最初に習得し、最も自由に使える言語。母国語。（新明解国語辞典）

資料ａ　　**世界の母語人口（上位２０言語）**

順	母　語	人　口
1	中国語（北京《ベキン》語）	８億８，５００万人
2	英語	４億人
3	スペイン語	３億３，２００万人
4	ヒンディー語（インド）	２億３，６００万人
5	アラビア語	２億人
6	ポルトガル語	１億７，５００万人
7	ロシア語	１億７，０００万人
8	ベンガル語（バングラデシュ）	１億６，８００万人
9	日本語	１億２，５００万人
10	ドイツ語	１億人
11	ウー語（中国）	９，１００万人
12	ジャワ語	７，５００万人
12	韓国《かんこく》・朝鮮《ちょうせん》語	７，５００万人
14	パンジャブ語（インドなど）	７，３００万人
14	テルグ語（インド）	７，３００万人
16	フランス語	７，２００万人
17	マラータ語（インド）	６，５００万人
17	タミル語（インドなど）	６，５００万人
19	イタリア語	５，７００万人
20	中国語（広東《カントン》語）	５，５００万人

注：４　ヒンディー語にウルドゥー語も含《ふく》む

　　11　ウー語（呉語）は長江下流地域、浙江省《せっこうしょう》を中心に使用される言語

出典：文部科学省ホームページ

＊問題作成の都合上、母語の説明に国名を加えたものもあります。

資料ｂ　　**世界の人口順位等**

順	国　名	人　口
1	中国	１３億１，６００万人
2	インド	１１億　３００万人
3	アメリカ合衆国	２億９，８００万人
4	インドネシア	２億２，３００万人
5	ブラジル	１億８，６００万人
6	パキスタン	１億５，８００万人
7	ロシア	１億４，３００万人
8	バングラデシュ	１億４，２００万人
9	ナイジェリア	１億３，２００万人
10	日本	１億２，８００万人
20	フランス	６，０００万人
21	イギリス	６，０００万人
22	イタリア	５，８００万人
29	スペイン	４，３００万人
84	スウェーデン	９００万人

資料：UN,World Population Prospects:The 2004 Revision
ただし、日本は総務省「国勢調査」 平成17年（2005年）
出典：内閣府ホームページ

＊問題作成の都合上、表の項目を一部省略してあります。

1 ――部①「ことば」とはどういうものだと筆者は考えていますか。本文中の言葉を五十字以内でぬき出し、最初と最後の三字を答えなさい。

2 ――部②「『小さな』ことば」とはどういうことばですか。最もふさわしいものを後から選んで記号で答えなさい。

ア 特定の人が特定の環境で用いることば。
イ 経済的な価値を全く持っていないことば。
ウ コミュニケーション力が不足していることば。
エ 知恵や認識・理解に影響されていないことば。

3 ――部③「ような」と同じ使い方をしている文を後から一つ選んで記号で答えなさい。

ア 私は、公園のような広い場所が好きだ。
イ カーディガンのような上からはおれるものを持ってきなさい。
ウ となりのお姉さんのような親切な人になりたい。
エ ひまわりのような明るい笑《え》顔《がお》がまわりの人を幸せにする。

4 [④] に入る漢字二字の言葉を本文中からぬき出しなさい。

5　【⑤】・【⑥】・【⑨】に入る言葉の組み合わせとして最もふさわしいものを後から選んで記号で答えなさい。

ア　⑤なぜなら　―　⑥すなわち　―　⑨ですから
イ　⑤なぜなら　―　⑥ですから　―　⑨すなわち
ウ　⑤すなわち　―　⑥ですから　―　⑨なぜなら
エ　⑤すなわち　―　⑥なぜなら　―　⑨ですから

6　――部⑦・⑧のカタカナを漢字に直した場合、同じ漢字を含《ふく》むものをそれぞれの語群から一つずつ選んで記号で答えなさい。

⑦ **反エイ**　　ア　栄光　　イ　経営　　ウ　映画　　エ　永遠
⑧ **表裏一タイ**　　ア　対象　　イ　交代　　ウ　退場　　エ　体験

7　――部⑩「そのような取捨選択」とは具体的にどうすることですか。「『大きな』ことば」と「『小さな』ことば」という語を必ず用いて、三十字以上四十字以内でわかりやすく説明しなさい。

8　【⑪】に入る言葉として最もふさわしいものを後から選んで記号で答えなさい。

ア　経済　　イ　文化　　ウ　科学　　エ　認識

9　——部⑫「めったに」という語と同じ働きを持つ言葉を後の傍線部から一つ選んで記号で答えなさい。

ア　まるで雪が降っているようだ。

イ　山へ行こうか。それとも、海へ行こうか。

ウ　林の中はとても静かだ。

エ　めっきり寒くなった。

10　次の文は、Ⅱ「バサーオ」ということばが属する「ポポロカ語」を説明したものです。文中の（　　）にあてはまる「ポポローカ」の語の意味として最もふさわしいものを後の語群から選んで記号で答えなさい。

　メキシコのプエブラ州南東のテワカン市周辺の村々で話されている。プエブラ州の東隣《どなり》のベラクルス州にはポポルカ語という言語もあるが、語族レベルで系統の異なる別言語である。まったく異なる言語に似た名前が付いてしまった原因は、この地域の大言語であるナワトル語を話すナワ人が、周辺の非ナワトル語話者民族を一括《いっかつ》してポポローカ「（　　）」と呼んだためである。

【語群】

ア　知的で豊かな　　イ　おせっかいな　　ウ　ちんぷんかんぷんな　　エ　あらあらしく乱暴な

11　Ⅲ「シマナ」というウイルタ語の説明文中の⑬にあてはまる言葉として最もふさわしいものを後から選んで記号で答えなさい。

ア　雨と霧《きり》　　イ　敵と猛獣《もうじゅう》　　ウ　オーロラと蜃気楼《しんきろう》　　エ　雪と氷

12　Ⅳ「イヨマンテ」というアイヌ語の説明からわかる、アイヌ語を話す人たちの熊に対する気持ちとして最もふさわしいものを後から選んで記号で答えなさい。

ア　人間に恵《めぐ》みを与える存在であり、神聖なもの。
イ　自然の中で人間と共存するかけがえのない仲間。
ウ　人間が生活するための必需品《ひつじゅひん》であり、大切なもの。
エ　人間の生活をおびやかす危険な生き物。

13　資料ａ「世界の母語人口（上位20言語）」、資料ｂ「世界の人口順位等」を見て、次の説明文が正しければ**ア**、間違《まちが》っていれば**イ**を用いてそれぞれ答えなさい。

(1)　中国の人口が１３億１，６００万人であるのに中国語（北京《ペキン》語）の母語人口が８億８，５００万人であるのは、中国国内で母語が違う人たちがいるからである。
(2)　スペインの人口は４，３００万人であるのにスペイン語の母語人口が３位であるのは、スペイン語を母語としている国がスペイン以外にあるからである。
(3)　イギリスの人口は６，０００万人であるのに英語の母語人口が４億人であるのは、学校で英語を学んでいる学生が多いからである。
(4)　日本語の母語人口が９位であるのは、アニメや日本料理などの日本文化に興味を持つ海外の人々が日本語を母語としているからである。
(5)　インドでは学校でヒンディー語、テルグ語などの言葉を母語として選び、学習することができる。

【二】　次の文章は、【A】・【B】の二つの場面から構成されています。悟《さとる》の家族は、年に一度、写真館で家族写真を撮《と》ることを決めていました。しかし、悟の娘《むすめ》である瑞穂《みずほ》（中学二年生）と、息子の陽平《ようへい》（小学五年生）は、家族写真を撮りに行くことよりも、友達との予定を優先したいと考えており、「家族写真」を撮りに行くという予定に不満を抱《いだ》いていました。【A】の場面は、悟の子どもの頃《ころ》の思い出から始まる場面です。【B】の場面は、「家族写真」を撮ることになった当日の写真館での場面です。

次の文章を読んで、後の問いに答えなさい。（字数制限のある問いについては、句読点や記号も一字として数えます。）

【A】

あれは、小学二年生の初夏の頃だったか、下校時に真下《ましも》写真館の前を通りかかったときのことだった。ふと、ガラスケースに目をやった瞬間《しゅんかん》、①私は驚《おどろ》いて足を止めた。

戦前からあるその古い写真館は、建物全体を茂《しげ》ったツタの葉で覆《おお》い尽《つ》くされていた。入り口の並びにガラス張りの大きな飾《かざ》り窓があり、その中には、数点の写真が飾られていた。お宮参り、七五三、成人式を迎《むか》えた晴れ着姿の女性のものだった。永《なが》らくそこに飾られていた写真は変色しているものもあった。

それらに交じって飾られていた一枚の写真に私の目は［②］付けになったのだ。

私はツタの蔓《つる》に足を掛《か》けてよじ上ると、ガラスケースにくっつくくらいおでこを近づけた。

背広《せびろ》姿の父、ワンピース姿の母、少しばかり粧《めか》し込《こ》んだ両親に挟《はさ》まれ、千歳飴《ちとせあめ》の袋《ふくろ》を手に提《さ》げた私がいた。

あ、そうだ。七五三のときに撮ったやつだ……。そんなことを、ふと思い出した。学校の行き帰りに何百回と通っていたはずなのに、初めてそのとき気づいたのだ。

と、突然《とつぜん》「ボク、どうした？」と背後《はいご》からそう声を掛《か》けられた。

私がびっくりして振《ふ》り向くと、おじさんが立っていた。なんの悪さをしたわけでもないのに、私は咎《とが》められた気分になり、慌《あわ》ててその場から逃《に》げ出そうとしたのだが、足がツタに引っ掛かり転んでしまった。
「おいおい、大丈夫《だいじょうぶ》か」
男の人はランドセルを支《ささ》えて私の身体《からだ》を起こすと、屈《かが》みながら私のズボンの膝《ひざ》の汚《よご》れを叩《はた》いてくれた。
「ああ、ごめんな、脅《おど》かすつもりはなかったんだよ、許《ゆる》してくれな」
謝られたせいでほっとして、逃げようとする気はなくなった。
「写真見てたのかい？」
私はこくりと頷《うなず》いた。
「そうか。知ってる人でもいるのかい？」
私たち親子が写っている写真を指差した。
「あの、これ、僕《ぼく》んちの……」
おじさんは、写真と私を見比べながら「へえ、じゃあ、何かい、ボクは吉田《よしだ》んちの息子《むすこ》？」と声を上げた。
私はまた頷いた。
「そうか、この子がボクってことだな。ちょっとお兄ちゃんになったなあ」と私の身長を確かめるように頭を撫《な》でた。
「吉田は……ボクのお父さんは」と言い掛けて、おじさんはその後の言葉を呑《の》み込んだ。そして子どもの私でも分かるほどぎこちない笑顔《えがお》を作った。父が亡《な》くなったことには触《ふ》れ③まいと配慮《はいりょ》したのだ。
「ボクの……あ、えーと、ボクの名前なんだったっけ？」
「悟」
「あ、そんな名前だったな。悟くんのお父さんとおじさんは同じ小学校と中学校に通ってて、同級生だったんだよ。中学じゃ野球部で一緒《いっしょ》だった」
おじさんは「そうだ、一緒に野球をやってたんだ、一緒に」と頷きながら繰り返した。

その晩、農協《のうきょう》で働いていた母が帰宅《きたく》すると、私は写真館での出来事を話した。

すると、母は④おもむろに押し入れの奥《おく》から箱を取り出した。

「悟が見た写真はこれだね」

母から見せられた写真は台紙に収《おさ》められていたが、ガラスケースに飾られていたものと同じものだった。

「うん、これこれ」

母は大きく息を吐《は》き出すと、指先でゆっくりと⑤写真の表面を撫《な》でた。

「お父さんの置き⑥土産になっちゃったねえ、この写真……。悟の七五三のとき、お父さんが真下のところで写真撮ってもらうかって言い出したの」

父が事故を起こしたのは、その二ヶ月後の冬の朝のことだったのだ。

「うちのカメラで撮ったりはしてたんだけど、かしこまって写真館なんかで撮ることはなかった……。今にして思えば何か⑦□の知らせのようなものでもあったのかな。家族一緒のところを遺《のこ》したかったのかもしれないね」

母が悔《く》やむように背中を丸め、溜息《ためいき》をこぼした。

翌日から、私は学校への行き帰り、ガラスケースの中の父に向かって「行ってきまーす」「ただいまあ」と心の中で呟《つぶや》くことが習慣となった。周囲の人から父の記憶《きおく》が消えていっても、私はその写真のお陰《かげ》で温かい気持ちになれたのだ。

それから半年くらい経《た》ったある日。⑧真下さんがうちにやって来た。

「実は店舗《てんぽ》も相当傷《いた》んできたんで、ついに建て直すことになったんですよ。で、これをね」

真下さんは茶の間の座布団《ざぶとん》に座るなり、写真館の名前が入った紙袋から写真を出した。

「吉田が、うんまあ、あんなことになってから、店の表にずっと飾ってたんですけど、ま、店がそういうことで……。陽《ひ》が当たって大分色褪《あ》せちゃったし、それに同じ物があってもどうかなとは思ったんだけど、奥《おく》さんや悟くんに渡《わた》した方がいいんじゃないかなと。それで持参《じさん》しました」

「わざわざすみません、お気遣《きづか》いいただいて。嬉《うれ》しいです。ありがとうございます」

「写真っていうのは、ただ人が写ってるっていうんじゃないんですよ。その向こうに、暮らしぶりとか、そのときの思いとか、そういうものがちゃんと写ってるもんなんですよ。ま、これは先代の、いや、うちの親父《おやじ》の受け売りなんですが。それでも最近、私もそういう意味が分かってきましたかね。それに喜んでくれる人が持っていてくれれば、それがいちばんですよ。吉田もそう望んでるんじゃないのかなって思って。ああ、そうだ写真館が新しくなったら、うちに撮りに来てくださいよ。な、悟くん」

「うん」

と、答えたものの、その約束を果たしたのは随分《ずいぶん》後になってからだった。大学進学で上京する春、私と母は真下さんに写真を撮ってもらった。

そのときの写真と真下さんが届《とど》けてくれた写真をバッグに忍《しの》ばせ、私は大学生活を始めたのだ。

だが、母をひとり故郷に残し、上京することに後ろめたさのようなものがなかったわけではない。

しかし、そのまま大学を卒業し、東京で就職、そして所帯《しょたい》を構《かま》えた。

いずれ、頃合いを見計らって、母に東京で一緒に暮らさないかと持ちかけるつもりだったが、娘が二歳《さい》になった頃、母は職場で倒《たお》れ、そのまま他界してしまった。

故郷には親戚《しんせき》も多くいるが、母が亡くなった後は墓参りくらいしか訪《おとず》れることもなくなり、段々と疎遠《そえん》になってしまった。

私の家族は、ひとつ屋根の下で暮らす妻と子どもたちだけになってしまった感がある。同時に自分の家族の姿を残したいと強く思ったのだ。

だが、家族写真を撮ることにこだわる理由は、妻だけにしか話したことがない。子どもたちにも話しておくべきか、とは思いつつ、それはそれで妙《みょう》に照れ臭《くさ》かったのだ。なんというか、親思いな、家族思いな自分をアピールするようで……。

リビングのソファで写真を眺《なが》めながら、⑨昔のことに思いを巡《めぐ》らせていると、妙にしんみりとしてしまった。私は親指の腹で、洟《はな》を拭《ぬぐ》った。

と、リビングのドアが開く気配に振り返った。

寝《ね》ぼけた様子で、息子は大あくびをしながら、しょぼつかせた目を擦《こす》っている。

私はもう一度、洟を拭った後「おい、どうした、トイレか？」と声を掛けた。

息子は我に返ったように目を見開いた。明らかに何か気まずい感じだ。撮影《さつえい》に行きたくないとごねたことを咎《とが》められるのではないかと怯《ひる》んだに違《ちが》いない。

息子は首を振った。

「ほら、風邪《かぜ》ひくぞ。ベッドに戻《もど》って寝なさい」

深夜に小言を言うこともあるまい、私はそう言って笑った。

息子は何度か私の方へ振り向きながら、リビングを出た。

【B】

「瑞穂、陽平、撮る前に髪《かみ》くらい梳《と》かしなさいよ」妻が子どもたちに声を掛ける。

細長いロビーの側面に、縁《ふち》に照明が点《つ》けられた鏡が置かれ、客は順番を待つ間に髪を整えたりするのだ。

「いいよ、別に」

娘は椅子《いす》から立ち上がろうともせず、相変わらず［　⑩　］ままだ。

「もうっ、別にじゃないでしょ。折角《せっかく》撮るんだから、ちゃんとしなさい。女の子なんだから」

妻から強く言われ、渋々《しぶしぶ》立ち上がった娘の腕《うで》を息子がつかむと「お姉ちゃん、行くよ」と更《さら》に促《うなが》した。

「分かったし、放しなよ」と悪態をつきながら娘は息子の後に続いた。

「え、どうしたんだ、陽平……」妻に尋《たず》ねた。

妻は「ああ」と意味ありげに短く笑うと「ねえ、あなた、一昨日《おととい》の晩、写真見て泣いてたでしょう」と私の顔を見た。

「はあ？　そんなわけないだろう」

「陽平が『パパが泣いてた』って心配してたわよ」

そういうことだったか……。⑪あれは咎められるのが気まずかったのではなく、私の様子に気づいたからだったのか。

「泣いちゃいないさ。いや、まあ、少しばかりしんみりしてたけど、な」

「だから、ちょっと話したの。どうしてあなたが、家族写真を撮りたがるのかってこと。お義父《とう》さんのこととかも。あ、マズかった？」

「別に秘密にするようなことじゃないからな。で、あいつ何か言ってたか」

「それがね……。『パパは大丈夫なのか、死んだりしないよね』って真顔で訊《き》いてきたわよ。写真を撮るのはよくない前兆だって勘違《かんちが》いしたみたいで」

「おいおい、勝手にオレを殺すなよ」

と、苦笑いをしつつも、⑫息子の気持ちが嬉しくもあった。

「オレは大丈夫。親の分まで長生きするつもりだ。そして、やつらが結婚《けっこん》して、孫ができて、大勢でここで写真を撮る」

「あの子たち、そんなにすぐ結婚するのかしら。ううん、できるのかしら？」

「ああ、じゃあ、相当オレはしぶとく生きなきゃならないな」

「頼《たの》むわよ。大体、結婚のことより、まだまだ学費もかかるんだから」

妻は⑬愉快《ゆかい》そうに笑った。
「順番をお待ちの吉田様。スタジオの中へどうぞ」係の男性に呼ばれた。
「はい」と返事して、私たちは腰《こし》を上げた。
薄暗《うすぐら》いスタジオ内で、各々《おのおの》、立ち位置をカメラマンから指示され、私たちはそれに応える。
今年は私と妻が椅子に座り、子どもたちが後ろに立つようだが……。
「あ、はい、お嬢様《じょうさま》。もう少しお父様の方へ寄ってください」
娘は去年同様、私たちから少し離れて立っている。カメラマンの指示にも耳を貸さないふうだ。さすがに可愛《かわい》げがないと思い、注意しようと振り向いたときだった。
「ほら、みんなで撮るよ」と、息子が娘の腕を引っ張った。
「そうだ、みんなで、みんなで撮るぞ」
「うん、みんなで撮るわよ」
息子、私、妻からそう促《うなが》され「何、それ」と首を捻《ひね》りながらも、半笑いで娘は半歩近づいた。そのとき、私には大家族となった未来の我《わ》が家の姿が浮《う》かんで見えた。

（森浩美「ほら撮るよ」（『家族連写』所収　ＰＨＰ研究所）問題作成の都合上、本文の表記を改編した部分があります。）

1　――部①「私は驚いて足を止めた」とありますが、その理由を五十字以内で説明しなさい。

2　［②］に入る二字の言葉をひらがなで答えなさい。

3　――部③「まい」と同じ意味を表しているものを後の傍線部から一つ選んで記号で答えなさい。

ア　あそこに見えるのは、ライオンではあるまい。

イ　事件の事実については、誰《だれ》も知るまい。

ウ　天気予報を見る限り、明日も雨は降るまい。

エ　今回の失敗は、二度と繰《く》り返すまい。

4　――部④「おもむろに」の語句の意味として最もふさわしいものを後から選んで記号で答えなさい。

ア　急に　イ　あわてて　ウ　ゆっくりと　エ　だまって

5　――部⑤「写真の表面を撫でた」とありますが、なぜ母はこのような行動をとったのですか。その理由として最もふさわしくないものを後から選んで記号で答えなさい。

ア　父が亡くなる前に撮った最後の家族写真を久しぶりに見て、懐《なつ》かしさを覚えたから。

イ　家族写真がほこりをかぶっていたことを残念に思い、取り除《のぞ》こうとしたから。

ウ　写真を通して、亡くなった父に対する愛《いと》おしさを改めて感じていたから。

エ　父が亡くなった寂《さび》しさと後悔《こうかい》を抱《かか》えながら父のことを思い出していたから。

6　――部⑥「土産」の読みをひらがなで答えなさい。

7　――部⑦が「よくないことが起こりそうな気がする」という意味になるように空欄《くうらん》に入る語を漢字一字で答えなさい。

8　――部⑧「真下さん」に関わる内容に関して最もふさわしくないものを後から選んで記号で答えなさい。

ア　真下さんは、悟の父のかつての同級生であり、中学校では同じ野球部に所属をしていた。

イ　真下さんは、悟の父が亡くなったことを知らずに自分の店の表に悟の家の「家族写真」を飾っていた。

ウ　真下さんは、父親の後を継《つ》いで写真館を営んでおり、写真を撮ることに関して思い入れを持っていた。

エ　真下さんは、亡くなった悟の父の思いをくみ取ったため、悟の家に家族写真を持参した。

9　――部⑨「昔のことに思いを巡らせている」の語句の意味として最もふさわしいものを後から選んで記号で答えなさい。

ア　昔のことをあれこれと考えること。

イ　昔のことを寂しく思うこと。

ウ　昔のことを懐かしく思うこと。

エ　昔のことを後悔すること。

10　［⑩］に入る言葉として最もふさわしいものを後から選んで記号で答えなさい。

ア　りんとした　　イ　ぽかんとした　　ウ　取りつくろった　　エ　ぶすっとした

11　――部⑪「あれ」が指し示す内容を含《ふく》んだ一文を探し、最初の五字を答えなさい。

12　――部⑫「息子の気持ちが嬉しくもあった」とありますが、なぜこのように思ったのですか。その理由を息子の変化を明らかにした上で、七十字以上八十字以内で説明しなさい。

13　――部⑬「愉快」を打消しの語をつけた表現に直すと「■愉快」となります。■に入る語と同じ打消しの語を、次の中から全て選んでア～クの順通りに記号で答えなさい。

ア　■自由　イ　■責任　ウ　■景気　エ　■公開　オ　■完成　カ　■常識
キ　■可能　ク　■成年

14　なぜ、悟は毎年「家族写真」を撮ろうと考えたのですか。その理由として最もふさわしくないものを後から選んで記号で答えなさい。

ア　家族写真にはその時々の暮らしぶりや思いが写し出されるものだと考えていたから。
イ　毎年写真を撮ることこそが、亡き父の思いを継ぐことであると考えていたから。
ウ　過去の記憶は薄れやすいが、写真があることで自分が支えられた経験を持っていたから。
エ　毎年写真を撮ることで、家族の未来の姿を想像するきっかけとなるから。

15 この小説を読んだ金城学院中学校の五人の生徒たちが自分の感想を発表しました。ア〜オの感想の中で明らかに間《ま》違《ちが》っているものを一つ選んで記号で答えなさい。

ア　瑞穂や陽平の年頃って、家族との時間が大切であることを理解しつつも、ついつい反発したくなることってあるよね。私も同年代だから、共感しながら読んだよ。

イ　スマートフォンなどで簡単に写真が撮れる時代になっても、一年の節目ごとにあえて写真館に行って写真を撮ることの意味を私自身も考えながら読んだよ。

ウ　悟・妻・娘・息子、それぞれの視点からの心情が描《えが》かれていたので、気持ちが理解しやすかったよね。最後の場面は、家族みんなが笑顔になっていることが想像できたね。

エ　一緒にいることを当たり前に思っていても、突然離《とつぜんはな》れ離れになることがあるんだね。家族と過ごす時間を当たり前と思わず、大切にしようと思ったよ。

オ　毎年写真を撮る理由を悟は妻だけにしか話していなかったのには驚いたよ。私の親も子どもに言えない悩《なや》みや思いを持っているのかな。

2023年度　金城学院中学校入学試験問題

〔思考力入試　算数基礎テスト〕

◎答えは解答用紙に書きなさい。

(30分)

1　問題は 1 から 11 までありとます。

2　解答用紙には受験番号を忘れないように書いてください。名前を書く必要はありません。

3　解答用紙だけを集めます。

1 次の計算をしなさい。

(1) $25\times17\times4$

(2) $5+2\times(8-3)+9\div3$

(3) $53\times3.14-17\times3.14-16\times3.14$

(4) $\left(\frac{5}{3}+\frac{3}{2}\right)\times\frac{4}{3}-\frac{1}{6}$

(5) $[\{16-26\div(8-2\times3)\}\times6\div(7-4)]\div2+5$

2 □にあてはまる数を求めなさい。

時速 9.6 km＝分速□m

3 次の図形の面積を求めなさい。

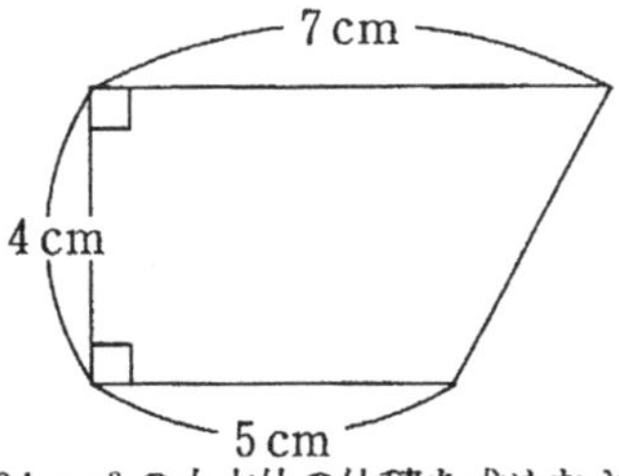

4 表面積が $294\ \text{cm}^2$ の立方体の体積を求めなさい。

5 次の表は、２つの量 x と y が反比例している様子を表しています。

表の空いているところにあてはまる数は何ですか。

x	4.5	6
y		3

2023年度　金城学院中学校入学試験問題

〔算　数〕

◎答えは解答用紙に書きなさい。

(50分)

1　問題は 1 から 5 までで，12ページあります。もし，ページがぬけていたり，同じページがある場合は，手を挙げて先生に知らせてください。

2　解答用紙には受験番号を忘れないように書いてください。名前を書く必要はありません。

3　解答用紙だけを集めます。

（注）円周率は3.14として下さい。

1 次の問いに答えなさい。

(1) 次の計算をしなさい。

$55-22\div111\div(3\div666)$

(2) 次の計算をしなさい。

$$\left(3\frac{1}{5}-\frac{1}{3}\times\frac{9}{7}\div\frac{3}{14}\right)\times\frac{5}{18}$$

(3) 6Lのしょうゆを，0.35L入る容器に分けます。何個の容器がいっぱいになって，何L余りますか。

(4)　図のような長方形の中の斜線《しゃせん》部分の面積を求めなさい。

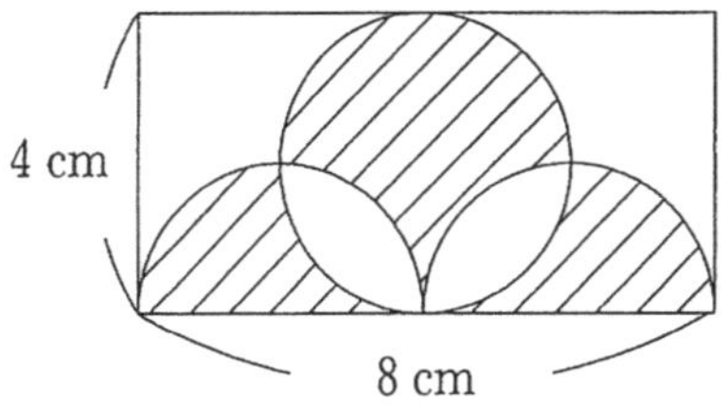

(5)　図は底面が正方形の四角柱を平面で切ったものです。この立体の体積を求めなさい。

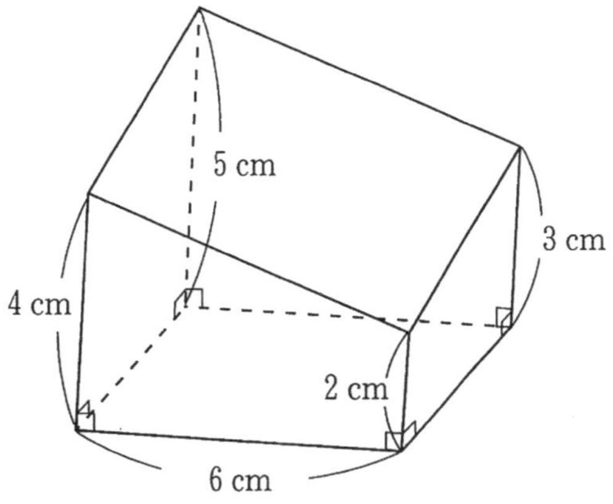

(6) 仕入れ値に60％の利益があるように定価をつけました。損をしないように売るためには，定価の何％まで割引ができますか。

(7) 次の①～④の中から，ともなって変わる２つの量が反比例するものをすべて選びなさい。

① 円の半径と円周の長さ

② 面積が20 cm^2 の平行四辺形の底辺と高さ

③ 正三角形の周りの長さと面積

④ 底面積が20 cm^2 の三角柱の高さと体積

(8)　Aさんは時速27kmで走り，Bさんは秒速9mで走ります。450m走ったとき，何秒の差がつきますか。

(9)　ある水田は，縦320m，横430mの長方形です。この水田の面積はおよそ何ヘクタールですか。四捨五入で，$\frac{1}{10}$の位までのがい数で求めなさい。

⑽　図の立方体を３点Ａ，Ｂ，Ｃを通る平面で切ったとき，切り口はどのような図形になりますか。次の①～④の中から１つ選びなさい。

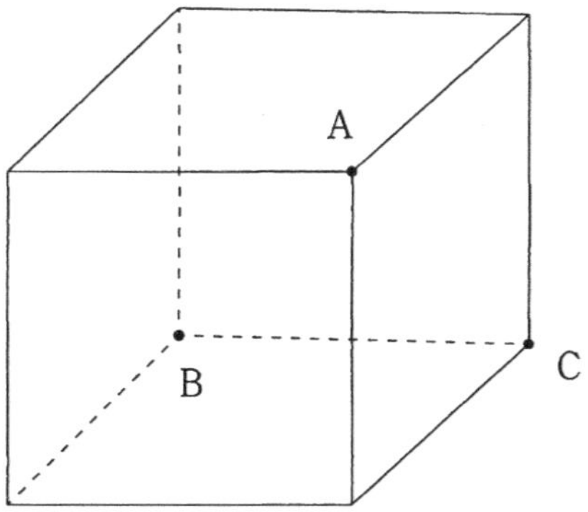

①　長方形

②　直角三角形

③　正方形

④　二等辺三角形

2 次の問いに答えなさい。

(1) 1辺が10cmの立方体の形をした容器Aがあります。また，①は1辺が20cmの立方体から1辺が10cmの立方体を切り取った立体の容器で，②は底面が1辺20cmの正方形で高さ30cmの四角すいの形をした容器です。①と②に容器Aを用いて水を入れていくとき，どちらの容器が何ばい分多く水を入れることができますか。

A

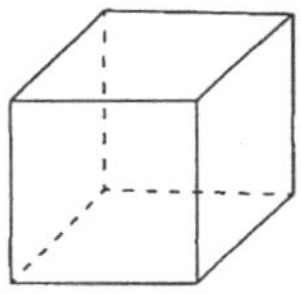

①

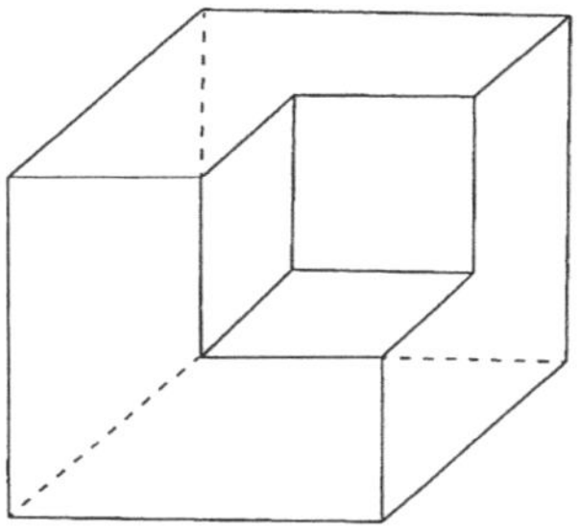

②

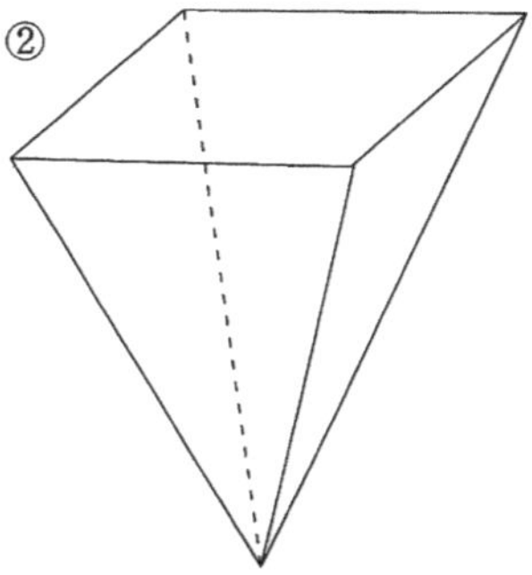

(2) 図において，三角形 EBC の面積が台形 ABCD の面積の半分になるとき，AE : EB の比を求めなさい。

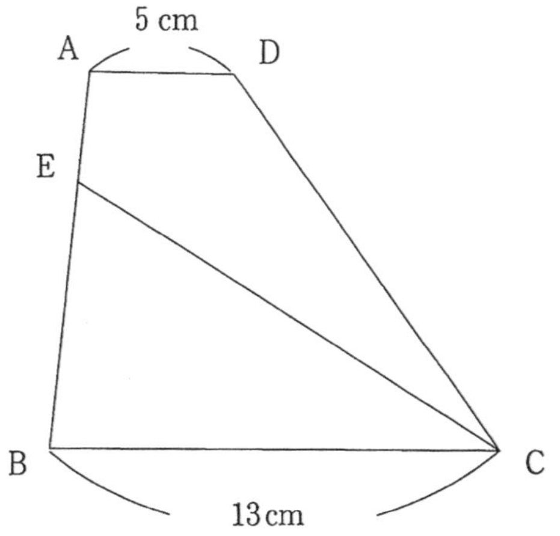

(3) 同じえん筆が15本あります。これらをAさん，Bさん，Cさんの3人に分けるとき，分け方は何通りありますか。ただし，それぞれ4本以上はもらえるものとします。

(4) 500から1000までの整数の中で，7の倍数の個数を求めなさい。

(5) 図のように，2本の長い棒A，Bが地面に垂直に打ちこんであります。棒Aは棒Bの1.2倍の長さです。また，Aの長さの $\frac{1}{2}$，Bの長さの $\frac{4}{5}$ が土の中に入っています。このとき，地面の上に出ているAとBの棒の高さの差が20cmでした。棒Aの長さを求めなさい。

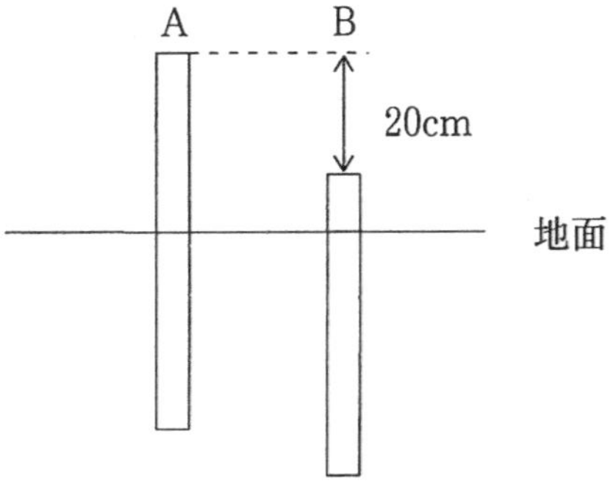

(6) 図のように，縦が30cm，横が50cmの長方形の紙を折り返したとき，横の長さが縦の長さの3倍の長方形ができました。㋐の長さを求めなさい。

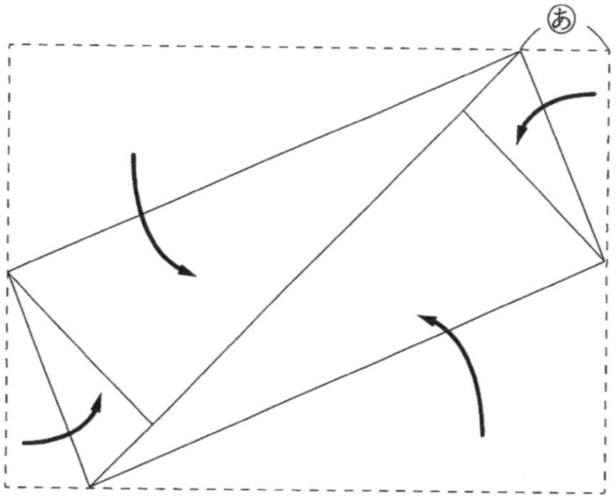

3 円を何個かかき，その円の個数とそれらの交わる点の個数の関係について考えます。ただし，1個の円は他のすべての円と2つの点で交わり，交わった点には3個以上の円は通らないものとします。

円の個数	2個	3個	4個
図	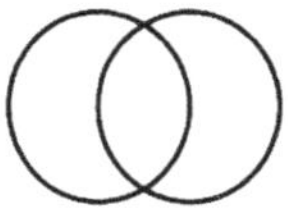		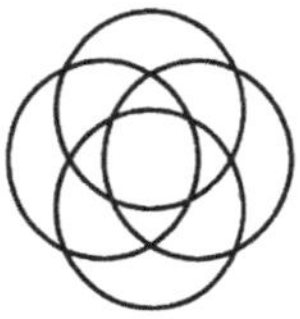
交わる点の個数	2個	6個	12個

(1) 円の個数が4個から5個に増えたとき，交わる点の個数は何個増えますか。

(2) 円を10個かくと，交わる点は何個ですか。

4 図は，あるクラスの30人のソフトボール投げの距離《きょり》の記録を表したドットプロットです。記録はすべて整数で表されていて，○の中の数は出席番号です。

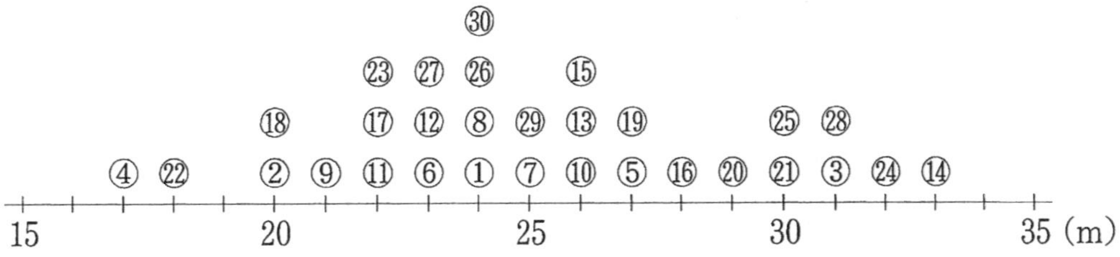

この30人の平均値を求めたら25.1mでしたが，その後，出席番号⑳の人の記録が誤っていたことが分かり，⑳の人の正しい記録は20mでした。この30人の正しい平均値を求めなさい。（求め方もかきなさい。）

5　Aさんは先生と「数の表し方」について話をしています。次の会話文を読み，問いに答えなさい。

Aさん：いま私たちが使っている数字って，いつからあるのかな。

先　生：いま私たちが使っている数字は「アラビア数字」といって，2000年前には世界に広がっていたんだ。その前には絵文字のようなものが使われていて，たとえば，今から5000年前のエジプトでは，図のような「象形文字」が考え出されたんだよ。

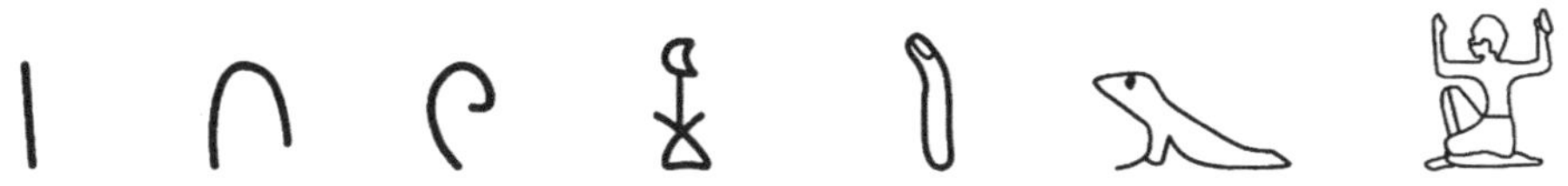

1　　10　　100　　1000　　10000　　100000　　1000000

｜が10個集まると新しい記号をつくって∩とするように，10ずつ束にしていく方法が用いられていたんだ。

Aさん：10ずつ束にしていくのって，いまの数の表し方と同じですね。

先　生：そうだね。このように10ずつ束にして数を表すことを「十進位取り記数法」というんだ。たとえば，201は百の位が2，十の位が0，一の位が1で「2×100＋0×10＋1×1」と表すことができるね。この表し方を見ると，その数が4の倍数かどうかを見分けられるんだけど，分かるかな。

(1)　2023を「十進位取り記数法」で表しなさい。

(2)　4の倍数の見分け方を理由とともに答えなさい。

2023年度　金城学院中学校入学試験問題

〔社　会〕

◎答えは解答用紙に書きなさい。

（30分）

1　問題は1から9までで、13ページあります。もし、ページが抜《ぬ》けていたり、同じページがある場合は、手を挙げて先生に知らせてください。

2　解答用紙には受験番号を忘れないように書いてください。名前を書く必要はありません。

3　解答用紙だけを集めます。

1 小学生の恵《めぐみ》さんと愛さんは、中学校の文化祭に遊びに来て、地理研究部の展示コーナーに入りました。中へ進んでいくと、暗号のような文字がならんだ壁紙《かべがみ》がありました。そこには、次のように書かれていました。

ほ — 1	
ほ — 34	うほち — 8
し — 4	んほに — 1
き — **?**	

どうやら、**?**に当てはまる数字を当てるクイズになっていて、これは日本地図と関係があるようです。**?**に当てはまる数字（アラビア数字）を答えなさい。

2 次の文章を読み、あとの問いに答えなさい。

8世紀ごろ、「古事記」や「日本書紀」といった書物が天皇の命令で作られました。これらには、大昔のこととして、天からこの国土に下った神々の子孫が、大和地方に入って国をつくり、やがて日本の各地を統一していった話などがのっています。また、各地の人々の生活の様子や地域の自然などを記した「風土記《ふどき》」も8世紀のころにつくられました。各地で風土記が編さんされましたが、現在伝えられているのは、**ア**常陸・**イ**出雲・**ウ**播磨・**エ**豊後・**オ**肥前の5か国の風土記です。

問1　文中の波線部「8世紀」の様子について、(1)・(2)に答えなさい。

(1)　このころに起こったこととして正しいものを、ア～オの中から記号ですべて選びなさい。

ア．日本に仏教が伝わる。　　イ．日本に漢字が伝わる。

ウ．奈良で大仏づくりが始まる。　　エ．女王卑弥呼《ひみこ》のくにが栄える。

オ．中国の僧《そう》である鑑真《がんじん》が来日する。

(2)　この時代には、律令体制のもとで、クリの実が現在の石川県や岡山県などから、（　＊　）として都に運ばれていました。空らん（　＊　）に入る最も適切な語句を、ア～ウの中から記号で1つ選びなさい。

ア．租　　イ．庸　　ウ．調

問2　現在伝えられている風土記のうち、完全に残っている風土記は、どこの土地のものですか。文中の下線部**ア**～**オ**の中から記号で1つ選びなさい。また、その読みをひらがなで答えなさい。

3 名古屋市には、社会の教科書にのっている歴史上の人物に関する史跡《しせき》（歴史上、重要な事件や施設《しせつ》があった場所）がいくつもあります。次の写真Ⅰ・Ⅱは、ともに名古屋市内にある史跡です。これについて、あとの問いに答えなさい。

写真Ⅰ

写真Ⅱ

問１　下の文章は、これらの写真に関連する人物についてのべたものです。それぞれの文中の［ ① ］と［ ② ］に入る適切な語句を、いずれも漢字２字で答えなさい。

> ○　写真Ⅰは、幼いころに織田氏の人質《ひとじち》だった徳川家康が住んでいたとされる屋敷《やしき》の跡《あと》です。ここで暮らしたのち、家康は［ ① ］氏の人質となりました。
>
> ○　写真Ⅱは、織田信長が1560年の［ ① ］氏との戦いの際に、熱田神宮に必勝を祈願《きがん》してみごと大勝したので、そのお礼として納めたといわれる土の塀《へい》です。
>
> ○　織田信長と徳川家康は、1575年の長篠《ながしの》の戦いで連合軍を組んで戦い、ポルトガルから伝えられた［ ② ］を大量に使用して勝利を収めました。

問２　織田信長と徳川家康に関してのべた次のア～ウについて、正しいものには○、あやまっているものには×を記しなさい。

ア．織田信長はキリスト教の布教をゆるしたが、徳川家康はのちにキリスト教を禁止した。

イ．織田信長は安土城を、徳川家康は大阪城をそれぞれ築いた。

ウ．織田信長は、家来の明智光秀におそわれて自害し、その光秀を徳川家康がたおした。

問３　次の写真は、写真Ⅰ・Ⅱと同じく名古屋市内にある史跡で、織田信長や徳川家康よりも前の時代に活やくした人物が誕生した場所とされています。この人物と徳川家康は、ともに朝廷から征《せい》夷《い》大将軍《たいしょうぐん》に任じられて、関東地方に幕府を開いたことで知られています。これについて、(1)・(2)に答えなさい。

(1)　この人物が幕府を開いた地を、現在の都道府県名で答えなさい。

(2)　この人物が行ったこととして正しいものを、ア～エの中から記号で２つ選びなさい。

ア．幕府をたおす命令を出した朝廷の軍を、承久の乱で打ち破った。

イ．地方に守護や地頭を置き、家来の武士たちをそれらにつけた。

ウ．御成敗式目をつくり、武士たちの裁判の基準を定めた。

エ．武士たちを、領地を中心とする「ご恩と奉公」の関係によって従わせた。

4 次のA～Dの文は、明治から昭和にかけて活やくした女性についてまとめたものです。これらの人物について、あとの問いに答えなさい。

A	わずか6歳のときに、使節団とともにアメリカに渡《わた》って、日本で初めての女子留学生としてアメリカで学び、帰国後は日本の女子教育のために一生をささげた。
B	20世紀のはじめ、日本が満州に軍隊を送った戦争のために戦場へ行った弟のことを心配して、「君死にたまふことなかれ」という詩を書き、その戦争に反対する気持ちを表した。
C	女性が男性に比べて低く見られ、差別されてきたことをうったえ、市川房《いちかわふさ》枝《え》などとともに新婦人協会を設立して、選挙権などの女性の権利を拡大する運動をおこなった。
D	明治時代に活やくした女流作家で、北村透谷《きたむらとうこく》や島崎藤村《しまざきとうそん》などとともに「文学界」に参加して、古い文体である文語体をつかって、『たけくらべ』『にごりえ』などの小説を残した。

問1　Aの下線部について、次の写真は、1871年に欧米《おうべい》に派遣《はけん》された使節団を写したものです。このうち、名前が示してある4人の人物のいずれかについて説明した文として、当てはまらないものをア～エの中から記号で1つ選びなさい。

ア．倒幕《とうばく》運動の中心となった後、五箇条《ごかじょう》の御誓文《ごせいもん》を作成して明治政府の新しい政治の方針を示した。

イ．明治に入ってから版籍奉還《はんせきほうかん》や廃藩置県《はいはんちけん》を進めるなど、明治政府の力を強めるように国の体制を整えた。

ウ．明治政府が憲法制定を約束すると、ドイツで憲法を学び、帰国後に日本で最初の内閣総理大臣となった。

エ．明治政府に対して、憲法を制定して国会を開き、広く国民の意見を聞くべきだと主張して自由民権運動をすすめた。

問２　**B**の下線部は、日本が満州などに軍隊を派遣して大国に勝利したこの戦争を何といいますか。漢字で答えなさい。

問３　**C**の下線部について、1925年に制定された普通選挙法によって、どのような人びとが衆議院議員の選挙権をもつようになりましたか。次の文が完成するように、空らんに適切な数字や語句を答えなさい。

＿＿＿＿ 才以上の ＿＿＿＿＿＿＿＿＿＿。

問４　**D**の下線部について、この時代に西洋の近代国家にならって富国強兵をめざす中で行われたこととして、あやまっているものをア〜エの中から記号で１つ選びなさい。

ア．徴兵令《ちょうへいれい》を出して、20才になった男子に３年間軍隊に入ることを義務づけた。

イ．広い土地をもっている人から土地を買い上げ、土地をもっていない小作農に土地を安く売る農地改革を行った。

ウ．国の収入を安定させるために、土地の値段を基準として税をおさめさせる地租改正《ちそかいせい》を行った。

エ．外国から技師などを招き、紡績《ぼうせき》や造船などの官営工場を設立して殖産《しょくさん》興業《こうぎょう》をめざした。

問５　**A**〜**D**の文とその文が説明している人物の組み合わせとして正しいものを、ア〜エの中から記号で１つ選びなさい。

ア．**A**…平塚《ひらつか》らいてう　　イ．**B**…与謝野晶子《よさのあきこ》

ウ．**C**…樋口一葉《ひぐちいちよう》　　エ．**D**…津田梅子《つだうめこ》

5 2021年７月26日、国連教育科学文化機関（ユネスコ）は、「国際的にも希少な固有種に代表される生物多様性保全上重要な地域」であると認定して、地図中にある４つの島を世界自然遺産に登録すると決定しました。これについて、あとの問いに答えなさい。

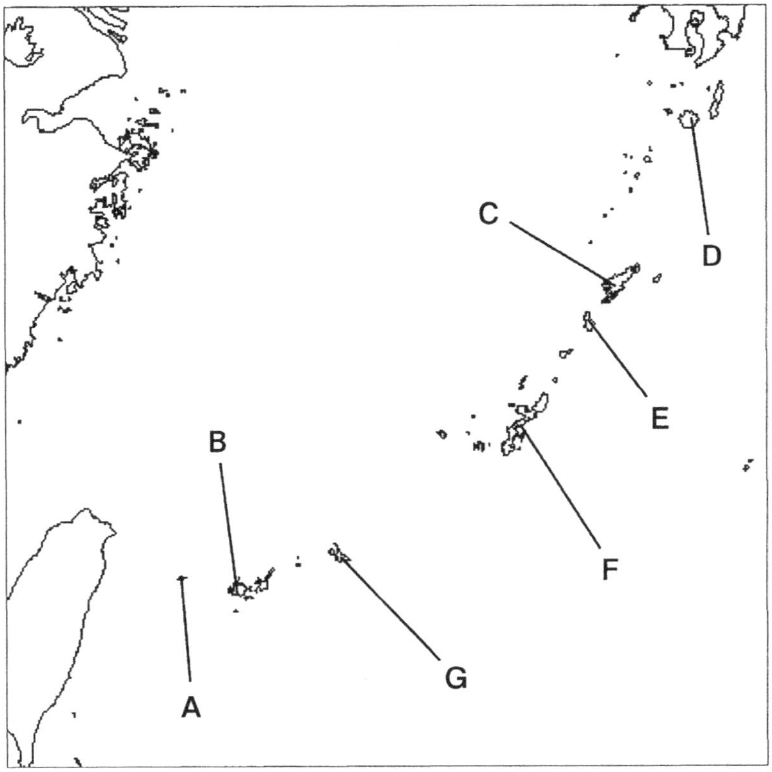

問１　次の①～③は、地図中の**A**～**G**のいずれかの島で独自に進化した動物です。これらとそれぞれ最も関係の深い島を示した組み合わせとして正しいものを、ア～エの中から記号で１つ選びなさい。ただし、①～③の動物名のうち、島の名前がついている部分は省いてあります。

①　ヤンバルクイナ　　②　クロウサギ　　③　ヤマネコ

ア．①Ｂ　②Ｄ　③Ｅ　　イ．①Ｄ　②Ｃ　③Ａ
ウ．①Ｇ　②Ｆ　③Ｅ　　エ．①Ｆ　②Ｃ　③Ｂ

二〇二三年度〔国語〕解答用紙

【一】

1	2	3	4	5	6	7	8	9
〜					⑦ ⑧	30 40		

【二】

1	2	3	4	5	6	7	8
50							

受験番号

点　　数
※100点満点 （配点非公表）

m

5

(1)

(2) 見分け方

理由

受験番号

点数
※100点満点 （配点非公表）

(2)

25

50

(3)

(4)

30

60

受験番号

点　　数			
			※50点満点 （配点非公表）

問2

20　30

6 問1　問2　問3

7 問1　問2

8 問1　問2　問3　問4

9

受験番号

点数
※50点満点 （配点非公表）

<メモ>

【思

2023年度〔社　会〕解　答　用　紙

1

2

問1	(1)	(2)

問2	記号	読み

3

問1	①	②

問2	ア	イ	ウ

問3	(1)	(2)	

4

問1	

問2	

問3	才以上の　。

問4	

問5	

5

問1	

【解答

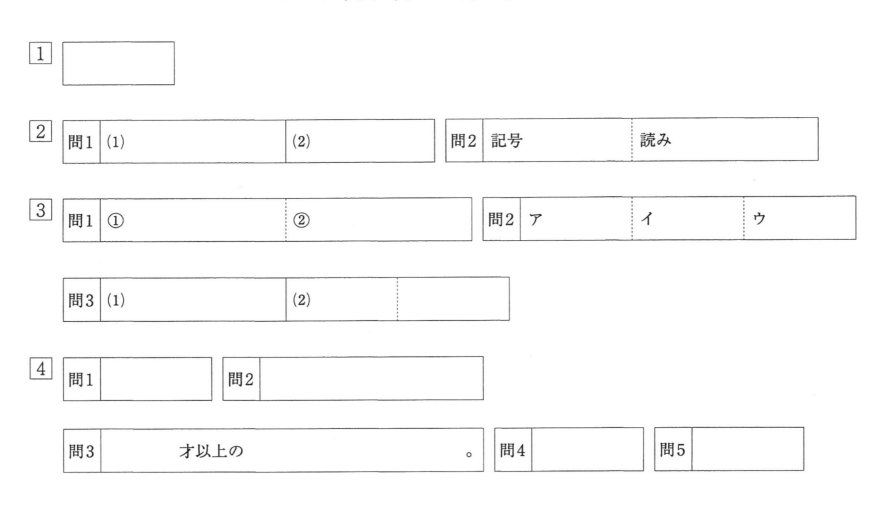

２０２３年度〔理　科〕解　答　用　紙

1

(1)	ア	イ	ウ		
(2)		(3)	に花がさく	(4)	

2

(1)					
(2)		(3)		(4)	

3

(1)		(2)		(3)	
(4)					
(5)	秒	(6)	秒		

4

(1)	g

【解答

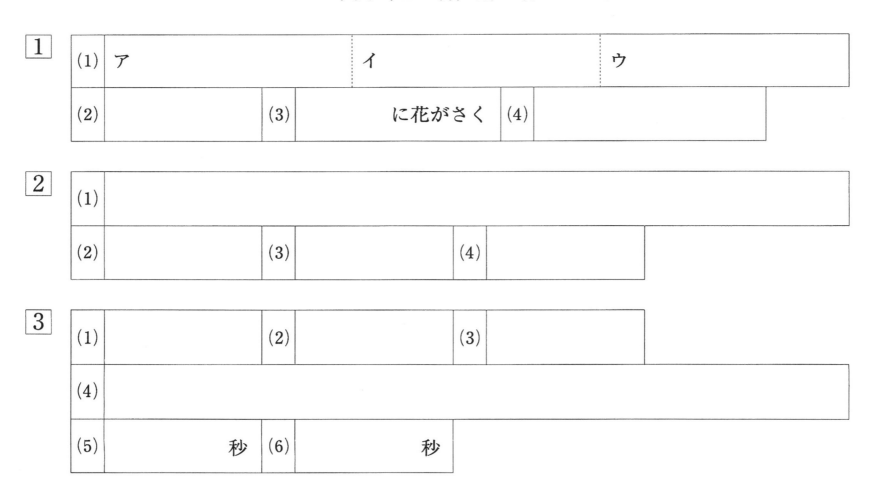

２０２３年度〔算　数〕解　答　用　紙

1

(1)	(2)	(3)　個 ┆ 余り　L
(4)　cm^2	(5)　cm^3	(6)　%
(7)	(8)　秒	(9)　ヘクタール
(10)		

2

(1)　容器 ┆ はい	(2)　：	(3)　通り
(4)　個	(5)　cm	(6)　cm

3

(1)　個	(2)　個

13	12
(1)	
(2)	
(3)	
(4)	
(5)	

15	14	13	12								11
			80	70							

問２　沖縄県那覇市の街を歩いていると、写真（**資料１**）の矢印のように、家々の屋上に貯水タンクがあることに気づかされます。那覇と東京の雨温図（**資料２**）を比べてみただけでは、沖縄県が水不足に悩《なや》まされる地域には見えません。では、なぜ沖縄県では水不足が生じるのでしょうか。降水量以外の理由を、次の〔語群〕の語句をこの順番ですべて用い、句読点を含めて20字以上30字以内で説明しなさい。

〔語群〕　島の形　　　森林　　　河川

資料１

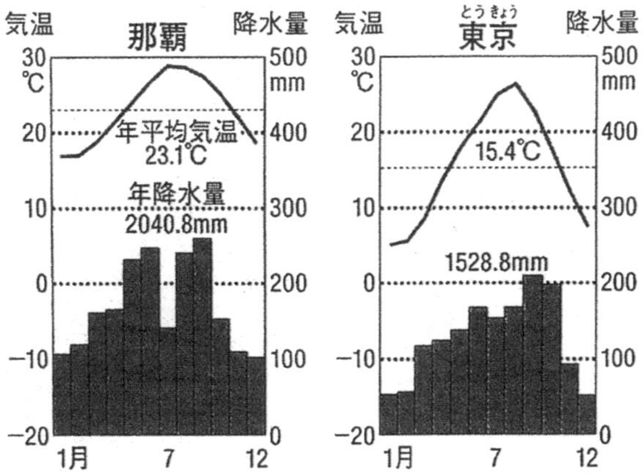

資料２　（「理科年表」より）

6 次の会話文を読み、あとの問題に答えなさい。

A：この間、テレビのニュースで、日本の食料自給率がどんどん下がっていると言っていたよ。これを聞いて、①日本の食料自給率について調べてみたんだ。

B：これを見ると、日本の食料自給率は先進国の中でも低いことが想像できるね。品目別で見てみると、全体の自給率は低いけれど、食料によっては高い傾向《けいこう》もあるんだ。

A：そうだね。日本の食料問題は、これからどう解決していくべきだろう。まずは、農業がもっと盛り上がってくるといいね。特に、農業に従事する人の高《こう》齢化《れいか》は解決しないといけないね。

B：高齢化以外にも、②食料の安全性の問題も欠かせないね。例えば、[＊]を進めていくと、身近な場所から新鮮《しんせん》な農産物を手に入れることができるし、食と農について親近感を得るとともに、生産と消費の関わりや伝統的な食文化について、理解を深めることができるね。

A：学校給食で地域の食材を利用することで、子どもたちの食育にもつながるからね。地元の魅力《みりょく》を知ることができるね。

B：そうだね。食料をめぐって、食料自給率をはじめとして、多くの問題が日本にあることがわかったね。

問１　下線部①について、次の表は、日本における品目別の食料自給率を示したものです。図中の**ア**～**エ**には、果物、小麦、肉、野菜のいずれかが入ります。このうち、小麦にあたるものを、**ア**～**エ**の中から記号で１つ選びなさい。

大豆	**ア**	**イ**	**ウ**	牛乳・乳製品	**エ**	米
６％	16％	38％	52％	59％	79％	97％

（2019年度「食料需給《じゅきゅう》表」より）

問２　会話文中の空らん［　＊　］に当てはまる適切な語句を、漢字４字で答えなさい。

問３　下線部②について、製品がいつ、どこで、だれによって作られたのかを明らかにすべく、原材料の調達から生産、そして消費または廃棄《はいき》まで追跡《ついせき》可能な状態にするシステムの必要性が高まっています。このシステムの名称《めいしょう》を、カタカナ８字で答えなさい。

7 次の文章を読み、あとの問いに答えなさい。

わたしたちの生活と自然環境《かんきょう》は、たがいに影響《えいきょう》しあっています。写真１・２の①アルプス山脈の風景は、便利で豊かな私たちの生活が、自然環境に与えた影響をあらわしています。一方、大雨や②地震《じしん》、火山の噴火《ふんか》などの自然災害は私たちの生活におおきな被害《ひがい》をもたらします。これらによる被害を減らすために、様々な取り組みが行われています。

写真１

写真２

問１　下線部①アルプス山脈の位置を、地図上の**ア**～**オ**の中から記号で１つ選びなさい。

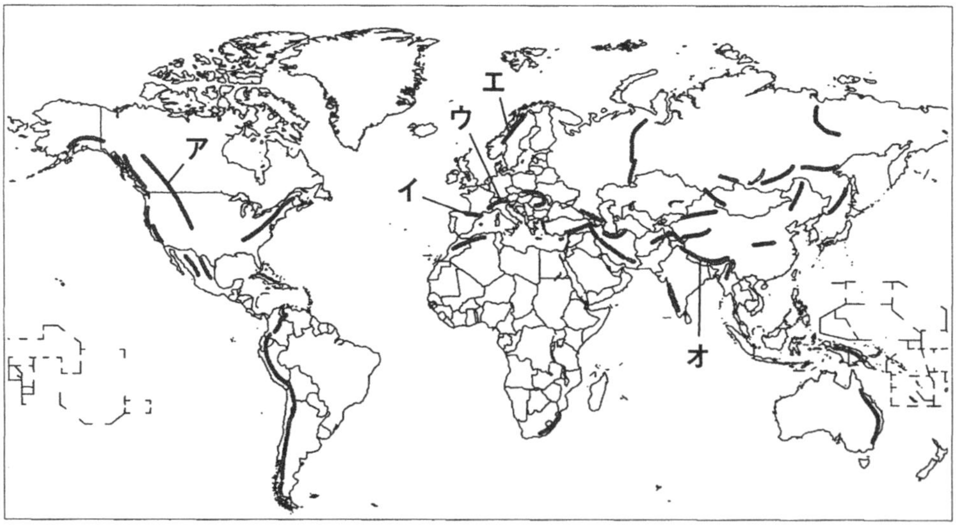

問２　日本は、下線部②地震が多い国です。その理由を説明した次の文の空らん（　＊　）に当てはまる、最も適切な語句をカタカナで答えなさい。

日本の国土は、複数の（　＊　）が出合う世界でもめずらしい位置にあることに加え、内陸には断層も数多くあるからです。

8 次の文章は、日本国憲法のある部分を、読みやすいように書き直したものです。これを読み、あとの問いに答えなさい。

わたしたちは、世界がいつまでも □ であることを、心から願います。わたしたちは、□ と（　①　）を愛する世界の人々の心を信頼《しんらい》して、□ を守っていきたいと思います。

わたしたちは、□ を守り、（　②　）で明るい生活を築こうと努力している国際社会の中で、名誉《めいよ》ある国民になることをちかいます。私たちは、全世界の人々が、みな（　②　）に、恐怖《きょうふ》や欠乏《けつぼう》もなく、□ な状態で生きていくことができる（　③　）を持っていることを、確認します。

問１　この文章は、日本国憲法のどこに書かれてありますか。漢字２字で答えなさい。

問２　文中の空らん □ にあてはまる語句を、漢字２字で答えなさい。

問３　文中の空らん（　①　）～（　③　）に当てはまる語句の組み合わせとして正しいものを、ア～オの中から記号で１つ選びなさい。

ア．① 利益　　② 平等　　③ 権利
イ．① 平等　　② 健康　　③ 権利
ウ．① 正義　　② 平等　　③ 精神
エ．① 正義　　② 健康　　③ 利益
オ．① 正義　　② 平等　　③ 権利

問４　この文章では、日本国憲法の三つの原則のうちの一つが示されています。この原則にかかわって、日本では非核《ひかく》三原則をかかげています。この内容を記した次の文中の（　A　）～（　C　）のいずれにも当てはまらない語句を、ア～エの中から記号で１つ選びなさい。

核兵器を（　A　），（　B　），（　C　）

ア．つかわない　　イ．つくらない　　ウ．もたない
エ．もちこませない

9 次の文章は、2022年９月３日付の中日新聞（朝刊）の記事を、一部書きかえたものです。これを読み、記事中の空らん（　①　）～（　③　）に当てはまる語句の組み合わせとして正しいものを、ア～エの中から記号で１つ選びなさい。

名古屋市東区の加藤珈琲《コーヒー》店栄店では、持ち帰り用コーヒー（Ｓサイズ）を１ドル（税別）で販売《はんばい》しています。約20年前、為替相場《かわせそうば》を通じてコーヒーに興味を持ってもらおうと「１ドルコーヒー」を始めました。閉店時の円相場をもとに翌日の価格を決めているそうです。2011年７月～2012年１月ごろは１ドル＝（　①　）でしたが、最近は円安が進み３日の販売分は１ドル＝（　②　）となる見通しです。店長は「ついにここまできたか、と驚《おどろ》いている。（　③　）が、相場に応じて一喜一憂《いっきいちゆう》できるのもまた魅力《みりょく》。しっかり味わっていただきたい」と話していました。

ア．① 70円　　② 140円　　③ 値上げは心苦しい
イ．① 140円　　② 70円　　③ 値下げで経営が苦しい
ウ．① 80円　　② 160円　　③ 値上げは心苦しい
エ．① 160円　　② 80円　　③ 値下げで経営が苦しい

2023年度　金城学院中学校入学試験問題

〔理　科〕

◎答えは解答用紙に書きなさい。

（30分）

1　問題は[1]から[4]までで、8ページあります。もし、ページが抜《ぬ》けていたり、同じページがある場合は、手を挙げて先生に知らせてください。

2　解答用紙には受験番号を忘れないように書いてください。名前を書く必要はありません。

3　解答用紙だけを集めます。

1

土の上にこぼれたアサガオやヒマワリのタネは、翌年の春に発芽し夏に花がさくことがあります。それは、植物には発芽に適した季節と生育に適した季節があるからです。下のグラフは、2021 年の名古屋の１日の最高気温と最低気温の月平均をあらわしたものです。気温の変化を見て、植物の生育について考えてみましょう。

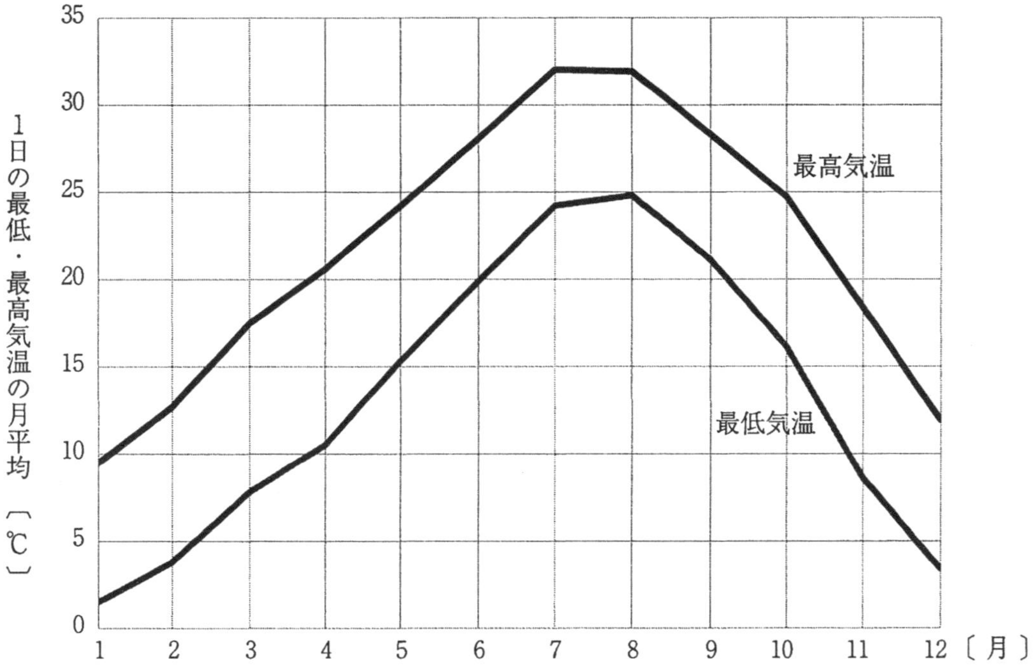

(1) 下の写真は、アサガオ、ヒマワリ、インゲンマメのタネの写真です。ア～ウのタネはそれぞれどの植物のものか答えなさい。

ア

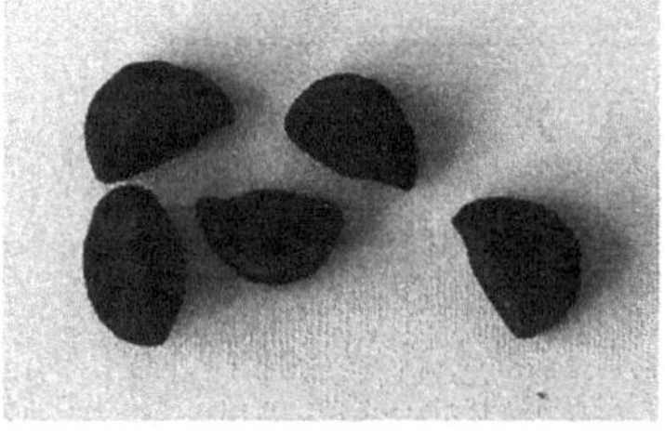
イ

ウ

2023(R5) 金城学院中
K 教英出版

(2) 下の写真はネモフィラのタネが入ったふくろの写真です。ふくろの裏に、15℃～20℃が発芽適温と書いてあります。グラフを見ると、名古屋で１日の最低気温が15℃～20℃になる期間は、およそ５月から６月と９月から10月です。ですから、この約４か月が発芽に適した季節だとわかります。また、生育適温は５℃～20℃と書かれています。名古屋で１日の最低・最高気温が５℃～20℃の間になるのは、何月から何月ですか。グラフを読んでその期間に最も近いものをア～オから選び、記号で答えなさい。

裏

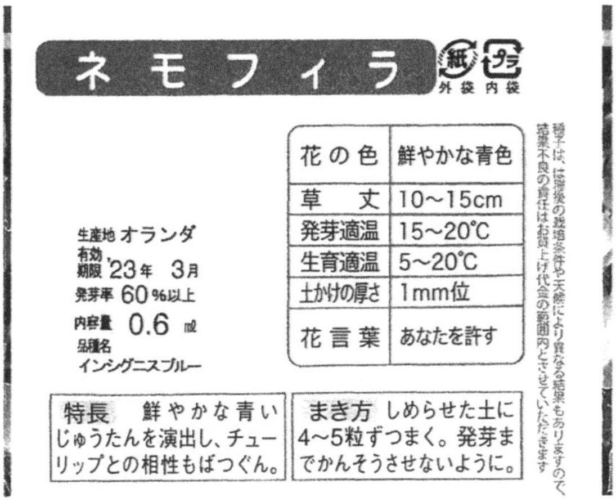

注）発芽適温とは発芽に適した温度のことであり、生育適温とは植物が発芽してから成長するのに適した温度のことである。

ア　２月～４月と11月～12月　　イ　２月～４月と５月～７月

ウ　５月～７月と11月～12月　　エ　２月～４月と８月～10月

オ　８月～10月と11月～12月

(3) 発芽した後、生育に適した日数が合計60日以上になると花がさきました。
ネモフィラは、春に花がさく植物ですか。秋に花がさく植物ですか。(2)でわかったことを使って考えなさい。

(4) 写真のネモフィラのタネを２ふくろ買って、ふくろの裏のまき方を見ながらプランターにまきました。順調に発芽して本葉が出たころ、そのままプランターの近くに置いておいたもう１つのふくろを開けてみると、全く発芽していませんでした。その理由として一番不足していたと考えられる発芽の条件は何か答えなさい。

2

図１はある地域の地形図であり、標高が示されている。この地域のＡ～Ｃの場所でそれぞれボーリング調査を行ったところ、図２のような地層が見られた。この地域の地層は水平に積み重なっており、ずれてもいないものとして、以下の問いに答えなさい。

図１

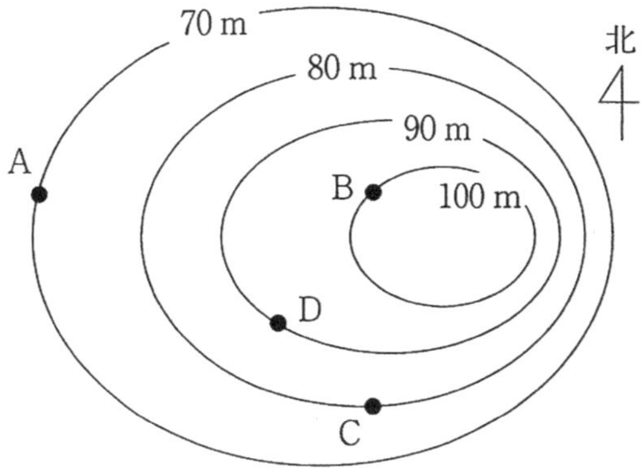

図２

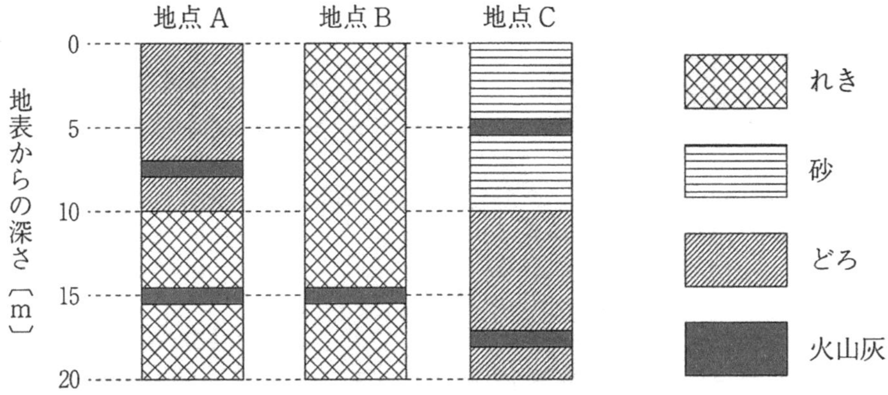

(1)　地層に含まれるつぶを観察したところ、火山灰のつぶは角ばっているのに対して、れき・砂・どろのつぶは丸みを帯びているものが多かった。れき・砂・どろのつぶが丸みを帯びている理由を簡単に説明しなさい。

(2)　地点Ｃの砂の層には、ホタテガイの化石が含まれていた。このことから、地点Ｃに見られる砂の層ができた場所として考えられる場所を次のア～エから選び、記号で答えなさい。

ア　冷たい海の浅せ　　イ　川の上流　　ウ　湖の中央　　エ　深い海の底

(3) 地点Ｄでボーリング調査をした場合に見られる地層の様子をア～エから選び、記号で答えなさい。

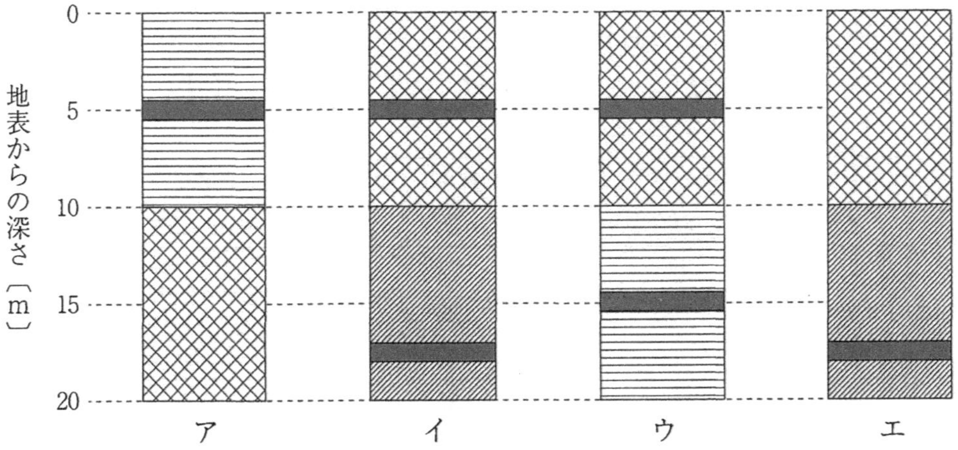

(4) 図２から、この地域の地層に含まれる火山灰でできた地層はいくつあるか答えなさい。

3

　ゆり子さんは、色々な重さのおもりに長さのちがう糸をつけて、A～Fの6種類のふりこを作りました。そして、それぞれのふりこのおもりを横に2cmほど動かして静かにはなし、10往復にかかった時間をはかりました。下の表はその結果を表しています。ただし、おもりの体積は小さいものとします。

ふりこ	おもりの重さ〔g〕	糸の長さ〔cm〕	10往復にかかった時間〔秒〕
A	100	20	9
B	50	55	15
C	200	35	12
D	300	25	10
E	100	35	12
F	400	80	18

(1) 糸の長さとふりこの周期《しゅうき》（ふりこが1往復するのにかかる時間）にはどんな関係がありますか。ア～ウから選び、記号で答えなさい。

ア　糸が長いほど周期が長い
イ　糸が長いほど周期が短い
ウ　糸の長さと周期には特に関係はない

(2) おもりの重さとふりこの周期にはどんな関係がありますか。ア～ウから選び、記号で答えなさい。

ア　おもりが重いほど周期が長い
イ　おもりが重いほど周期が短い
ウ　おもりの重さと周期には特に関係はない

(3) ブランコに乗ってこぐのをやめても、しばらくふりこと同じように前後にゆれ続けます。このときの周期について、最も正しいものをア～エから選び、記号で答えなさい。

ア　体重の重い人が乗っている方が、周期が短くなる
イ　体重の軽い人が乗っている方が、周期が短くなる
ウ　立って乗っている人が座ると、周期は短くなる
エ　座って乗っている人が立つと、周期は短くなる

(4) ゆり子さんは、1往復にかかった時間ではなく、10往復にかかった時間をはかりました。それは何のためでしょうか。簡単に説明しなさい。

(5) おもりが200 g、糸の長さが320 cmのとき、ふりこが10往復する時間は何秒ですか。計算して求めなさい。ただし、解答用紙には答えのみを書きなさい。

(6) 右の図のように、ふりこBの支点の真下35 cmにくぎを打ち、ふりこが最も下にきた時にひもがひっかかるようにして、ふりこのおもりを横に2 cmほど動かして静かにはなしました。このふりこが10往復する時間は何秒ですか。計算して求めなさい。ただし、ふりこはくぎよりも低い位置からふらせ始めます。また、解答用紙には答えのみを書きなさい。

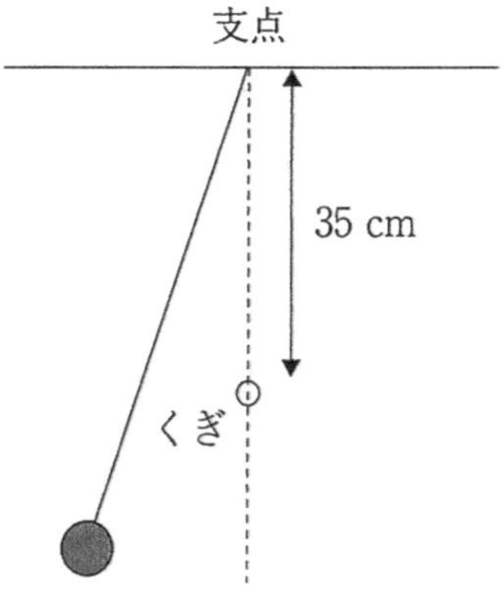

4

身のまわりのすべての物質は、目では見ることができないほどのとても小さなりゅう子《し》（つぶ）からできています。例えば、コップに入っている液体の水も、実は小さな水のりゅう子が集まって、私たちの目に見える量になっています。このりゅう子は、物質の種類によって異なり、同じ物質のりゅう子であればりゅう子の重さや大きさは等しいです。これらのことを参考にして、ゆり子さんは次の実験を行った。

［実験１］ 50ｇの液体のアルコールをはかりとり、そのアルコールを10ｇのビニール袋に入れて、空気をできるだけぬいてひもで口を閉じた。そのビニール袋を図１のようにバットに入れ、さらに熱湯を入れてビニール袋を温めたところ、図２のようにビニール袋はふくれ、液体のアルコールはすべて無くなっていた。ただし、図１のビニール袋の中のつぶはアルコールのりゅう子を表しているが、実際にはアルコールの液体が見えるだけでりゅう子までは見えない。また、ビニール袋の口は完全に閉じているものとし、ひもの重さはないものとする。

図１

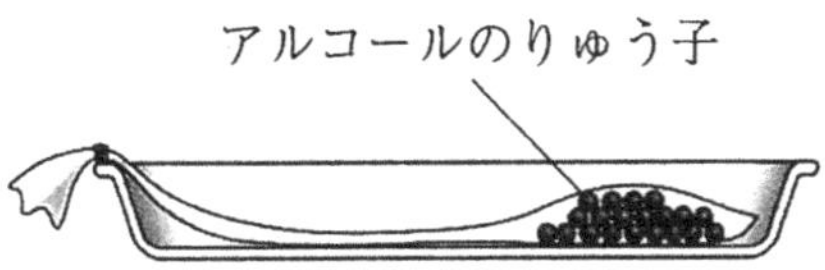

図２

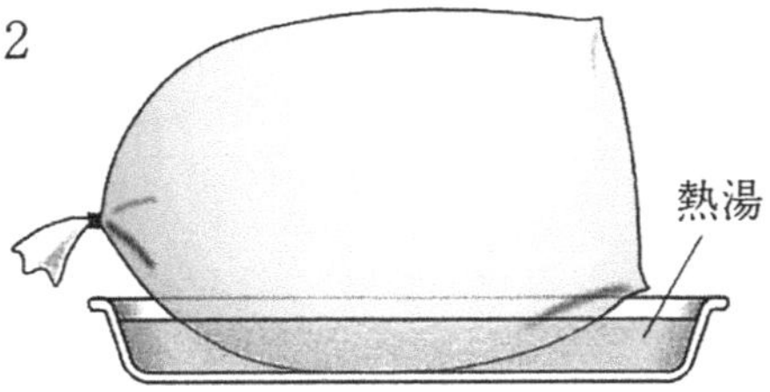

ゆり子さんは、液体のアルコールが図１のようなアルコールのりゅう子だと考えると、図２の温めたときにビニール袋がふくれた理由について考えた。そして、以下の仮説アと仮説イの２つの仮説を立てた。

仮説ア　アルコールのりゅう子の数が増えたからである。

仮説イ　アルコールのりゅう子に変化はないが、りゅう子とりゅう子のすき間が広がったからである。

(1) 図２の状態のビニール袋をバットから出し、ビニール袋全体の重さをはかると何ｇになるか答えなさい。

(2) 実験１や(1)から否定される仮説は仮説アと仮説イのうちどちらか、記号で答えなさい。また、なぜその仮説が否定されるのかの理由を50字以内で説明しなさい。

［実験２］　加熱して液体にしたろう 50 g をはかり取ったところ、体積は 62 cm^3 であった。図３は、液体のろうを表している。この液体のろうをビーカーに入れて放置して冷やしたところ、表面の中心がくぼんで固体となった。図４は固体のろうを表している。固体になったろうをビーカーからすべて取り出して重さと体積を測定したところ、重さは 50 g、体積は 55 cm^3 であった。ただし、図３の液体のろうの中のつぶはろうのりゅう子を表しているが、実際にはろうの液体が見えるだけでりゅう子までは見えない。

図３

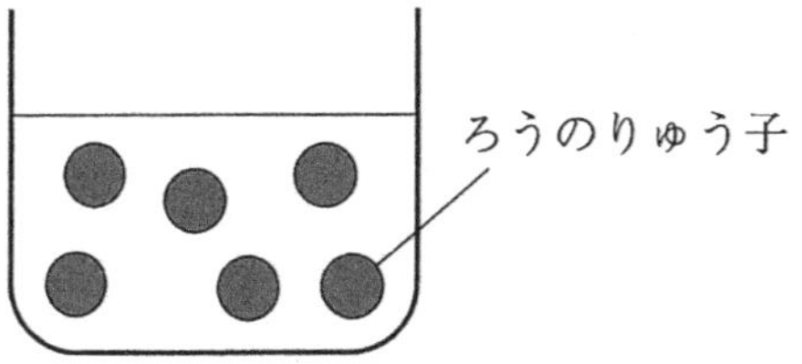

図４

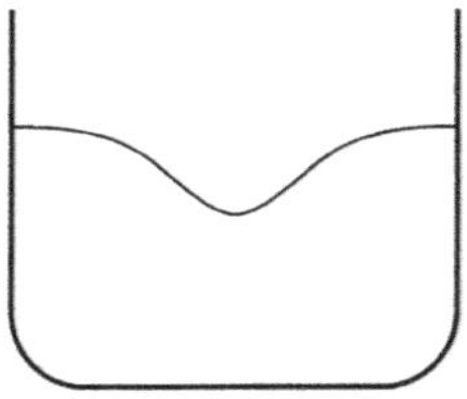

(3)　液体のろうが固体のろうになっても重さは変わらず、体積は減少した。このとき、ろうのりゅう子はどのようになっていると考えられますか。液体状態のろうのりゅう子を表している図３と比かくして、次のア～エから選び、記号で答えなさい。

ア　　イ　　ウ　　エ

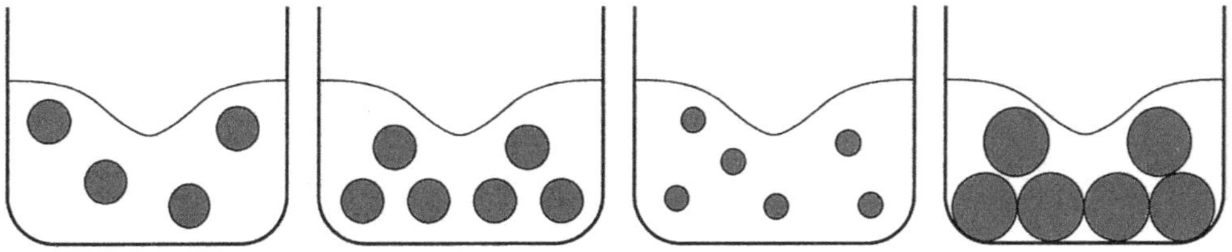

(4)　同じ物質が温度によって固体、液体、気体と姿を変えることを「状態変化」という。これまでの実験結果や(1)～(3)で考えたことから、状態変化の際における物質を構成するりゅう子について考えられることを、「状態変化」という語句を必ず用いて60字以内で説明しなさい。

2023年度 金城学院中学校入学試験問題

〔 思 考 力 〕

◎答えは解答用紙に書きなさい。

(70分)

1　問題は４ページあります。もし、ページが抜《ぬ》けていたり、同じページがある場合は、手を挙げて先生に知らせてください。

2　解答用紙に受験番号を忘れないように書いてください。名前を書く必要はありません。

3　解答用紙だけを集めます。

4　解答は、すべて横書きで書いてください。

5　テストの時間は、70分です。

今回は、アフリカで暮らしている女の子の一日を通して、さまざまな問題が複雑にからみ合っていることを実感し、その子を取り巻く状きょうを考えていきましょう。

まずその前に、あなたのことを少し教えてください。

(1)　あなたも中学生になり、まもなくクリスマスがやってきます。サンタクロースに3つまでお願いすることができます。あなたなら何をお願いしますか。また、何も思いうかばない人は「なし」と書いてください。

(2)　1つでもお願いをした人は、それがほしいと思った理由を書いてください。何も思いうかばなかった人は、なぜほしいものがないのか、理由を書いてください。

では、ここからは、アフリカで暮らしている女の子の一日を見ていきましょう。

資料①　アフリカで暮らしている女の子の一日

いつも歩く道

アフリカにある南半球の国に住む12才の女の子、ファティマ。この子は、自然豊かな村に家族4人（お父さん、お母さん、ファティマ、弟）で暮らしています。女の子の一日は、となりにねているお父さんを起こさないようにそっと起きるところから始まります。朝6時ごろ、大切な家ちくのヤギやロバの世話をします。えさをやり、フンのそうじをします。

ファティマの家

水の入ったバケツを持つ子どもたち

休む間もなく、7時30分ごろになると水くみに行きます。6キロはなれた川まで、暑い中、はだしで土の道を歩いていきます。道中の地らいやがけをすりぬけていきます。また、と中には野生動物も現れるので、おこらせないように静かに進むこともしばしばです。川に着くと、茶色い水を大きなバケツいっぱいにくみます。水の入った重たいバケツを頭の上に乗せ、あせだくで家に帰ります。

洗たくをしている様子

食事の風景

帰宅すると、もう昼の12時ごろです。家族全員分の洗たくをその水で行い、その後は、お母さんと手ぎわよく食事を作ります。ただ、毎日の食事は、いもを中心とした簡単なものです。食事を終えると、当たり前のようにまたバケツを持ちます。2回目の水くみの時間がやってきました。日が暮れる前に帰ってこないと危ないので、すぐに出発します。朝と同じ道を通り、川に行きます。村に帰り着くころには、きれいな夕焼けが見え、東の空には夜がやってきました。

夜に見えている天の川

夜になると動物たちが動き出します。家族で天の川をながめながら、並んでねます。

南半球では、夏にクリスマスをむかえます。ファティマのところにもサンタクロースがやってきました。

サンタクロースが「ほしいものを教えて」と言っています。

(3)　ファティマは、サンタクロースに何をお願いすると思いますか。お願いすると思うものを３つ書いてください。

(4)　(3)で考えた３つを、サンタクロースにお願いする優先順位が高いものから並べてください。

また、なぜそのように並べたのか、解答らんに合うように理由を書いてください。

(1) で答えたあなたのほしいものと、(3)で答えたファティマのほしいものとは同じでしたか、それとも

ちがいましたか。たとえ、ほしいものが同じであったとしても、ほしい理由はちがっていたと思います。

では、そのようなちがいは、どこから生まれてくるのかを考えていきましょう。

(5)　(4)であなたが１位にしたファティマのお願いが、サンタクロースによってかなえられました。

解答らんに合うようにファティマの生活の変化について書いてください。

資料②　家族での夜の会話

夜に、お父さんが月明かりのもと、なにやら紙をめくっています。その物音に、家族も目が覚めてしまいました。お父さんが見ていたものは、昼間の水くみの道中でファティマが拾った、この国の言葉で書かれた本でした。お父さんはそれを不思議そうに見て「何が書かれているのか、ほとんどわからない。読めるのは、この言葉ぐらいだ」と言いました。お母さんも「私は全くわからないわ、何て書いてあるの？」と言います。ファティマものぞきこみました。そうすると、**お母さんはそっとファティマに言いました**。すると、ファティマは「そうだよね」とすなおにうなずきました。そしてまた、静かな時間が流れ、いつもと変わらない朝をむかえました。

Hujumbo.	こんにちは
Sijumbo.	こんにちは
Habari?	ごきげん、いかが？
Nzuri sana.	ええ、まあまあだよ
Naitwa Sakura.	私はさくらと言います
Notoka Tanzania.	タンザニアから来ました
Unaitwaje?	あなたのお名前は？
Naitwa Fatima.	ファティマと言います

拾った本の内容の一部
（本に書かれていたのは、アルファベットの部分だけです。日本語の部分については、付け足しています。）

(6)　資料②を読むと、資料①で気が付いた問題も見方が変わってくるはずです。資料①と②からわかる問題をそれぞれ書いたうえで、それらの問題がどのようにつながっているのかを、350字以内で書いてください。

(7)　お母さんはそっとファティマに言いました　とありますが、何を言ったと思いますか。50字以内で書いてください。

（6）

200

（7）

受験番号

（配点非公表）

7	度	8	%
9	ア　　　イ　　　ウ		
10	円	11	cm^2

受験番号

点数

（配点非公表）

算数基礎テスト　解答用紙

1

(1)		(2)	
(3)		(4)	
(5)			

2		3	cm^2
4	cm^3	5	
6	3		

2023年度　金城学院中学校　思考力入試　解答用紙

（1）

（2）

学校使用欄

（3）

学校使用欄

（4）

1位	2位	3位

上のお願いは（　　　　　　　　　　　　）順に並べています。

理由

学校使用欄

（5）

願いがかなえられる前は

願いがかなえられた後は

学校使用欄

6 図の展開図を組み立ててできる立体の体積を求めなさい。

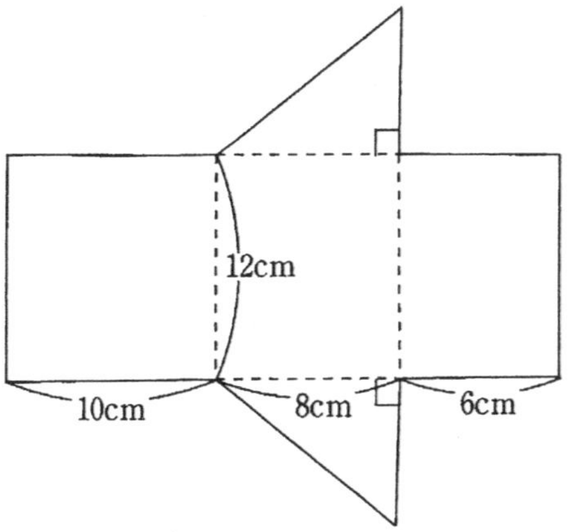

7 図の半径が6 cmのおうぎ形の面積が6.28 cm² であるとき、角あの大きさを求めなさい。
ただし円周率は3.14とします。

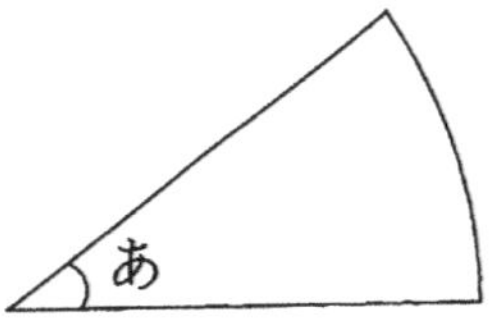

8 4％の食塩水200ｇと9％の食塩水300ｇを混ぜると、何％の食塩水ができますか。

9 次のア～カには1～9の異なる数が入ります。ア，イ，ウに入る数字を求めなさい。

　　9 ア
×　イ ウ
　1 エ 4
オ カ 2
6 0 1 4

10 持っていたお金の $\frac{3}{5}$ でノートを買い，残ったお金の $\frac{1}{3}$ でえん筆を買ったら120円残りました。
初めに持っていたお金はいくらですか。

11 下の図は，1辺の長さが1 cmの立方体が積まれたものです。この立体の表面積を求めなさい。

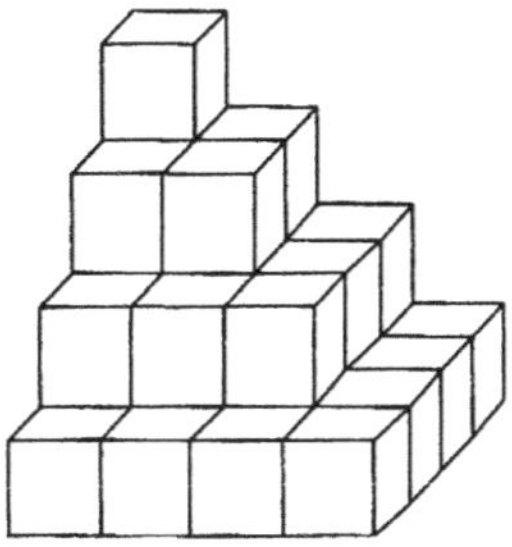

二〇二二年度　金城学院中学校入学試験問題

〔国　語〕

（50分）

◎答えは解答用紙に書きなさい。

1　問題は【一】から【二】までで、21ページあります。もし、ページが抜《ぬ》けていたり、同じページがある場合は、手をあげて先生に知らせてください。

2　解答用紙には受験番号を忘れないように書いてください。名前を書く必要はありません。

3　解答用紙だけを集めます。

【一】 次の文章Ⅰ・Ⅱを読んで、後の問いに答えなさい。（字数制限のある問いについては、句読点や記号も一字として数えます。）

〔文章Ⅰ〕

私もアドバイザーとして関わったNPO法人「子どもとメディア」の二〇一三年調査によれば、「ネット以外に自分の居場所がある」「ネット以外に熱中していることがある」「人間関係に恵《めぐ》まれている」と答えた小中高の児童生徒のほうが、そうでない子どもよりもケータイやスマホの使用時間はいずれも［①］傾《けい》向が見られました。実態をよく知らない大人たちは、②リアルな生活が充《じゅう》実していない子どもたちが、ネットの世界に＊耽溺《たんでき》してしまうのだろうと考えがちです。しかし、それは大きな勘違《かんちが》いです。多少の例外はあるものの、ネットの世界で彼《かれ》らがつながっている相手の圧倒《とう》的多数は、学校などでリアルな日常を共にしている仲間なのです。

この調査によると、年齢《れい》が上昇《しょう》するにつれて、ケータイとスマホの使用時間も増えていく傾向がうかがえます。しかし、図1を見れば、そのなかでも［③］歳と［④］歳に山があることに気づくでしょう。前者は「中学デビュー」に、後者は「高校デビュー」にあたる年齢です。

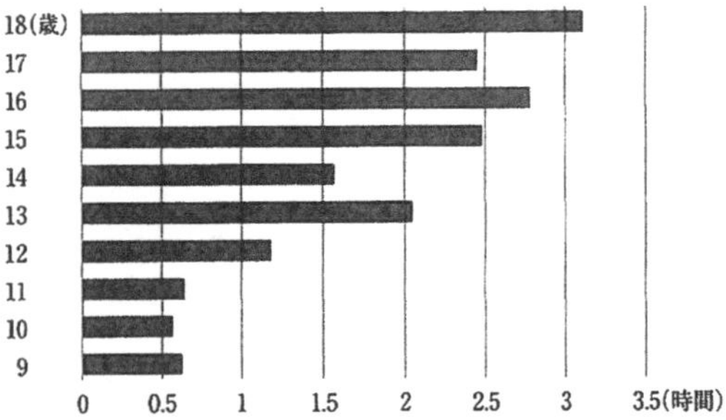

図1　ケータイとスマホの使用時間（一日の平均）
（子どもとメディア「いじめ・不登校とメディア依存に関する調査」〈2013年〉から作成）

このように、リアルの世界とネットの世界は、けっして別のものではありません。表裏《り》［⑤］どころか、＊メビウスの輪のように表裏に境目がなくなっています。相互《ご》に入り混ざり、つながりあっているのです。⑥換《かん》言すれば、現実の人間関係とは別の世界がネット上に構築されているのではなく、むしろ現実の人間関係がネット上にまで拡張されているのです。

ネットに常時接続されたスマホを彼らが手放せないのは、たしかに一部は快楽に押《お》し流されてのことかもしれません。しかし、むしろその多くは逆に不安に駆《か》られてのことです。あるいは快楽と不安が渾然《こんぜん》［⑤］となっているといったほうが正確かもしれません。東

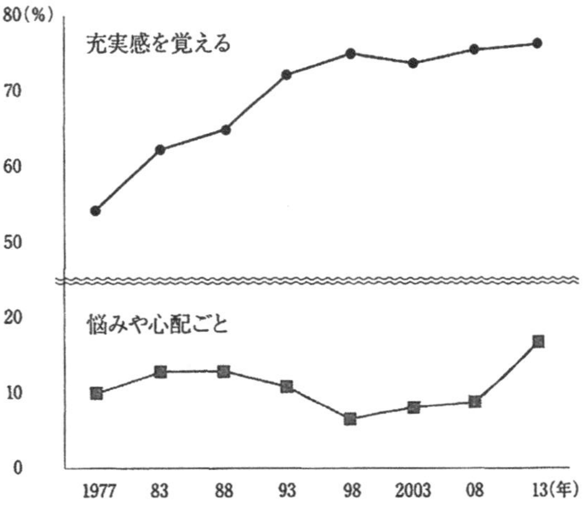

図２　友人や仲間のこと（18〜24歳）
（内閣府「世界青年意識調査」から作成）

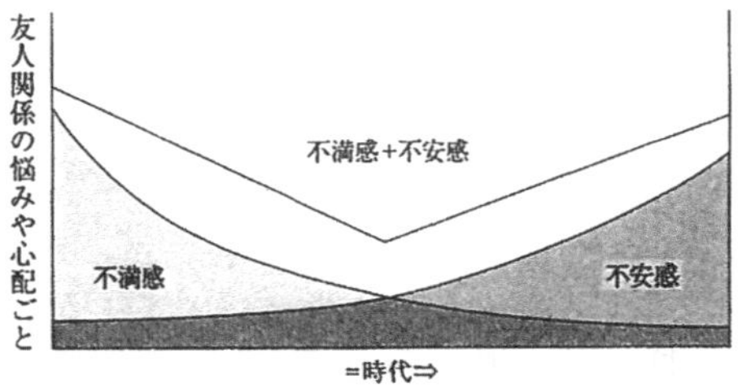

図３　不満感と不安感の比重の推移

京大学情報学環の橋元良明研究室が二〇一〇年に行なった「ネット依《い》存の現状調査」でも、ネットへの依存傾向がある人の半数以上が、ネット上の関係に負担を感じていると回答しています。

いずれにせよ、いまやクラスや部活の連絡《らく》網《もう》ですら、ネットが活用される時代です。ネットへの接続を遮《しゃ》断できないのは、学校などでの交友関係から自分だけが外されるのを防ぐためという面も強いはずです。不安や緊《きん》張が高まったとき、脳内で分泌《ぴつ》されるのはドーパミンではなく、ノルアドレナリンです。日夜、ネットへの接続に励《はげ》む日本の子どもたちの脳内には、おそらく⑦このストレス・ホルモンが満ち溢《あふ》れているのではないでしょうか。だとすれば、ドーパミン型（快楽型）の依存を想定して作られた＊ヤングの⑧尺度は、日本の子どもたちのネット依存度を⑨ハカるにはあまり役立たないことになります。

ところで、図２が示しているように、いったん減少していた人間関係への「悩《なや》みや心配ごと」が、再び増加の傾向を見せはじめるのは［⑩］年を越《こ》えてからです。おそらくこの時期に、人間関係に対する不満の減少分を、その不安の増大分が＊凌駕《りょうが》してしまったのでしょう。悩みや心配ごととは、図３で示したように、不満感と不安感とが合成されたものといえるからです。では、なぜこの時期が⑪分水嶺《れい》だったのでしょうか。次の章では、この点について詳《しょう》細に検討することで、今日のつながり依存についての考察をさらに深めていきたいと思います。

〔文章Ⅱ〕

問題はその疲《つか》れやストレスを感じる対象ですが、女子中高生でもっとも多いのは同級生との人間関係で、勉強を凌《しの》ぐ多さとなっています。一方、先輩《ぱい》や後輩《はい》との人間関係に対しては、さほど疲れやストレスを感じていません。いわばタテの人間関係よりもヨコの人間関係のほうが、はるかに大きなストレス源となっているのです。ちなみに家庭での人間関係については両者の中間くらいですが、それは後述するように、親子関係が従来のタテの関係からヨコの関係へと徐々《じょじょ》に近づいてきたからです。

また、最新調査では私も設計と分析《せき》に加わった内閣府の「世界青年意識調査」では、友人や仲間との関係について、その充実感とともに、悩みや心配ごとの対象となっているかどうかも尋《たず》ねています。その結果をみると、図２が示すように、充実感を覚える人が増えるにつれて、そこに悩みや心配を感じる人はある時期まで減っていました。人間関係への満足度が上昇してきたのですから、それは当然のことでしょう。おそらく不満を感じる人が減ってきたのです。ところが、[⑩]年代に入るとその傾向が[⑫]します。⑬友人や仲間に悩みや心配を感じる人が再び増えはじめるのです。

同じような現象は、同調査で家族関係について尋ねた設問でも見受けられます。家族といるときに充実感を覚えると答えた人は、一九七〇年代には約二〇％でしたが、[⑩]年代には約四〇％に増えています。しかし、それと同時に、家族のことが悩みや心配と感じる人の割合《あい》も、一九九〇年代までは減少していたのに、[⑩]年代に入ると再び増加へと転じているのです。これは、いったいなぜでしょうか。

この調査では「悩みや心配ごと」としか尋ねていないので、その中身までは分かりません。しかし、友人や家族との関係に不満を覚える人が増えたのでないことは確かでしょう。充実感はずっと上昇しつづけているからです。では、[⑫]して増えはじめた「悩みや心配ごと」とは具体的に何でしょうか。それは、おそらく不安ではないでしょうか。そう解釈《しゃく》すると、表面上は充実感の上昇と相反する現象のように見えて、じつは互《たが》いに矛盾《むじゅん》するものではないことが見えてきます。

制度的な枠《わく》組みが人間関係をかつてのように強力に拘《こう》束しなくなったということは、裏を返せば、制度的な枠組みが人間関係を⑭ホショウしてくれる基盤《ばん》ではなくなり、それだけ関係が不安定になってきたことを意味します。既《き》存の制度や組織に縛《しば》られることなく、付きあう相手を勝手に選べる自由は、自分だけでなく相手も持っています。だから、その自由度の高まりは、自分が相手から選んでもらえないかもしれないリスクの高まりとセットなのです。

このように、一面では⑮軽《かろ》やかで楽しい人間関係も、他面では［　⑯　］という顔を持っています。互いに仲良しであることの根拠《きょ》は互いにそう思っている感情の共有にしかないからです。このような状況《きょう》の下では、互いの親密さをつねに確認《にん》しつづけないと、その関係を維持《い》していくことが難しくなります。だから、満足感が上昇しながらも、また同時に不安感も募《つの》っていくのです。

いや、なるほど友だちとの関係はそうかもしれないが、しかし親子関係は違うのではないか。そう疑問を抱《いだ》く人がいるかもしれません。しかし、かつての親子関係とは違って、今日のそれはかなり*フラットなものに近づいています。価値観が多様化したことに加えて、世代間の意識ギャップも縮小しているからです。それを象徴《ちょう》しているのが「⑰友だち親子」という言葉でしょう。

親子がタテの関係からヨコの関係へ近づいていけば、たしかに風通しもよく居心地《ごこち》のよい家庭になるかもしれません。博報堂生活総合研究所が小学四年から中学二年までを対象に行なった調査によれば、家のなかで一番いる場所は居間と答えた子どもが、一九九七年には五六%だったのに対して、二〇一二年には七六%に増えています。また、家族といるとホッとすると答えた子どもも、三五%から四六%に増えています。思春期からまるで第二次反抗《こう》期が消えてしまったかのようです。

しかし、親子がフラットな関係になるということは、子どもの側からしてみれば、親に一方的に身を⑱任せられず、すべてを頼《たよ》り切ることができないことを意味します。友だちとの関係がそうであるように、相手の期待に沿い、気に入られるような人間でなければ、自分を愛してもらえないのではないか。そういった不安も募っていきやすくなるのです。いや、親とは子どもをまるごと無条件で愛するものだと反論されるかもしれませんが、まだ親になったことのない子どもには、その親の気持ちがなかなか伝わりにくいのも事実でしょう。

《土井隆義《たかよし》『つながりを煽《あお》られる子どもたち』岩波ブックレット　問題作成の都合上、本文を改編した部分があります。》

（グラフA・B・Cについては尾木直樹『親子共依存』より引用。）

＊耽溺・・・・・・あるものごとに夢中になる。
＊メビウスの輪・・・細長い帯を一回ねじって端《はし》をはり合わせることで、表裏の区別ができない面となる図形。
＊ヤング・・・・・・キンバリー・ヤング。ネット依存症《しょう》を専門とする心理学者。
＊凌駕・・・・・・ほかをしのいで、その上に出る。
＊フラット・・・・・横並びで平らなこと。

1　①にあてはまる形容詞を二字で答えなさい。

2　――部②「リアル」という外来語と同じ意味の日本語を、本文中からぬき出しなさい。

3　(1)　③・④にあてはまる年齢を算用数字で答えなさい。

(2)　なぜ、この二つの年齢に山があるか。理由を考えて、後の条件に合うようにＡ・Ｂに答えを書きなさい。

理由　どちらもＡ時期にあたる年齢で、そのためＢから。

条件　Ａに「学校」「人間関係」、Ｂに「ケータイやスマホ」「友だち」という言葉を、一回ずつ、提示した順番どおりに使うこと。（指定された四つの言葉は、◯で囲みなさい。）

4　表裏⑤・渾然⑤、それぞれを四字熟語として完成させるために、⑤に共通して入る漢字二字を書きなさい。

5　――部⑥「換言すれば」の意味として最もふさわしいものを、後から選んで記号で答えなさい。

ア　言いかえれば　　イ　いずれにしても　　ウ　手短に言えば　　エ　何と言っても　　オ　結果として

6　――部⑦「このストレス・ホルモン」の名前は何ですか。本文中からぬき出しなさい。

7　――部⑧「尺度」、⑱「任」の漢字の読みをひらがなで書き、――部⑨「ハカ」、⑭「ホショウ」のカタカナを漢字に直しなさい。

8　[⑩]にあてはまるものを、後から選んで記号で答えなさい。

ア　一九八〇　　イ　一九九〇　　ウ　二〇〇〇　　エ　二〇一〇

9　――部⑪「分水嶺」は何のたとえですか。それを説明した後の文の[　　]にふさわしい言葉を四字で答えなさい。

物事がどうなっていくかが決まる[　　　　]のたとえ。

10　[⑫]に入る最もふさわしい言葉を後から一つ選んで、漢字に直しなさい。

・ハンテン　・ヘンカ　・アンテイ　・カソク

11　――部⑬「友人や仲間に悩みや心配を感じる」原因・理由にあたる一文を四十字でぬき出し、初めの五字を答えなさい。

12　――部⑮「軽やかで楽しい人間関係」とは、具体的にはどのような人間関係だと述べていますか。本文中の言葉を使って三十五字以上四十字以内で答えなさい。

13　⑯にあてはまる言葉を、後から選んで記号で答えなさい。

ア　流動的で壊《こわ》れやすい関係

イ　発展的で持続しやすい関係

ウ　閉鎖《さ》的で重苦しい関係

エ　固定的でつまらない関係

14　――部⑰「友だち親子」について

(1)　後のグラフA・B・Cから読み取れる「友だち親子」の特徴《ちょう》的な関係を、二十字以上二十五字以内で過不足なく説明しなさい。

(2)　〈**文章Ⅱ**〉における筆者の主張をふまえて、次のA・Bに答えなさい。ただし解答らんの言葉に続く形で書くこと。

A　「友だち親子」の問題点を一つ書きなさい。

B　Aを解決するための方法を一つ書きなさい。

グラフＡ　悩みごとの相談相手は友達《だち》？　お母さん？

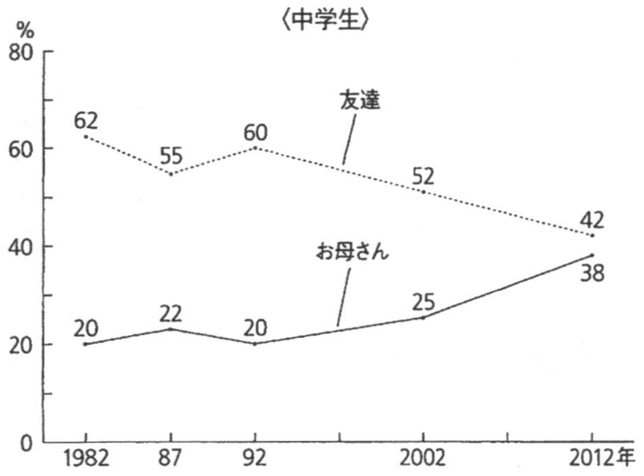

＊「中学生・高校生の生活と意識調査」（NHK 放送文化研究所）より作成。

グラフＢ　母／息《むす》子との関係について

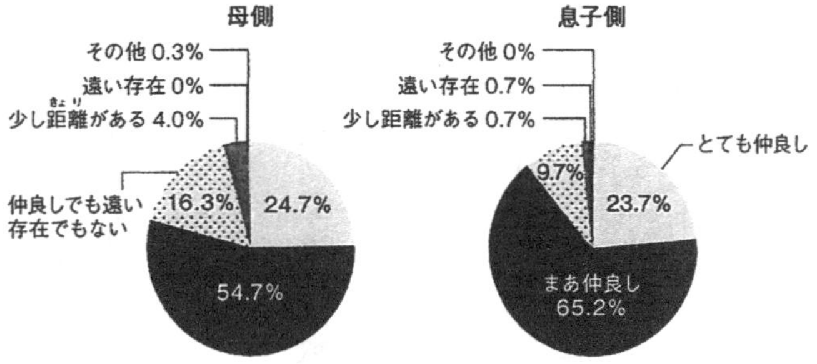

＊日経産業地域研究所調べ。「日経 MJ」2014 年 5 月 19 日付より作成。

グラフＣ　３年以内に母息子の２人で楽しんだこと

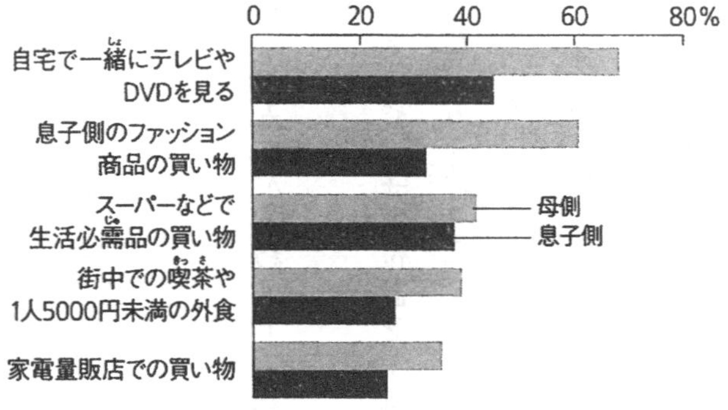

＊日経産業地域研究所調べ。「日経 MJ」2014 年 5 月 19 日付より作成。

【二】 次の文章を読み、図も参考にして、後の問いに答えなさい。（字数制限のある問いについては、句読点や記号も一字として数えます。）

（ここまでのあらすじ）
運動神経のよくない雨宮大地《あめみやだいち》は、自分とは正反対の弟や、かたくなな父へのもやもやした気持ちをかかえ、甲《こう》子園球場のグラウンド整備を請《う》け負う会社・阪《はん》神園芸に入社する。ところが、持ち前のセンスのなさから、仕事は失敗続きであった。そんな中、大地が入社後初めてむかえた全国高等学校野球選手権大会、いわゆる夏の甲子園で、弟・傑《すぐる》の通う徳志館高校の試合が始まった。

《図》

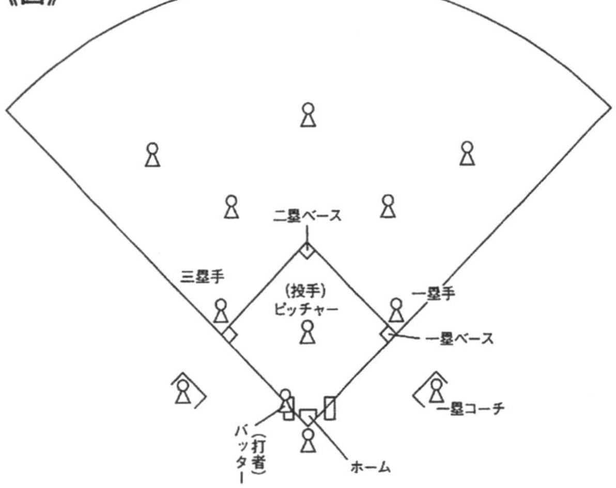

その後も、徳志館高校は着実に点数を重ねていった。＊五回が終わって、五対一。勝利が見えかけていた。

九時四十三分。整備に出る。＊塁間《るいかん》のランナーの走路や、守備位置をすばやくていねいに＊トンボがけしていく。砂ぼこりが舞《ま》った。もう酷《こく》暑だ。

六回裏。傑の三回目の打席だった。やはり、ツーアウトでランナーなし。大きく背伸びをするような格好から、自然体でバットを構える。バッターにとって有利なコースに来たボールを、たたきつけるようにバットを振《ふ》りぬく。地を［①］ような①ボールが、相手校の三塁手の正面に転がった。おれはため息をついた。三塁＊ゴロだ。

ところが、平凡《ぼん》なゴロが、いきなり意思を持ったようにはね上がった。三塁手がボールをとる直前で、ありえないほど大きくバウンドしたのだ。

イレギュラーだと思う間もなく、となりでモニターを見ていた甲斐《かい》さんが、がたっといすを鳴らして立ち上がった。頭上を抜ける――そう思った。相手校の三塁手は、反射的に大きくのけぞった。顔をそむけながらも、同時にグローブを目いっぱいかかげた。ボールを目で追えなくなっている。ボールの転がる線を予そくして、グローブをのばしたように見えた。そして、イレギュラーしたボールをぎりぎり手中におさめた。しかし、その体勢は大きく後ろにくずれている。傑は一塁にせまる。一歩ふみこみながら、三塁手はそれでも強《ごう》引に一塁に向けて投げた。そのタイミングは[②]だった。けれど、その送球はモニターで見てもはっきりとわかるほどそれていた。相手校の一塁手が、あわてた様子で一塁ベースから大きくはなれる。ジャンプしたその体が、傑の走路に重なった。

「あっ―！」おれは大きくさけんだ。傑がよける間もなく、二人は激しくぶつかり合った。傑が顔をおさえて倒れこむ。一塁手もバランスをくずして、背中から着地する。グローブからボールがこぼれた。一塁コーチが何事かさけんでいる。傑ははいつくばり、手をのばし、ベースにさわった。そのまま、ぴくりとも動かなくなった。

おれはテーブルの上においたこぶしをにぎりしめていた。息ができなかった。

「担架《たんか》や！」だれかがさけんだ。③あわただしく立ち上がる音にハッとして、おれもひかえ室を飛び出した。けが人が出た場合、担架を出すのも、阪神園芸の仕事。そう事前につたえられていた。でも、とっさに体が動かなかった。

用具室の前のろうかで、すでに長谷《はせ》さんや甲斐さんが担架を出していた。必要な人数はそろっている。「ぼく、行きます！」あわててかけよった。「ぼくの弟なんです！」

けれど④甲斐さんは無視した。「行くぞ！」四人がグラウンドに出る。追いすがろうとすると、肩《かた》をつかまれた。島さんだった。「お前じゃ、持てへんやろ。」くつじょくだった。「取り乱しすぎや。選手落としたら、大変なことになってしまう。」

グラウンドへの出入り口から、まばゆい光がさしこんでいた。そうぞうしい球場の空気がここまで流れこんでくる。やがて、担架に寝《ね》そべった傑が運びこまれてきた。場内に臨時代走のアナウンスが流れた。

「医務室や！」甲斐さんと長谷さんが、前方の持ち手を片方ずつ担《にな》って、足早に向かってくる。傑は顔面が血だらけだった。鼻柱が曲がっているようにも見える。おれが名前を呼んでも、反応《はんのう》がなかった。

「どけ！道あけろ！」放心してつっ立っていたおれに、切迫《せっぱく》した表情の長谷さんがどなった。あわててかべぎわによった。

傑がのせられた担架の後ろから、マネージャーの三浦《みうら》君と、顧《こ》問の教師がついてきた。三浦君の顔は真っ青だった。顧問が言った。「三浦はもどってくれ！　あの様子じゃ、たぶんダメだ。選手交代をお願いしてきて！」「はい！」三浦君がふたたびベンチにもどっていく。制服のワイシャツが、あせで背中に張りついていた。

にわかに関係者通路があわただしくなった。＊高野連の役員らしき数人の男性が、医務室の方向に、小走りでかけていく。

打球が大きくはね上がったあのしゅん間――。三塁手の頭上を抜ける。⑤傑としてはラッキーな当たりだ――おれはそう考えなかっただろうか？　グラウンドを整えるべき阪神園芸の一員のはずなのに、ほんのわずかでもイレギュラーをラッキーと感じなかったか？　そんなひきょうな考えが、傑のけがを招いてしまったのではないか？

ぼうぜんとしていると、医務室についていったはずの島さんが声をかけてきた。「まだ、こんなところにおったんか！　お前の弟さんやったよな？」おれは「はい……。」と、うなずいた。「ご両親は見に来てるんやろ？　すぐに連絡とって、合流しろ。これから救急車呼ぶからな。」「救急車……。」「相手の一塁手の肩に、顔面がもろにぶつかった。鼻《び》骨折と、＊脳しんとうの疑いがあるそうや。ご両親を案内して、お前も乗れ。」「え……、でも、仕事が……。」「こっちはええ。ついていってやれ。知らん土地で何かと心配やろうからな。」

ひかえ室にもどった。走った。ひざがうまく曲がらない。ようやくの思いでロッカーを開け、スマホを取り出す。手がふるえて、操作が⑥（　　）ならない。ようやく、母《かあ》さんにつながった。「今から、救急車呼ぶから！　いったん、そこを出て、今から言う場所に来て！」

泣いている母と、むっつりだまりこんでいる父と通用口の前で合流し、救急車を待つ。やがて、サイレンを鳴らした救急車が前方の道にとまった。きっとテレビやラジオなどで傑のけがを知っているのだろう。野次馬たちが⑦むらがった。警備員さんたちが、その人だかりを制した。

＊ストレッチャーをおした救命士が、いったん医務室に向かい、傑をのせてもどってくる。
「痛い？　大丈夫？」救急車に乗りこむと、母さんが土で汚《よご》れた傑の手に、みずからの手を重ねた。傑は寝そべったまま、そっとうなずいた。
「痛いに決まってるだろうが。バカなことを聞くなよ。」父がはき捨てるように言う。それっきり、みんなしてだまりこんだ。⑧やっぱり、父が言うのは正論ばかり。そりゃ、痛いに決まってる。だから、母さんだって何も言い返せない。でも、母さんは、痛いかどうかをたしかめたくて話しかけたのではない。そのくらい、ちょっと考えたらわかるだろうとおれは思うけれど、やっぱり何も言えない。ひどい。なんでこんなことになるのか。ひどすぎる。⑨せまい車内の空気が重苦しい。救急車の屋根を激しく雨がたたいているような気がして、息がつまる。そう感じるのはうでが触《ふ》れるほど父《とう》さんが近くにいるからで、病院に到《とう》着すると、世界はもちろん真夏の快晴だった。
医師の診《しん》察のあと、説明があった。やはり鼻骨を骨折しているので、＊局所麻酔《ますい》で骨をもとにもどし、＊ギプスをする。その後、念のため脳の検査を行い、異常がなければ、しばらく安静にしたあとそのまま日帰りできるということだった。
おれと両親は、待合《まちあい》室にならんですわった。ロビーの大型テレビからは、当たり前のように高校野球の中継《けい》が流れていた。総合病院のベンチは人であふれている。みんなが見ているから、まさかチャンネルをかえるわけにもいかない。＊エースナンバーを背負った徳志館の三年生が、完全に相手校打線につかまり、一点が追加された。徳志館ベンチが⑩うつる。かんとくがしんぱんに交代を告げている。三浦君の姿もちらっと見えた。両手をメガホンのように口にあて、大きな声で選手たちに声援《えん》を送っている。
「ああ、あかんわあ。ホンマに⑪流れっていうのは、あんねんなあ。」「かわいそうやな、病院送りのあの［　⑫　］。」すぐ前に座っているおじさんたちが、ぼそぼそと会話をかわしていた。
相手校に一点入ったあと、ピッチャーを二年生に交代したのだが、それが⑬裏目に出た。完ぺきに打たれ、次々と＊ホームにランナーがかえり、相手校にますます点が入る。三塁側の相手校のベンチに歓喜《かんき》の輪が広まる。これで逆転だ。病院なのでテレビの音量はゼロになっているのだが、甲子園がものすごい歓声に包まれていることは、手に取るようにわかった。

病室に通されると、傑はベッドに寝ていた。鼻はすっぽりとガーゼのようなものでおおわれ、テープで固定されていた。その目はあいていた。かわいた目だった。じっと天じょうを見つめているようだった。

「脳にはまったく異常がありませんでしたので、麻酔が切れて落ちついたら、今日に関してはそのままお帰りいただけますが……。」医師は言葉をにごした。「このあとの通院のことですが……。」

徳志館が勝てば、このまま居残りだ。もちろん、負ければ荷物をたたんで、明日《あした》にでも東京へ帰ることになる。

「試合は……？　どうなった？」傑がまくらの上で頭をかたむけ、おれを見た。うそをついたって、しかたがない。いずれはわかってしまうことだ。「逆転された。五点差つけられて、さっき、もう九回に入った。」「そっか。」傑の表情はまったく変化がなかった。顔の真ん中がかくされているので、なおさら感情が読めない。腹の上で組んだ両手に、青黒い血管がうき出ていた。

「では、試合の結果を見て、判断しましょう。東京の病院への紹介《しょうかい》状を用意しておきますので。」そう言って、医師は去っていった。

クーラーの音が、はっきり聞こえるほど、無音になった。最初に沈黙《ちんもく》を破ったのは、父さんだった。「⑭神整備なんじゃなかったのか？」「えっ……？」おれは直立不動で、父さんの冷たい視線を受けとめた。「雑誌の記事で読んだぞ。最高の球場を、最高のコンディションに整える、プロフェッショナルな集団だって。だれもがその仕事ぶりに心を引きつけられてるって、な。」母さんが、心配そうに、おれと父さんを見くらべている。「勝負の世界に、『もしも』なんてことを言ってもしかたないけどな、あのときイレギュラーさえ起きなければ、こんなことにはならなかったはずだ。」

たしかに、二塁手がふつうにボールをとれていたら、難なく一塁に送球できていたかもしれない。でも、悪送球が百パーセント起こらなかったとも言いきれないと思った。もう、起きてしまったことは、運命とわり切るしかないのだろうか？

バットとボールが、あと数ミリずれて当たっていたら。打球があと数センチずれたところを通っていたら。たとえイレギュラーしたとしても、三塁手が取りそこねていたら。

そんなことを考えていたら、きりがない。⑮おれたちの日常は、すべて自分自身の選たくによって成り立っているわけではない。どっちに転ぶかわからない不確定な要素が山のように積み重なって、おれたちは今、ここにこうして立っている。――などと考えても、とうていそんなことを父さんに言えるふん囲気ではなかった。

すると、傑が目だけを父さんに向けた。「⑯父さん。カッコ悪いよ。」しゃべると鼻が痛むのか、眉《まゆ》のあいだにしわをよせている。「兄《にい》ちゃんにあたるなんて、最低だよ。」傑の言葉を聞いて、なぜか母さんの顔がゆがむ。傑が父さんに対して、批判的な言葉を口にするのははじめてだったのだ。

おだやかではない空気が満ちた。父さんがどなりだす前に、おれはあわててあいだに入った。「たしかに、阪神園芸の先ぱいのみなさんは、神わざみたいな技術を持っている人ばっかりです。」なぜか⑰敬語になってしまった。しばらく会っていなかっただけで、まるで他人のような気がした。「でも、神わざを思いのままに使えたとしても、決して神様ではないんです。天候もかえられないし、百パーセント、イレギュラーの出ないグラウンドをつくりあげることもできないんです。」必死にうったえた。それでも、父さんはおれに見向きもしなかった。おれが言ったことなど、百も承知なのだろう。どこにも不機げんをぶつけることができずに、いらだっているだけなのだ。

父さんがぼそりと、つぶやいた。「最低か……。」傑がにげるように、まくらの上で顔をそむけた。「それが、ここまで応援に来てやった親に対して言う言葉か？　ここまで育ててやった親に言うセリフか？」「いや、傑はそんなつもりで言ったんじゃ……。」というおれの言葉は、あっけなく途《と》中でかき消された。「おれはここの精算をすませて、ホテルにもどる。そんな生意気なことを言うからには、一人で宿舎に帰れるんだろ。学校の人にでも連らくを取って、紹介状も受け取って、自分でなんとかしろ。」

行くぞと、母さんに声をかけて引き返す。しかし、母さんは動かなかった。「私は行かない。帰らない。」断固とした声に、おれも傑も声を失った。「私の息子が、こんなけがをしてるんだから、私は残るから。」母さんが父さんに対して反抗《こう》的な態度をとるのも、はじめて目《ま》の当たりにした。「帰るんなら、勝手に帰ってください。」「好きにしろ！」本当に父さんは病室を出て行ってしまった。

家族がばらばらになってしまった。いったいだれが悪かったのか。考えても、考えてもわからない。

父さんがいなくなって、⑱きんちょうの糸がほぐれたのか、傑があお向けに寝たまま、マットレスをこぶしでたたいた。

「⑲おれ、くやしいよ！」何かをこらえたような息をはき出すと、傑の目じりから、一筋なみだが落ちた。「これで三年の先ぱいが引退かって思うと、おれのせいで最後かもしれないって思うと……。」そうつぶやいて、シーツをにぎりしめる。白い布に何重ものしわがよった。

いくら体が大きくても、いくら遠くまで打球を飛ばせても、まだ誕生日前の十五歳《さい》なのだ。つい数か月前に中学を卒業したばかりなのだ。

母さんが、傑の頭にそっと手をおいた。

《朝倉宏景《あさくらひろかげ》『あめつちのうた』 問題作成の都合上、本文の表記を改編した部分があります。》

＊五回・・・・野球は攻撃《こうげき》と守備を各チームそれぞれ九回ずつ行う。各回、先攻を表、後攻を裏と呼ぶ。各回、三つのアウトで攻守交たいする。

＊塁間・・・・塁と塁の間。

＊トンボ・・・グラウンドの土を平らに整える道具。

＊ゴロ・・・・バッター（打者。ボールを打ったら一塁に向かって走るランナー（走者）になる。）の打ったボールが地面を転がりながら進む打球。バッターはアウトになりやすい。　この場面では、打者（走者）が一塁に到達するよりも早く三塁手から一塁手へボールがわたれば、打者（走者）はアウトになる。
＊高野連・・・日本高等学校野球連盟《めい》。
＊脳しんとう・・・頭部に外から力が加わった結果生じる、一過性の意識障害。
＊ストレッチャー・・・病人などを運ぶ移動用担架。
＊局所麻酔・・・治りょうをする部分だけの痛みを取る麻酔の方法。
＊ギプス・・・骨折した部分が動かないように固定するほう帯。
＊エースナンバーを背負った・・・ピッチャー（投手）のこと。
＊ホームにランナーがかえり・・・走者が一塁、二塁、三塁と進み、最後にホームに進む（かえる）と、一点入る。

1　――部①「ボールが、相手校の三塁手の正面に転がった」という状きょうにふさわしいたとえの表現になるように、［①］にひらがな二字を書きなさい。

2　［②］に、「きわめてわずかな差」の意味の言葉を漢字二字で書きなさい。

3　――部③「あわただしく立ち上がる音にハッとして、おれもひかえ室を飛び出した」とありますが、「ハッとし」たのはなぜですか。その理由として最もふさわしいものを後から選んで記号で答えなさい。

ア　さけび声の大きさにびっくりさせられたから。

イ　自分がやるべき仕事に気づき、はりきる気持ちになったから。

ウ　自分の仕事のできなさになさけなくなったから。

エ　弟のけがに気が動転していたから。

4　――部④「甲斐さんは無視した」の理由について、次の文の（　　）にふさわしい言葉を文中から十字以内でぬき出して書きなさい。

・大地の状態を（　　）と甲斐さんは判断したから。

5　――部⑤「傑としてはラッキーな当たりだ」という思いを、大地自身はどう評価していますか。文中から一語でぬき出して書きなさい。

6　――部⑥「（　　）ならない」が、「自由にならない・思い通りにならない」の意味になるように、（　　）にひらがな二字を書きなさい。

7　――部⑦「むらがった」、――部⑩「うつる」を漢字と送りがな（ひらがな）で書きなさい。

8 ――部⑧「やっぱり、父が言うのは正論ばかり」について、ここで大地は「正論」が必ずしも正しくはないと思っています。では、ここで大地が正しいと思っていることはどんなことですか。最もふさわしいものを後から選んで記号で答えなさい。

ア 声をかけることによって、傑を安心させ元気づけること。
イ バカなことと感じるようなおどけた会話で、この場をなごませること。
ウ 痛みの具合いを確かめることが医学的に必要だということ。
エ わかりきったことでも、口に出せば誤解を生まないのでよいということ。

9 ――部⑨「せまい車内の空気が重苦しい」とありますが、大地と父との関係性の悪さが何かと何かの対比を用いて表現されています。それを説明した後の文の（　）ア・イを、文中の言葉を使って、（　）内の字数で書きなさい。

・ア（　十四字　）と　イ（　五字　）の対比。

10 ――部⑪「流れ」のここでの意味を表す語を後から選んで記号で答えなさい。

ア やる気　イ 悪じゅんかん　ウ 実力　エ 苦痛　オ 努力不足

11 ⑫ に入る学年を後から選んで記号で答えなさい。

ア 三年　イ 二年　ウ 一年

12　――部⑬「裏目に出た」とありますが、裏目に出ていなければ、徳志館高校はどういう状きょうですか。それを説明した後の文の（　）に、文中から四字でぬき出して書きなさい。

・（　　）ていない。

13　――部⑭「神整備」の「神」は、最近流行している言い回しです。ここでの「神整備」の表す内容を、文中から二十字以上二十五字以内で探し、初めと終わりの五字をぬき出して書きなさい。

14　――部⑮「おれたちの日常は、すべて自分自身の選たくによって成り立っているわけではない。どっちに転ぶかわからない不確定な要素が山のように積み重なって、おれたちは今、ここにこうして立っている」とありますが、[A]「自分自身の選たく」に当たるものと、[B]「不確定な要素」に当たるもの、[C]「[A]・[B]のどちらかには決められない」ものを、後からすべて選んで記号で答えなさい。

ア　中学受験ができる。　　イ　チョコレートケーキが売り切れていた。

ウ　通っている学校にバトン部がある。　　エ　大谷翔平《おおたにしょうへい》のファンになる。

オ　生徒会長に立候補する。　　カ　名古屋市に住む。

15　――部⑯「父さん。カッコ悪いよ」は、父のどんな言動に対して言っていますか。それを説明した後の文の（　）ア～エに当てはまる言葉を、文中から（　）内の字数でぬき出して書きなさい。

・ボールが　ア（　六字　）した結果、傑がけがをしたことを、兄・大地の　イ（　二字　）の悪さのせいにして

ウ（　四字　）になり　エ（　五字　）いる言動。

16　——部⑰「敬語になってしまった」とありますが、この直前の大地の会話文中から、父への敬語に当たる部分だけをぬき出して書きなさい。さらに、敬語ではない言い方に直しなさい。

17　——部⑱「きんちょうの糸がほぐれた」とありますが、きんちょうの糸がほぐれる前と後の様子が傑の体の変化をえがくことで見事に表されています。それぞれ十字以内でぬき出して書きなさい。

18　——部⑲「おれ、くやしいよ！」は、野球部の仲間に対するどんな思いから発せられた言葉ですか。この時の傑の中に一番大きくあると考えられる思いを漢字三字で書きなさい。

19　この文章全体を通して、えがかれていないことをすべて後から選んで記号で答えなさい。

ア　人生には予想もしないようなことが起こることがあり、その苦しさと向き合いもがく姿。

イ　無理をしてでもがんばり続けることで、よい未来を開こうと努力する姿。

ウ　仕事に対して誇《ほこ》りを持って真けんに取り組む姿。

エ　部活動や職場における、動かしがたい上下関係の中で成長する姿。

オ　自分の意見を主張し、正しい道を歩もうとする、自立する姿。

カ　それぞれが置かれた場所で、自分がやるべき最善の行動を取ろうとする誇りある姿。

20　全国高等学校野球選手権大会の第一回大会が開かれた一九一五年（大正四年）と同じ年に発表された文学作品を、後から選んで記号で答えなさい。

ア　芥川龍《あくたがわりゅう》之介《のすけ》「羅生門《らしょうもん》」　イ　樋口一葉《ひぐちいちよう》「たけくらべ」　ウ　夏目《なつめ》漱石《そうせき》「吾輩《わがはい》は猫《ねこ》である」

エ　川端康成《かわばたやすなり》「雪国」　オ　宮沢賢治《みやざわけんじ》「銀河《ぎんが》鉄道の夜」

21　高校野球をまとめる日本高野連の規定では、女子生徒は甲子園のグラウンドに立つことを許されていませんでした。たくさんの女子野球選手が甲子園を夢見てきましたがあきらめざるを得なかったのです。しかし、二〇二一年、第二十五回高等学校女子硬《こう》式野球選手権大会の決勝が、史上初めて「高校野球の聖地・甲子園」で行われました。この事例を参考にして、後の問いに答えなさい。

(1)　世の中には性別のちがいで「できる・できない」「やりやすい・やりにくい」「割合《あい》が高い・低い」など、自分の意志にかかわらずおおよそ決まっている事がらがあります。あなたが見聞した事がらの中で、改善すべきとあなたが考える事例を一つ、二十五字以上三十字以内で書きなさい。

(2)　(1)を改善するための過程で発生するとあなたが予そくする困難を一つ、二十五字以上三十字以内で書きなさい。

(3)　(2)の困難を取り除くために、あなたならどんな提案または行動をしますか。二十五字以上三十字以内で一つ書きなさい。

2022年度　金城学院中学校入学試験問題

〔算　数〕

◎答えは解答用紙に書きなさい。

(50分)

1　問題は[1]から[5]までで，12ページあります。もし，ページがぬけていたり，同じページがある場合は，手を挙げて先生に知らせてください。

2　解答用紙には受験番号を忘れないように書いてください。名前を書く必要はありません。

3　解答用紙だけを集めます。

1 次の問いに答えなさい。

(1) 次の計算をしなさい。

$(2 \times 3 + 8 \div 2 - 5) \div 5$

(2) 次の計算をしなさい。

$1 - \frac{1}{2} + \frac{1}{3} - \frac{1}{4} + \frac{1}{5} - \frac{1}{6}$

(3) 下の図のようにマッチ棒を使って正五角形を並べていきます。今，44本のマッチ棒があります。作ることの出来る正五角形は最大いくつできるか求めなさい。

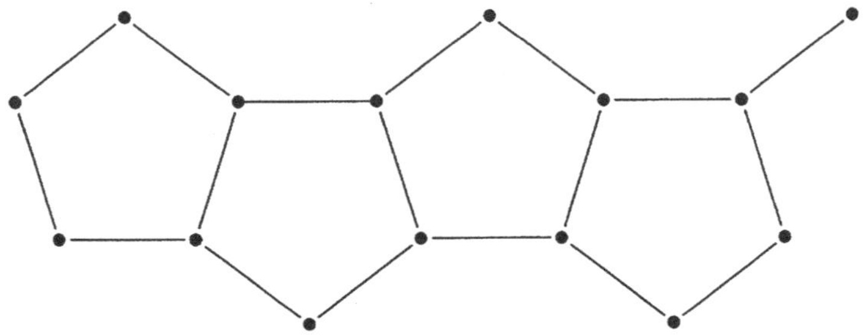

(4) 下の台形 AECD の面積が160 cm^2 のとき，三角形 ABE の面積を求めなさい。

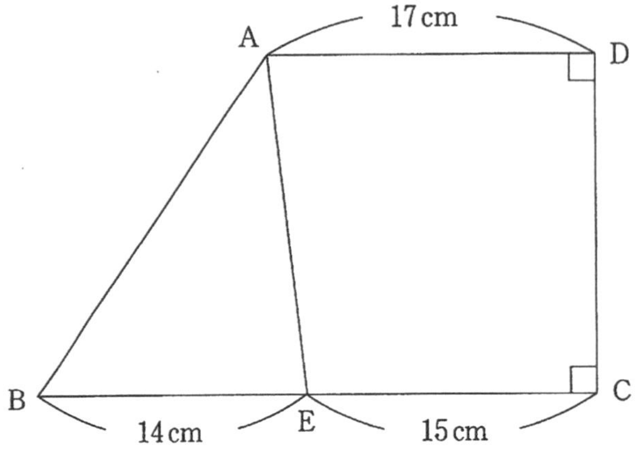

(5) 下の図で角㋐の大きさを求めなさい。

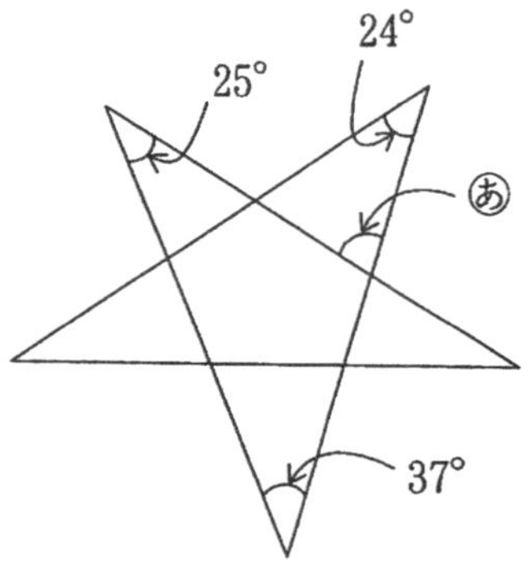

(6)　図のような立方体の形をした箱があります。

太い線と太い点線のところをハサミで切って開きました。

どの形になりますか。①～⑧から選びなさい。

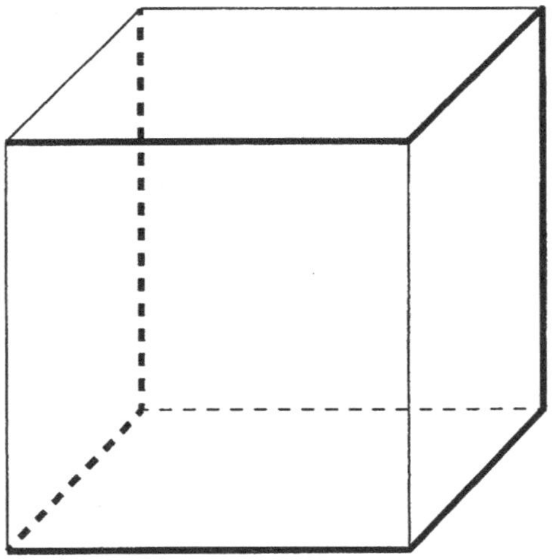

①

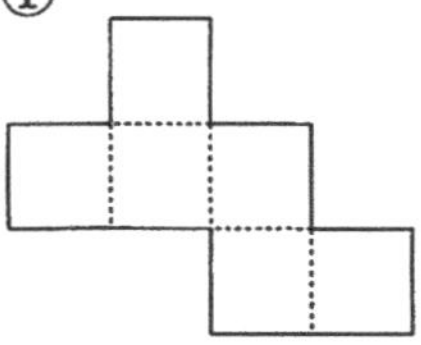

②

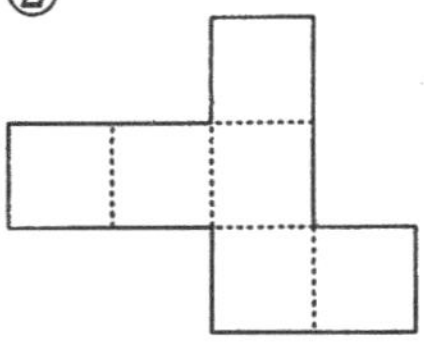

③

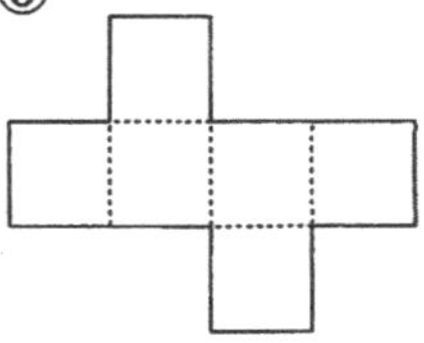

④

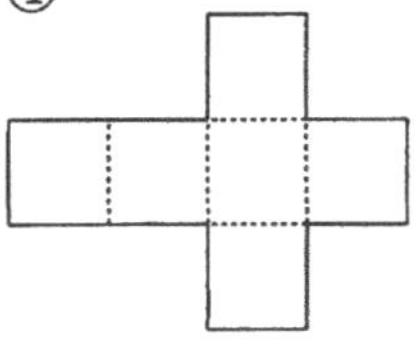

⑤

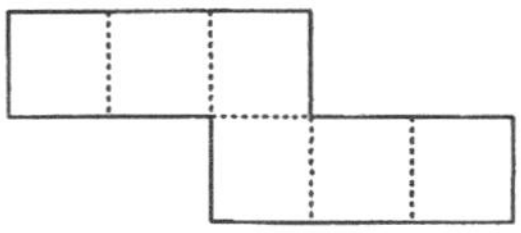

⑥

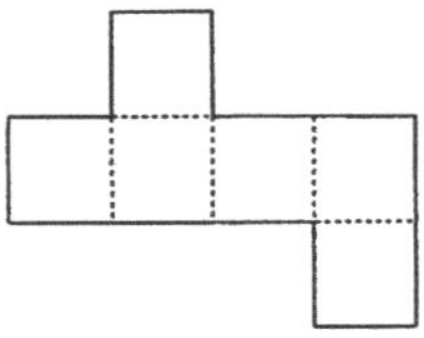

⑦

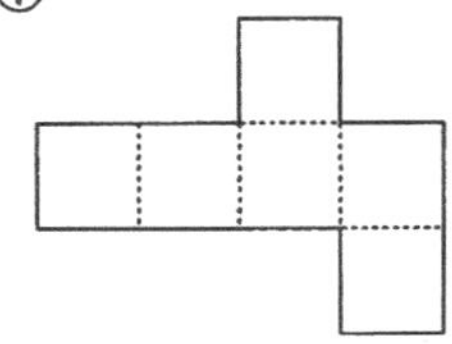

⑧

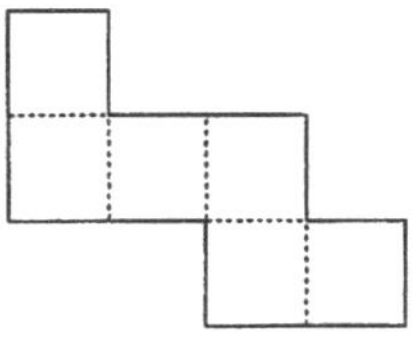

(7) ある立方体の１辺の長さをすべて３倍にしたとき，体積は何倍になるか求めなさい。

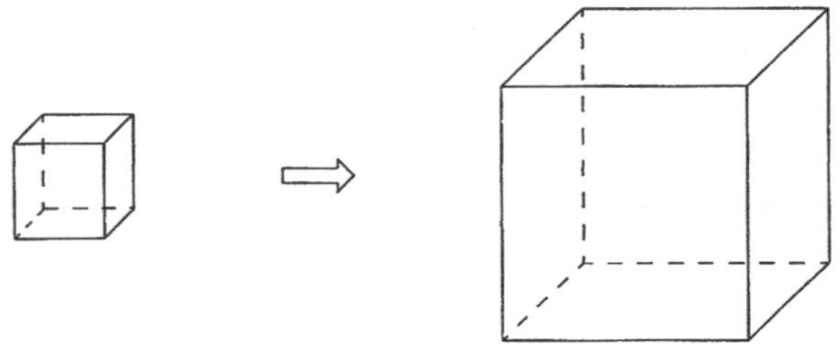

(8) 下の図ような，直方体の形をした浴槽《よくそう》があります。

水を浴槽の８割分だけ入れるとすると，水は何リットル必要になるか求めなさい。

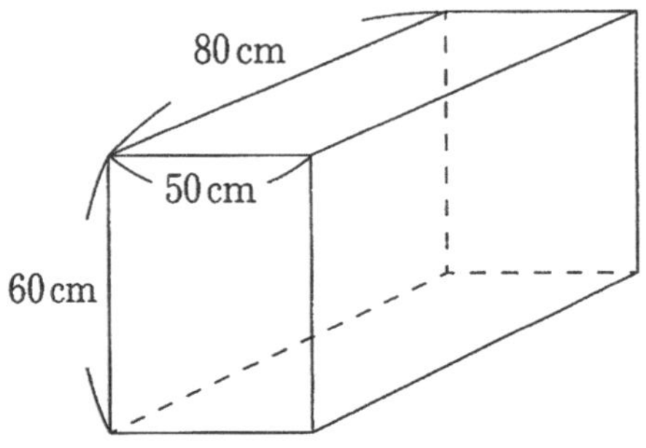

(9)　たて８cm，横６cmの長方形のタイルを下の図のようにしきつめて，できるだけ小さい正方形を作りたい。正方形の１辺の長さは何cmにすればいいか求めなさい。

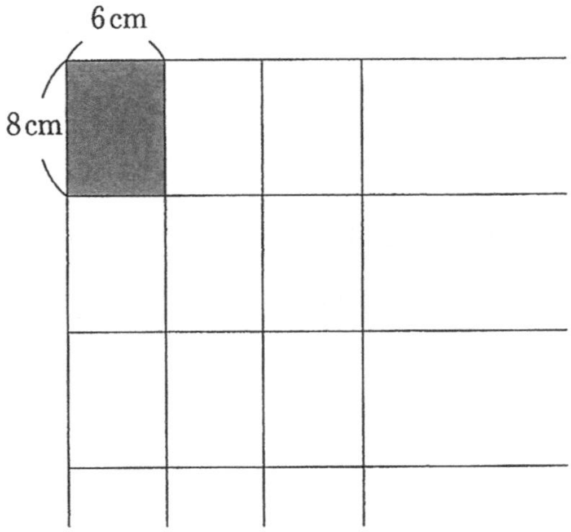

(10) 小学生500人を対象にバスケットボールに関する調査を行いました。下の表は，調査内容とその集計結果です。

バスケットボールをしたことがありますか？	ある	280人
	ない	220人
バスケットボールは好きですか？	好き	350人
	きらい	150人

バスケットボールをしたことがあり，さらにきらいだと答えた人は60人いました。このとき，バスケットボールをしたことがなく好きだと答えた人は何人いるか求めなさい。

2 次の問いに答えなさい。

(1) 1, 3, 5, 7, 1, 3, 5, 7, … のように, 1, 3, 5, 7の4個の数がくり返し並んでいます。

最初から82番目までをすべてたすと, いくつになるか求めなさい。

(2) 図1のように半径6 cmの円があり, 点Oは円の中心, 点Aは円周上の点です。図2のように, 半径OAを, 点Aを中心に点Oが円周上に重なるまで回転させたとき, 半径OAが動いてできる図形の面積を求めなさい。

ただし, 円周率は3.14とします。

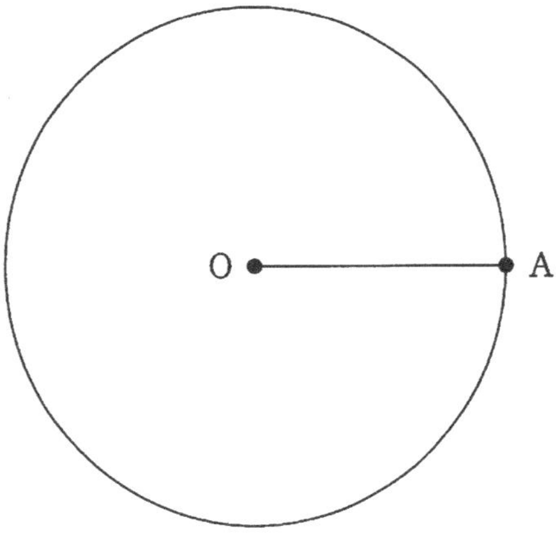

図1

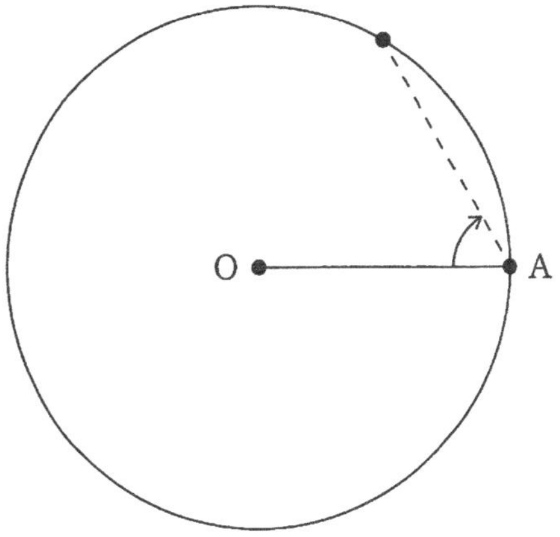

図2

(3) 下の図1は立方体です。この立方体の4つの側面を1周するように，底面に平行な線を書き込みました。この立方体を切り開き，展開図にしたものが図2です。残りの線を解答用紙の図2に書き込みなさい。

図1

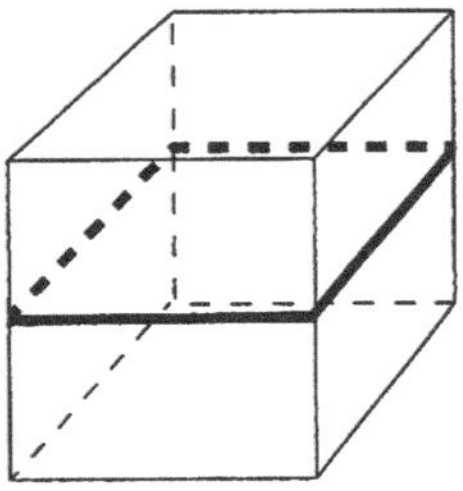

図2

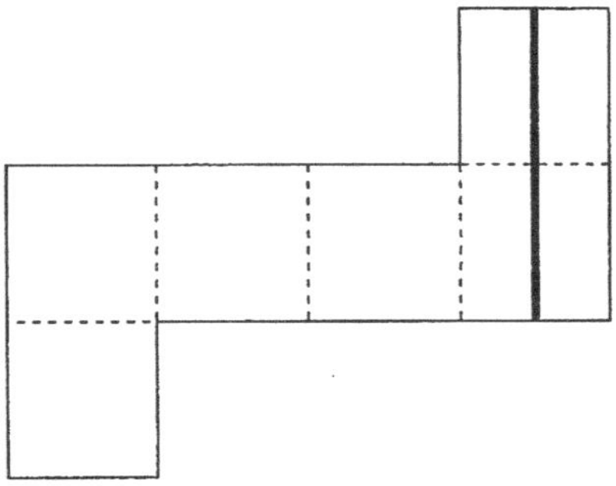

(4) 下の図のように，3つの歯車A，B，Cがかみ合っています。

A，B，Cの歯車の数がそれぞれ8個，6個，5個のとき，歯車Aがちょうど120回転する間に歯車Cは何回転するか求めなさい。

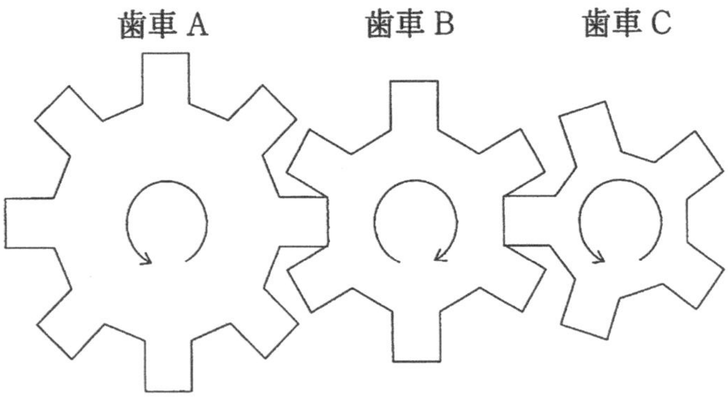

(5) 下の図のように，あみ目のように道が並んでいます。A 地点にいる花子さんは，サイコロを１回投げて出た目によって，次のように移動します。

・１の目が出たら右へ１つ
・２の目が出たら下へ１つ
・３の目が出たら左へ１つ
・４の目が出たら上へ１つ
・５，６の目が出たら移動しない

４回サイコロを投げてＢ地点にとう着するには，サイコロの目の出方が何通りあるか求めなさい。ただし，出た目の順番を区別すること。

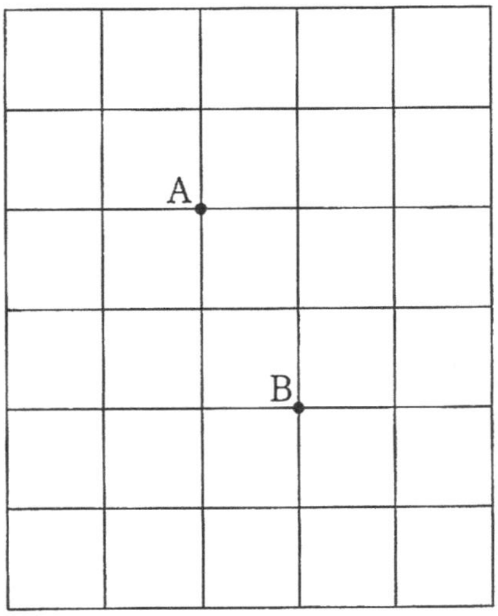

(6) Ａ駅からＣ駅までの道のりは98kmあります。

下の表は，Ａ駅を出発し，Ｂ駅を通ってＣ駅にとう着する電車の時刻《じこく》表です。

Ａ駅		Ｂ駅		Ｃ駅
発 10：00	→	着 10：20 発 10：25	→	着 10：55

電車がＡ駅からＢ駅へ時速108kmで走るとき，Ｂ駅からＣ駅へ走る速さは時速何kmであるか求めなさい。

3 次の問いに答えなさい。

(1) $\frac{1}{3\times4}-\frac{1}{4\times5}=\frac{\square}{3\times4\times5}$

と表すとき，□にあてはまる数を求めなさい。

(2) 次の計算をしなさい。

$$\frac{1}{1\times2\times3}+\frac{1}{2\times3\times4}+\frac{1}{3\times4\times5}+\cdots\cdots+\frac{1}{98\times99\times100}$$

4　A，B，Cの3種類のおもりがそれぞれ6個ずつあります。上皿《うわざら》天びんを使っておもりの重さを調べてみると，①～③のように上皿天びんはつり合いました。

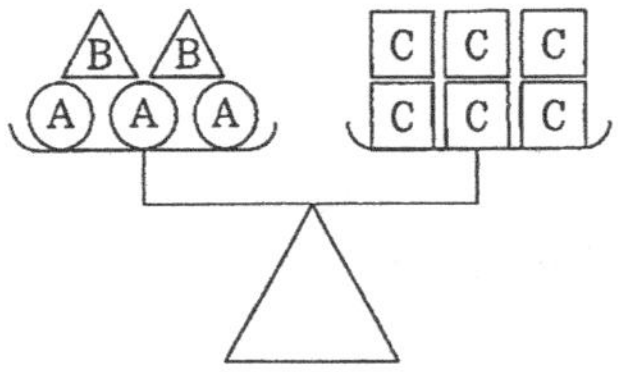

①　「Aが3個，Bが2個」と「Cが6個」

②　「Aが2個，Bが2個，Cが1個」と「Aが2個，Bが1個，Cが3個」

③　「Aが2個，Bが3個」と「Aが［(あ)］個，Cが［(い)］個」

(1)　1番軽いおもりと，1番重いおもりはA，B，Cのどれか，それぞれ答えなさい。

(2)　③の(あ)，(い)にあてはまる数はいくつになるか求めなさい。

5 下の図は同じ大きさの正五角形が12面でつくられたへこみのない立体です。この立体は1つの頂点《ちょうてん》に同じ数ずつ正五角形が集まっています。次の問いに答えなさい。

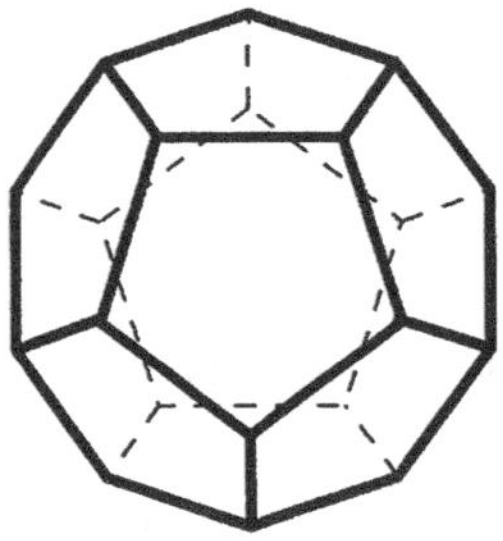

(1) この立体の頂点の数を求めなさい。

(2) 1つの頂点に同じ大きさの正五角形が同じ数ずつ集まっているへこみのない立体で，13面以上になるものはありません。その理由を答えなさい。

2022年度　金城学院中学校入学試験問題

〔理　科〕

◎答えは解答用紙に書きなさい。

(30分)

1　問題は[1]から[4]までで、8ページあります。もし、ページが抜《ぬ》けていたり、同じページがある場合は、手を挙げて先生に知らせてください。

2　解答用紙には受験番号を忘れないように書いてください。名前を書く必要はありません。

3　解答用紙だけを集めます。

1

月は地球のまわりを回る天体で、満月から次の満月（または新月から次の新月）まで、約30日で変化をくり返します。下の写真は、名古屋市内でそれぞれ別の日にとったものです。Aは西の空の三日月、Bは東の空の満月、Cは東の空にあり、Aとほぼ同じ形の月です。

A

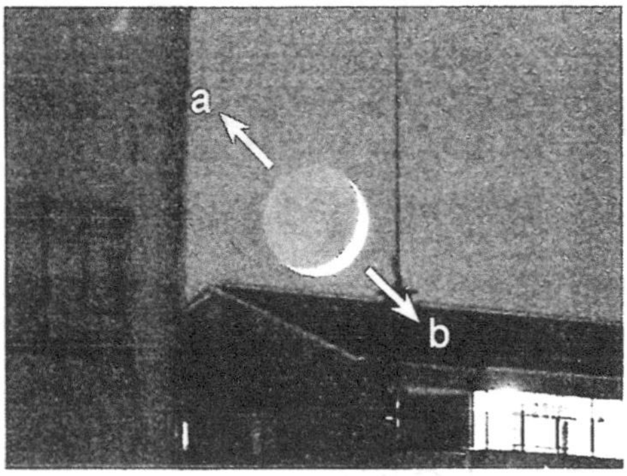

B

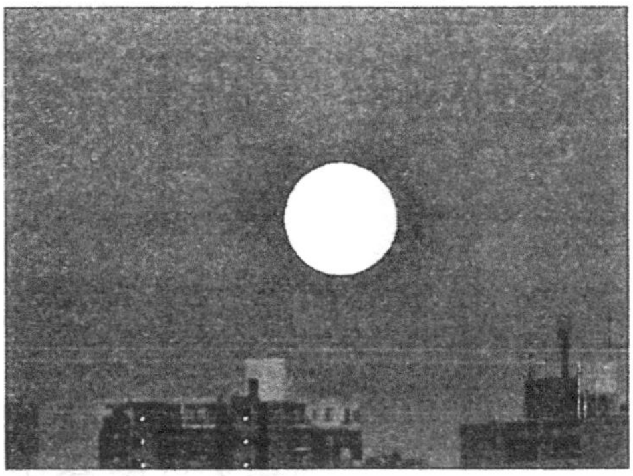

C

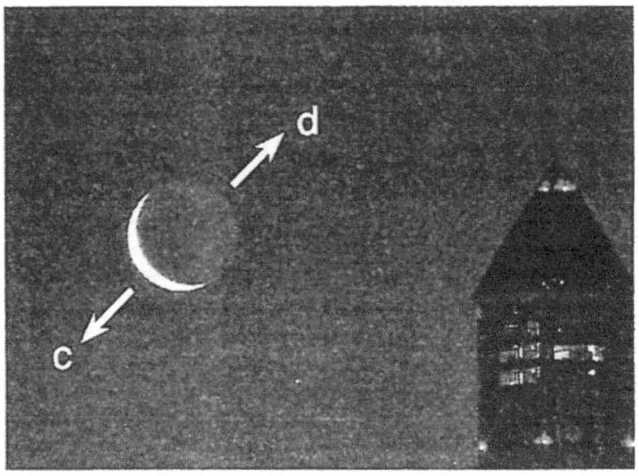

(1)　AとCの月は1時間後には、それぞれa～dのどの向きに動きますか。

(2)　Aの約3日前に起こる可能性がある天文現象は、日食・月食のうちどちらですか。また、そのときの太陽・月・地球の位置関係が正しくなるように月の位置をア～エから1つ選び、記号で答えなさい。

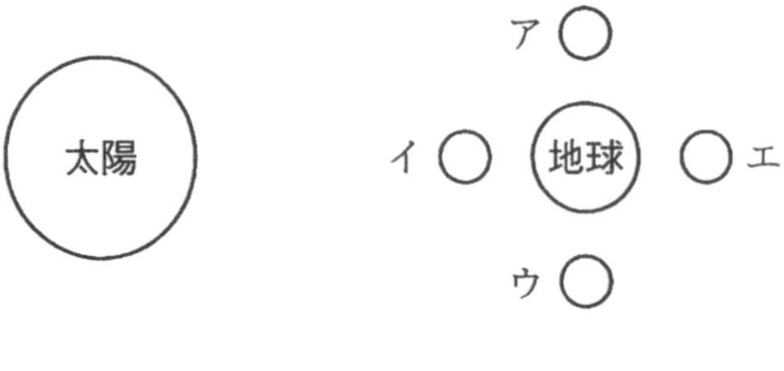

2022(R4) 金城学院中
教英出版

(3)　Ａの写真をとる約１時間前に起こったと考えられることを次のア～エから１つ選び、記号で答えなさい。

ア　日の出　　　イ　日の入り　　　ウ　月の出　　　エ　月の入り

(4)　Ｃの写真をとった約１時間後に起こると考えられることを次のア～エから１つ選び、記号で答えなさい。

ア　日の出　　　イ　日の入り　　　ウ　月の出　　　エ　月の入り

(5)　Ｂの写真をとったのはＡの写真をとった日の何日後ですか。一番近いと思われるものを次のア～エから１つ選び、記号で答えなさい。

ア　６日後　　　イ　９日後　　　ウ　12日後　　　エ　15日後

2

1 cm ずつめもりのついた軽い板と 1 辺の長さが 2 cm の立方体のブロック（白・黒）を用いて、てこを作ります。２色のブロックの大きさは同じで、白色のブロックは１つ 25 g、黒色のブロックは１つ 50 g です。

図１のようにブロックをおいたときに、てこがつりあうことがわかっています。

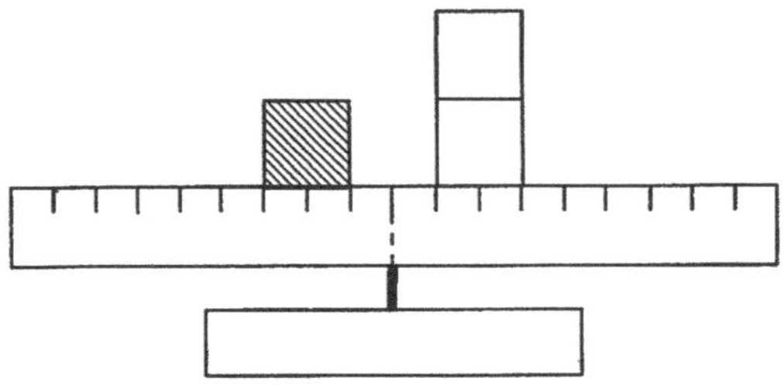

図１

(1) 図２の状態からさらに白色のブロックを２つのせて、てこをつりあわせたいと思います。そのためのブロックのおき方を１つ見つけて、解答らんの図に書きなさい。

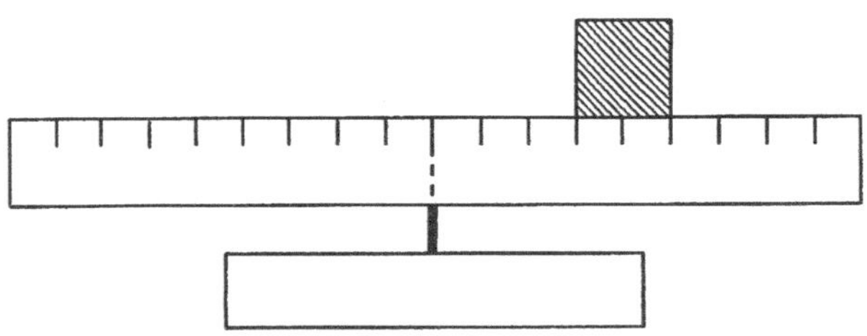

図２

(2) 図３の状態からさらにブロックを１つだけのせて、てこをつりあわせるためには、どのブロックをどこにおいたらよいですか。解答らんの図に書きなさい。（黒色のブロックをおく場合は、ブロックをぬりつぶすこと）

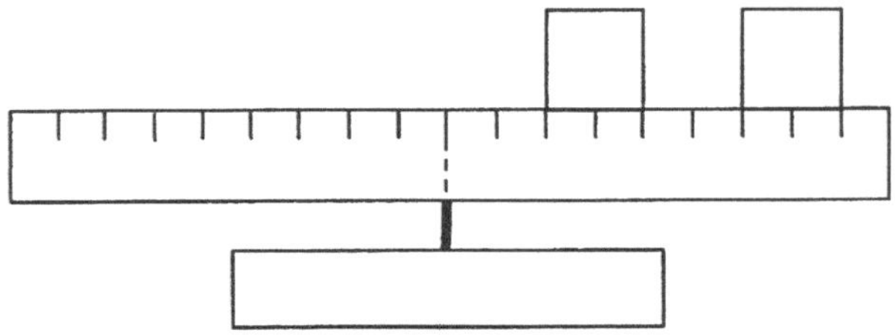

図３

等間かくにギザギザのある軽い板と、そのギザギザにぴったりはまる正六角形の柱の形をしたブロック（白・黒）を使って、てこを作りました。黒色のブロックは白色のブロックの２倍の重さです。

図４、図５のようにブロックをおいたときに、てこがつりあうことがわかっています。

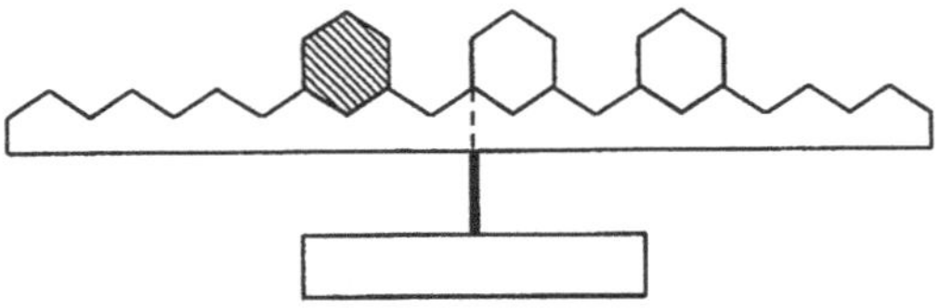

図４

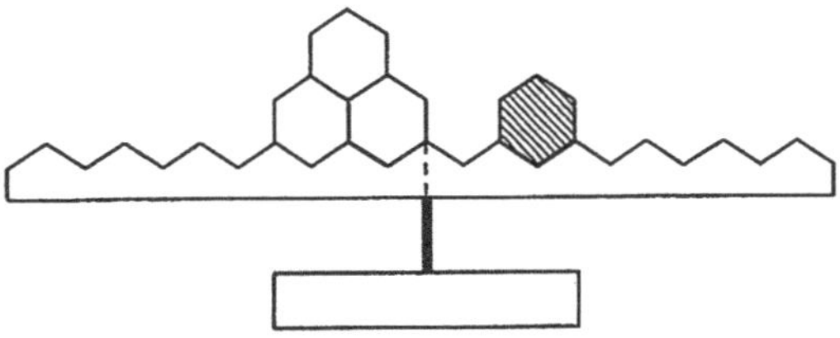

図５

(3)　図６の状態からブロックを１つだけおいて、てこをつりあわせるためには、何色のブロックをア～オのどの場所におけばよいですか。

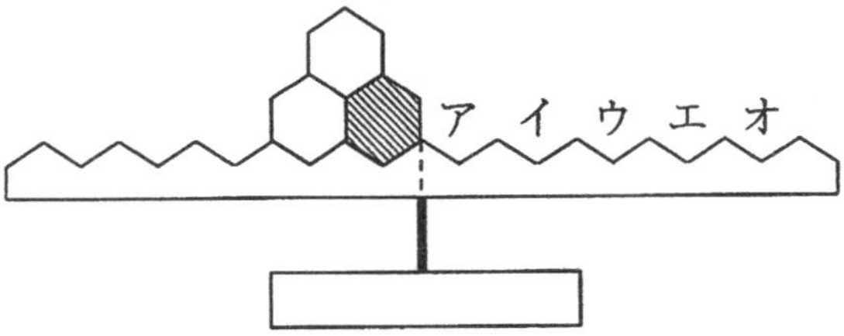

図６

(4)　てこがつりあわないブロックののせ方を、次のア～ウからすべて選びなさい。

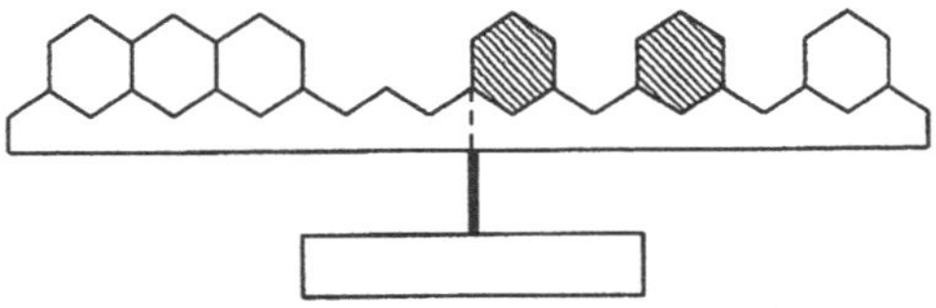

ア

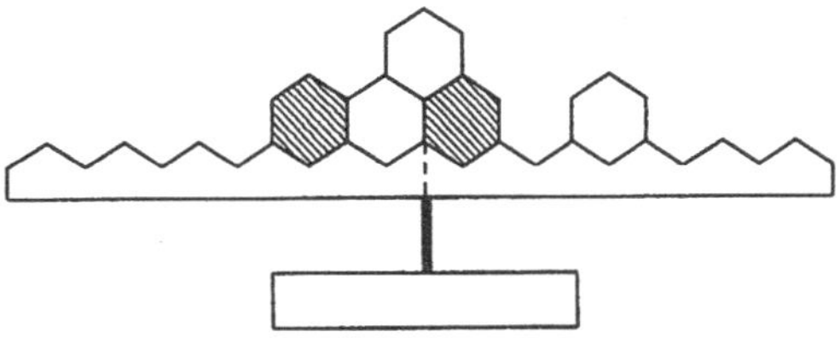

イ

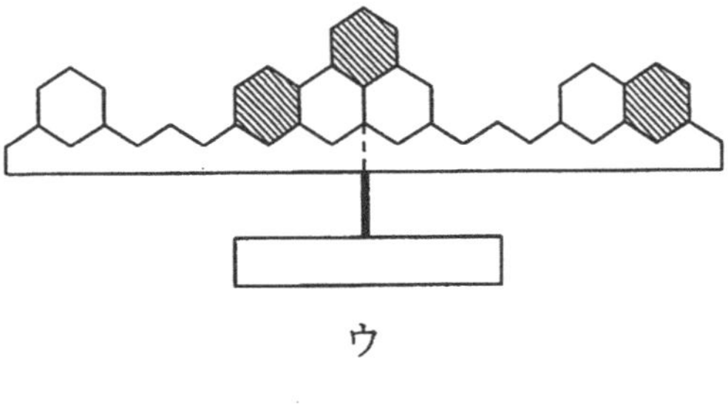

ウ

3

新型コロナウイルスによる感染症《かんせんしょう》が世界中で問題になっています。「ウイルス」は、病気を起こす病原体の一つで、「ウイルス」が鼻の細ぼうに感染するとにおいを感じなくなったり、肺に入ると「肺えん」になったりします。「肺えん」になると、熱やせきが出たり、呼吸が苦しくなることもあります。呼吸というのは、[　ア　]を吸って二酸化炭素をはくことで、肺を通して体内にとりこんだ[　ア　]が心臓から全身に運ばれて、わたしたちのいのちを支えています。心臓は、規則的に収縮したりゆるんだりします。この心臓の動きを[　イ　]といいます。心臓は、血液を送り出すポンプのような役目をしているのです。写真1はパルスオキシメーターといい、血液中の[　ア　]の割合（①）と、脈はく数（②）を測る器具です。この器具で心臓や肺のはたらき具合を知ることができます。

写真1

②脈はく数

①血液中の[　ア　]の割合

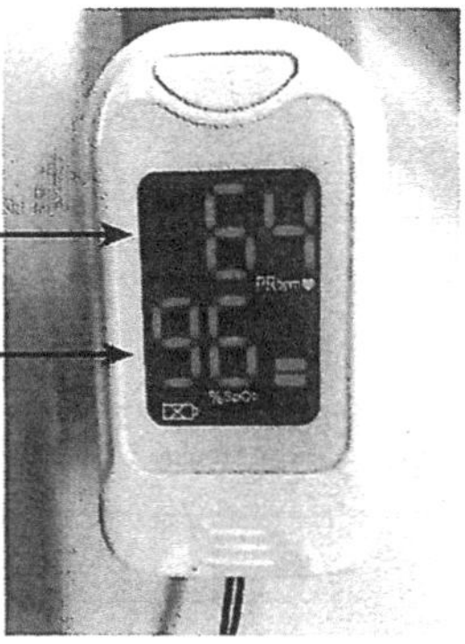

(1)　上の文中の[　ア　]と[　イ　]に適当な語句を入れなさい。

(2)　パルスオキシメーターの①が96になっているのは、血液中に多くの[　ア　]が含まれていることを表しています。図1のa～dの血管のうち、最も多く[　ア　]を含んだ血液が流れている血管はどれですか。1つ選びなさい。

図1

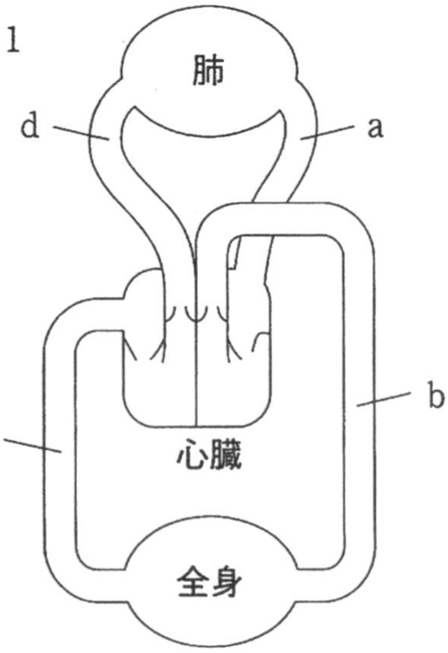

(3) パルスオキシメーターの②が64になっているのは、1分間の脈はくが64回ということを表しています。1回に心臓から送り出される血液を80 mLだとすると、1時間に何Lの血液が心臓から全身へ送り出されることになりますか。計算して求めなさい。

(4) 写真2は、ジャガイモです。心臓ぐらいの大きさです。そこで、容積を測ってみると、240 mLでした。このことから、心臓は1回の収縮で容積のおよそ3分の1の血液を押し出していることがわかりました。

ジャガイモの容積は、写真3に示す実験器具と器具〔A〕を用いて測りました。測定の手順として正しくなるように、次の①～⑥を並べかえなさい。

① ビーカーにゆっくりジャガイモを入れる。
② ビーカーに水を入れる。このとき、すりきりまで水を入れるために、最後に器具〔A〕を使う。
③ ボウルの水をメスシリンダーで測る。
④ ビーカーの水を、こぼれないように器具〔A〕で少し取り除いてから、ビーカーをボウルから取り出す。
⑤ あふれた水をボウルで受ける。
⑥ ビーカーをボウルに入れる。

実験でもちいるもの
【1Lビーカー、250 mLメスシリンダー、注ぎ口つきのボウル、器具〔A〕、水、ジャガイモ】

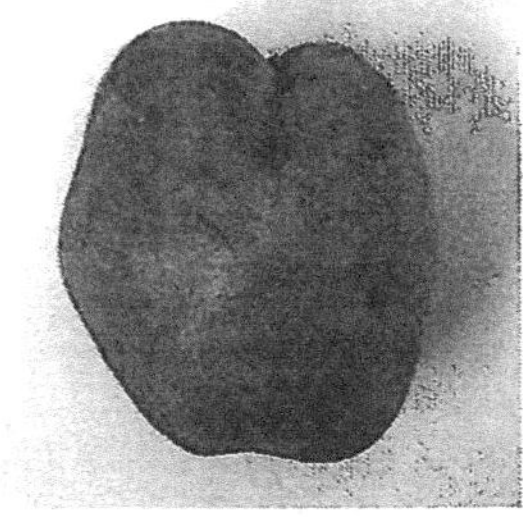
写真2

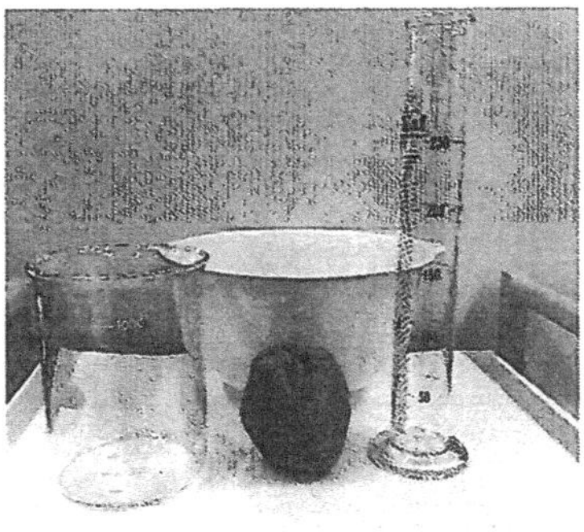
写真3

(5) 器具〔A〕は何ですか。次のア～エから1つ選び、記号で答えなさい。

ア ろうと　イ ガラス棒　ウ こまごめピペット　エ ピンセット

4

花子さんは、お母さんとアイスクリームを買いにお店に行きました。店員さんがお母さんに「お持ち帰りのお時間は？」と聞きました。お母さんが「30分くらいです。」と答えると店員さんはアイスクリームを入れた箱に白い固体をいくつか入れてくれました。花子さんはお母さんに「店員さんが入れてくれた白い固体は何？」と質問しました。するとお母さんは「ドライアイスというのよ。アイスクリームがとけるのを防いでくれるのよ。でも、すごく冷たいから素手《すで》でさわってはだめよ。」と言いました。

花子さんは帰宅後、箱に残っていた白い固体（ドライアイス）をお皿の上にのせ、観察しました。すると固体（ドライアイス）から①白い煙《けむり》が出ている様子が観察できました。また、固体（ドライアイス）の表面に②白い粉のようなものが付いていました。その後、固体（ドライアイス）のかけらを１つ取って水に入れてみると水中の固体（ドライアイス）からぶくぶくとはげしく③泡が出てきました。また、お皿に残っていた固体（ドライアイス）はしばらくするとなくなってしまいました。

(1) 白い固体（ドライアイス）はある気体に圧力を加えるなどして固体にしたものです。この気体を石灰水に通すと石灰水が白くにごる様子が観察できます。この気体は何ですか。

(2) (1)で答えた気体の性質として正しいものを次のア～オからすべて選び、記号で答えなさい。

ア　水にあまりとけない。また、塩酸に鉄を入れるとこの気体が発生する。
イ　炭酸水はこの気体が水にとけたもので、炭酸水をあたためるととけていた気体が泡となって出てくる。
ウ　植物が呼吸をするときに体内に取り入れる気体である。
エ　空気中で２番目に多い気体である。
オ　人間の社会活動によって増加した温室効果ガスの１つである。

(3) 文中の下線部①白い煙、②白い粉のようなもの、③泡 はそれぞれ何だと考えられますか。次のア～ケから１つずつ選び、それぞれ記号で答えなさい。（同じ記号を何度選んでもかまいません）

ア　水蒸気

イ　水

ウ　氷

エ　ドライアイスの成分が気体になったもの

オ　ドライアイスの成分が液体になったもの

カ　ドライアイスの成分が細かい固体になったもの

キ　酸素

ク　酸素が液体になったもの

ケ　酸素が固体になったもの

(4) スーパーで魚を買ったときには氷、冷凍《れいとう》食品を買ったときにはドライアイスがもらえました。この時、氷を入れる袋には穴があいていませんでしたが、ドライアイスを入れる袋には小さな穴がいくつかあいていました。それはなぜですか。以下の語句をすべて用いて70字以内で書きなさい。（同じ語句を何度使ってもかまいません）

〔ドライアイス　　氷　　体積　　固体　　液体　　気体〕

2022年度　金城学院中学校入学試験問題

〔社　会〕

◎答えは解答用紙に書きなさい。

(30分)

1　問題は1から10までで、14ページあります。もし、ページが抜《ぬ》けていたり、同じページがある場合は、手を挙げて先生に知らせてください。

2　解答用紙には受験番号を忘れないように書いてください。名前を書く必要はありません。

3　解答用紙だけを集めます。

1 次の問いに答えなさい。

問１　江戸時代は現在の東京で国の政治が行われた時代です。

平安時代は、どの地域で国の政治が行われた時代ですか、現在の都道府県名で答えなさい。

問２　次の表は、貴族が栄えた平安時代に行われた主な年中行事をまとめたものです。

表中の A と B にあてはまる言葉として正しいものを、次のア～エの中から一つずつ選び、記号で答えなさい。

ア．梅　　イ．桃《もも》　　ウ．菊《きく》　　エ．椿《つばき》

1月	正月を祝う、さまざまな行事が行われる
3月	曲水《きょくすい》の宴《えん》が行われる（ A の節句《せっく》）
4月	賀茂祭《かもまつり》（葵《あおい》祭）が行われる
5月	菖蒲《しょうぶ》をかざり、柏《かしわ》もちを食べる（端午《たんご》の節句）
6月	罪やけがれをはらい清める儀式が行われる（大はらい）
7月	七夕まつりが行われる
	なくなった祖先の霊《れい》をなぐさめ、仏を供養《くよう》する行事が行われる
8月	お月見の会が行われる
9月	B の花をうかべた酒を飲む（ B の節句）
11月	その年の収穫《しゅうかく》を感謝する儀式が行われる
12月	罪やけがれをはらい清める儀式が行われる（大はらい）

2 次の文章を読み、あとの問いに答えなさい。

江戸時代、上野国《こうずけのくに》に七日市《なぬかいち》藩という小さな藩がありました。藩ができた当時、石高《こくだか》は約一万石で、大名としては最も少ない石高でしたが、上野国の中ではただ一つの（　A　）大名の藩として、明治時代をむかえるまで続きました。

代々、七日市藩の藩主であったのは①前田家で、初代の藩主は前田利孝《まえだとしたか》といいます。彼は②「加賀百万石」として有名な加賀藩の基礎《きそ》をきずいた前田利家《まえだとしいえ》の五番目の息子で、③大阪の陣での活躍《かつやく》に対するほうびとして、1616年12月に領地《りょうち》を与えられ、七日市藩を作りました。

現在、七日市藩の領地だった地域は、明治時代の1872年に完成した「官営富岡製糸場」があった富岡市もある群馬県の高崎市にあります。

問１　文章中の下線部①と下線部②に書かれていることをふまえて、（　A　）にあてはまる言葉を、次のア～ウの中から一つ選んで記号で答えなさい。

ア．外様　　イ．譜代　　ウ．親藩

問２　文章中の下線部②の中に書かれている「加賀藩」は、現在のどの都市を中心に置かれていましたか。最もふさわしい都市を、ア～エの中から一つ選んで記号で答えなさい。

ふさわしい都市が無い場合は、オと答えなさい。

ア．仙台　　イ．金沢　　ウ．名古屋　　エ．鹿児島

問３　下線部③大阪の陣によって、豊臣秀吉の子供の豊臣秀頼《ひでより》が死亡し、豊臣氏は滅びましたが、豊臣秀吉が行ったこととして最もふさわしいものを、次のア～エの中から一つ選んで記号で答えなさい。

ア．桶狭間の戦いで今川義元を破った。

イ．「天下布武」ときざまれた印を使用した。

ウ．名護屋城をつくった。

エ．東求堂をつくった。

問４　文章中の下線部③大阪の陣が行われた大阪は、商業が発達し、江戸時代には「天下の（　　）」と呼ばれ、全国の産物が集まっていました。（　　）にあてはまる言葉を答えなさい。

問５　文章中の下線部③大阪の陣が行われた大阪では、江戸時代、大塩平八郎が反乱をおこしました。

その理由を、次の語群の言葉を全て用い、句読点を含んで30字以内で説明しなさい。

（語群）　人々　　幕府　　生活　　ききん

3 次の**A～C**の文章を読んで、あとの問いに答えなさい。

A． 日清戦争のころから、年の暮れになると、長野県と岐阜県の境の野麦峠《とうげ》には、少女たちの列が続きました。製糸業が盛んな長野県岡谷などの工場で働く工女たちです。正月休みを過ごすため、危険な雪山を7～8日かけて歩き、ふるさとの飛騨（岐阜県）に帰るのです。12歳未満の子もいました。「給料をわたすときの、親の喜ぶ顔を思いえがいて歩いた」と、のちに工場の経験者は語っています。

工場にもどると、少女たちに求められたのは、決められた細さの光沢《こうたく》のある □ を、多く生産することでした。毎日、成績が発表されました。□ の質が悪く、生産量の平均を下回った工女の賃金は減らされ、成績の良かった工女の賃金に上乗せされました。

B． 政府によって殖産興業政策が進められる中、長野県の松代から16人の女性が、官営工場である富岡製糸場に働きに行きました。その一人、15歳の横《よこ》田《た》英《えい》は、全国各地から集められた工女たちとともに、製糸業の新しい技術を学び始めます。

最初の仕事は繭《まゆ》の仕分けでした。おしゃべりをすると、しかられました。フランスから輸入した金属製の機械は、蒸気機関の動力で動きました。フランス人の技師の指導を受け、繭を釜《かま》で煮て、引き出した糸をより合わせて、枠に巻き取る技術を身につけました。

翌年、英は退所するときに、工場長から「糸をとる工女の役割は兵隊よりも大きい」と励まされました。英は故郷の村に建てられた製糸場で、多くの工女に技術を伝えました。

次々に建てられた各地方の工場では、木製の機械を使い水車の動力を利用して、□ を生産しました。こうして数年後に、□ は全輸出高の4割を占めるほどになりました。

C．第一次世界大戦後、ヨーロッパの経済が復興して、日本の輸出が減少し、日本は不景気となりました。こうしたなかで、この時期には、人々の民主主義への意識が高まり、社会的な権利を主張する動きがさかんになりました。長野県岡谷の製糸工場でも、労働者たちの運動が起こりました。労働者たちは、会社に次のような要求を出しました。「賃金をあげてほしい」「食事や衛生を改善してほしい」……。

会社が要求を認めなかったため、工女たちはいっせいに働くことをやめるストライキに入りました。多くの工女が会社をやめさせられて、この運動は終わりましたが、そののち、ほかの工場では食事が改善され、賃金が引き上げられるようになりました。

問１　□　にあてはまる語句を、漢字２字で答えなさい。

問２　A，B，Cの内容を時代順に正しく並べたものを、次のア～カの中から１つ選んで記号で答えなさい。

ア．A→B→C　　イ．A→C→B　　ウ．B→A→C

エ．B→C→A　　オ．C→A→B　　カ．C→B→A

4 次の文章を読んで、あとの問いに答えなさい。

2021年、金城学院はセーラー服を制服として制定してから100年を迎えました。

Aの写真はちょうど制服が制定された年に撮影《さつえい》された金城生です。左から1人目と3人目の生徒は草履《ぞうり》を履《は》いており、まだ洋服を着慣れていない様子が見られます。えりが大きい名古屋えりをうんだのも、このセーラー服でした。

1941年4月以降には、現在のように胸当てに校章をつけていました。この後、生地を多く使うセーラーえりは禁止されたため、名古屋えりはしばらくつくることができなくなり、えりの大きさが小さくなりました。えりの白線も3本から2本、2本から1本へと減っていきました。Bの写真は、1943年に撮影されたクラス写真です。スカートは禁止され、モンペやズボンをはいていることがわかります。

生徒たちが再びセーラー服を着られるようになったのは、1945年終戦からしばらくたった後でした。その後、1948年に制服が定められ、ネクタイの色やえりの線の数も定められました。えりの白線は、1本のままとなりました。

戦火の中でも懸命《けんめい》に生きた金城生の歴史を忘れたくない、今こうして平和な時代になったことに感謝する心を持ち続けたいという思いが、一本の白線に込められているのです。

『金城学院セーラー服の歴史』より書き直し

A

B

問１　Ａの写真が撮影されるよりも前に起こったことを、ア～オの中から三つ選んで記号で答えなさい。

ア．大日本帝国憲法が発布された。

イ．関東大震災が首都圏を襲《おそ》った。

ウ．紡績《ぼうせき》業が盛んとなり、綿糸の輸出が可能となった。

エ．日本は韓国を併合した。

オ．25歳以上のすべての男子が、衆議院議員の選挙権を持つようになった。

問２　Ｂの写真が撮影された年から終戦までに起ったことをア～オの中から三つ選び、古い順に並べなさい。

ア．ラジオ放送が始まり、戦地の様子が伝えられるようになった。

イ．ソビエト連邦軍が日本と戦わないという条約を破り、満州にせめこんだ。

ウ．日本が国際連盟を脱退した。

エ．沖縄から疎開《そかい》するために子どもたちが乗った対馬丸が、アメリカの魚雷によって沈められた。

オ．アメリカ軍が沖縄に上陸し、地上戦が始まった。

問３　学校にある記録には、1940年ごろから1941年にかけて、制服のスカートのひだの数が変わったとあります。ひだの数を変えなければならなかった理由と数の変化について述べた次の文を完成させなさい。

＿＿＿＿＿戦争の長期化により、物資が不足したため、ひだの数が＿＿＿＿。

5 次の文章を読んで、あとの問いに答えなさい。

ゆりさんは社会の授業で仕事について調べることになりました。ゆりさんは、電子メールでツナかんづめ工場で働く方と、キャベツ栽培《さいばい》農家の方に質問をしました。二人から返事をもらい、それぞれの仕事について知ることができました。以下の情報を読みとって、あとの問いに答えなさい。

〈ツナかんづめ工場の仕事〉

メールにはツナかんづめをつくる様子を写した写真が添付《てんぷ》されていました。

A

まぐろを解体します。

B

サラダ油と調味料を入れます。

ア

ほねや皮、ひれなどを取りのぞきます。

イ

約100℃のじょう気でむします。

ウ

金属探知機で検査します。

二〇二二年度〔国語〕解答用紙

【一】

1

2

3
(1) ③ ④
(2) A どちらも　　時期にあたる年齢で、
B そのため　　から。

4

5

6

7
⑧
⑱ せ
⑨ る
⑭

【二】

1

2

3

4　10

5

6

7
⑦
⑩

8

9
ア　14
イ　5

10

11

2

受験番号

点数

※100点満点
（配点非公表）

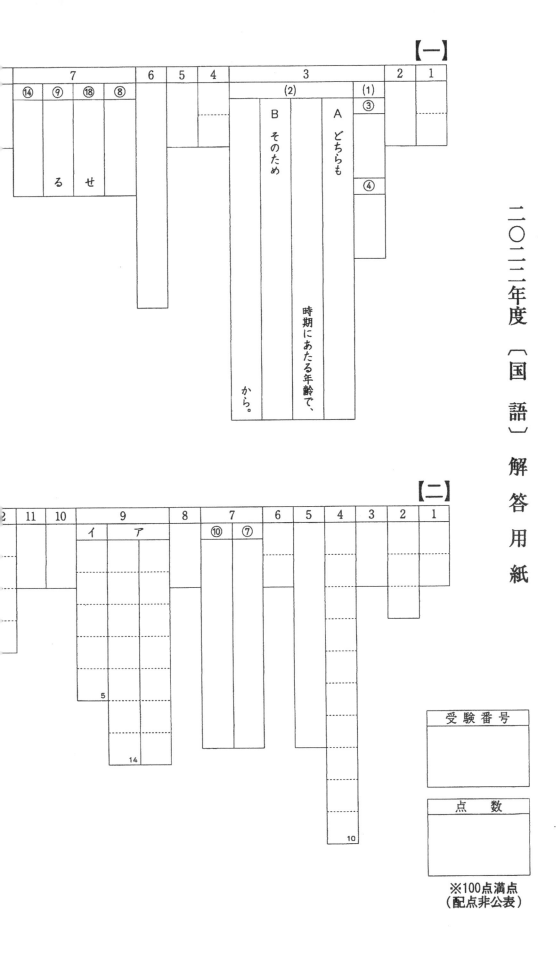

4	(1) 軽い	重い	(2) ㋐	㋑

5	(1) 個	(2)

受験番号

点数

※100点満点
（配点非公表）

(4)	→	→	→	→	→		(5)	

4

(1)		(2)	

(3)	①	②	③	

(4)

20

40

60

70

受験番号

点　　数			

※50点満点
（配点非公表）

	問4		
6	問		
7	問		
8	問1	問2	問3
9	問1　法	問2	問3
10	問 A		
	問 B		

受　験　番　号	点　　数

※50点満点
（配点非公表）

K 教英出版

2022年度 金城学院中学校入学試験問題

〔 思 考 力 〕

◎答えは解答用紙に書きなさい。

(70分)

1　問題は４ページあります。もし、ページが抜《ぬ》けていたり、同じページがある場合は、手を挙げて先生に知らせてください。

2　解答用紙に受験番号を忘れないように書いてください。名前を書く必要はありません。

3　解答用紙だけを集めます。

4　解答は、すべて横書きで書いてください。

5　この思考力テストは、70分間で行われます。

日本は2003年から「観光立国《りっこく》」を目指して歩んでいます。「観光立国」とは、国内だけでなく国外からも観光に来てもらい、その人々が消費するお金を国の経済を支える土台のひとつとしている国のことです。日本を代表する観光都市のひとつである京都は、日本国内だけでなく国外からも多くの観光客に来てもらうことを目標に、さまざまな取り組みをしてきました。その結果、2019年には外国人観光客200万人という目標をはるかにこえた 890 万人もの外国人観光客が訪れました。さくらさんは、このような京都にたいへん興味をもちました。今日はみなさんに「観光都市京都」について、さくらさんといっしょに考えていただきます。

さくらさんがインターネットで「京都」を検索《さく》してみると、下のような画像がみつかりました。

問題(1－A)

あなたは「観光都市京都」と聞いてどのようなイメージを持ちますか。上の画像を参考にして書きなさい。

さあ、さくらさんといっしょに京都観光に出かけましょう。名古屋駅から新幹線に乗り、京都駅に着きました。最初の目的地は世界遺産にも登録され、最も人気の高い清水寺《きよみずでら》です。さて、京都駅から清水寺までどのように行ったらいいでしょうか。さくらさんが調べてみたところ、京都での主な交通手段はバスであるということがわかってきました。また、そのバスは、京都で暮らしている人も観光客も多く利用しているようです。

問題(1－B)

右のページにあるバスの路線図を使って、京都駅から清水寺までの行き方を説明しなさい。
ただし、複数の行き方がある場合は、いずれかひとつを書きなさい。

(例)

南禅寺《なんぜんじ》に行くには京都駅前の【 A1 】乗り場から【 5 】番のバスに乗り、【 南禅寺・永観堂道《えいかんどうみち》 】というバス停で降りる。

京都駅バス乗り場系統案内図

乗り場	のりば	系統番号・主な行き先
A	1	5 5(五条通経由) 平安神宮・南禅寺・永観堂・銀閣寺・詩仙堂
A	2	4 四条河原町・出町柳(叡電鞍馬方面)・下鴨神社・深泥池 17 四条河原町・出町柳(叡電鞍馬方面)・銀閣寺 104 四条河原町・三条京阪 205 四条河原町・下鴨神社・北大路BT
A	3	6 四条大宮・佛教大学・大徳寺 206 四条大宮・健勲神社・大徳寺
B	1	9 西本願寺・二条城・晴明神社・上賀茂神社
B	2	50 二条城・北野天満宮・立命館大学 101 洛バス/二条城・北野天満宮・金閣寺 快205 西大路四条・立命館大学 二条城・金閣寺エクスプレス 二条城・金閣寺・北野天満宮
B	3	88 103 104 110 水族館・梅小路公園・京都鉄道博物館 205 水族館・梅小路公園・北野白梅町・金閣寺・大徳寺 208 水族館・梅小路公園
C	1	205 快205 東寺道・九条車庫
C	4	16 東寺西門・羅生門・市民防災センター 19 東寺南門・市民防火センター・城南宮 42 東寺東門・市民防災センター・中久世 78 東寺南門・久世工業団地 81 西大手筋・中書島 南5 105 伏見稲荷大社・竹田駅東口・中書島(一部)
C	5	33 特33 桂離宮・阪急桂駅・洛西BT 73 西京極運動公園・洛西BT 75 西本願寺・太秦映画村
C	6	28 松尾大社・嵐山・大覚寺
D	1	100 洛バス/三十三間堂・平安神宮・銀閣寺 106 三十三間堂 110 三十三間堂・平安神宮
D	2	86 三十三間堂 88 208 三十三間堂・泉涌寺・東福寺 206 三十三間堂・百万遍・高野
D	3	26 妙心寺・仁和寺・宇多野ユースホステル

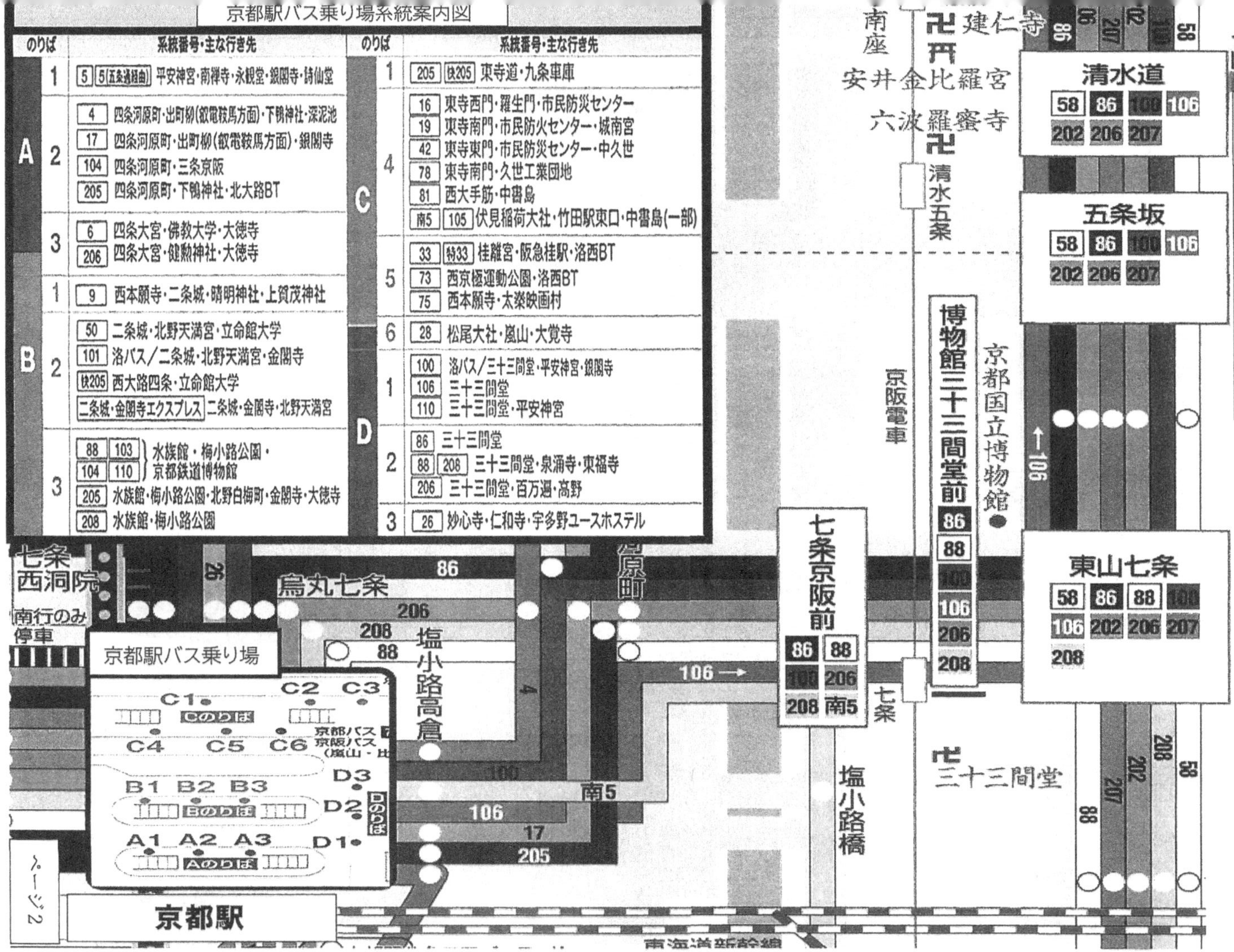

清水寺

バス停「清水道」から清水寺は歩いて約10分かかる。

バス停「五条坂」から清水寺は歩いて約10分かかる。

教英出版

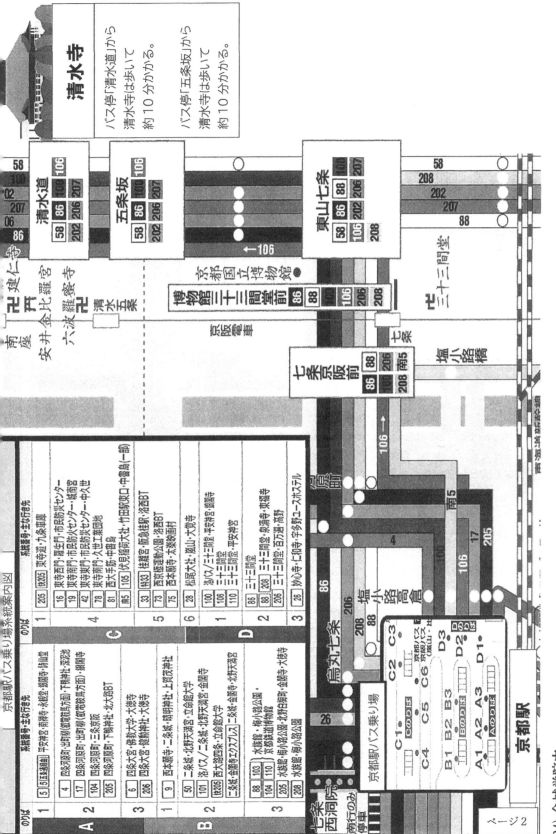

次は、清水寺からほど近い祇園《ぎおん》に行きましょう。さくらさんの解説によると、祇園は昔ながらの町並みが保存されており、日本を代表する格式高い店も並ぶ、最も京都らしい風情《ふぜい》を楽しむことができる場所として人気があるそうです。

さくらさんは清水寺から祇園までを歩きながら、「観光都市京都」には次のような人々がいることに気がつきました。

A. 京都で暮らす人々（観光に関わる仕事をしていない人々）
B. 外国人観光客
C. 観光に関わる仕事をしている人々
　（たとえば、ホテル・旅館、飲食店、みやげ物店、神社・寺、美術館・博物館などで働いている人々）
D. 日本国内から観光にやって来た人々

今の「観光都市京都」を表した、下の①～③の資料を見てください。

資料①　祇園近くの大通り

資料②　祇園の風情を楽しむ観光客

資料③　祇園にある観光客向けの立て札

2022年度　金城学院中学校入学試験問題

〔思考力入試　計算力テスト〕

◎答えは解答用紙に書きなさい。

(30分)

1　問題は 1 から 15 まであります。

2　解答用紙には受験番号を忘れないように書いてください。名前を書く必要はありません。

3　解答用紙だけを集めます。

1. $50-4\times2+4\div2$

2. $75-(20-12)\times5$

3. $9+6.3+8-4.3$

4. $\frac{1}{2}+\frac{1}{3}+\frac{1}{4}+\frac{1}{6}+\frac{1}{24}$

5. $0.1\times0.02\div0.001$

6. $48\times48-36\times36+24\times24-12\times12$

7. $\left(\frac{3}{4}-\frac{2}{3}\right)\div\frac{3}{4}\times(0.72\div0.4)$

8. $2\frac{2}{3}\div\left\{5.2-\left(1\frac{1}{3}+1.2\right)\right\}$

9. $\frac{1}{2\times2-1}+\frac{1}{3\times3-1}+\frac{1}{4\times4-1}$

問題(5)

B~D の記号	資料の番号

問題(6)

受験番号

（配点非公表）

13		14	
15			

受験番号

点　数

（配点非公表）

2022年度 〔思考力入試　計算力テスト〕　解答用紙

1		2	
3		4	
5		6	
7		8	
9		10	

2022年度　金城学院中学校　思考力入試　解答用紙

問題(1-A)

学校使用欄

問題(1-B)

清水寺に行くには京都駅前の【　　　　　　】乗り場から【　　　】番のバスに乗り、【　　　　　　　　】というバス停で降りる。

学校使用欄

問題(2)

資料の番号	困っていること
なぜ困っているのか	

学校使用欄

問題(3)

学校使用欄

問題(4)

A~Dの記号

学校使用欄

10 $\{(24-18)\times 4-36\div(5+13)\times 5\}\div 7$

11 次の式が成り立つように□にあてはまる数を答えなさい。

$1+3+5+7+\cdots+93+95+97+99=100\times$□

12 $\dfrac{1}{2\times 3}=\dfrac{1}{2}-\dfrac{1}{3}$ を利用して、$\dfrac{2}{3}+\dfrac{1}{4}+\dfrac{2}{15}+\dfrac{1}{12}$ を計算しなさい。

13 $2000\times 0.0003\div 1.25\times 0.5$

14 2つの数 a,b がある。b は a の $\dfrac{1}{2}$ 倍より3大きく、a とb の最大公約数は6で、最小公倍数は36です。

このとき、a の数を答えなさい。

15 下記のようにたし算のひっ算がある。同じ図形には同じ数字が入り、違う記号には違う数字が入ります。
△に当てはまる数を答えなさい。

　　○△□
＋　△○□
―――――
　□○□○

問題（２）

あなたは、〔A. 京都で暮らす人々（観光に関わる仕事をしていない人々）〕が最も困っていることはどのようなことだと思いますか。資料①～③から１つ選び、その番号と困っていること、そしてなぜ困っているのかを書きなさい。

問題（３）

あなたが問題（２）で考えた〔A. 京都で暮らす人々（観光に関わる仕事をしていない人々）〕が最も困っていることを解決するにはどうしたらいいと思いますか。具体的な解決方法を考えて、50字以内で書きなさい。

問題（４）

あなたが問題（３）で考えた解決方法を実行することで、新たに困るのはどのような人々だと思いますか。A～D から最も困る人々を選び、その記号と困ること、そしてなぜ困るのかを75字以内で書きなさい。

あなたも問題（2）（3）（4）で考えたように、すべての人々が絶対に困らないという状きょうを作り出すことは、たいへん難しいようです。それを分かった上で、新しい「観光都市京都」を考えてみましょう。

問題（５）

今の「観光都市京都」において、あなたが最も困っていると思う人々を、B～D から1つ選びなさい。そして、その人々は左のページの資料①～③のうち、どの状きょうで困っているか、1つ選びなさい。これらの事をふまえて、その人々が困っていることを解決する具体的な方法を考えて、新しい「観光都市京都」を350字以内で書きなさい。

問題（６）

問題（５）であなたが考えた、新しい「観光都市京都」を簡潔に表すキャッチフレーズを考え、書きなさい。

（例）

「逢《あ》い、知る、愛知」　「こっちでひつまぶし ♡ 愛知《あっち》でひまつぶし」「つけてみそ かけてみそ 寄って味噌《みそ》 ♪」

【思

2022年度〔社　会〕解答用紙

1

問1	

問2	A	B

2

問1	

問2	

問3	

問4	

問5 （30）

3

問1		

問2	

4

問1	

問2	→ →

問3 ＿＿＿＿＿＿ 戦争の長期化により、物資が不足したため、ひだの数が ＿＿＿＿＿＿ 。

5

問1	→ →

問2	市

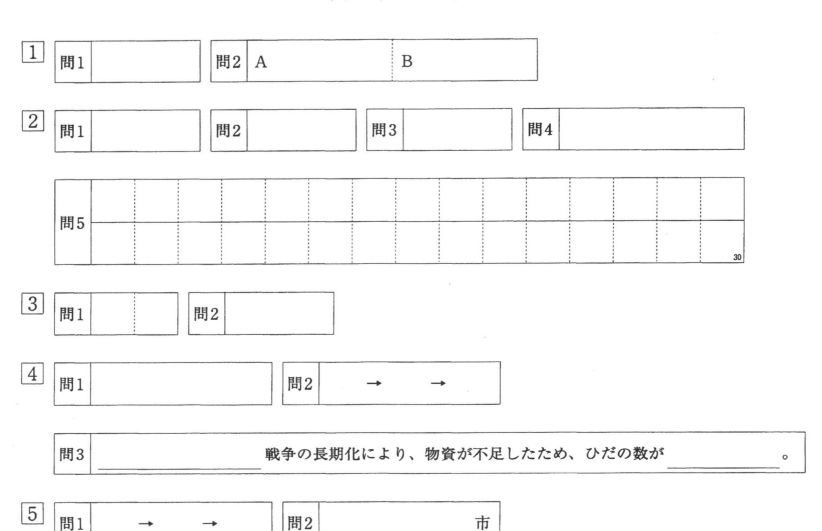

2022年度〔理　科〕解　答　用　紙

1

(1)	A	C	(2)	日食　・　月食 ○でかこむ	月の位置	
(3)		(4)		(5)		

2

(1)

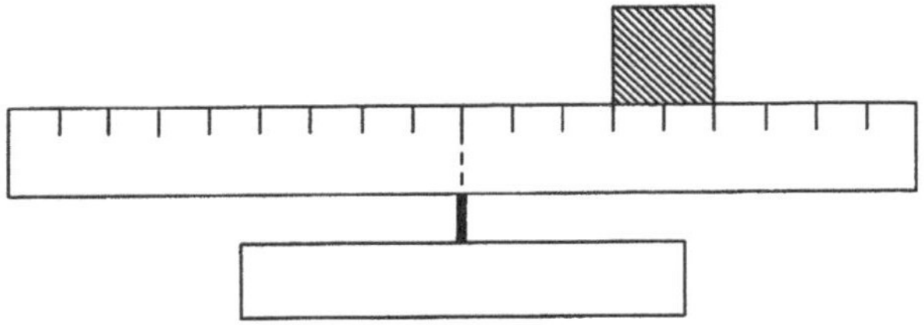

(2)

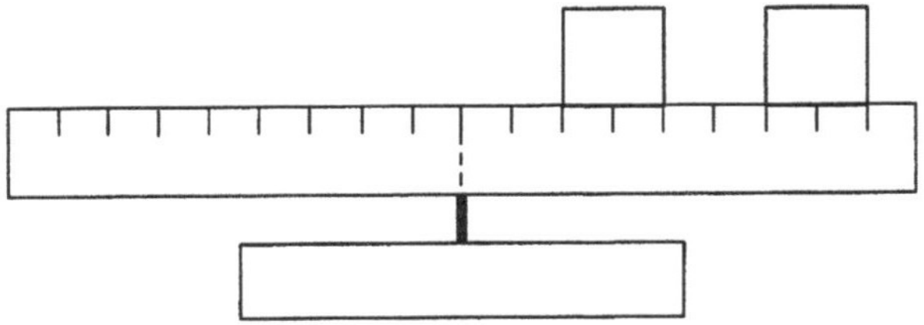

(3)	（　　　）色のブロックを（　　　）におく	(4)	

3

(1)	ア	イ

【解答

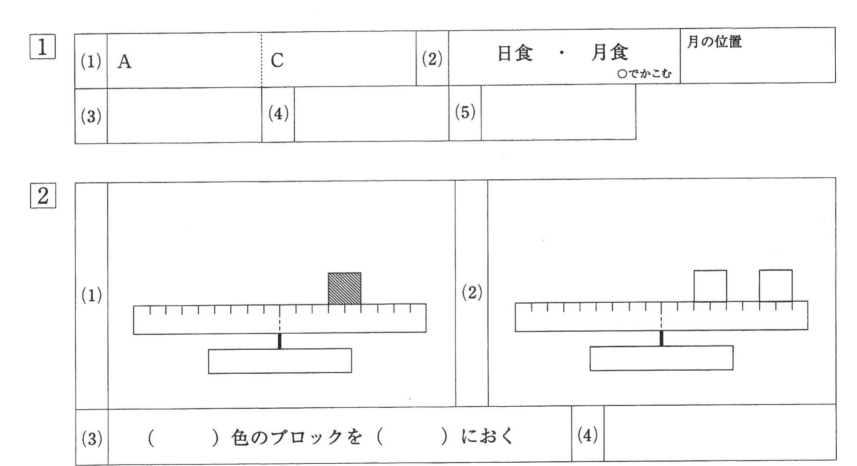

2022年度〔算　数〕解　答　用　紙

1

(1)	(2)	(3) 個
(4) cm^2	(5) 度	(6)
(7) 倍	(8) リットル	(9) cm
(10) 人		

2

<table>
<tr><td>(1)</td><td>(2) cm²</td><td rowspan="3">(3) 図 2
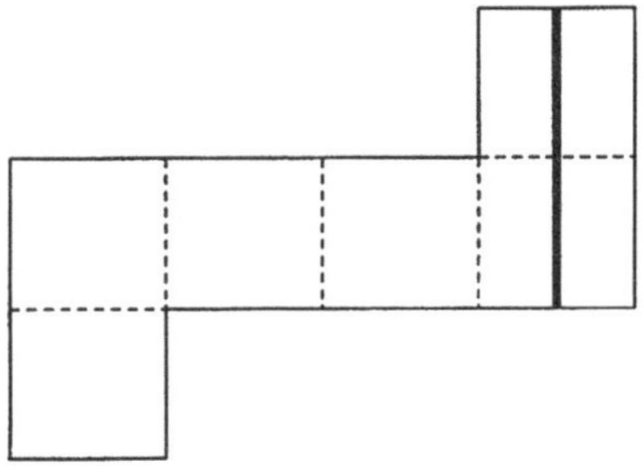</td></tr>
<tr><td>(4) 回転</td><td>(5) 通り</td></tr>
<tr><td></td><td>(6) 時速　km</td></tr>
</table>

【解答

10	11	12	13	14 (1)	14 (2)
		35 40		25 20	A 問題点は　　　である。 B 解決方法として　　　と考える。

14	15	16	17	18	19	20	21 (1)	21 (2)	21 (3)
A B C	ア イ ウ エ	ぬき出し 直し	前 10 後 10				25 30	25 30	25 30

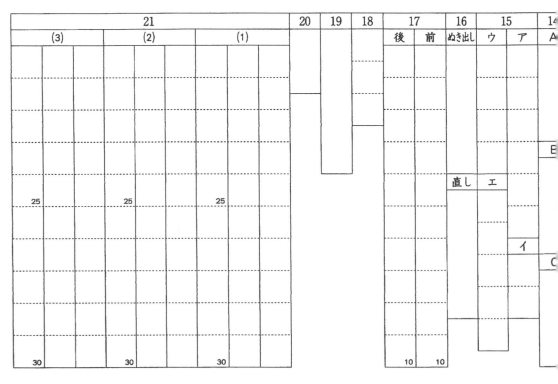

製品開発担当者の方の話

わたしたちの工場は、遠洋漁業でとったかつおやまぐろが水あげされる①漁港の近くにあります。とくに、かつおの水あげ量では日本一です。わたしたちは、お客様から寄せられる声を、製品づくりに生かしています。例えば、塩分が気になるという声を受けて、食塩を使っていないかんづめを販売するようになりました。また、かんづめは災害がおこったときには非常食として役立ちます。わたしたちは、②非常食の備蓄《びちく》方法も消費者に提案しています。

〈キャベツ栽培農家の仕事〉

嬬恋《つまごい》村農家の方の話

③嬬恋村には、火山の噴火による溶岩と火山灰が積もってできた土地が広がっています。もともとはやせた土地でしたが、昭和に入ると、村の人々が土地を耕し、栽培方法をくふうして、高原野菜をつくるようになりました。嬬恋村は、標高が高いため、昼と夜の温度差が大きく、雨の量が適度なことがキャベツの栽培に合っていて、あまくてやわらかいキャベツが育ちます。わたしたちは、時期をずらし、何回かに分けて種まきを行うことで、長い期間収穫できるようにしています。最も忙しいのは収穫《しゅうかく》の時期です。毎日明け方から作業を始め、全て手作業なので、家族やお手伝いの人など多くの人が協力して収穫します。

問１　ツナかんづめをつくるようすを写した５枚の写真のうち、Aは最初に行う作業です。Bは最後に行う作業です。残りのア～ウの作業を正しい順番に並べかえなさい。

問２　下線部①漁港は何市にありますか。都市名を書きなさい。

問３　下の図は下線部②非常食の備蓄方法を説明しています。これは（　　）法とよばれます。（　　）にあてはまる言葉をカタカナ９文字で書きなさい。

問４　下の帯グラフには、季節ごとのキャベツの産地がしめされています。
下線部③嬬恋村はア～エのどの産地にありますか、記号で答えなさい。

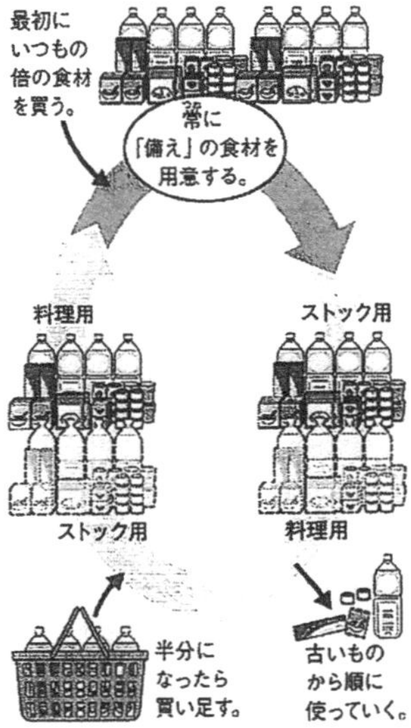

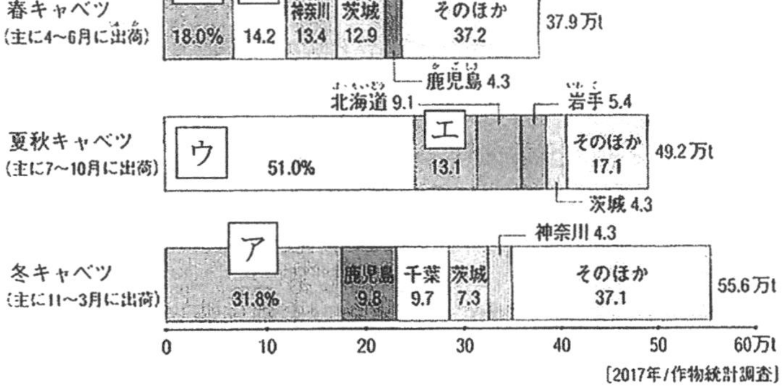

6 次の表は原油・石炭・鉄鉱石の生産量の上位５か国とその割合を示しています。表を読んで、あとの問いに答えなさい。

A		B		C	
中国	54.4%	アメリカ合衆国	15.1%	オーストラリア	36.7%
インド	10.7%	ロシア	13.7%	ブラジル	19.3%
インドネシア	8.1%	サウジアラビア	12.3%	中国	13.8%
オーストラリア	6.0%	カナダ	5.5%	インド	8.3%
ロシア	5.3%	イラク	5.4%	ロシア	3.7%

世界国勢図会 2021/22より作成

問　上の表のＡ～Ｃには原油・石炭・鉄鉱石のいずれかが入ります。Ａ～Ｃの組み合わせとして正しいものを、下のア～カの組み合わせの中から一つ選んで記号で答えなさい。

	A	B	C
ア	原油	石炭	鉄鉱石
イ	原油	鉄鉱石	石炭
ウ	石炭	鉄鉱石	原油
エ	石炭	原油	鉄鉱石
オ	鉄鉱石	原油	石炭
カ	鉄鉱石	石炭	原油

7 次の文章を読んで、あとの問いに答えなさい。

エジプトの（　A　）運河で2021年３月の嵐のために、日本の大型（　B　）が座礁《ざしょう》して動けなくなりました。そのために運河を通行する他の船も動けなくなり、目的地の国々の港に物資を運ぶことができませんでした。結果的には10日ほどで座礁《ざしょう》した所から離れることができて、運河の通行は再開されました。

問　（　A　）と（　B　）に入る名称の組み合わせとして正しいものを、下の表ア～エの中から一つ選んで記号で答えなさい。

	A	B
ア	パナマ	オイルタンカー
イ	スエズ	コンテナ船
ウ	ベーリング	LNG（液化天然ガス）船
エ	マゼラン	自動車専用船

8 次の文章を読んで、あとの問いに答えなさい。

先生：①日本国憲法では「②法の下の平等」が保障《ほしょう》されていますが、男女が完全に平等だとは言えません。結婚や出産、子育てのために仕事をやめてしまうことがあり、働きにくい社会となっています。

もえ：私が将来働くようになるまでに、女性が働きやすい社会になってほしいなあ。

先生：女性が働きやすい環境にするための男女雇用《こよう》機会均等法だけでなく、男女共同参画《さんかく》社会基本法がつくられて、会社や③国、地方自治体などの責任を明らかにしています。

りさ：男女が平等になるためには、国や会社だけでなくて、私たち国民の考え方や社会のあり方も大きく変わらないといけないかもね。

問１　下線部①日本国憲法に関する下の文章を読んで、問いに答えなさい。

> 日本国憲法は公布されてから現在まで、一度も改正されていません。（略）そもそも、憲法は、国家権力の行使を制限して、［　　］の自由を守るものです。［　　］に義務を課すのは法律の仕事であって、国家権力の行使を制限するものが憲法なのです。したがって、憲法改正を議論するためには憲法と法律の性質の違いを正しく理解しておかなければなりません。
> しかし、憲法がどれほど大切なものだと言っても、時代によってあるいは社会的変化に対応させてふさわしい憲法の姿は異なってくることは当然ありうることです。そこで、日本国憲法は、一定の手続きを踏めば、憲法改正ができると定めています。

『伊藤真の憲法入門』から一部抜粋修正

憲法改正においては、主権者である［　　］が直接意思を表明する手続きがあります。これを何といいますか漢字４字で答えなさい。

問２　次の文は、下線部②「法の下の平等」(第14条）について説明しています。正しいものをア～エの中から一つ選んで記号で答えなさい。

ア．すべての国民が差別されることなく生活することができる。

イ．労働者が団結したり、組合をつくったりすることができる。

ウ．自分の住む場所や職業などを自由に選ぶことができる。

エ．健康で文化的な最低限度の生活を営むことができる。

問３　次の文は、下線部③国、地方自治体が住民のためのさまざまなサービスを行うために集める税金について説明しています。正しいものをア～エの中から一つ選んで記号で答えなさい。

ア．未成年《みせいねん》の人や65歳以上の人は、税金を納める義務はない。

イ．消費《しょうひ》税は、お店で商品などを買ったときにかかる税金である。

ウ．震災《しんさい》から復興《ふっこう》するための特別な税金が課されたことはない。

エ．国の予算は、国民から集めた税金だけでまかなうことができる。

9 次の文章と資料を読んで、あとの問いに答えなさい。

日本は地震や水害などが多い国です。被災者を助けるために、①法律（資料1）が定められています。東日本大震災の時も、資料1の法律が適応され被災者に支援が届けられました。また、国土地理院は、過去の災害の教訓を人々に知らせて、被害を軽減するために、資料2のような②自然災害伝承《でんしょう》碑を地図記号に加えました。

資料1

第一条　この法律は、災害が発生し、又は発生するおそれがある場合において、国が地方公共団体、日本 ＿＿＿ 社その他の団体及び国民の協力の下に、応急的に、必要な救助を行い、災害により被害を受け又は被害を受けるおそれのある者の保護と社会の秩序《ちつじょ》の保全を図ることを目的とする。

資料2　大津浪《おおつなみ》記念碑（岩手県）

この碑には「此処《ここ》より下に家を建てるな」「明治29年にも昭和８年にも津波はここまできて集落は絶滅した。生存者はわずかに明治２人、昭和３人のみ。行く年たっても用心あれ。（現代語訳）」とあります。生存した人を含む集落は500mほど離れた高台にうつり、津波を警戒するように碑が建立されました。石碑の教えを守り、碑より下に建てられた住宅はなく、東日本大震災での津波による住宅被害はありませんでした。

問１　下線①法律の名前を書きなさい。

問２　下線②自然災害伝承碑の地図記号を以下のア～エの中から一つ選んで記号で答えなさい。

ア. 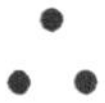　イ. 　ウ. 　エ. 

問３　資料１の ＿＿＿ に入る最も ふさわしい言葉を記入しなさい

10 次の文章を読んで、あとの問いに答えなさい。

2021年10月31日から11月13日まで①グラスゴーで②国際会議が開かれました。最終日に、石炭火力発電の「段階的な削減」方針が書かれた会議の成果をまとめた文書が採択《さいたく》されました。この文書には、産業革命前からの世界の気温上昇を1.5度以内におさえる努力を追求することも盛り込まれました。

問　A．下線部①グラスゴーの場所を地図のア～オから選んで記号で答えなさい。

B．下線部②国際会議の正式な名前は、「国連（　　　）枠組み条約第26回締約国会議」といいます。（　　　）に漢字４字を入れなさい。

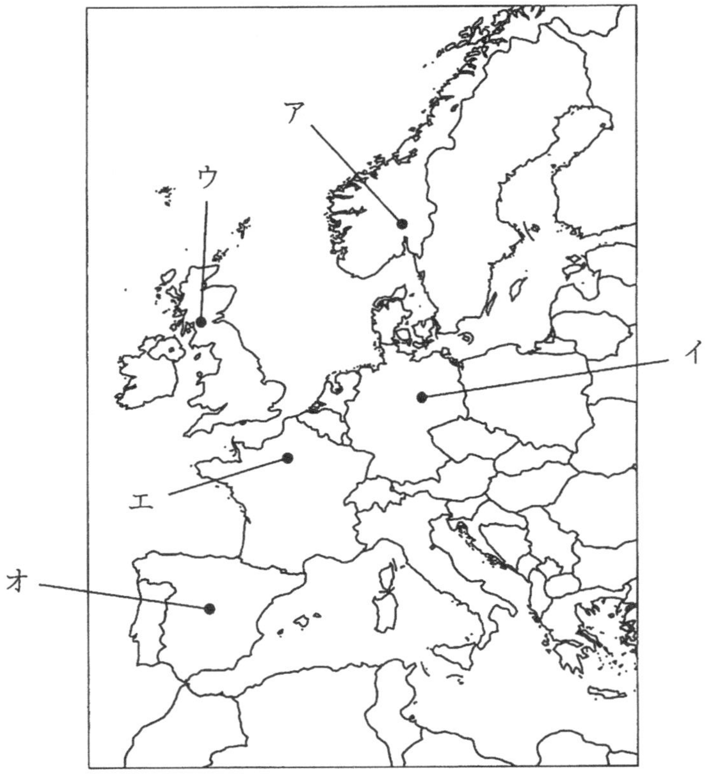

二〇二一年度　金城学院中学校入学試験問題

〔国　語〕

（50分）

◎答えは解答用紙に書きなさい。

1　問題は【一】から【二】までで、24ページあります。もし、ページが抜《ぬ》けていたり、同じページがある場合は、手をあげて先生に知らせてください。

2　解答用紙には受験番号を忘れないように書いてください。名前を書く必要はありません。

3　解答用紙だけを集めます。

【一】 次の文章を読んで、後の問いに答えなさい。（字数制限のある問いについては、句読点や記号も一字として数えます。）

日本では身近な自然がどんどん開発されてきたとはいえ、国土全体でみると三分の二が森林で占められていて、①ここ四、五〇年ではほとんど変化していない。[②]、草地や農地、湿地《しっち》、都市近郊《こう》の③ゾウキ林に棲《す》む生き物の減少は激しいが、森林性の生物はそれほど顕著《けんちょ》に減っているわけではない。[④]、これは外国から木材や紙の原料となるパルプを輸入しているおかげである。例を⑤アげると、私たちが日常使っているコピー用紙の三割はインドネシアから輸入されたパルプである。東南アジアなどの熱帯地域では、ここ数十年で森林面積が半減した地域も多い。そこに棲むトラやオランウータンが絶滅《めつ》の[⑥]にひんしているのは当然のなりゆきである。日本の森林が維持《い》されているのは、海外の森林や野生動物の犠牲《ぎせい》のうえに成り立っているのである。（中略）

木材やパルプに加え、食糧《りょう》や洗剤《ざい》なども森林減少の要因となっている。アブラヤシという熱帯の樹木の実からとれるパーム油は、マーガリン、ドレッシング、カップ麺《めん》、スナック菓子《がし》、アイスクリーム、シャンプー、洗剤などに使われている。コンビニの約半数の品目でパーム油が使用されているという報告もある。アブラヤシ農園は熱帯林を大面積に切り開いて造られたきわめて単純な生態系である。そこにくらす生物の住処《すみか》を奪《うば》うだけでなく、土壌《どじょう》の流出や河川の汚濁《おだく》なども引き起こすので、周辺の川に棲む魚類も激減している。

⑦私たちは、まず日常生活が遠い熱帯林の生態系や生物多様性を蝕《むしば》んでいるという認識を持つ必要がある。そのうえで、自分たちに何ができるかを考えてみることだ。製品や食品の認証制度とはその⑧橋渡しをする制度である。

森林認証制度は、持続的な木材生産や生物に配慮《りょ》した経営を行っている森から得られた林産物を、第三者機関が認証し、認証ラベルを付けることで、消費者が選択できるようにする制度である。違法伐採《いほうばっさい》はむろんのこと、合法であっても広範囲《はん》の皆伐《かいばつ》や、地域住民のくらしを脅《おびや》かすような経営に由来する産品は認証されない。最終的にはブラック企業の締《し》め出しを狙《ねら》っているとも言える。日本での認証製品の普及《ふきゅう》率はまだ低いが、それでも⑨森林認証のエコマークのついた製品はあちこちに出回っている。コピー用紙、ティッシュペーパー、ジュースの紙パックなど、注意すれば結構見つかる。東海道新幹線の車内で売られているコーヒーの紙コップには、レインフォレスト・アライアンス認証のカエルのマークがついている。これも森林認証の一種で、認証された農園のコーヒー豆が五〇％以上使用されている。A店で売られているコーヒーも同じカエルのマークがついているが、他の店のコーヒーでは見たことがない。生態系への配慮が足らない「[⑩]なコーヒー」なのかもしれない。パーム油の認証は、まだ森林認証に比べるとはるかに少ないが、それでも洗剤やシャンプーなどにある。

　国産の認証制度では米が有名である。新潟《にいがた》の佐渡島《さどがしま》や兵庫《ひょうご》の豊岡では、トキやコウノトリの生息環境を整えるため、減農薬などの環境保全型農業が広がっていて、「朱鷺《とき》と暮らす郷米《さとまい》」や「コウノトリ育むお米」といった認証米が全国に出回っている。農薬を減らすだけでなく、⑪冬の田んぼに水を入れたり、田んぼの脇《わき》に浅い溝《みぞ》を作って年中水たまりができるような工夫《くふう》が施《ほどこ》されている。（中略）

　認証米には、他にもツシマヤマネコ（対馬《つしま》市）やカンムリワシ（石垣《がき》市）といった絶滅危惧《きぐ》種で知名度が高い生物を[⑫]にしたものもあれば、ゲンゴロウ（尾道《おのみち》市）などの昆《こん》虫、フナやナマズなどの魚（滋賀《しが》県の複数の市）など、⑬やや地味な生き物を対象にしたものもある。

　一般《いっぱん》に認証商品は、普通のものに比べると割高である。農薬などを普通に使う＊慣行《かんこう》農法で作られた米は五キロで二千円ほどだが、トキやコウノトリ米ではそれよりも千円以上高い。だから、消費者の意識が高くないと安定した購買《こうばい》にはつながらない。

　またそれ以前に、認証品そのものの知名度がまだ低い。私は一般人を対象にした講演会などでよくこの話をするのだが、大多数の人が森林認証のロゴマークを知らない。（中略）

　どんなによい制度でも、認知度が低ければ始まらないし、その価値をうまく伝えないことには人々は共感してくれない。⑭ここでも教育や＊啓蒙《けいもう》の努力や工夫が必要になってくるのだ。もう一つ重要なのは、この制度によって自然環境が本当に守られ、改善されているかについての情報を消費者に＊フィードバックする仕組みを造ることだ。これはこの制度の持続性を＊担保《たんぽ》するためには必須《ひっす》であろう。

《宮下 直『となりの生物多様性―医・食・住からベンチャーまで』
問題作成の都合上、本文の表記を改編した部分があります。》

＊慣行《かんこう》農法・・・・・各地域で行われている農薬などを使った一般的な農法のこと。
＊啓蒙《けいもう》・・・・・・・無知な状態から教え導くこと。
＊フィードバック・・もとに戻すこと。
＊担保《たんぽ》する・・・・・不利な状きょうに備えておぎなうこと。

1 ――部①「ここ四、五〇年ではほとんど変化していない。」とありますが、その理由を「〜から。」に続く形で本文中より二十四字で探し、初めと終わりの五字をぬき出しなさい。

2 [②]・[④]に入る言葉の組み合わせとして、もっともふさわしいものを後から選んで記号で答えなさい。

ア ②つまり ④そのうえ
イ ②つまり ④だから
ウ ②だから ④したがって
エ ②だから ④だが

3　――部③・⑤のカタカナを漢字に直しなさい。

4　⑥ にふさわしい言葉を漢字二字で答えなさい。

5　本文中に出てくるア～エを、あなたが暮らしの中で手にするまでの流れにならびかえた場合、どのような順番になりますか。三番目になるものを記号で答えなさい。

ア　アイスクリーム　　イ　アブラヤシ　　ウ　パーム油　　エ　森林

■→■→□→■

6　――部⑦の文について、～～部の主語になる部分を――部ア～エから選んで記号で答えなさい。

ア　私たちは、まず　イ　日常生活が　ウ　遠い熱帯林の生態系や生物多様性を　エ　蝕《むしば》んでいるという認識を持つ必要がある。

7　――部⑧「橋渡しをする」の意味として、もっともふさわしいものを後から選んで記号で答えなさい。

ア　相互《ご》が共に打ち解け合うこと　　イ　間に立って事を取り持つこと

ウ　相手側にきちんと伝えること　　エ　他者の立場で考えること

8　――部⑨「森林認証のエコマーク」とはどのような産物に対してつけられたものか。本文より二十五字程度で探し、初めと終わりの五字をぬき出しなさい。

9　資料１は、「主要国における認証森林面積とその割合」である。ここから読み取れるものとして、もっともふさわしいものを後から選んで記号で答えなさい。

資料１　主要国における認証森林面積とその割合

	FSC (万ha)	PEFC (万ha)	合計 (万ha)	森林面積 (万ha)	認証森林の割合(%)
オーストリア	0	267	267	387	69
フィンランド	161	1,804	1,965	2,222	88
ドイツ	135	757	893	1,142	78
スウェーデン	1,273	1,593	2,866	2,807	102
カナダ	5,393	13,203	18,596	34,707	54
米国	1,404	3,335	4,739	31,010	15
日本	41	169	210	2,496	8

(注１) 資料にある「認証森林」と、本文中の「森林認証」は同じことを示すものとする。

(注２) FSC・PEFC・・・国際的な森林認証制度として、「FSC認証」と「PEFC認証」の2つがある。

出典：林野庁HPより「平成30年度森林及び林業の動向」
https://www.rinya.maff.go.jp/j/kikaku/hakusyo/30hakusyo/attach/pdf/zenbun-13.pdf

ア　カナダは国土の森林面積がアメリカより小さいものの、認証森林の割合はアメリカより高い。
イ　オーストリアは国土の森林面積が主要国の中でもっとも小さいものの、認証森林の割合はカナダより高い。
ウ　日本は国土の森林面積がドイツより大きく、認証森林の割合もドイツより高い。
エ　フィンランドは国土の森林面積がスウェーデンより大きく、認証森林の割合が主要国の中でもっとも高い。

10　⑩にあてはまる言葉としてふさわしいものを、本文中よりぬき出してカタカナ四字で答えなさい。

11　――部⑪「冬の田んぼに水を入れたり、田んぼの脇《わき》に浅い溝《みぞ》を作って年中水たまりができるような工夫《くふう》が施《ほどこ》されている。」とあるが、この取り組みは、どのような効果を期待して行われているのか、もっともふさわしいものを後から選んで記号で答えなさい。
ア　トキやコウノトリが、水中生物を常にとりやすい状態を作ることで、米の生産と鳥たちの保護の両方を保っていくという効果。
イ　常に田んぼに水をたくわえておくことで、予想外のかんばつや水不足にも農作物がとれるという効果。
ウ　一年中田んぼに水があることで、子どもたちがカエル、トンボ、水鳥や様々な水中生物とふれあえるという教育的な効果。
エ　米づくりの季節以外はさみしい風景だった田んぼが、一年中水があることで日本人にとっての心のよりどころとなる効果。

12　⑫にはある外来語が入る。もっともふさわしい言葉を後から選んで記号で答えなさい。
ア　ステップ　　イ　プライド　　ウ　シンボル　　エ　ポイント

13　——部⑬「やや地味な生き物を対象にしたものもある。」とありますが、こうした生き物を対象とした理由としてふさわしくないものを後から一つ選んで記号で答えなさい。

ア　田んぼに生息する生き物と共に、同じ場所で生活をしながら米作りに取り組んでいることを消費者に示すため。

イ　その地域に生息する生き物を象ちょうにすることで、米の生産地を消費者に分かりやすく示すため。

ウ　田んぼに生息する生き物を象ちょうにすることで、消費者に米への親しみを感じてもらうため。

エ　米の生産には、地域に生息する生き物の存在が不可欠であることを消費者に理解してもらうため。

14　資料2の［ア］にはどのような言葉が入るか本文中よりぬき出して三字で答えなさい。

資料2　森林認証という言葉の意味やロゴマークの［ア］(複数回答)

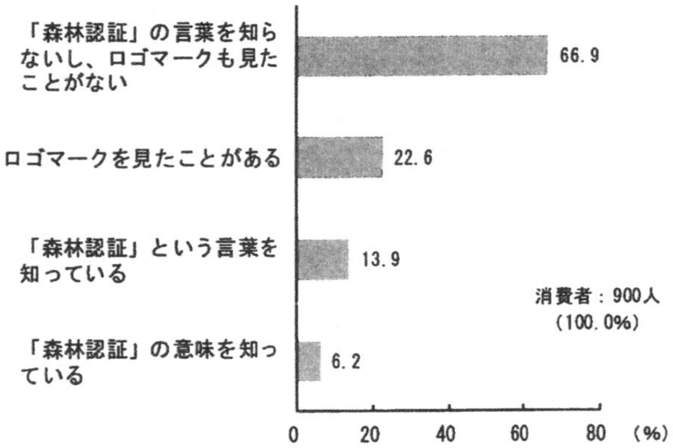

出典：農林水産省HPより
農林水産統計　農林水産省大臣官房統計部
(平成27年10月9日公表)
https://www.maff.go.jp/j/finding/mind/pdf/sinrin_27.pdf

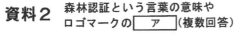

15　資料3について、後の問いに答えなさい。

資料3　森林認証の製品の購入

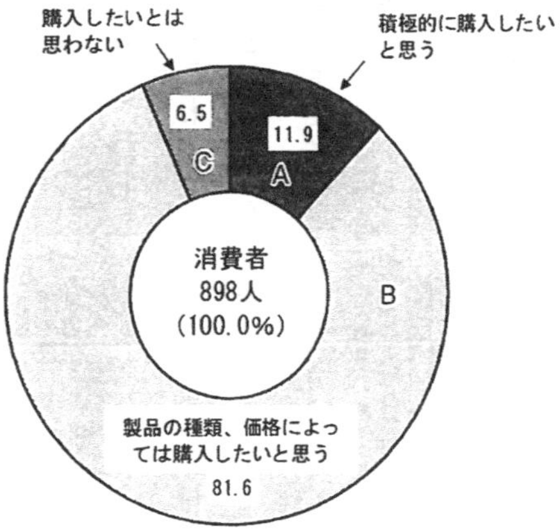

出典：農林水産省HPより
農林水産統計　農林水産省大臣官房統計部
（平成27年10月9日公表）
https://www.maff.go.jp/j/finding/mind/pdf/sinrin_27.pdf

（1）――部⑭「ここでも教育や啓蒙《けいもう》の努力や工夫が必要になってくるのだ。」とあるが、資料3では約何%の人がその対象となるか、小数第一位を四捨五入して整数で答えなさい。

（2）前問（1）で解答した人に、森林認証の価値を伝え、制度を定着させるためには、教育や啓蒙《けいもう》以外に何をすることが大切ですか。本文中より五十字程度で探し、初めの五字をぬき出しなさい。

（3）あなたが生産者なら消費者にどのように「認証米を購入《こうにゅう》したい」という思いにさせますか。「自然環境を大切にする点」と「消費者に販売をすすめる点」の二つの点を取り入れて、具体《ぐたい》的に実行できそうな取り組みを一つ説明しなさい。

【二】　次の文章を読んで、後の問いに答えなさい。（字数制限のある問いについては、句読点や記号も一字として数えます。）

（ここまでのあらすじ）
主人公の貴田翠《たかだみどり》は現在四十二才。イタリアで美術を学んだ後、世間からも注目される「売れっ子」美術評論家として活動しています。この場面は、翠が審査員《しんさいん》を務めた、ある美術賞審査会の後の話です。

作品番号二十九番。
その作家の名前は、鈴木明人《すずきあきひと》といった。＊友山《ともやま》からその名を聞いた瞬間《しゅんかん》、翠の記憶《きおく》の回路がすべて繋《つな》がった。
鈴木。二十年以上まえ、道端《みちばた》で絵を売っていた男の苗字《みょうじ》だ。
明人。幼《おさな》い頃《ころ》に別れた兄の名前だった。
偶然《ぐうぜん》の一致《いっち》かもしれない。けれど、翠がその日見た作品に描《えが》かれていた風景は、ずっと昔、兄と戯《たわむ》れた畑の中の風景であり、そして色使いと筆触《ひっしょく》は、まちがいなく＊表参道《おもてさんどう》の道端で目にした水彩画《すいさいが》そのものだった。
友山と電話で話しながら、翠は、①全身に心臓の鼓動《こどう》が響《ひび》き渡《わた》るのを止められなかった。友山に気づかれないように、さりげなく尋《たず》ねる。
「連絡先《れんらくさき》を知りたいんだけど。メールアドレスか電話番号か……」
「いくら先生とはいえ、個人情報ですからねえ」友山は②イジの悪いことを言う。「でもまあ、私から連絡《れんらく》して、ご本人の了解《りょうかい》を得《え》たらお知らせしますよ」
翠はこっそり③胸をなでおろした。
「じゃあお願いするわ」
「④ずいぶんとご執心《しゅうしん》ですね。まあ確かに、私もいち押《お》しだったんですよ、あの作品。単純だけど静かな力があふれてましたよね。無駄《むだ》なものを⑤、というか……」

そう聞いて、自然と微笑《びしょう》が浮かんだ。

すぐ連絡をくれる約束をして、いったん電話は切れた。しめ切り間近の原稿《げんこう》を書きながら、翠は待ちきれない思いがした。

もしも、あの画家が、あの鈴木だったら。

そして、あの鈴木が、兄だったら。

そう考えただけで、キーを叩《たた》く指が震《ふる》えた。

母の死後、(ア)自分は裕福《ゆうふく》な家庭の養女になった。いったい何が起こったのか、どうしてそうなったのか、養父母は決して話してはくれなかった。結果、翠は幸福に、健《すこ》やかに成長した。年老いた養父母に感謝こそすれ、過去の秘密《ひみつ》を聞きたいなどとはもはや思わない。ただ、自分の意志とは無関係に痛む古傷のような思いがある。

自分には、兄がいた。

その過去を変えることはできない。けれどその事実に向き合うこともできないまま、四十年近くを生きてきた。

道端で絵を売っていた鈴木。(イ)てれくさそうに笑う顔を、少年の兄に重ねてみる。いまとなっては、どちらの顔もはっきりと覚えていない。ただ、鈴木に出会ったとき、どこかで会ったことがある、と強く感じたことは覚えている。

二十年以上まえのできごと——国立近代美術館の夜のできごとが脳裏《のうり》に浮かんだ。⑥東山魁夷《かいい》の作品、『道』の前で鈴木が口にしたひと言が、いまさっき聞いたかのようによみがえる。

——全部捨てた。そうしたら、道が見えてきた。この絵を見ていると、そんなふうに感じます。

あの言葉が、「作品番号二十九番」に繋がったのだと思いたかった。

友山から電話がかかってきたのは、翌日《よくじつ》の昼過ぎだった。(ウ)前夜は寝《ね》つかれず、朝から焦《じ》れて待っていた翠に、予想もしなかった結果を友山は告げた。

「きのうから電話しているんですが、〈現在使われておりません〉って流れてくるんです。番号間違《まちが》いかと思って電話局に連絡して調べたんですが、使用停止になっているようです」
メールアドレスも携帯《けいたい》番号も応募《おうぼ》用紙には記されていなかったと言う。作品を返却《へんきゃく》するのに連絡できないのは困る、と友山も困惑《こんわく》している。
「住所を教えてください。手紙書いてみるから」翠がそう言うと、⑦友山は驚《おどろ》きを隠《かく》せない様子だった。
「貴田翠にそこまで惚《ほ》れこまれるとはなあ。この作家、大物になりますね」
さすがに折れて、友山は住所を教えてくれた。東京郊外《こうがい》、多摩《たま》地域の住所だった。車でなら一、二時間ほどで行ける。
翠の心は決まった。
「ありがとう。返事がきたらお伝えするわ」
すると、友山が「そうだ。手紙を書くんでしたら、本名をお知らせしましょうか」と言った。「鈴木明人ではなくて、本名は鈴森《すずもり》明人……」
えっ。

――鈴森。……鈴森翠。すずもり・みどり。
それは、かつての翠の名前だった。鈴森明人は、まちがいなく兄の名前だった。
電話を切って、翠は呆然《ぼうぜん》と立《た》ち尽《つ》くした。「先生？」と＊京香が心配そうに声をかけてきたが、もう何も聞こえなかった。
車のキーをつかんで、部屋を飛び出した。
＊マセラッティは郊外へ延びる＊幹線道路をひた走った。そのあいだじゅう、翠は祈《いの》っていた。
もしも、もしも……もしも。
いまから会う人が、あの鈴木だったら。そして兄だったら。
もしも、いまから会う人が、たとえあの鈴木でなかったとしても。ましてや兄でなかったとしても。
このさきも描き続けてくれる画家であることを、ただ、祈った。

幹線道路から細い路地に入った。民家のあいだをすり抜《ぬ》けるようにして、ハンドルを切る。いくつかの角を曲がったところで、急に視界が開けた。

いちめん、青々と波打つ水田が広がっている。そのあいだをまっすぐに切り裂《さ》くようにして、細い一本道がずっと先まで続いている。翠は目を凝《こ》らした。

古い、⑧くたびれた道だ。ずいぶん昔に舗装《ほそう》されたままなのだろう、コンクリートの道はひび割れてがたがたになっている。減速して、あたりを見回す。不思議ななつかしさが胸に募《つの》る。

窓を全開にすると、初夏のすがすがしい風が吹《ふ》き込《こ》んできた。その風を頬《ほお》で受けて、⑨翠はようやく確信した。

この道は、あの道だ。おさない頃《ころ》、母と兄と三人でたどった、あの道だ。

(エ)日が暮れるまで兄と戯《たわむ》れた道。兄が、大きなお城を描いてくれた道。

泣きじゃくりながら、兄と最後に別れた道。

涙《なみだ》がこみ上げた。ただ、なつかしかった。おにいちゃん、と翠は、そっと声に出して呼びかけてみた。

――帰ってきたよ――おにいちゃん。

カーナビが指し示す赤いフラッグの地点に、翠の車は到着《とうちゃく》した。車を降りると、目の前に広がる水田に向かって深呼吸する。濃厚《のうこう》な草の匂《にお》い、夏の初めの匂いがする。四十年近く止まったままだった時計が、少しずつ少しずつ動き始める。

その家は、時間に取り残されたような平屋《ひらや》建ての⑩シエイ住宅の一棟《とう》だった。あちらこちらひび割れたすりガラスの引き戸。その前に立って、翠は静かに朽《く》ちかけた家を見つめた。

引き戸を軽く叩《たた》いてみた。返事がない。何度か間を置いて叩いた。家の中で、誰《だれ》かが出てくる気配があった。すりガラスの向こうの影《かげ》に向かって、思い切って名乗ってみた。

「貴田翠と申します。新表現芸術大賞に出品された作品の件で、伺《うかが》いました」

影がぴたりと動きを止めた。胸を高鳴らせて、翠はその瞬間を待った。

がたがたと音を立てて、引き戸が少しだけ横に開いた。そのすきまに現れた顔を見て、翠は⑪息をのんだ。

少女だった。中学生だろうか、制服を着ている。真っ赤に泣《な》き腫《は》らしたような目を翠に向けている。翠はしばらく言葉を失って、ようやく「鈴森明人さんは……」となつかしい名を口にした。

少女は黙《だま》っている。みしみしと廊下《ろうか》がきしむ音がして、⑫がらっと引き戸が全開になった。

中年の女性が現れて、「どちらさまでしょうか？」と訊《き》いてきた。一瞬《いっしゅん》ひるんだが、

「こちらは、画家の鈴木明人——鈴森明人さんのお宅ですよね？　鈴木さんが応募された美術賞の関係者です。電話で連絡したのですが、つながらなかったので伺いました」一気に答えた。

少女の赤い目がかすかに震《ふる》えた。女性は翠の顔を無言で眺《なが》めていたが、ふっとため息をこぼして視線を足もとに落とした。そして、祈りの言葉でもつぶやくように告げた。

「先週、亡《な》くなりました。この子のお父さん——鈴森さんは」

画家の＊アトリエに、翠は通された。

古びたシエイ住宅のあちこちに、翠の記憶《おく》が呼び覚まされる。

柱の傷。「あきひと」「みどり」と刻んである。お化けみたいでこわいと泣いた、天井《てんじょう》の木目。畳《たたみ》はさすがに替《か》えたのか、タバコの焦《こ》げ跡《あと》はない。六畳《じょう》、四畳半《よじょうはん》と小さな台所。水道の蛇口《じゃぐち》がゆるくて、タイルを貼《は》ったシンクの上に、ぽたんと規則正しく水滴《すいてき》が落ちていた。六畳間に、母と兄と翠、布団《ふとん》を並べて敷《し》いた。布団の中は、兄と翠の王国。怪獣《かいじゅう》に襲《おそ》われる翠を、いつも兄が助けてくれるのだ。

四畳半には、束にして重ねられた画用紙。さまざまな色調の青と緑の水彩絵の具。お茶の缶《かん》に突《つ》き立《た》てられた汚《よご》れた絵筆。擦《す》り切れてぺちゃんこの座布団《ざぶとん》が一枚。

翠は、その座布団の上に座《すわ》って、狭《せま》い部屋を見渡《みわた》した。（オ）少女が茶碗《ちゃわん》をひとつ、運んできて、翠の前に差し出した。

少女の中学校の担任だという女性、西川佳代子《かよこ》が破れた襖《ふすま》をそっと閉めて、少女の横に正座した。襖の模様《もよう》は野菊《のぎく》のままだった。

少女の名は、彩《あや》といった。鈴森明人のひとり娘《むすめ》だった。お父さんは画家だったのね？　という翠の質問に、「仕事は別のことをしていたけど、いつも絵を描いていたから、画家だったと思う」。彩はそう答えた。

西川教諭《きょうゆ》の話では、父と娘がこの家に引《ひ》っ越《こ》してきたのは五年ほど前のこと。明人はかつてこの家に暮らしていたが、小学生のとき孤児《こじ》になり、施設《しせつ》に入った。その後、成人して家庭を持ち、娘が生まれたが、彩がおさない頃に母親は他界した。明人は(カ)ひとりで娘を育て、働きながらこつこつと絵を描いていたようだが、五年前まえにがんを患《わずら》い、生活が困窮《こんきゅう》してこのシエイ住宅に戻《もど》ったのだという。入退院を繰《く》り返す父の看病で休みがちだった彩を、西川教諭は見守ってきた。明人が回復することを共に祈りながら。

三か月ほどまえ、病院に見舞《みま》った西川教諭に、お願いがあります、と明人は言った。

描きかけの大作があるんです。けれど、どうやら完成させるだけの気力や時間も、私には残されていないようです。その作品を、ある賞に出そうと思っていました。応募の締《し》め切りは来月ですが、先生、その絵を出していただけませんでしょうか。ええ、描きかけです、わかっています。けれど、審査員のひとりだけ、きっと気づいてくれる人がいます――誰がそれを描いたのかを。

「あなたのことでしょうか？」

西川教諭が訊いた。翠は黙ってうなずいた。

約束通り、西川教諭は作品を梱包《こんぽう》し、「鈴木明人」の名前でほとんど白紙に近い経歴書を書き、締め切りの前日に発送を済ませた。そのあとしばらく、明人にかすかな活力がよみがえった。抗《こう》がん剤《ざい》の副作用に苦しみながらも、彩と共に枕《まくら》もとで画集を広げ、スケッチブックに色鉛筆《いろえんぴつ》を走らせもした。⑬最後の、ひだまりのような日々だった。

そして、その日がやってきた。

混濁《こんだく》する意識の中で、明人は、彩、と娘に呼びかけた。
――ずっと、秘密にしてたんだけどな。お父さんには、妹がいるんだ。……たったひとりの。だから、お前はひとりじゃないんだよ。
秘密にしてて……ごめんな。
それが父から娘への、最後の言葉だった。
「⑭あなたのことでしょうか?」
もう一度、西川教諭が訊いた。翠の頬を流れる涙が、その答えだった。
ずっと押《お》し黙《だま》っていた彩は、翠の正面に正座すると、突然《とつぜん》、両手を畳について深々と頭を下げた。
「ごめんなさい。許してください」
畳に伏《ふ》せた肩《かた》が小さく震えている。返す言葉がみつけられずに、翠は一途《いちず》にうずくまる背中をみつめた。
「お父さんのあの絵……最後に、⑮私が塗《ぬ》ったんです。田んぼの、みどり色のところが白かったから……お父さんに秘密で、私が塗りました」
ごめんなさい、ごめんなさい。
ぽたぽたと畳の上に涙を落として、少女は何度も何度も謝《あやま》った。
翠は、あの作品の風景を思い出していた。作品のすみずみまでが、ありありと心に浮かんだ。畑の中の翠色が、ごく薄《うす》くなっている箇所《かしょ》があった。わざとそうしているとしか思えないほど、ひどく下手な塗り方《かた》だった。けれど、だからこそその部分は輝《かがや》いていた。まぶしく白い木もれ日が集まっているように。
「⑯あの絵……失格なのでしょうか」
西川教諭が、残念そうな声を出した。翠は首を横に振《ふ》った。
「⑰作です」

そう言った。

彩は、顔を上げて翠を見た。涙をいっぱい流した顔。

翠はそっと両腕《りょううで》を広げて見せた。ずっと昔、母が、兄がそうしてくれたように。まっすぐに飛びこんでくるたおやかな体をしっかりと受けとめられるように。

車のエンジンをかけて、窓を下ろす。

西川教諭と並んで、彩が立っている。真っ赤な目を翠に向けているが、もう涙はない。

「じゃあ、来週末にもう一度来るからね。必ず」

彩はこくりとうなずいた。そのまま微笑《ほほえ》んだ。口もとにえくぼが現れるのを見て、翠も微笑む。窓を閉めかけると、西川教諭が、「あの、すみません」と、思いきったように声をかけた。

「実は……私、鈴森さんに頼《たの》まれていたのに忘れていたことがあって。経歴書に添付《てんぷ》してほしい、って言われていたものがあるんです。ずっと気になっていて……それ、お渡《わた》ししてもいいでしょうか」

翠は首をかしげた。西川教諭は急いで家の中へ戻ると、小さな紙きれを手にして現れた。

「これを」

窓の中に差し入れられたのは、（　⑱　）だった。

翠は古ぼけて黄ばんだそれを見つめた。そして、ほんの数秒、目を閉じた。それから半券を＊サンバイザーに挟《はさ》むと、

「じゃあ、行きます。この道を」

そう言った。西川教諭と彩は、笑顔《えがお》になって手を振った。

車はゆっくりと発進した。バックミラーに手を振る彩が映っている。大きく大きく手を振っている。遠くなる。どんどん遠くなる。

次の週末、もう一度ここへ帰ってきたときに――⑲この道を一緒《いっしょ》に行こうよ、と告げたら、彩《あや》は驚《おどろ》くだろうか。
青田がのびやかに風になびいている。午後の日差しに白々と輝《かがや》いて、道はどこまでも続いている。

《原田マハ『常設展示室』新潮社刊　問題作成の都合上、本文の表記を改編した部分があります。》

＊友山・・・・・・今回の美術賞審査会の事務局担当者。
＊表参道・・・・・東京の青山通りから明治神宮《じんぐう》方面へ向かうにぎやかな通りの名称《めいしょう》。
＊京香・・・・・・翠の事務所のスタッフ。
＊マセラッティ・・この場合は翠の愛用するイタリア製の乗用車。
＊幹線道路・・・・主要な地点を結ぶ交通量の多い大きな道路。
＊アトリエ・・・・芸術家が仕事をする作業場。
＊サンバイザー・・自動車の運転席上部についている折《お》り畳《たた》み式《しき》の日よけ。

1　――部①「全身に心臓の鼓動《こどう》が響《ひび》き渡《わた》るのを止められなかった」とありますが、その理由としてふさわしくないものを後から一つ選んで記号で答えなさい。
ア　作品番号二十九番の作者と二十年以上まえに絵を売っていた男の苗字《みょうじ》が同じであったから。
イ　作品番号二十九番の作者の名前がおさない頃に生き別れた兄と同じであったから。
ウ　作品番号二十九番の作者の作品があまりにもしょうげき的で以前の自分からは想像できない感動をうけたから。
エ　作品番号二十九番の作品の風景がおさない頃兄と戯《たわむ》れた頃の風景そのものであったから。

2　――部②・⑩を漢字二字で書いた場合、ア～オの――部に用いられる漢字と同じものがあります。例に習って、正しいものを順じょどおりに並べて記号で答えなさい。

（例）私はキンジョウ学院中学校を受験しました。　↓　金城

ア　祖母《そぼ》はキンジョに住んでいます。　↓　近所

イ　この世はニンジョウで動いている。　↓　人情

ウ　あの選手はオリンピックでキンメダルをとった。　↓　金

エ　尾張《おわり》名古屋はシロでもつ。　↓　城

オ　法律でサダめられている。　↓　定

正解　ウ・エ

（1）　――部②「友山はイジの悪いことを言う。」

ア　みんなのイケンが聞きたい。

イ　先祖《せんぞ》は朝廷《ちょうてい》の高いクライについていた。

ウ　去年のヘイキンチを計算する。

エ　かぜでイの調子がよくない。

オ　この駅周辺のチカの上しょう率は高い。

（2）――部⑩「平屋《ひらや》建てのシエイ住宅の一棟《とう》であった。」

ア　どれだけのシシュツがあったのかわからない。
イ　その教えはエイキュウに変わらない。
ウ　今日はエイカイワの授業がある。
エ　駅前では毎日アサイチが開かれる。
オ　本日はエイギョウを取りやめておきます。

3　――部③「胸をなでおろした」とありますが、その理由としてもっともふさわしいものを後から選んで記号で答えなさい。

ア　その作家の個人情報が簡単に外部にもれないことがわかったから。
イ　その作家の作品が大賞に選ばれる可能性がまだ残っているとわかったから。
ウ　その作家と自分自身の関係が友山に気づかれていないことがわかったから。
エ　その作家と連絡がとれる可能性があるということがわかったから。

4　――部④・⑧・⑪の語句の意味としてもっともふさわしいものを後から選んで記号で答えなさい。

（1）――部④「ずいぶんとご執心《しゅうしん》ですね」

ア　たいそう心が引かれていますね
イ　かなりとりつかれてますね
ウ　わりと気にかかっているみたいですね
エ　とてもドキドキしているんですね

（2）——部⑧「くたびれた道」

ア　歩くと疲《つか》れてしまうデコボコ道

イ　歴史を感じさせる伝統ある道

ウ　かつていやになるほど何度も歩いた道

エ　使い古された修理の行き届いていない道

（3）——部⑪「息をのんだ」

ア　あきれ果てて言葉がでなかった

イ　相手からの次の言葉を待って耳をすませた

ウ　驚《おどろ》きで一瞬《いっしゅん》息をとめた

エ　言いたいことをぐっとこらえた

5　本文中の［⑤］にあてはまる言葉を、これより後の本文中よりぬき出して五字で答えなさい。

6　〰〰部（ア）～（カ）を物語の時間的な流れでならびかえた場合、どのような順番になりますか。三番目と五番目になるものを記号で答えなさい。

エ → ■ → □ → ■ → □ → オ

7　――部⑥「東山魁夷《かいい》」は文化勲章《くんしょう》も受章した昭和を代表する日本画家で、ノーベル文学賞を受賞した川端康成《かわばたやすなり》とも親しかったことで有名です。川端康成《かわばたやすなり》の作品ではないものを後から一つ選んで記号で答えなさい。

ア　伊豆《いず》の踊子《おどりこ》　　イ　雪国　　ウ　古都《こと》　　エ　杜子春《とししゅん》

8　――部⑦「友山は驚《おどろ》きを隠《かく》せない様子だった」の友山の気持ちとしてもっともふさわしいものを後から選び記号で答えなさい。

ア　手紙を書くというほど、この絵の作家に連絡《れんらく》がとりたいだなんて。

イ　作家の住所など、あてにならないものだと知っているはずなのに。

ウ　翠《みどり》さんはこの絵に自分の兄の姿を見つけてしまったのではないか。

エ　連絡先を探して動くのは私の仕事なのに、どこまでふみこんでくるのか。

9　――部⑨「翠《みどり》はようやく確信した」とありますが、

（1）「翠《みどり》」はどのようなことを「確信した」のですか。解答らんの「作品番号二十九番の作者は、～こと。」に合う形で答えなさい。

（2）「翠《みどり》」はどういう理由でそのことを「確信した」のですか。解答らんの「作品番号二十九番の作品の～から。」に合う形で答えなさい。

10　――部⑫「がらっと」と、同じ性質の言葉としてもっともふさわしいものを後から選んで記号で答えなさい。

がらっと引き戸が全開になった。

ア　すかっと晴れた青空だ。

イ　なぜあんなにじっとみているのか。

ウ　電車ががたんとゆれた。

エ　白馬からひらりとまいおりた。

11　――部⑬「最後の、日だまりのような日々」とはどのような意味ですか。もっともふさわしいものを後から選んで記号で答えなさい。

ア　残された命の時間の中で、親子二人がつかの間の幸せに心温まる暮《く》らしができた日々。

イ　次に待つ悲しさをお互いに意識しながら、それをどれだけ先にひきのばせるかという戦いの日々。

ウ　親子二人で好きな絵を描くことのできた芸術《げいじゅつ》的な情熱のこもった日々。

エ　お互《たが》いを思いやる気持ちをお互いに伝え合い自覚できたかけがえのない日々。

12　――部⑭の「あなたのことでしょうか？」の前に言葉をつけくわえるとするとどのような言葉をくわえたらよいでしょうか。解答らんに合う形で答えなさい。

13　――部⑮「私」と同じ性質でない言葉を後から一つ選んで記号で答えなさい。

ア　父　　イ　彼《かれ》　　ウ　あなた　　エ　僕《ぼく》

14　――部⑯「あの絵……失格なのでしょうか」の発言の理由として もっともふさわしいものを後から選んで記号で答えなさい。

ア　応募《おうぼ》作品の一部に明らかに下手なぬり方でうすくなっている部分があったことを知ったから。

イ　応募作品に同封《どうふう》した経歴書に連絡《れんらく》先も書かずに発送したことを思い出したから。

ウ　応募作品の仕上《しあ》げを作家本人ではなく別の人物が行っていたことを知ったから。

エ　応募作品の発送を本人ではなく自分自身がしたことを審査員《しんさいん》に伝えてしまったから。

15　[⑰]に入る漢字一字としてもっともふさわしいものを後から選んで記号で答えなさい。

ア　新　　イ　駄《だ》　　ウ　傑《けっ》　　エ　失

16　（　⑱　）とは、応募《おうぼ》の際に経歴書に添付《てんぷ》しなかった「小さな紙切れ」のことである。（　⑱　）に入る言葉を、「（1）□□□□□□□の（2）□□」の形にあうように、（1）は漢字七字で（　⑱　）より前の部分から、（2）は漢字二字で（　⑱　）より後の本文中からぬき出して答えなさい。

17　――部⑲「この道を一緒《いっしょ》に行こうよ、と告げたら、彩《あや》は驚《おどろ》くだろうか。」には、翠《みどり》のどのような決意がこめられているか。解答らんの「父親・・・決意。」に合う形で三十字以内で分かりやすく説明しなさい。

18　この小説を読んだあるクラスの十人が、感想を話し合いました。文章の読解という立場から、この小説を味わえていないのは誰でしょうか。ふさわしくないものを後から一つ選んで記号で答えなさい。

ア　作品を応募《おうぼ》した鈴森《すずもり》さんは、その審査員《しんさいん》に自分の妹の翠《みどり》がいることに気づいていたんじゃないかなあ。

イ　そうだね。二十年以上前の時も、たぶん、その女性が妹の翠だって気づいていたんだ！

ウ　翠は、昔の自分のおうちの前の風景と、東山魁夷《かいい》の作品と、作品番号二十九番の作品が一つにつながったとき、どんな気持ちだったんだろうな。

エ　「小さな紙切れ」を渡されるときまで、翠は何もわかっていなかったんじゃないかな。突《とつ》然結びついたからこそ、最後のシーンに感動がつまっているよね。

オ　イタリア車を乗り回して活やくする翠と、貧《まず》しい生活の中で亡《な》くなる直前まで絵を描《えが》き続けた兄は対照的だね。そのことを知った翠の心には「痛み」があったんだろうなあ。

カ　お兄さんの娘が「彩《あや》」ちゃんていう名前なのも、苦しくても絵を描き続けてきたお兄さんが、たぶんつけた名前だって私は思う。いい感じだよね。心にしみるなあ。

キ　わたしは、絵のこと、よくわかんないんだけど、この作品を読んで、東山魁夷という画家の作品を見たくなったわ。どんな絵なんだろう。

ク　作者の住所に車で向かう翠の目の前におさない頃の風景が広がって、思わず「おにいちゃん」って口にした翠の心、うまくはいえないけどなんとなくわかる気がする。お兄ちゃんのこと、翠は心の底でずっとおしかくしていたんだな。

ケ　二十年以上前に翠が表参道《おもてさんどう》の道端《みちばた》で見た見知らぬ青年の絵と、この作品番号二十九番の絵は、どんなところが似ているのかなあ。それを考えるのもおもしろいよね。

コ　鈴森さんの娘さん、彩ちゃんが、秘密《ひみつ》に塗《ぬ》ってたっていう田んぼの一部分の色が、「みどり」色っていうのも何か意味があるのかなって感じるなあ。

19　この小説はイタリア語で「La Strada」という副題がついています。本文の内容をよく理解して日本語の小説名を漢字一字で答えなさい。

2021年度　金城学院中学校入学試験問題

〔算　数〕 (50分)

◎答えは解答用紙に書きなさい。

1　問題は 1 から 5 までで，13ページあります。もし，ページがぬけていたり，同じページがある場合は，手を挙げて先生に知らせてください。

2　解答用紙には受験番号を忘れないように書いてください。名前を書く必要はありません。

3　解答用紙だけを集めます。

1 次の問いに答えなさい。

(1) 次の計算をしなさい。

$96 \times 0.25 + 52 \times 2.5 + 36 \times 25$

(2) 次の計算をしなさい。

$\dfrac{8}{15} \times \left\{ 2.5 + 5\dfrac{2}{3} \div (1 - 0.32) \right\}$

(3) 奇は奇数，偶は偶数を表すこととします。

次の式のうち，計算した答えが奇数になるものをすべて選び，記号で答えなさい。

㋐ 奇＋偶×奇
㋑ 偶＋奇×偶
㋒ 奇＋偶×偶
㋓ 偶＋偶×偶
㋔ 奇＋奇×奇
㋕ 偶＋奇×奇

(4)　下の値段表で，$x \times 3 + 200$ という式は何を表しているかを説明しなさい。

値段表	
えんぴつ１本	x 円
消しゴム１個	60円
ノート１冊	200円

(5)　３種類の商品Ａ，Ｂ，Ｃについて次の①，②のことがわかっています。

①　Ａ，Ｂ，Ｃの値段の平均は5800円である。

②　Ａ，Ｃの値段の平均は6500円である。

商品Ｂの値段はいくらですか。

(6)　ジュースが入ったびんの重さを量ったら，2000ｇでした。入っているジュースの40％を飲んだ後に重さを量ったら，1380ｇでした。びんの重さは何ｇですか。

(7)　次の□に当てはまる数を答えなさい。

600m先を分速□mで歩くAさんを，Bさんが分速130mで追いかけたら20分で追いついた。

(8)　図のように長方形の紙を折り返したとき，あの角の大きさは何度ですか。

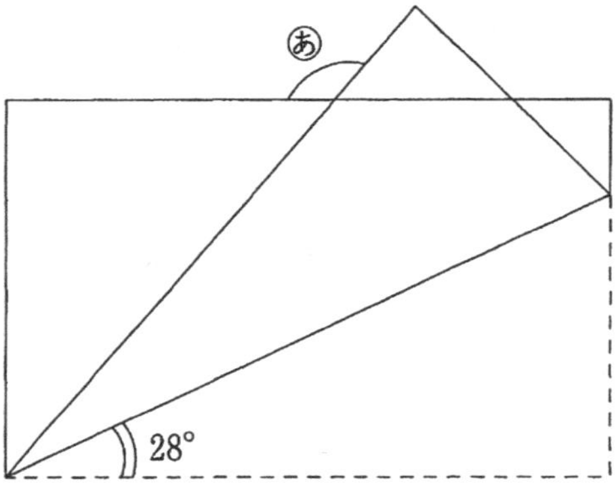

(9)　AさんとBさんと先生が会話をしています。

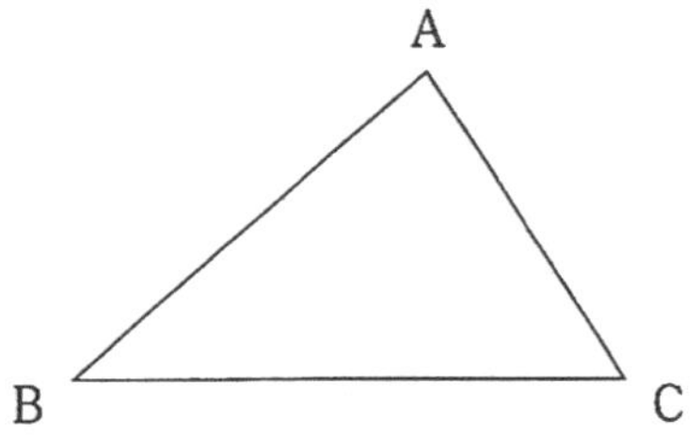

先生　：「辺の長さと角の大きさを測って，この三角形 ABC と合同な三角形をかきましょう。」

Aさん：「私は辺 AB の長さを測りました。」

Bさん：「私は角Aの大きさを測ったよ。」

先生　：「では，あと1つどこを測れば三角形がかけますか。」

Aさん：「①この辺の長さを測ればよいと思います。」

Bさん：「②この角の大きさを測ってもいいんじゃないかな。」

先生　：「二人とも正解ですね。」

上の下線部①，②はそれぞれ図のどこを指していますか。

⑽　図の斜線《しゃせん》部分の長方形を直線 AB のまわりに 1 回転してできる立体の体積を求めなさい。ただし，円周率は3.14とします。

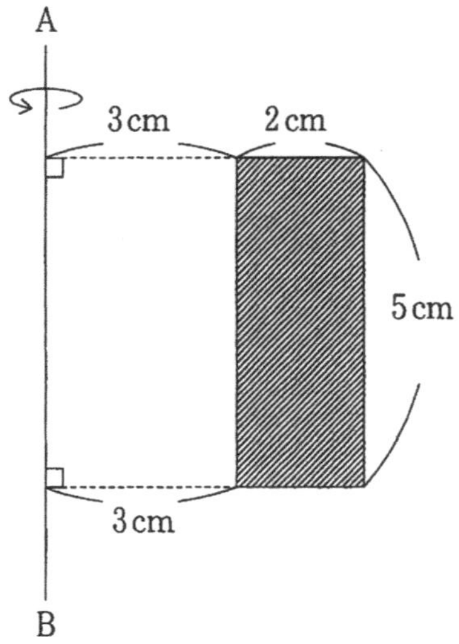

2 次の問いに答えなさい。

(1) 約分して $\frac{11}{17}$ になる分数のうち，分母と分子の差が2けたで最大となるものを答えなさい。

(2) あるクラスでA，B，Cの3問のテストを行いました。配点はAが50点，BとCがそれぞれ25点です。結果は下の表のようになりました。BとCの2問とも正解した生徒が15人だったとき，Aを正解した生徒は何人いましたか。

得点（点）	100	75	50	25	0
人数（人）	9	12	15	7	2

(3)　図の三角形 ACD の面積を求めなさい。

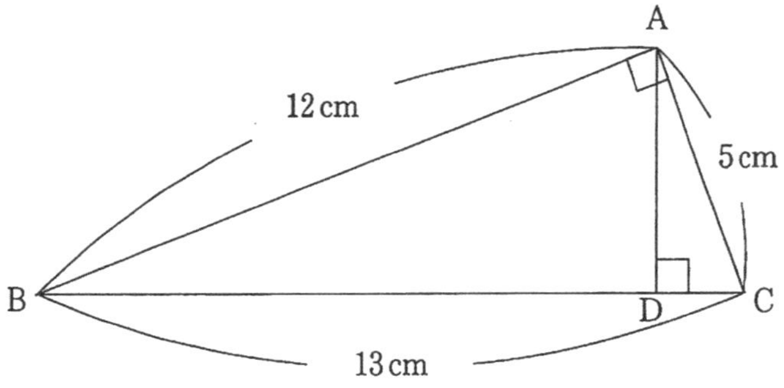

(4)　合同な正三角形 8 個で囲まれた立体があります。この立体を図のように頂点から 3 cmのところで，もとの立体の頂点を含む部分を切り落としていきます。同じようにすべての頂点を切り落としたとき，残った方の立体の辺の数は全部で何本になりますか。

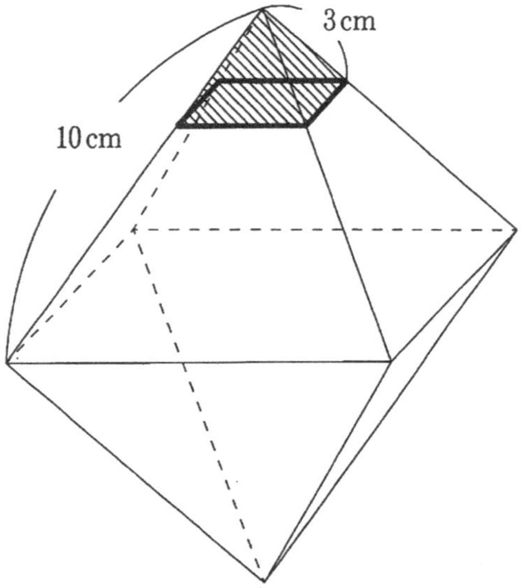

(5) 底面が縦《たて》10cm，横30cmの長方形のカステラがあります。図のように同じはばで10等分すると，表面積の合計が切る前の表面積の2倍になりました。このとき，カステラの高さは何cmですか。

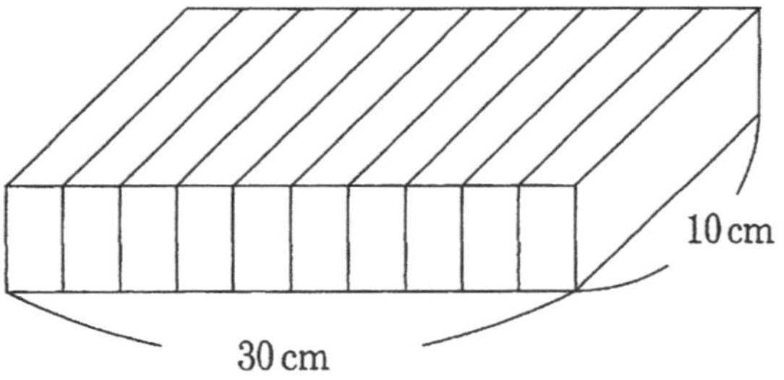

(6)　２台の計算装置Ａ，Ｂがあります。それぞれの計算装置には入れる数と出てくる数に次のような関係があります。

Ａ：出てくる数は入れる数に比例する。
Ｂ：出てくる数は入れる数に反比例する。

Ａ，Ｂそれぞれに10を入れたとき，どちらも５が出てきました。

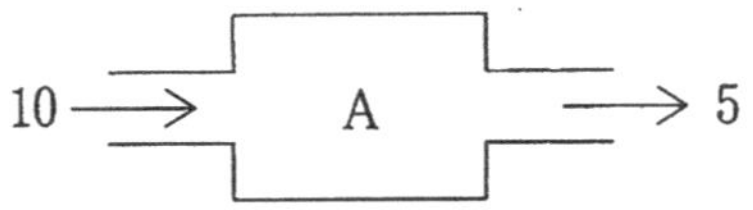

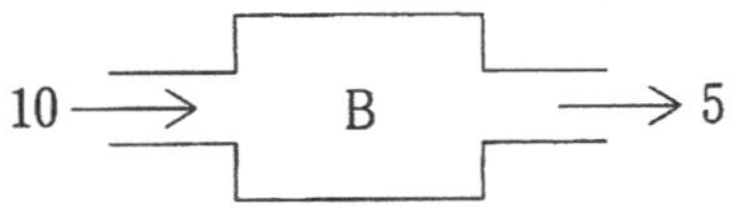

この２台の計算装置を，次のようにつなぎました。

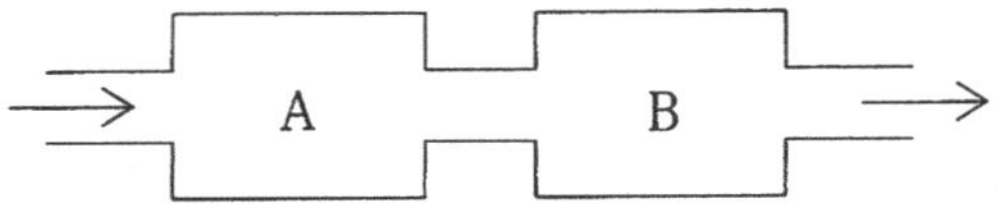

つないだ装置に50を入れたとき，出てくる数を答えなさい。

3 コンピュータやロボットは，いろいろな命令を組み合わせて動かします。下のような命令を組み合わせて点を動かし，図形をかきます。

＜命令＞

［まっすぐに □ cm進む。］　［進む向きを左に □° 回す。］

例えば，命令は次のように実行されます。

(ア) ［まっすぐに 4 cm進む。］ を実行したとき

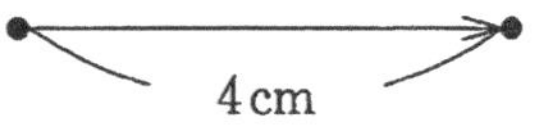

(イ) ［まっすぐに 4 cm進む。］
↓
［進む向きを左に 90° 回す。］
を実行したとき

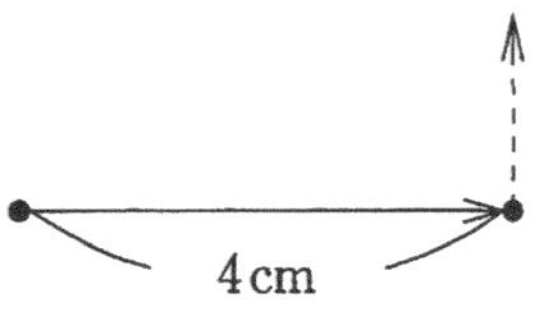

(1) 次の命令を，動く点が初めの位置にもどるまでくりかえし実行するとき，点はどのような図形をかきますか。図形の名前と1辺の長さを答えなさい。

［まっすぐに 3 cm進む。］
↓
［進む向きを左に 90° 回す。］
↓
［まっすぐに 2 cm進む。］

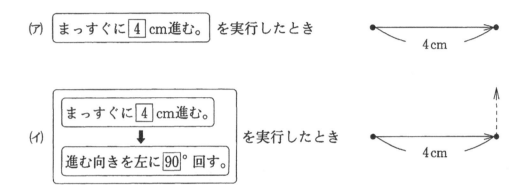

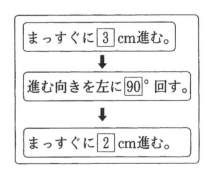

(2) 次の命令を，動く点が初めの位置にもどるまでくりかえし実行したとき，点は1辺が6 cmの正三角形をかきました。A，Bにあてはまる数を答えなさい。

まっすぐに A cm進む。

↓

進む向きを左に B ° 回す。

ただし，Bにあてはまる数は0以上180以下とします。

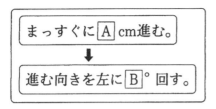

4 次の問いに答えなさい。

(1) 15%の食塩水200gと5%の食塩水300gがあります。この2つの食塩水を混ぜてできた食塩水の濃度は何%ですか。

(2) 容器Aには15%の食塩水が200g，容器Bには5%の食塩水が300g入っています。容器A，Bから同じ量の食塩水を，それぞれ別の容器に取り出し，容器Aから取り出した食塩水を容器Bに，容器Bから取り出した食塩水を容器Aに戻したところ，容器Aの食塩水の濃度がBの濃度の2倍になりました。容器Aの食塩水の濃度は何%になりましたか。（求め方もかきなさい。）

5 Aさんと先生が会話をしています。

先生　：「$\frac{1}{2}+\frac{1}{4}+\frac{1}{8}+\frac{1}{16}+\frac{1}{32}+$・・・というように，ずっと分数を足していくとどうなると思いますか。」

Aさん：「いくら小さい分数でも足しつづけていけば，どれだけでも大きな数になると思います。」

先生　：「なるほど。では，足していく分数にはどんな特徴《とくちょう》がありますか。」

Aさん：「えっと…。まず分子は必ず1で，分母は2倍になっていくから…足していく分数は$\frac{1}{2}$倍になっていくと思います。」

先生　：「そのとおり。では，この図をつかって足し算の結果を考えてみましょう。」

Aさん：「…。そうか。つまりこの足し算の結果は，ずっと増えつづけるけれど，1を超えることは絶対にないですね。」

右の図は会話の中で先生が示した図です。

上の会話の下線部の理由を「面積」という言葉をつかって簡単に説明しなさい。

また，$\frac{1}{32}$まで足した様子を図にかきこみなさい。

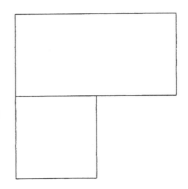

（注）答えは解答用紙にかきなさい。

2021(R3) 金城学院中
K 教英出版

2021年度　金城学院中学校入学試験問題

〔理　科〕　(30分)

◎答えは解答用紙に書きなさい。

1　問題は[1]から[4]までで、7ページあります。もし、ページが抜《ぬ》けていたり、同じページがある場合は、手を挙げて先生に知らせてください。

2　解答用紙には受験番号を忘れないように書いてください。名前を書く必要はありません。

3　解答用紙だけを集めます。

1　下の図のように、５種類の水よう液が入ったビーカーがあります。これらのビーカーに緑色のBTB液を入れると、３種類の色に分かれました。緑色のままのものをＡグループ、黄色になったものをＢグループ、青色になったものをＣグループとします。

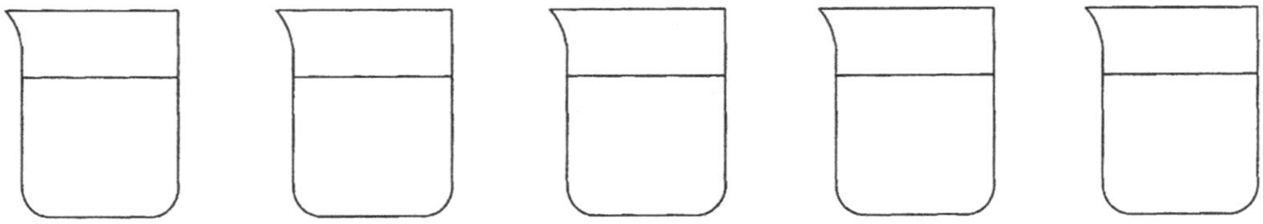

ア：食塩水　　イ：アンモニア水　　ウ：塩酸　　エ：炭酸水　　オ：石灰《かい》水

(1)　ア～オを、Ａ～Ｃの３つのグループに分け、記号で答えなさい。

(2)　Ｂグループの水よう液によって色が変化するのは、赤いリトマス紙ですか、青いリトマス紙ですか。

(3)　水を蒸発させると固体が残る水よう液をすべて選び、記号で答えなさい。

(4)　Ｃグループの中で、においのする水よう液を１つ選び、記号で答えなさい。

(5)　アルミニウムをとかすことのできる水よう液を１つ選び、記号で答えなさい。

2　下の図のように、重さ100 gのおもりを糸につけ、ふりこを作りました。高さ10 cmからおもりを放し、ふりこが10往復する時間をはかる実験を行ったところ、表のような結果が得られました。

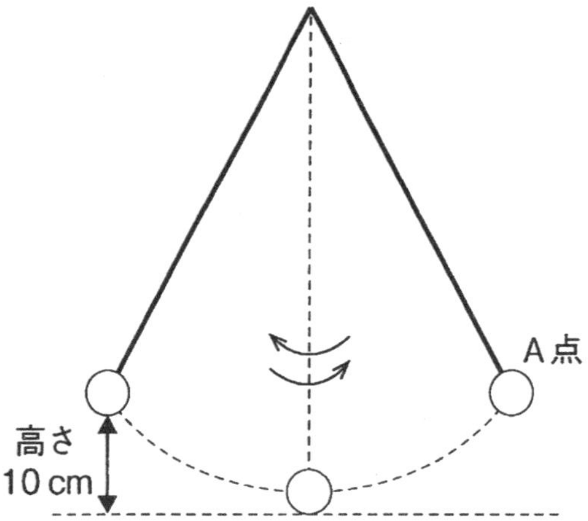

ふりこの長さ（m）	0.25	0.50	1.0	1.5	2.0
10往復するのにかかる時間（秒）	10	14	20	24	28

(1)　ふりこの長さが4.0 mのとき、10往復するのにかかる時間は何秒ですか。

(2)　長さが1.5 mのふりこのおもりを、高さ5.0 cmから放したとき、ふりこが10往復するのにかかる時間は何秒ですか。

(3) おもりを放して、おもりが最高点のＡ点に達したとき、糸が切れておもりが床に落ちたとすると、どのように落ちますか。次の①～⑤から選びなさい。ただし、実線の矢印は糸が切れた後のおもりの道すじを表します。

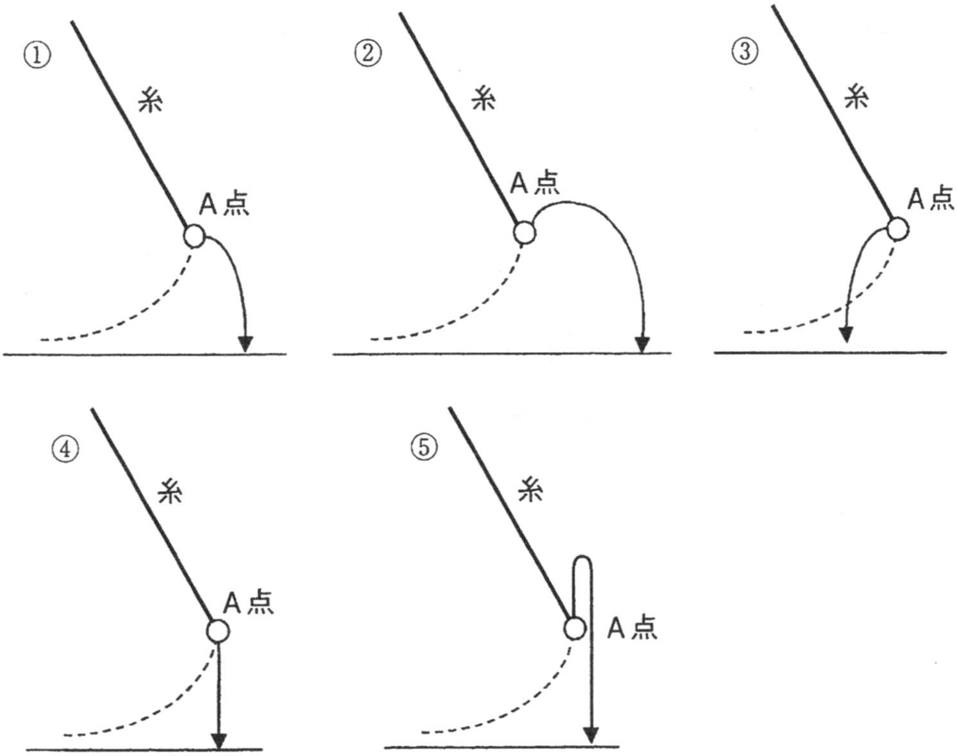

(4) 下の図のように、長さが1.0 m のふりこと、長さが2.0 m のふりこの最高点が同じになるように装置を作りました。２つのふりこをＢ点、Ｃ点から同時に放したとき、おもりがぶつかるのはおもりを放してから何秒後ですか。

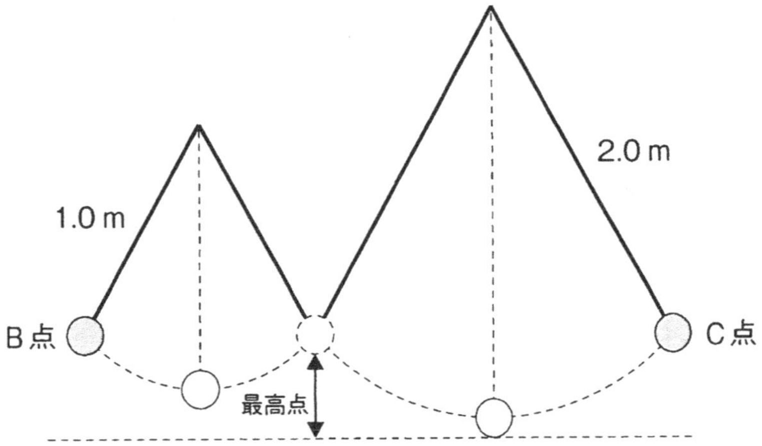

3　晴れた日の朝、葉をすべてとったホウセンカと葉をつけたままのホウセンカの両方にとう明なふくろをかぶせて、モールでふくろの口を閉じました。しばらくしてから観察すると、葉をすべてとった方のふくろの内側には少しだけ水てきがつき、葉をつけたままの方のふくろの内側にはたくさんの水てきがついていました。このことから、葉には水分を出すしくみがあると考えました。

そこで、ホウセンカの葉の表面をけんび鏡で観察しました。図1は、そのスケッチです。また、その後調べてみると、植物が葉などから水分を出すしくみを「蒸散」、蒸散をおこなっている場所を「気孔《きこう》」ということがわかりました。

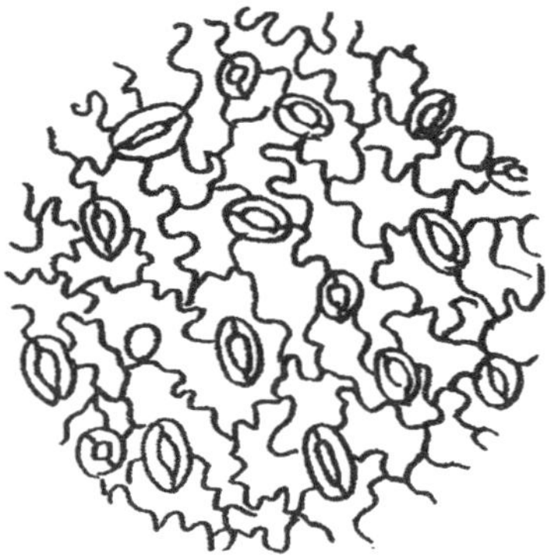

図1　ホウセンカの葉（400倍）

下のグラフは、実線①が蒸散の量、②が根から水を吸い上げる量、点線③と④は気温と日射量のどちらかを表しています。ただし、縦の目盛りは一番多い値を100%として、増えたり減ったりの変化（相対値）を示しています。

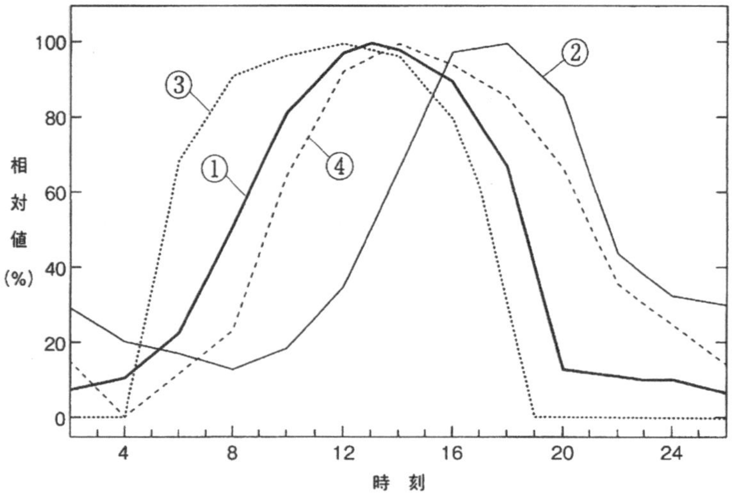

図2

(1)　図１に「気孔」が観察できます。図１は、葉の表側ですか、裏側ですか。

(2)　「気孔」はどこですか。解答らんの図中の気孔をすべて黒くぬりなさい。

(3)　図２のグラフから、次の(ア)～(ウ)がどんな順でおこっていると考えられますか。適切な順に並べ、記号で答えなさい。

(ア)　植物の体内を水が移動する。
(イ)　蒸散がおこる。
(ウ)　根から水を吸収する。

(4)　点線③と④は、どちらが気温を表すグラフですか。選んだものを記号で答え、選んだ理由を解答らんの「１日の気温は」に続いて述べなさい。

(5)　次に、図３のようにメスシリンダーに水を入れ、そこにアジサイの枝を差したものを用意して、実際にどのくらいの量の水が植物から出ているのか、１時間ごとの水の減少量を調べました。これを実験Ａとします。葉だけからの蒸散量を調べるためには、実験Ａのほかに、もう１つ別の実験Ｂが必要です。実験Ｂには、このメスシリンダーとアジサイの枝を使います。使い方は自由です。実験Ｂのようすを図に表し、２つの実験からなぜ葉だけからの蒸散量がわかるのか理由を述べなさい。図には実験Ａとの違いを文字で書き加えなさい。

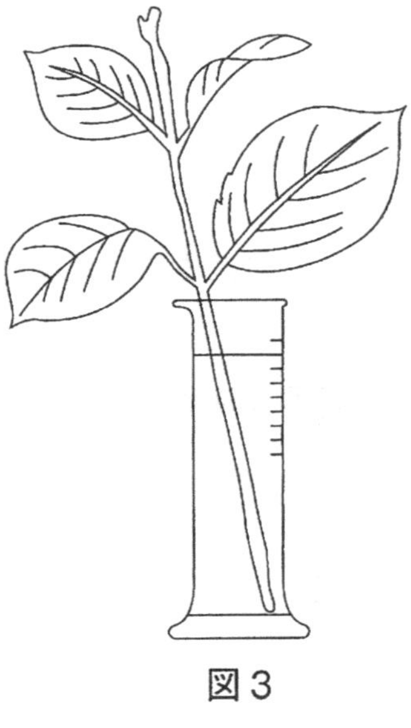

図３

4 下の文を読み、次の各問いに答えなさい。

地球上の水は（　ア　）して（　イ　）になり、空気中に出ていきます。空気中の（　イ　）は上空に運ばれて（　ウ　）になり、雨や雪となって地上にもどってきます。生物が体にとり入れたり生活に使ったりした水も、排出された後、じゅんかんして地上にもどってきます。このように、水は私たちの生活に深く関わっています。

水は地球の表面の約（　①　）％をおおっています。地球にはとてもたくさん水があって、水が不足するようには思えません。しかし、水の多くは海水で、私たちが生活に利用できる水は地球上にある水全体の体積の約（　②　）％だと考えられています。

日本は水の豊かな国であるといわれていますが、私たちは間接的に水を輸入しています。日本では食料自給率は約（　③　）％で多くの食料を輸入にたよっています。それらの食料を作った生産国では、食料を作るために大量の水を使用しています。※例えば、1kgのトウモロコシを生産するには、かんがい用水として1800リットルの水が必要です。また、牛はこうした穀物を大量に消費しながら育つため、牛肉を1kg生産するためにはその約20000倍もの水が必要です。結果として、ハンバーガー1個には1000リットルの水が消費されることになります。つまり、日本は海外から食料を輸入することによって、その生産に必要な分だけ自国の水を使わないで済んでいるのです。言いかえれば、食料の輸入は形をかえて水を輸入していると考えることができます。このような水のことを（　④　）水（バーチャルウォーター）と呼んでいます。

※　参考資料　環境省ホームページ　https://www.env.go.jp/water/virtual_water/

(1) 文中の（　ア　）～（　ウ　）にあてはまる言葉を書きなさい。

(2) 文中の（　①　）～（　③　）にあてはまる数値をそれぞれ選び、記号で答えなさい。

ア　0.8　　イ　7　　ウ　13　　エ　40　　オ　70　　カ　80

(3) 文中の（　④　）にあてはまる語句を選び、記号で答えなさい。

ア　農業　　イ　他国　　ウ　輸入　　エ　仮想

(4) 水に関する下の①～③の各問いに答えなさい。

① 植物の成長には水が必要です。また、植物が発芽するためにも水が必要ですが、植物の発芽には水以外にも必要な条件があります。2つ答えなさい。ただし、答える順は問いません。

② 川の上流と下流の石にはその形状にちがいが見られます。これらは流れる水のはたらきによるものです。上流に比べて、下流の石にはどのような特ちょうがありますか。

③ 20℃の空気を温めると体積が大きくなります。20℃の水は温めると体積はどうなるか答えなさい。

(5) 下に示した表は、ある日の朝食のメニューです。メニューすべてが輸入されたものとして（　④　）水を計算しなさい。ただし、それぞれの食品1kgあたりの（　④　）水はメニューの右に示した値を使いなさい。答えは、単位L（リットル）で答えなさい。また、1 m^3＝1000 Lです。

メニュー（質量）	それぞれの食品1kgあたりの（　④　）水
食パン　1枚（60 g）	1.6 m^3
バター　大さじ1ぱい（13 g）	13 m^3
イチゴ　5個（75 g）	0.68 m^3
オレンジジュース　1ぱい（200 g）	0.84 m^3

2021年度　金城学院中学校入学試験問題

〔社　会〕 (30分)

◎答えは解答用紙に書きなさい。

1　問題は[1]から[17]までで、14ページあります。もし、ページが抜《ぬ》けていたり、同じページがある場合は、手を挙げて先生に知らせてください。
2　解答用紙には受験番号を忘れないように書いてください。名前を書く必要はありません。
3　解答用紙だけを集めます。

1 次の(1)・(2)の古墳《こふん》は、古墳時代の日本にごく少数ですが実際にあった古墳のかたちです。

よく知られている「円墳《えんぷん》」や「方墳《ほうふん》」などのかたちや呼び方を参考にして、(1)・(2)のかたちの古墳の呼び方が完成するように、(1)・(2)の（　ア　）～（　エ　）にあてはまる最もふさわしい文字を、それぞれ漢字１字で答えなさい。

(1)

「上（　ア　）下（　イ　）墳」

(2)

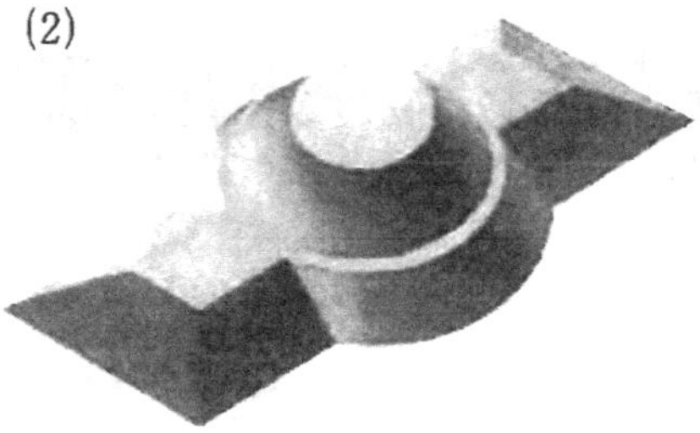

「双《そう》（　ウ　）中（　エ　）墳」

（図版は、『デジタル大辞泉』（小学館　http://daijisen.jp/digital/）より）

2 次の文章は、ある小説の中に出てくる遣隋使《けんずいし》に関わる記述です。この記述は中国の歴史書である『隋書《ずいしょ》』の内容にもとづいて書かれていますが、これを読み、あとの問いに答えなさい。

著作権に関係する弊社の都合により
省略いたします。
教英出版編集部

倭国の国書に「①日出《い》ずる処《ところ》の天子《てんし》、②日没《ぼつ》する処の天子に書を致《いた》す」とあり、煬帝が非礼な文辞に対して不快に思ったという内容が書かれている。

（『風よ、万里《ばんり》を翔《か》けよ』（田中芳樹《よしき》・著　中公文庫　2000年）より）

文章中の下線部①・②の中の「天子」について、それぞれにあてはまる人物を次のア～エから一つずつ選び、記号で答えなさい。

ア．推古《すいこ》天皇　　イ．小野妹子《おののいもこ》　　ウ．煬帝（隋の皇帝）　　エ．卑弥呼《ひみこ》

3 はな子さんは、奈良時代から平安時代初期の都の移り変わりについて、社会の授業で調べることになりました。以下は、調べたことの発表で用いた資料です。この資料を見て、(1)・(2)の問いに答えなさい。

都の移り変わりと政治の中心の変化

・710年　平城京《へいじょうきょう》に都を移す。

→この都は中国の都を手本にして造《つく》られている。

“問題の発生！”

・「疫病《えきびょう》が流行《はや》って政治が乱れてしまう‥‥」

→741年　聖武《しょうむ》天皇は仏教の力で国を治めようとする。

【具体策】

・①都の中心や地方にお寺を建てる。

→しかし、８世紀末になっても、争いは絶えず、政治は安定しない‥‥。

“桓武《かんむ》天皇が②律令《りつりょう》制の再建を目指し、政治の改革を行う！”

【具体策】

・寺社などの旧勢力との関係を断つ。

・貴族を中心とする新たな政権基盤《きばん》の確立を目指す。

・784年に長岡京《ながおかきょう》を造ったが失敗したので、794年に平安京《へいあんきょう》に都を移す。

・地方の政治改革。

→その後、天皇が東京に移る明治時代にいたるまで1000年以上にわたり、平安京（京都）が都となる。

(1)　資料中の下線部①に関して、地方に建てられたお寺は一般的に何と呼ばれたか、漢字３字で答えなさい。

(2)　資料中の下線部②に関して、はな子さんに当時の農民の負担について質問がありました。当時の農民の負担として適切ではないものを次のア～エから一つ選び、記号で答えなさい。

ア．租《そ》とは、稲《いね》の収穫《しゅうかく》高の約３％を納《おさ》める税である。

イ．庸《よう》は、都で働くかわりに布を納めてもよい税である。

ウ．年貢《ねんぐ》は、収穫の約半分を納める税である。

エ．調《ちょう》は、各地の特産物を納める税である。

4 次のヒント１～４にあてはまる祭の名称を下のア～エから一つ選び、記号で答えなさい。また、ヒントの中の下線部の戦乱の名前を答えなさい。

ヒント１　この祭は、今から1000年以上前に始まった。
ヒント２　この祭は、京都市の八坂《やさか》神社の祭礼《さいれい》で、毎年７月１日から１ヶ月間にわたっておこなわれる。
ヒント３　この祭は、1467年からの戦乱によって中断したが、人々の努力でよみがえった。
ヒント４　下の絵は、この祭の様子が描かれたものである。

（京都国立博物館蔵）

ア．百万石《ひゃくまんごく》祭　　イ．竿灯《かんとう》祭　　ウ．祇園《ぎおん》祭　　エ．ねぶた祭

5 戦国大名の中には、鉱山《こうざん》の開発に力を入れた者もいました。16世紀前半に本格的な開発が始まった島根県にある銀山をめぐっては、戦国大名どうしの戦いがくりひろげられました。この銀山の名前を、漢字４字で答えなさい。

6　江戸幕府のしくみについて、次の①～③の役割をあとのア～オからそれぞれ一つずつ選び、記号で答えなさい。

①　大老《たいろう》　　②　勘定奉行《かんじょうぶぎょう》　　③　京都所司代《しょしだい》

ア．通常の最高職

イ．臨時におかれる最高職

ウ．旗本《はたもと》・御家人《ごけにん》のとりしまり

エ．幕府の財政を担当

オ．朝廷《ちょうてい》と西国大名《さいごくだいみょう》の監視《かんし》

7　江戸時代に書かれた次の文章を読み、あとの問いに答えなさい。

> 百姓一揆《ひゃくしょういっき》や打ちこわしが起こる原因を考えてみると、百姓や町人が悪いのではなく、幕府や諸藩《しょはん》が悪くて起こるものだ。今の世は百姓や町人の心も悪くなったとはいえ、耐《た》えがたいことにならなければ、このようなことは起こるものではない。…（中略）…上に立つ者は、深く考えるべきだ。
>
> （『秘本玉くしげ』より）

この文章を書いた人物は、『古事記《こじき》』などをもちいて、日本古来の思想を研究する学問を完成させました。この人物と学問の名前の組み合わせとして正しいものを、次のア～エから一つ選び、記号で答えなさい。

ア．本居宣長《もとおりのりなが》・蘭学《らんがく》

イ．本居宣長・国学

ウ．杉田玄白《すぎたげんぱく》・蘭学

エ．杉田玄白・国学

8　次の文は、明治時代に活躍した人物についてまとめたものです。この文を読み、(1)・(2)の問いに答えなさい。

彼は、明治初期の文明開化の時代に『学問のすゝめ』という本を書いて、人間の平等や独立など、西洋の新しい生き方や考え方をたくさんの日本人に紹介した。

(1)　文中の下線部について、明治時代の日本が西洋のような近代国家をめざして行ったこととして誤っているものを次のア～エの中から一つ選び、記号で答えなさい。

ア．徴兵《ちょうへい》令を出して、一定の年齢《ねんれい》以上の男子に３年間軍隊に入ることを義務づけた。

イ．広い土地をもっている人から土地を買い上げ、土地をもっていない農民に土地を安く売る農地改革を行った。

ウ．国の収入を安定させるために、土地の価格を基準として税を納めさせる地租改正を行った。

エ．外国から技師などを招き、紡績《ぼうせき》や造船などの官営工場を設立して殖産興《しょくさんこう》業《ぎょう》を目指した。

(2)　文中の「彼」は誰か。その名前を答えなさい。

9 第二次世界大戦後の日本や世界に関する次のア～キの文を読み、(1)・(2)の問いに答えなさい。

ア．経済白書に「もはや『戦後』ではない。」と書かれた。

イ．日本国憲法が公布された。

ウ．アジアで初となる東京オリンピックが開かれた。

エ．阪神・淡路《あわじ》大震災が発生した。

オ．日中平和友好条約が結ばれた。

カ．サンフランシスコ講和会議で48か国と平和条約を結んだ。

キ．アメリカとソ連の対立の終わりを象徴《しょうちょう》する、下の写真のできごとが起こった。

(1) 東海道新幹線の開通と同じ年に起こったできごとを上のア～キから選び、記号で答えなさい。

(2) 上の写真に写っているできごとは、どの都市で起こりましたか。都市名を答えなさい。

10 ゆりさんは2020年11月３日に、オンライン会議で、日本とつながりの深いアメリカ、サウジアラビア、中国、韓国の子どもたちと交流をしました。ゆりさんは、４つの国の子どもたちの話を聞いて、それぞれの国の教育や文化について知ることができました。

会議での子どもたちの会話文を読み、(1)～(3)の問いに答えなさい。

ゆりさん：

「みなさんの学校のようすを教えてください。」

Ａさん：

「わたしの学校では、さまざまな人種や民族の友だちと一緒に学んでいます。授業は20人くらいで受けています。わたしの国では自分の意見を大切にしているので、スピーチやディベートがさかんです。今年は大統領選挙の年なので、授業で模擬《もぎ》大統領選挙をしました。わたしは、民主党のバイデンさんの役になってスピーチをしました。」

Ｂさん：

「わたしのクラスでは50人が一緒に学んでいます。最近まで一人っ子政策が行われていた影響で、兄弟のいない子が多いです。特に重視されているのは、英語やコンピューターの授業です。わたしは、英語の授業が好きです。」

Ｃさん：

「わたしのクラスは女の子だけです。男の子と女の子は別々に勉強します。算数やアラビア語、英語や（　①　）教の聖典『コーラン』の授業は毎日あります。」

Ｄさん：

「わたしの学校でも、英語とコンピューターの授業が重視されています。ゆりさんの学校でいちばん長い休みは夏休みですよね。わたしの学校では冬休みが一番長いんですよ。」

二〇二一年度〔国語〕解答用紙

受験番号

点数

※100点満点
(配点非公表)

【一】

1 ～ から。

2

3 ③ ⑤

4

5 三番目

6

7

8 ～

9

10

11

12

5

6 三番目 五番目

7

8

9

（1）作品番号二十九番の作者は、

（2）作品番号二十九番の作品の　こと。

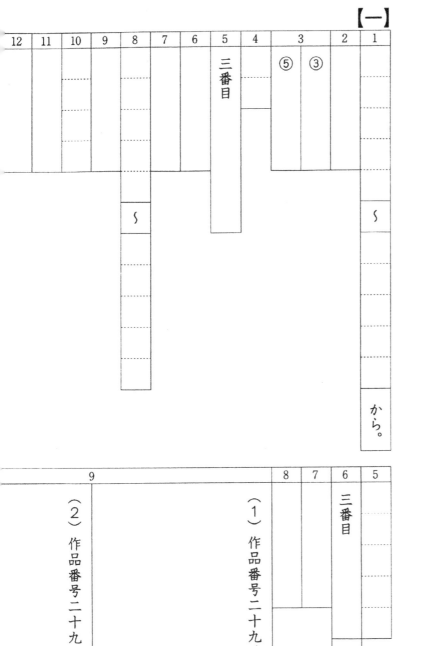

4

(1)　　　　　　　　%	
(2)　　　　　　　　%	求め方

5

図

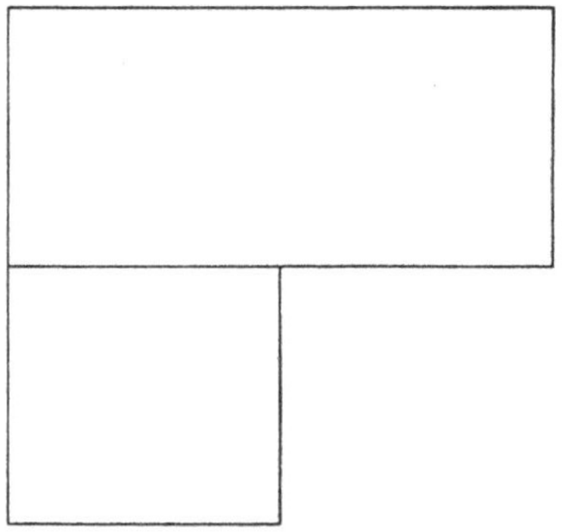

受　験　番　号	点　　　数

※100点満点
(配点非公表)

(4)	記号		
	1日の気温は、		

4

(1)	ア	イ	ウ	
(2)	①	②	③	(3) ④
(4)	① 1つ目	2つ目		
	② 上流に比べて、下流の石は、			
	③			
(5)	L			

受験番号

点	数		

※50点満点
(配点非公表)

11

(1)

(2)															

12

(1)	(2)

13

(1) ①	②	(2)

14

15

16

17

受験番号	点数
	※50点満点 (配点非公表)

２０２１年度〔社　会〕解　答　用　紙

1	ア	イ	ウ	エ
2	①	②		
3	(1)		(2)	
4	記号	戦乱名		
5				
6	①	②	③	
7				
8	(1)	(2)		
9	(1)	(2)		

２０２１年度〔理　科〕解　答　用　紙

1

(1)	A	B	C	(2)	
(3)		(4)		(5)	

2

(1)	秒	(2)	秒	(3)	
(4)	秒後				

3

(1)		(5)	実験Bの図 ※実験Aとの違いを文字で書き加えること。	理由
(2)	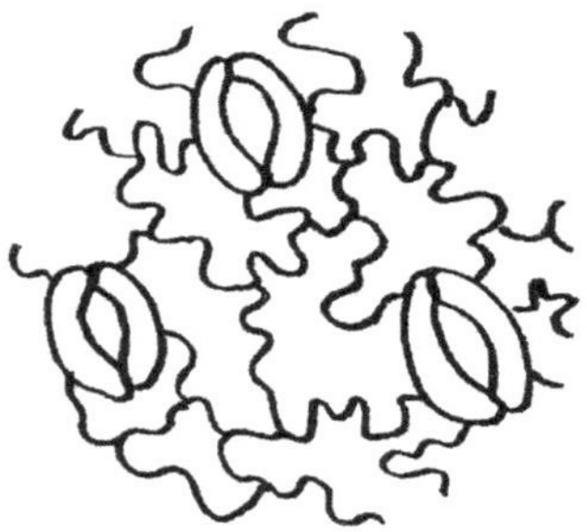			

【解答用

2021年度〔算　数〕解　答　用　紙

1

(1)	(2)	(3)
(4)		(5)　　　　円
(6)　　　　g	(7)	(8)　　　　度
(9)　①	②	(10)　　　　cm^3

2

(1)	(2)　　　　人	(3)　　　　cm^2
(4)　　　　本	(5)　　　　cm	(6)

3

(1)　名前　　　　1辺の長さ　　　　cm	(2)　A　　　　B

【解答用

15

(1) 約 %

(2)

(3)

【二】

1

2

(1)

(2)

3

4

(1)

(2)

(3)

10

から。

11

12

あなたのことでしょうか？

13

14

15

16

(1)

(2)

17

父親

決意。

18

19

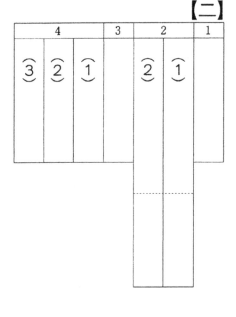

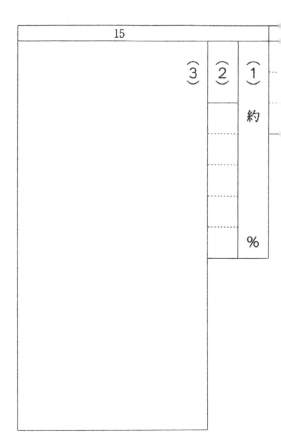

ゆりさん：

「みなさん、ありがとうございました。次は、みなさんの国の文化について話してください。」

Dさん：

「わたしは毎年、（　②　）を楽しみにしています。（　②　）は日本のお正月にあたります。わたしたちは、旧暦《きゅうれき》で新年を祝います。（　②　）のとき、わたしたちも、もちの入ったスープやキムチを食べます。とてもおいしいですよ。」

Bさん：

「わたしの国でも、旧暦で新年を祝います。お祝いに爆竹《ばくちく》を鳴らし、家族でごちそうを食べます。」

Aさん：

「わたしの国では、感謝祭に家族が集まります。七面鳥などのごちそうを食べ楽しく過ごします。」

Cさん：

「（　①　）教徒には、（　③　）とよばれる1か月間、日中には食べ物を口にしない断食《だんじき》の義務があります。しかし、断食が終わるとお祭りが開かれ、家族でごちそうを食べます。」

(1)　空欄（　①　）に、あてはまる語句をカタカナで答えなさい。

(2)　空欄（　②　）・（　③　）にあてはまる語句を、次のア～エからそれぞれ一つ選び、記号で答えなさい。

ア．ラマダン　　イ．ソルラル　　ウ．春節　　エ．復活祭

(3)　次の表中のア～エは、アメリカ、サウジアラビア、中国、韓国のいずれかがあてはまります。Aさんは、ア～エのどの国の人ですか。記号で答えなさい。

国	ア	イ	ウ	エ
面積	約960万km^2	約10万km^2	約983万km^2	約221万km^2
人口（2018年）	約14億1500万人	約5100万人	約3億2700万人	約3400万人

11 三陸《さんりく》地方に関する次の文章を読み、(1)・(2)の問いに答えなさい。

東日本大震災では、東北地方の太平洋側、特に三陸地方の沿岸部を大きな津波がおそい、多数の犠牲者《ぎせいしゃ》が出ました。三陸地方は、それまでも津波の被害が多かったところで、防潮堤《ぼうちょうてい》が各地に築《きず》かれていたにもかかわらず、被害を十分に防ぐことができませんでした。

一方で、三陸地方は、漁業がさかんな地域で、八戸《はちのへ》・気仙沼《けせんぬま》・石巻《いしのまき》など水揚《あ》げ量の多い漁港があります。漁業にたずさわる人々は、地震・津波による漁港や水産加工場の被害などに苦しみながら、震災からのいち早い復興《ふっこう》をめざしてきました。

(1) 三陸地方をふくまない県を、次のア～エから一つ選び、記号で答えなさい。

ア．青森県　　イ．茨城県　　ウ．岩手県　　エ．宮城県

(2) 三陸地方の沖合で漁業がさかんな理由を、「暖流」という言葉を使って15字以内で説明しなさい。

12 よりこさんは、庄内《しょうない》平野の米作りについて調べて、農作業を次の表にまとめました。表を見て、(1)・(2)の問いに答えなさい。

3月	種もみを選ぶ
4月	田おこし なえを育てる （　①　）
5月	（　②　）
6月	稲の生長を調べる みぞをほる
7月	農薬をまく
8月	穂《ほ》が出る
9月	稲かり （　③　）
10月	もみのかんそう もみすり

(1) 庄内平野には豊かな水をもたらす川が流れています。庄内平野に流れている川を次のア～エから一つ選び、記号で答えなさい。

ア．石狩《いしかり》川　　イ．信濃《しなの》川　　ウ．利根《とね》川　　エ．最上《もがみ》川

(2) 上の表中の（　①　）～（　③　）には、どのような農作業があてはまりますか。次の表中のア～カから正しい組み合わせを一つ選び、記号で答えなさい。

	①	②	③
ア	代《しろ》かき	田植え	だっこく
イ	代かき	だっこく	田植え
ウ	田植え	代かき	だっこく
エ	田植え	だっこく	代かき
オ	だっこく	代かき	田植え
カ	だっこく	田植え	代かき

13 次のグラフは、昭和から平成にかけての日本経済の変化について示したものです。グラフ中の**A**～**D**の時期について、(1)・(2)の問いに答えなさい。

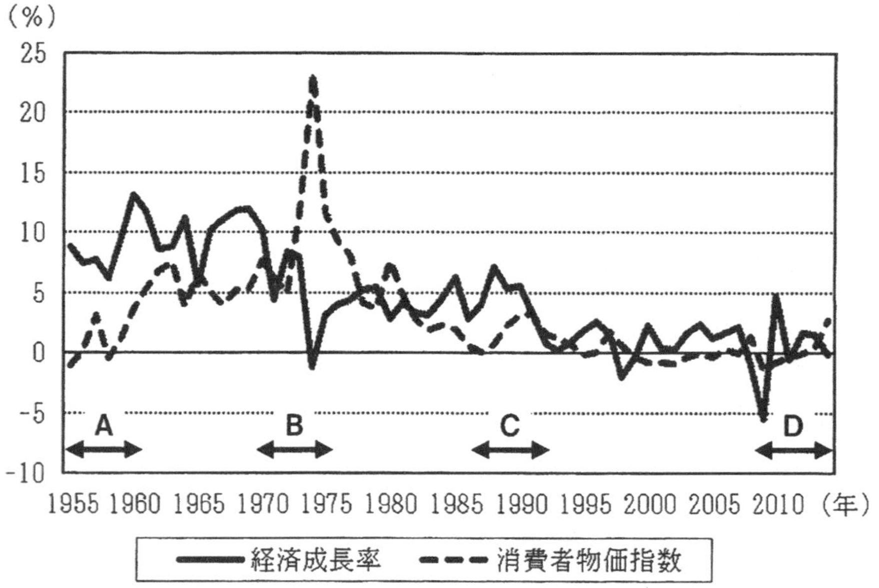

(内閣府「平成27年度 年次経済財政報告」をもとに作成 https://www5.cao.go.jp)

(1) グラフ中の**A**～**D**の時期のうち、次の①・②のできごとが起こった時期にあてはまるものを、あとのア～エの中からそれぞれ一つずつ選び、記号で答えなさい。(ア～エのカタカナで答えること)

① 沖縄が日本に復帰した。

② 元号《げんごう》が昭和から平成へ変わった。

ア. **A**　イ. **B**　ウ. **C**　エ. **D**

(2) グラフ中の**D**の時期について、次のグラフはこの時期の日本の発電量の電源《でんげん》別割合を示したものです。次のグラフ中の①～③にあてはまる電源の組み合わせとして正しいものを、あとのア～カの中から一つ選び、記号で答えなさい。

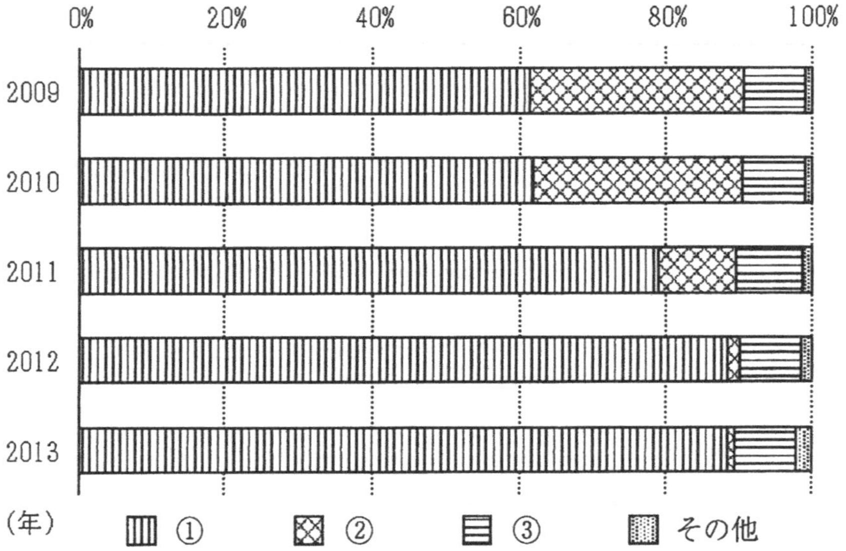

（電気事業連合会「主要国の電力事情」をもとに作成　https://www.fepc.or.jp）

ア．　①：火力　　②：原子力　　③：水力

イ．　①：火力　　②：水力　　③：原子力

ウ．　①：原子力　　②：火力　　③：水力

エ．　①：原子力　　②：水力　　③：火力

オ．　①：水力　　②：火力　　③：原子力

カ．　①：水力　　②：原子力　　③：火力

14 日本国憲法では、国民の権利または義務、あるいは、国民の権利と義務の両方に関わる規定があります。その中で、権利と義務の両方に関わるものを、次のア～エから<u>すべて選び</u>、記号で答えなさい。

ア．仕事につき、働くこと。

イ．税金を納めること。

ウ．小学校や中学校に通うこと。

エ．選挙で投票すること。

15 2015年、国連が持続可能な社会を実現するために、次の図のような17の目標を設定しました。それらの目標は、「持続可能な開発目標」と呼ばれますが、それを略《りゃく》して何といいますか。アルファベット４字で答えなさい。

※図省略

16 次の写真は、2020年１月、イギリスが（　　）から離《り》脱《だつ》することに反対している人々の様子を写したものです。（　　）にあてはまる語句をアルファベット２字で答えなさい。

（「ニューズウィーク日本版（2018年10月16日）」 https://www.newsweekjapan.jp）

17 次の文章は、2020年10月26日の中日新聞朝刊に掲載《けいさい》された記事の一部です。文章中の（　　）にあてはまる語句を、漢字３字で答えなさい。

「国連は24日（日本時間25日）、（　　）の保有や使用を全面的に禁ずる（　　）禁止条約が、発効《はっこう》に必要な50ヵ国・地域の批准《ひじゅん》に達《たっ》したと発表した。90日後の来年１月22日、史上初めて（　　）を非人道的で違法《いほう》とする国際条約が発効する。不参加の日本は、唯一《ゆいいつ》の戦争被爆《ひばく》国として、核廃絶《はいぜつ》に向けた姿勢《しせい》を厳しく問われる。」

二〇二〇年度　金城学院中学校入学試験問題

〔国語〕

（50分）

◎答えは解答用紙に書きなさい。

1　問題は【一】から【三】までで、18ページあります。もし、ページが抜《ぬ》けていたり、同じページがある場合は、手を挙げて先生に知らせてください。

2　解答用紙には受験番号を忘れないように書いてください。名前を書く必要はありません。

3　解答用紙だけを集めます。

2020(R2) 金城学院中
教英出版

【一】 **次の文章を読んで、後の問いに答えなさい。（字数制限のある問いについては、句読点や記号も一字として数えます。）**

（ここまでのあらすじ）

明希《あき》は父親と二人暮らしだったが、六歳《さい》の時に児童養護施設《じどうようごしせつ》「あけぼの園」にあずけられる。ほかの子どもと違《ちが》って、昔のことを写真に撮《と》ったように正確に記憶《きおく》する力を持っている。ある日、明希は夜中に突然《とつぜん》、施設からいなくなってしまう。同じ部屋《へや》で生活している中学一年の美香《みか》は、明希をさがして心当たりのある場所をたずねる。

どこだ？

明希、いるんだろ？　どこだよ？

自転車を押しながら、つま先に力を入れて墓《はか》のほうへおりていった。

見あげると、さっきまでの月は、そこにとまっていた。

明希がいた。本物の、明希だ。

しゃがんでいた。だれともわからない白い墓の前にしゃがんで A ぼうっとしていた。

「あき、さがしたんだぞ！」

わたしの声に、明希はふりむかなかった。

「おんぶ。かーさんといっしょに、ここへきた」

明希は、ひとりごとをつぶやいていた。

「ここ。かーさん、ここ、ないてた」

わたしは自転車《チャリ》をたおしてあたりを見まわした。

たくさんの、たくさんの、たくさんの、石の墓。

みんな、昔は生きてたのか？　みんな、明希のばあちゃんみたいに焼かれたのか？　みんな、骨になったのか？　骨になって、みんな、ここにいるのか？　みんな、いなくなったくせに、みんな、ここにいるのか？
もしあのとき、わたしがかあちゃんを刺《さ》して、それでかあちゃんが死んじまってたとしても、やっぱりこんなふうにいるってことか。死んで骨になっても、心のなかからはぜったいに消せやしないってことか。やっぱり、いるってことか。
①とうちゃんが苦しんでいるのは、そのせいなのか。
憎《にく》んでも、消そうと思っても、消えないなんて。
そのとき、風に流されて、草みたいに青いシャンプーのにおいが鼻に入ってきた。
ふりかえると、だれかのてのひらが思いきりわたしの頬《ほお》をぶった。
いたっ。
「ここ、ヤブ蚊《か》がすっげぇな」
信也《しんや》がてのひらを広げて、②スいあげた血といっしょにつぶれた蚊を見せた。
明希がおどろいてこっちを見た。
「すっげー勘《かん》いいだろ。おまえが自転車《チャリ》ぶっこいで走っていくの、必死で追いかけたんだぜ。おれ、刑事《けいじ》になれっかもな。ケーサツは大っきらいだけどさ」
信也は、頭のうしろでてのひらを組むと、墓石《はかいし》のまわりをBぶらぶらと歩きはじめた。
「このあいださぁ、愛があかんぼだいてきただろ。あのあとから、おまえらふたりとも変だったもんな。いつかなんかやらかすと思ってたけどさ」
信也は、足元の角ばった石ころをひろいあげて、竹やぶのほうへ投げた。
Cしゃがしゃがと、笹《ささ》の音。
「似たようなんが、いっぱいあんなぁ。みんな、おんなじような、つまんない人生おくってきたんだろーな」
墓石の下に敷《し》いてある砂利石《じゃりいし》を握《にぎ》って、またぱらぱらと落としていく。

わたしのことを追いかけてきてくれるやつがいた。
③墓石を見て、おんなじようなこと、感じてくれるやつがいた。
「うちの母親はさあ、あたしのことなんかほったらかしで、④行方くらましちゃってさ。だらしないことに、それで父親もぐれちゃったっていうか、酒ばっか飲むようになってさ。酔《よ》うと、あたしをぶつんだよね。母親に似てるっていってさ。そんなの、わたしのせいじゃないよね。それからまた、決まってめそめそ泣いてさ」
家族のことを人前で口にするのは、はじめてだった。ずっと、心のなかでふたをしてきたんだ。
信也は、だまって立っていた。風の向きが変わるたびに、Dつんとしたシャンプーのにおいがする。
「あるとき、⑤ひょんなことで、母親の居場所《いばしょ》がわかっちまったんだ。まじでぶっ殺してやろうと思ってさ。小学校の図工室から彫刻刀《ちょうこくとう》かっぱらって、かばんにかくして、アパートのいきかたも調べてね。それでさ、いつ出かけよう、いつ殺してやろうって、こう…毎晩いろいろ考えるわけ。だまって殺しちまうんじゃ、つまんない。どうせなら、子どもを見すてたことを後悔《こうかい》させるようなにかをいってやんなくちゃあって。それが、なかなか思いつかないのよね。どうしたら、あたしや父親をすてちまったことを死ぬほど後悔するんだろうって。そいで、毎日そういうことばっか考えて、生きてきたわけよ」
わたしは、くくっと笑った。
「けど、親殺す前に、あけぼの園にいれられちゃった。そいで、母親はかってに死んじまったんだよ、病気でさ。だれにも気づかれずに死んでたって。そいで、どっかの墓の下にかくれちゃってる。どこなんだかは、知らない。最悪だよね。けどさ、見てよ、この墓石のオンパレード。どれもこれも、しらーっとしてんじゃん。こんなの見ちゃうと、まずいよねぇ。なんか、やる気なくすよなぁ」
投げすてた自転車《チャリ》が、銀色に光る。
明希がわたしのとなりにしゃがみこんで、月を見あげた。

「お月さま、あきのラーメンのなかにいた。ずっと前、かーさんとここへきたときもいた」
「はあっ？」
「あけぼの園にくる前、とうちゃんとはじめてラーメン食べた。チャーシューメン。あのお月さま、チャーシューのお月さまだって。でも、その前もいた。かーさんといっしょのときも、いた」
明希が腕《うで》のなかでわたしを見あげた。
「みかちゃん、このまえ、おんぶしてくれた。ずうっと、ずうっと、ずうっと、あるいた。あけぼの園まで、ずうっと」
ぎょっとして、明希を見おろした。
「知らねーよ。もう、そんなこと忘れちまったよ。おまえ、どーしてそういうふうに、いろんなことを頭のなかに残しちゃうわけ？　それがまずいんだよ。あっ、もしかして、この墓場のことも、またずーっとおぼえてて、いきなり思い出すんだろ」
明希のからだから手をはなして、立ちあがった。
「いいか、頭んなかの記憶《きおく》を楽しいもんにすりかえろ。おまえのは、テッテーして暗いんだよ。これで、墓場まで加わるとサイテーだぞ」
わたしは、いちばん近い墓石の前に立った。
「よく見てろよ。これは墓石じゃない。そうだな、んーと、キリン。そうだ、四角い、顔色の悪い、キリン！」
⑥
「そいで、こっちが、そのキリンに恋《こい》する馬！」
明希はじいっとしている。
「そいで、こっちの草ぼうぼうは、サバンナっていってもわかんないか…ようするにジャングル、いいな、ジャングルだぞ」
草がざわざわと鳴る。
「ほかのもぜーんぶ、アフリカの動物。あたしたちは、見学にきたの。クジで五百万円あたって、ここに散歩にきたわけよ」

「さんぽ?」
「そう、金持ちの散歩だから、スケールでかいの」
「だから、あたしたちふたりでジャングルにきたってことだけ、おぼえてればいいの」

⑦

「お月さまも? お月さまも、いっしょ? 食べても、ついてきたの?」
小さい明希の目に映《うつ》っている、遠い月。
「わっかんねぇなぁ。おまえが園にくる前にラーメン屋で食ったのはチャーシューでぇ…まぁ、いっか。そうだ、ラーメンのなかに浮《う》かんでた油っこいお月さまも、油をすっきりさせたくて、明希と美香のあとをついて、アフリカまで散歩についていきました。そして、ダイエットに⑧セイコウして、だんだんやせていきました。おしまい」

⑨

「そうだよ、それっ。できるじゃん、そういう顔」
明希がまた、にいっと笑った。
「よし、んじゃ、目をつぶれ」
明希は、いわれたままに目をつぶった。
⑩わたしは必死だった。
明希の心から、哀《かな》しすぎる記憶を消したかった。いや、明希のだけじゃない、親とのことにしばられるのは、もうたくさんだ。
「なにが見える?」
「キリンさん」
「よし、それから?」

「お馬さん」

「よし。それだけか?」

「お月さま」

明希が目をあけた。

「それから、みかちゃんとしんや」

信也が「このやろっ、呼《よ》びすてにするな」といった。

わたしは、思いきり信也のほっぺたをぶった。

「⑪さっきのお返し」

わたしは、信也にてのひらの上でつぶれた蚊をひらいてみせた。

「これ以上ここにいたら、顔じゅうぼこぼこにされちまう。蚊にか、［　⑫　］にか、わかんねぇけどな」

信也が血の残るわたしの手をひっぱった。

明希が立ちあがって、「あけぼの園にかえる」といった。

頭の上の月が、雲をまたいで白くにじんだ。

自転車《チャリ》を押しながら三人で園にもどる道の途中《とちゅう》、咲子《さきこ》とけんじに出会った。

「いたー! いたよーっ!」

咲子が、思いっきり大きな声でさけんだ。

声を聞きつけて、*原付《げんつき》に乗った田中先生が猛《もう》スピードで近づいてきた。

「⑬この、くそったれチビ」

けんじがしゃがんで砂をつかむと、明希にめがけて投げつけた。

「わっ、ばかっ。あたしにもかかったじゃん」
わたしが片手《かたて》で砂をはらおうとしたとき、信也がすうっと近寄《ちかよ》ってきた。
「さっき、おまえが明希にいってたこと、おれもそっくりそのまんまおまえにいいたい。おまえの記憶も、いい加減《かげん》[⑭]。おれたち、これまでよりこれからのこと考えたほうが、手っとりばやいぜ」
それだけいうと、信也は自転車《チャリ》にとびのって、けんじのあとを追いかけた。けんじが、ひょえーっとおどけながら逃《に》げる。
⑮あけぼの園に帰り着くと、玄関《げんかん》のあかりが全部、あかあかと灯《とも》っていた。

（村中李衣《りえ》『チャーシューの月』問題作成の都合上、本文の表記を改変した部分があります。）

＊ 原付・・・小型《こがた》バイクのこと

1 〰〰部A～Dは状態を表す副詞ですが、この中からほかと性質がちがうものを一つ選んで記号で答えなさい。

2 ――部①「とうちゃんが～せいなのか。」とありますが、なぜ美香はこう考えたのか、理由を示した部分を本文中から二十八字でぬき出し、解答らんの「・・・から。」につながるように答えなさい。

3 ――部②・⑧のカタカナを漢字に直しなさい。また ――部④の漢字の読みを**ひらがなで**書きなさい。

4 ——部③について、信也と「おんなじようなこと」を「わたし」が感じているところはどこですか。——部③以降の「わたし」の会話文から連続した二文を探して、初めの五字をぬき出しなさい。

5 ——部⑤の意味としてもっともふさわしいものを、後から選んで記号で答えなさい。

ア 意外なこと　イ 偶然《ぐうぜん》なこと　ウ 不幸なこと　エ いやみなこと

6 [⑥] [⑦] [⑨] に入る表現としてもっともふさわしい組み合わせを、後から選んで記号で答えなさい。ただし、使わないものが一つあります。

A 明希が、うなずいた。　B 明希が、にいっと笑った。

C 明希が、首をかしげる。　D 明希が、ふきだした。

ア ⑥―D　⑦―C　⑨―B

イ ⑥―C　⑦―D　⑨―A

ウ ⑥―C　⑦―A　⑨―B

エ ⑥―D　⑦―C　⑨―A

7 ——部⑩について、「わたし」は、[だれが][どうすること]を、必死に願ったのですか。本文中の言葉を用いて解答らんの「・・・ことを願った。」につながる形で二十五字以上三十五字以内で答えなさい。

8 ——部⑪「さっきのお返し」とありますが、「さっき」の信也の行動を表した一文を探し、初めの五字をぬき出しなさい。

9 ［⑫］にあてはまる二字の言葉を、本文中からぬき出しなさい。

10 ――部⑬について、この言葉にこめられた気持ちとしてもっともふさわしくないものを、後から選んで記号で答えなさい。

ア 安堵《あんど》　イ 喜《よろこ》び　ウ 怒《いか》り　エ 恨《うら》み

11 ［⑭］に入る言葉を、「わたし」の会話文から十一字でぬき出しなさい。

12 ――部⑮について、なぜ「あかりが全部」「灯っていた」のか。この情景描写から読み取れる理由を二十字以上二十五字以内で答えなさい。

13 登場人物について説明した後の文のうちから、まちがっているものを一つ選んで記号で答えなさい。

ア 母との記憶《きおく》を思い出した明希は、美香を信頼しているが信也やけんじに対して心を開けずにいる。

イ 美香は、かつての自分の境遇《きょうぐう》を思い起こし、明希がこれ以上傷つかないように守ろうとしている。

ウ 信也は、明希のことを心配しつつ美香のことも気にかけ二人を優しく見守っている。

エ 美香は、信也が自分と明希を大切に思ってくれていることに気づき、心を開いていく。

14 「月」はこの作品の中でどのような意味を持っていますか。もっともふさわしいものを後から選んで記号で答えなさい。

ア 子どもたちの失敗を優しくなぐさめるもの　イ 子どもたちの成長を静かに見守るもの

ウ 子どもたちの生活を力強く応援《おうえん》するもの　エ 子どもたちの行動を冷たく批判《ひはん》するもの

【二】 次の文章を読んで、後の問いに答えなさい。（字数制限のある問いについては、句読点や記号も一字として数えます。）

Ⅰ 日本の生活保障のシステムの特徴《とくちょう》は、男性と女性に固定的な役割分担を想定し、それを前提に企業《きぎょう》などの民間の仕組みができ、政府による政策が実行されてきたということにある。しかし、ここで注意したいのは、日本では、男性が働き女性が家庭を守るという役割分担が①デントウ的に受けつがれてきたわけではなく、高度成長期に導入され、一九八〇年代に完成した、比較的《ひかくてき》新しいものであるという点である。しかも、しだいに男女に異なる役割を当てはめる社会の仕組みは、うまく機能しなくなり、多くの人々を排除《はいじょ》していることが明らかとなってきている。

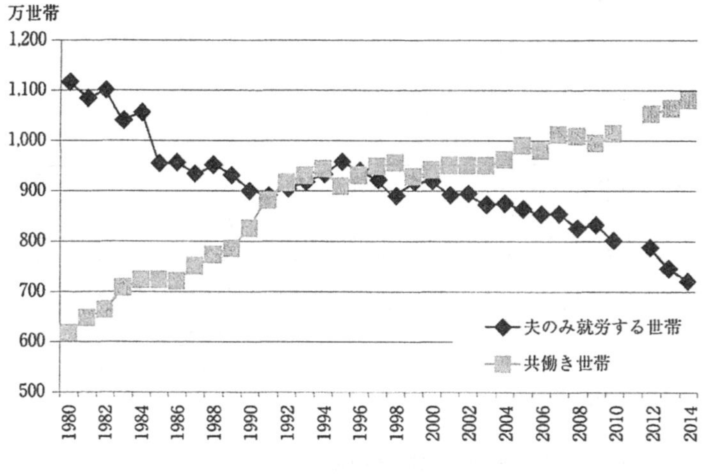

図１　共働き世帯数と夫のみ就労する世帯数の推移

たとえば、労働の＊規制緩和《かんわ》により、非正社員が増えたが、男性の非正社員の増加は、家族を形成することを難しくし、未婚率《みこんりつ》・少子化が進展する原因の一つとなっている。家族を養うための資金を男性がかせぐ賃金に大きくたよらず、また、政府による家族への支援《しえん》が十分あれば、たとえ非正社員が増えたとしてもそれがすぐに少子化につながることはなかっただろう。今日においてもなお、保育所をはじめとして、子育て支援は十分とは言えない状況《じょうきょう》にあることは、②意識のレベルにおいても、政策決定の場や方向性においても、こうした男女の固定的役割分担が根強いことを示している。

では、「男性かせぎ主」を想定する社会の仕組みが時代に合わなくなっている状況を見極めるために、現在の日本の＊分断の有り様を具体的な数値で確認してみよう。まず、世帯類型を確認すると、［③］年代に夫のみ就労する世帯と共働き世帯は初めて同数となり、その後、［④］年代になると、共働き世帯の方が増加するようになる（図1）。現在では、妻が専業主婦の世帯が、［⑤］とは、言えないのである。しかし、日本では、働く女性を取り巻く状況は厳しい。それは、

年	男性				年	女性			
	正規労働者	非正規労働者	パート・アルバイト	その他（派遣，契約，その他）		正規労働者	非正規労働者	パート・アルバイト	その他（派遣，契約，その他）
1985	92.6%	7.4%	3.3%	4.1%	1985	67.9%	32.1%	28.5%	3.6%
1990	91.2%	8.8%	4.7%	4.1%	1990	61.9%	38.1%	34.5%	3.7%
1995	91.1%	8.9%	5.2%	3.7%	1995	60.9%	39.1%	35.5%	3.7%
2000	88.3%	11.7%	8.0%	3.7%	2000	53.6%	46.4%	42.1%	4.4%
2005	82.2%	17.8%	8.8%	9.0%	2005	48.2%	51.8%	40.2%	11.5%
2010	81.8%	18.2%	8.6%	9.6%	2010	46.7%	53.3%	40.5%	12.9%
2015	77.9%	22.0%	10.9%	11.1%	2015	43.0%	57.0%	44.3%	12.6%

表１　雇用者の雇用形態別構成割合の推移

企業も政府も、女性は家事・育児や介護《かいご》が主であり、働くことを ⑥ と位置づけてきたからである。表1は、雇用者《こようしゃ》（企業などに雇《やと》われて働く者）の雇用形態を男女別に見たものであるが、男女で*正社員・非正社員の比率が大きく異なることがわかる。

⑦ 、短時間勤務のパート・アルバイトの割合が上がっているだけでなく、*派遣《はけん》社員・*契約《けいやく》社員といった*フルタイム勤務者も相当いる「その他」が、増えていることも注目すべきポイントである。というのも、非正規化は ⑧ に起こったことであることが、表2（次のページ）でわかるからだ。

⑨都道府県別の非正規労働者の割合と子どもの都道府県別貧困率を重ね合わせたとき、ほとんど同じ動きを示す。雇用の非正規化が社会に与える長期的影響《えいきょう》は、深刻なのである。「雇用形態の多様化」を目標にした労働規制の緩和が行われたが、それは、結局、 ⑩ を意味するものだったこと、そしてそれは私たちのなかに分断を新たに持ちこんだことを指摘《してき》しておきたい。

Ⅱ 一九九三年に制定された「短時間労働者の雇用管理の改善などに関する法律」（パートタイム労働法）は、当初は雇用管理の改善の努力を求めるものでしかなかったが、その後何度かの改正によって、どのような差が正当であり⑪合理的と考えるかの基準が取り入れられた。しかしその基準はかたよりのあるものだった。それは、「仕事の内容・責任」と「人材活用の仕組み」が同じ場合には差別してはならないが、ちがうなら差を設けても法的に問題はなく、正社員との処遇差《しょぐうさ》の ⑫ を考える、というものだった。

(%)

女　性	1990年	2000年	2010年
15-24歳《さい》	20.7	42.3	49.8
25-34歳	28.2	32.0	41.6
35-44歳	49.7	53.5	51.1
45-54歳	44.8	52.0	58.0
55-64歳	45.0	55.9	64.0
65歳以上	50.5	59.6	70.2
男　性	1990年	2000年	2010年
15-24歳	19.9	38.6	41.2
25-34歳	3.2	5.7	13.2
35-44歳	3.3	3.8	8.2
45-54歳	4.3	4.2	7.9
55-64歳	22.7	17.7	27.4
65歳以上	50.9	54.7	69.7

表２　年齢《ねんれい》別の非正規労働者の比率

ここでカギとなるのが「人材活用の仕組み」という基準である。これは、配置転かんや転居転勤が将来想定される正社員は、現時点でパートタイマーと同じ仕事をしていたとしても、⑬それは将来の専門的な仕事のために経験を積んでいるだけだろうし、企業における人材の位置づけが異なるので、両者の⑭処遇を同じものにしなくてもよいというものである。職場には、パート以外にも、アルバイト、契約社員といった名前のさまざまな非正社員がいる。賃金差が差別だと訴《うった》えられないためには、正社員には転勤させればよいということになる。同じ仕事をしていても、企業の位置づけが異なれば問題ない――こうした基準の導入により、パートタイマーの労働条件は放置されて当たり前になり、契約社員が増えていても、⑮とは考えられなくなっているわけである。同時に、正社員の転勤や配置転かんの強制性も高まった。このような⑯風潮は、よりいっそう女性が正社員として働き続けることを難しくしている。

どの地域で何の仕事を、残業を含《ふく》めどれくらいの時間働くかという、人生で重要なことを自己決定できない正社員の働き方を⑰にすることは、そうした働き方から「脱落《だつらく》」する人への眼差《まなざ》しを厳しくする。以上のように、働き過ぎ・転居転勤当たり前の正社員か、低賃金で不安定な非正社員かの極端《きょくたん》な⑱しか目の前にない日本社会では、男性にも女性にも明るい将来展望をもたらさない。すくなくとも、非正社員の処遇を改善し、過酷《かこく》な正社員にしがみつかなくても生活できるという選択肢《せんたくし》を増やしていかなければならない。そこで重要なのが同じ仕事をしている人には同じ賃金を保障する同一価値労働同一賃金の原則を、正しく実施《じっし》することである。

Ⅲ総人口も労働力人口も減少する日本において、外国人などより多様な人々との共生が求められる時代にも通用する⑲で納得のいく基準作りをする必要がある。その際、⑳企業本位の「人材活用の仕組み」といったわかりにくい基準や、固定化された男女の役割分担を前提にした、働き過ぎの、企業に強く拘束《こうそく》される基準はふさわしくない。行った仕事に対する対価としての賃金を、性別や雇用形態などに関わりなく支払われる社会こそが望ましい。それを㉑に基づく職務評価で行い、納得性と㉒性を高める営みを実行することが求められる。

（禿《かむろ》あや美「働く人びとの分断を乗り越えるために」岩波ブックレット『分断社会・日本』所収

問題作成の都合上、本文の表記を改変した部分があります。）

＊規制緩和・・・規制をゆるめること。

＊分断・・・・・一つにつながっているものを、たち切って別々にすること。

＊正社員・・・・企業に採用され、雇用期間を限定せず、ふつうは定年まで、フルタイムで働く労働者。正規労働者。

＊派遣社員・・・雇用関係にある派遣会社から、他の企業に派遣されて働く労働者。

＊契約社員・・・給与や雇用期間などについて個別の労働契約を結んで働く労働者。

＊フルタイム・・決められた一日の勤務時間のうち、すべての時間帯で働くこと。「パートタイム」の反対語。

1　――部①のカタカナは漢字に直し、⑯の漢字は読みを**ひらがなで**書きなさい。

2　――部②について、「意識のレベル」において「男女の固定的役割分担が根強いこと」とは、具体的にどういうことですか。Ⅰ部から二十六字でぬき出し、最後の一字を変えて、解答らんの「・・・こと」につながるように答えなさい。

3　③　④にあてはまるものを、それぞれ後から選んで記号で答えなさい。

ア　一九八〇　イ　一九九〇　ウ　二〇〇〇　エ　二〇一〇

4　⑤　⑰に共通して入る言葉を、後から選んで記号で答えなさい。

ア　確実　イ　特例　ウ　最善　エ　標準

5　⑥には「主」と反対の意味を持つ漢字一字が入ります。その漢字を書きなさい。

6　⑦にあてはまる言葉を、後から選んで記号で答えなさい。

ア　やはり　イ　さらに　ウ　おそらく　エ　かえって

7　⑧にあてはまる言葉を、後から選んで記号で答えなさい。

ア　女性と若年　イ　女性と中年　ウ　男性と若年　エ　男性と中年

8　――部⑨の意味としてふさわしいものを、後から選んで記号で答えなさい。

ア　非正規労働者が多い都道府県では、子どもは貧困におちいりやすい。

イ　非正規労働者が多い都道府県では、子どもは貧困におちいりにくい。

ウ　都道府県に非正規労働者が多いか少ないかにかかわらず、子どもは貧困におちいりやすい。

エ　都道府県に非正規労働者が多いか少ないかにかかわらず、子どもは貧困におちいりにくい。

9　⑩にあてはまる言葉を、後から選んで記号で答えなさい。
ア　正社員の多数化と、非正社員の量的・質的多様化
イ　正社員の多数化と、非正社員の量的・質的均一化
ウ　正社員の少数化と、非正社員の量的・質的多様化
エ　正社員の少数化と、非正社員の量的・質的均一化

10　――部⑪は「理に合っているようす」ということですが、この場合の「理」の意味としてもっともふさわしいものを、後から選んで記号で答えなさい。
ア　理性　　イ　整理　　ウ　理想　　エ　道理

11　⑫には、「つりあい」という意味の外来語カタカナ四字が入ります。そのカタカナ四字を書きなさい。

12　――部⑬は、どのようなことを指していますか。解答らんの「・・・こと」につながるように、Ⅱ部の言葉を用いて、二十五字以上三十字以内で答えなさい。

13　――部⑭は、「あつかい」という意味ですが、ここでは、おもに、どういうものについての「処遇」について述べていますか。後から選んで記号で答えなさい。
ア　経験　　イ　賃金　　ウ　位置づけ　　エ　将来展望

14　⑮に入るもっともふさわしい言葉を、後から選んで記号で答えなさい。
ア　改善　　イ　基準　　ウ　差別　　エ　正当

15　⑱には、四字熟語「（　）者択《しゃたく》（　）」が入ります。（　）にそれぞれ**漢数字を**書きなさい。

16　⑲～㉒に共通して入る言葉を後から選んで、漢字に直して答えなさい。

・チュウリツ　・エイエン　・タンジュン　・コウヘイ

17　筆者は、――部⑳について、具体的にどのような基準だと述べていますか。Ⅱ部を参考にして、「企業」「正社員」「非正社員」「中心」「低賃金」の五つの言葉を使って、解答らんの「基準だ。」につながるように、六十字以上七十字以内で書きなさい。（指定された五つの言葉は、◯で囲みなさい。）

18　㉑には、Ⅱ部にある十三字の言葉が入ります。その言葉をぬき出しなさい。

19　次の一文は、Ⅱ部のどこに入りますか。この一文の後に続く五字をぬき出して答えなさい。

正社員で働けない、貧困になりやすい、それはその人の自己責任だ、自分は正社員として無理してがんばっているのだから！　といった意識は、人々を分断へとかりたてている。

20　次のA～Eの意見のうち、本文の内容に合うものはどれですか。二つ選んで記号で答えなさい。

A　育児や介護を負担しない男性が、しっかり仕事をし、女性たちを安心させることが大切です。

B　男性と同じように、女性も正社員として働けるシステムを作る必要があります。

C　時間に余裕《よゆう》のある若者と高齢者《こうれいしゃ》が力を合わせて、日本人全員が働きやすい社会のあり方を考えるといいですね。

D　同じような働きをしている人たちには、同じ賃金が払われるべきです。

E　高齢になっても、福祉《ふくし》がしっかり充実《じゅうじつ》していれば、生活が保障されている良い社会と言えます。

【三】 **次のそれぞれの問いに答えなさい。**

1 「敗北」の反対語を漢字で答えなさい。

2 「筆を折る」の意味として適切なものを、後のア〜エから一つ選んで記号で答えなさい。

ア 文章を忘れてしまう。　イ 文章を書き損《そこ》なう。

ウ 立派な文章を書きおえる。　エ 文章を書く仕事をやめる。

3 次の――部のカタカナを、漢字と送りがな（ひらがな）で書きなさい。

田畑をタガヤス。

4 次の――部の語と同じ種類の語を、後のア〜エの――部の中から一つ選んで、記号で答えなさい。

おさない妹の世話をする。

ア よくない習慣を改める。　イ あぶない道にまよいこんだ。

ウ ゆたかでない国を支えよう。　エ わからない問題は質問しよう。

5　次の上下のことわざの意味が似ているものを、後のア〜オから二つ選んで、記号で答えなさい。

ア「弘法《こうぼう》も筆のあやまり」――「猿《さる》も木から落ちる」
イ「急がば回れ」――「つめに火をともす」
ウ「ねこに小判」――「立て板に水」
エ「好きこそものの上手《じょうず》なれ」――「えびでたいをつる」
オ「馬の耳に念仏」――「のれんに腕押《うでお》し」

6　次の＝＝部はどこにかかりますか。――部ア〜オから最も適切なものを選んで、記号で答えなさい。

ひじょうに　ア だいたんな　イ 発言に　ウ 出席者は　エ あっけに　オ とられた。

7　次の――部の語をひらがな四字の敬語に直しなさい。

「先生が本をくれる。」

8　次の作品の作者を、後のア〜カからそれぞれ一つずつ選んで、記号で答えなさい。

1　枕草子　　2　走れメロス

ア　芥川龍之介《あくたがわりゅうのすけ》　イ　紫式部《むらさきしきぶ》　ウ　太宰治《だざいおさむ》
エ　樋口一葉《ひぐちいちよう》　オ　宮沢賢治《みやざわけんじ》　カ　清少納言《せいしょうなごん》

2020年度　金城学院中学校入学試験問題

〔算　数〕 (50分)

◎答えは解答用紙に書きなさい。

1　問題は[1]から[6]までで，13ページあります。もし，ページがぬけていたり，同じページがある場合は，手を挙げて先生に知らせてください。
2　解答用紙には受験番号を忘れないように書いてください。名前を書く必要はありません。
3　解答用紙だけを集めます。

1 次の問いに答えなさい。

(1) 次の計算をしなさい。

$4 \times (18 - 12 \div 3)$

(2) 次の計算をしなさい。

$2\frac{6}{7} \div \frac{8}{21} + 1\frac{3}{5} \div 3\frac{1}{5}$

(3) 姉の勉強時間２時間30分と，妹の勉強時間45分の比を，もっとも簡単な整数の比で表しなさい。

(4) 150ページある本を毎日10ページずつ読みます。x 日後の残りのページ数を y ページとして，x と y の関係を式に表しなさい。

(5) 花子さんのお父さんは，花子さんより30才年上です。また，今から 3 年経《た》つと，お父さんの年れいは花子さんの年れいの 3 倍になります。今，お父さんは何才ですか。

(6) お米の量などを測るときには「合《ごう》」という単位を用い， 1 合は0.18 L です。また，お米を炊《た》くときには，お米の1.2倍の体積の水を入れます。2.5合のお米を炊《た》くときには，水は何 cm^3 入れますか。

(7) 図は四角形 ABCD を $\frac{1}{3}$ 倍に縮小して四角形 AEFG をつくったものです。

(あ)の角の大きさを求めなさい。

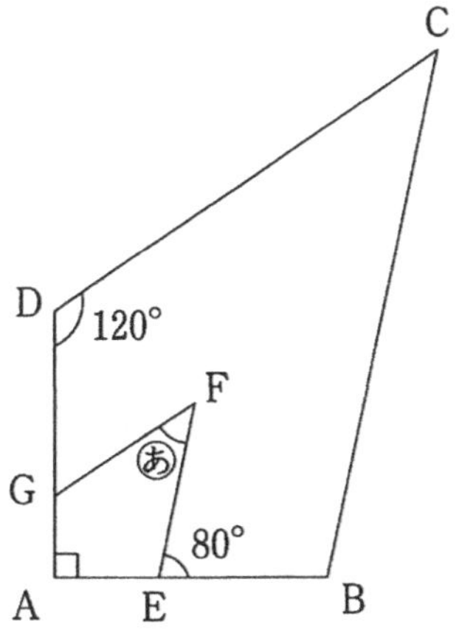

(8) 図のような正方形の斜線《しゃせん》部分の面積は何 cm^2 ですか。ただし，円周率は3.14 とします。

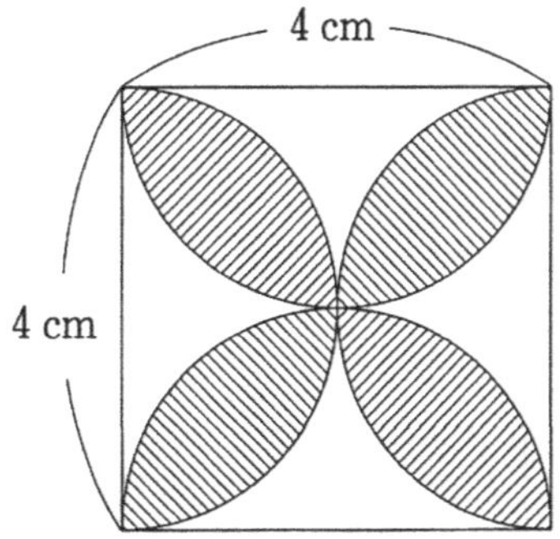

(9) 図の三角すいABCDは，立方体を平面で切ってできたものです。㋐の角の大きさを求めなさい。

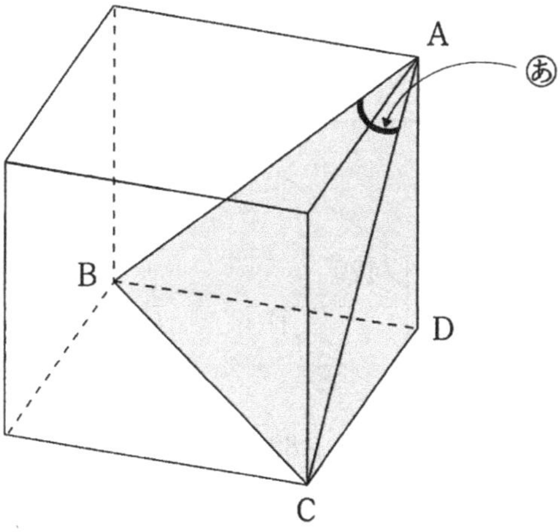

(10) 図1のように，30cmの高さまで水を入れた直方体の水そうがあります。水がこぼれないようにしっかりとふたをして，図2のようにこの水そうをたおしたとき，水の高さは何cmになりますか。

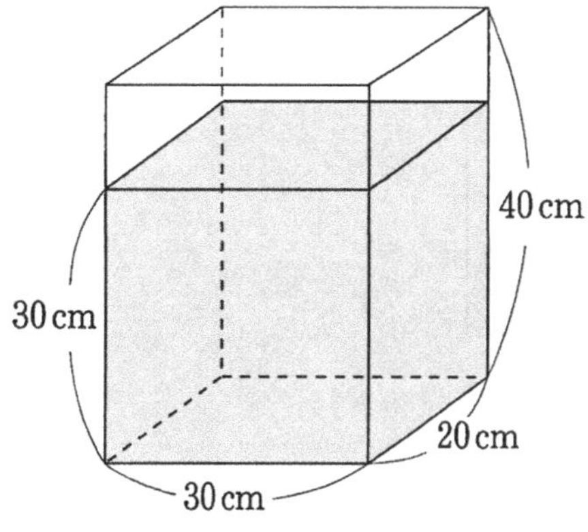

図1

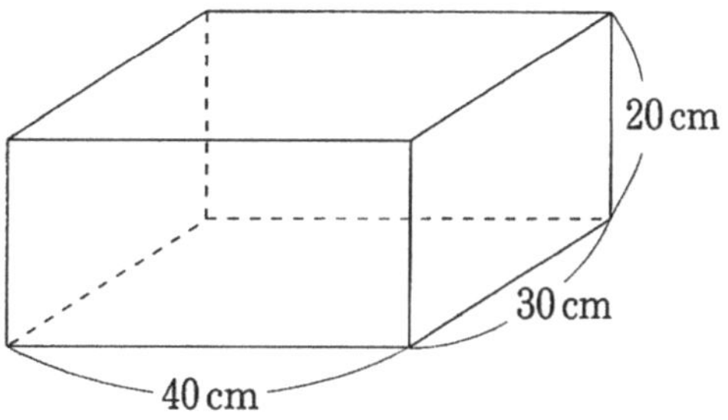

図2

2 次の問いに答えなさい。

(1) 3つの分数$\frac{4}{13}$，$\frac{\square}{7}$，$\frac{3}{4}$は小さい順に並んでいます。また，3つの分数$\frac{10}{19}$，$\frac{\square}{9}$，$\frac{4}{5}$も小さい順に並んでいます。□に共通してあてはまる整数を求めなさい。

(2) $\frac{1}{7}$を小数になおすと，0.14285714285714……と数字が同じ順でくり返されます。小数第2020位にくる数字は何ですか。

(3) 図の㋐から㋗の角の大きさの和を求めなさい。

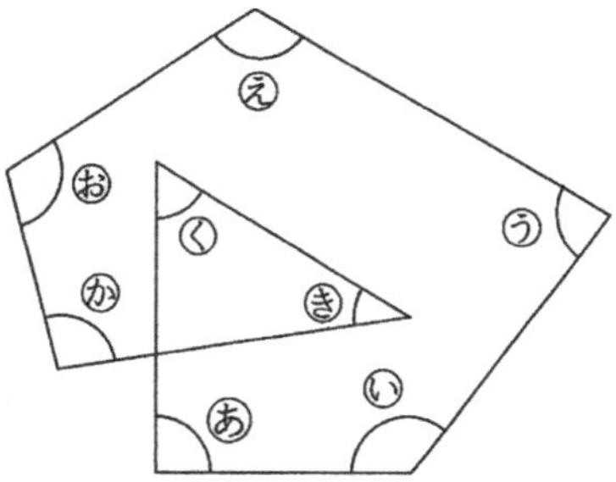

(4) 次の文章の [　　] に正しい用語を入れなさい。

線対称な図形について，対応する 2 つの点を結ぶ直線は，
対称の軸と [　　] である。

(5) 図のように，長方形がＡ，Ｂ，Ｃ，Ｄの４つの区画に分けられています。この４つの区画を，赤，青，黄，緑の４色すべてを使ってぬり分ける方法は，何通りありますか。

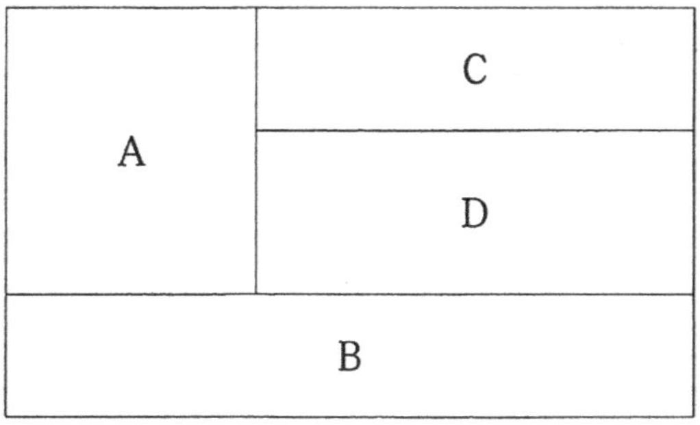

(6)　30人のクラスで100点満点の算数と国語のテストを行いました。次のグラフは，その結果を表したものです。ただし，各区間は○○点以上△△点未満として書かれたものです。

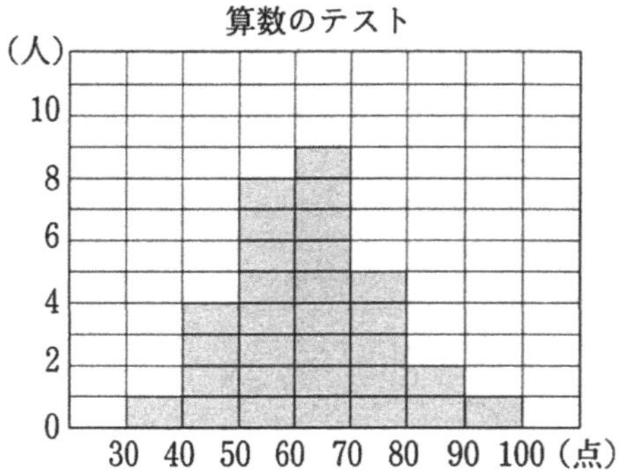

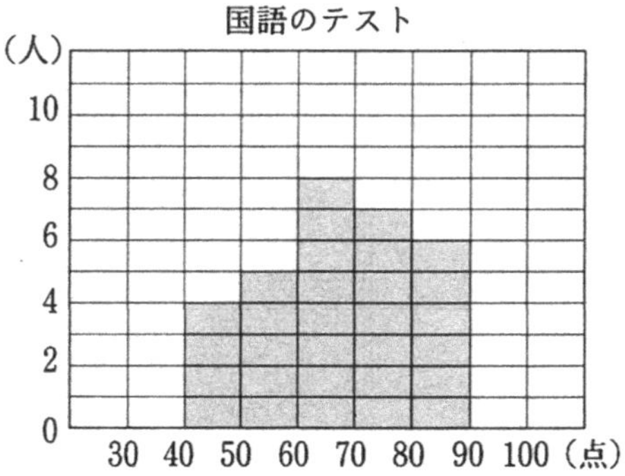

2つのグラフの特徴《ちょう》を表した文章としてふさわしいものを，次の(ア)から(エ)の中からすべて選び記号で答えなさい。

(ア)　算数，国語ともに60点以上70点未満の区間の人数が一番多い。

(イ)　算数ができる人は国語もできる傾《けい》向にある。

(ウ)　算数の最高点は90点台で，国語の最高点は80点台である。

(エ)　算数，国語ともに上から10番目の点数は70点台である。

3　Ａさん，Ｂさん，Ｃさん，Ｄさん，Ｅさん，Ｆさんは，ある小学校の各学年の代表者です。それぞれの代表者について，次のことがわかっています。

- ＡさんはＢさんより２学年上である。
- ＣさんはＤさんより３学年上である。
- ＥさんはＦさんより２学年上である。
- ＡさんはＣさんより１学年上である。

このとき，各学年の代表者を答えなさい。

4 図のような1辺が12 cmの立方体があります。この立方体の辺の上を，3点P，Q，Rがそれぞれ毎秒4 mm，5 mm，6 mmの速さで同時に点Aを出発し，次のように動きます。

- 点Pは，A→B→C→D→A…の順に四角形ABCDの辺の上をまわる。
- 点Qは，A→E→F→B→A…の順に四角形AEFBの辺の上をまわる。
- 点Rは，A→D→H→E→A…の順に四角形ADHEの辺の上をまわる。

次の問いに答えなさい。

(1) 3点P，Q，Rが出発した後，この3点が初めて同時に点Aを通るのは，出発してから何秒後ですか。

(2) 85秒後に3点P，Q，Rを結んでできる三角形の面積は何 cm^2 ですか。

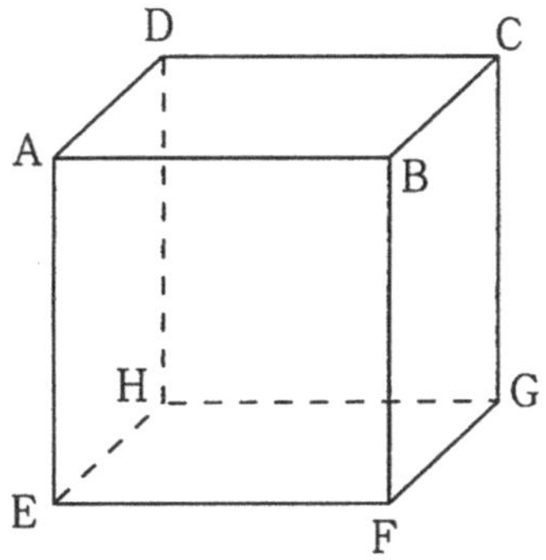

5 図のような円柱㋐，㋑があります。円柱㋐の高さは，円柱㋑の高さの2倍です。また，円柱㋐の底面の円の半径は，円柱㋑の底面の円の半径の$\frac{1}{2}$倍です。

このとき，円柱㋐の体積は，円柱㋑の体積の何倍ですか。また，その理由を「底面積」，「高さ」という単語を使って簡単に答えなさい。

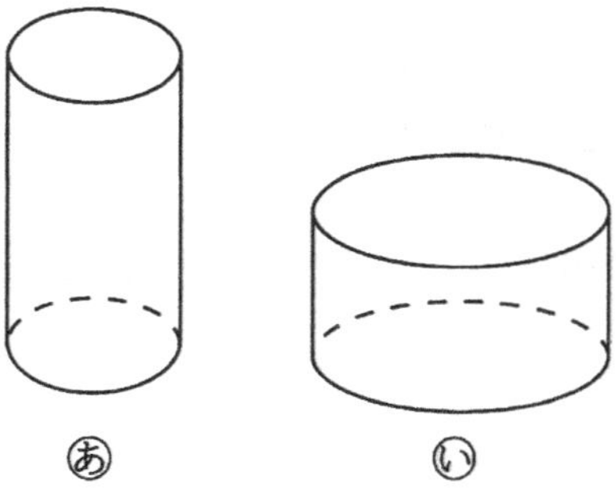

6 家の庭をかざろうとして，1辺が60cmの正方形のわくの中に，縦《たて》が10cm，横が20cmのタイルをしきつめようとしました。

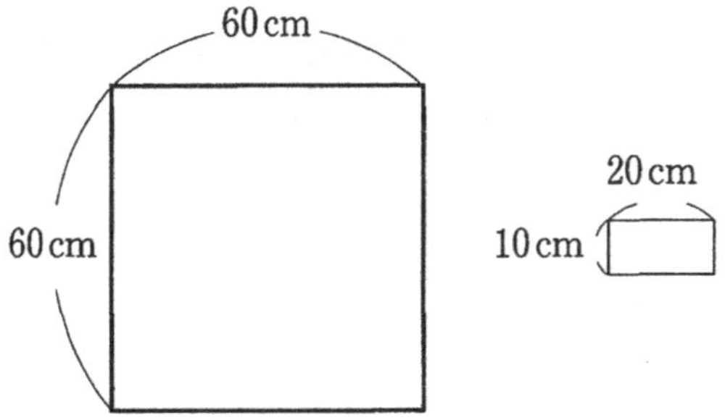

これは，たとえば下の図のようにしきつめればできます。

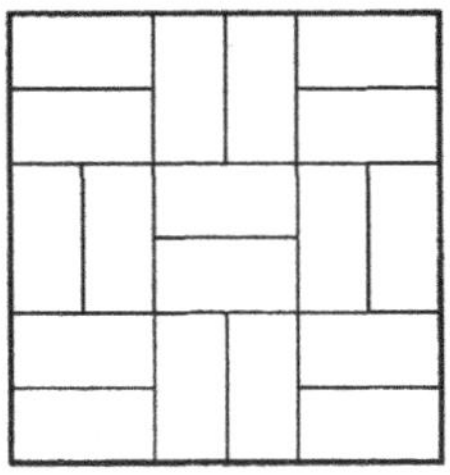

次の問いに答えなさい。

(1) 少し形を変えて，図1のようなわくの中に，このタイルをしきつめようとしたところ，どのようにしてもできませんでした。

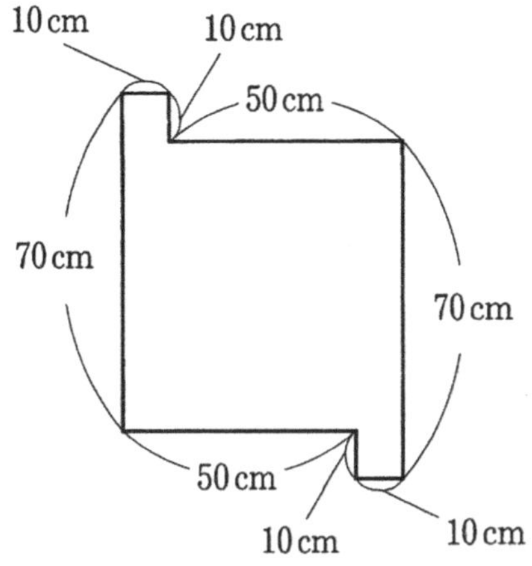

図1

このことは図2のようにわくを区切った上で，図3のように交互に白と黒で表すと説明することができます。

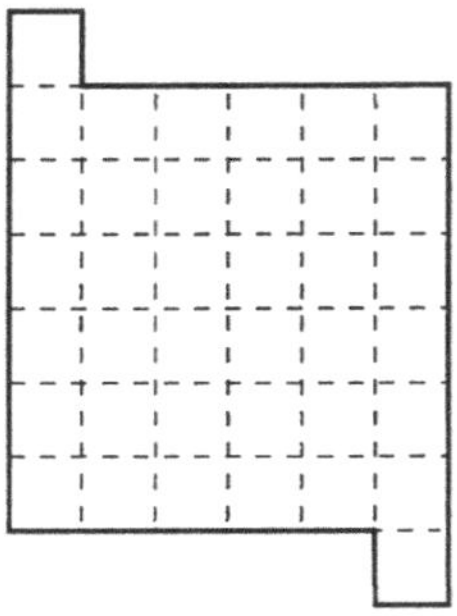

図2

図3

図3を用いて，タイルをしきつめられない理由を書きなさい。

(2) さらに形を変えて，図4のようなわくの中に，このタイルをしきつめようとしたところ，どのようにしてもできませんでした。そこで，図5の①から⑥の6マスのうち，2マス付け加えたわくにすると，このタイルをしきつめることができます。どの2マスを付け加えればよいか，①から⑥の記号で答えなさい。

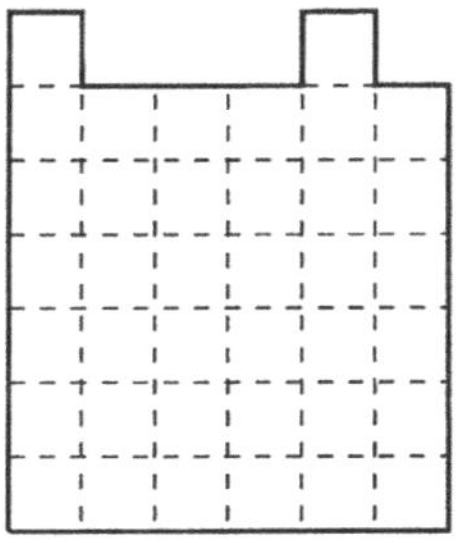

図4

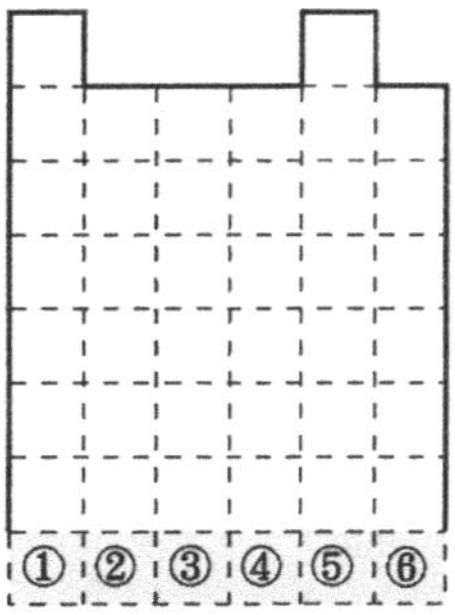

図5

2020年度　金城学院中学校入学試験問題

〔理　科〕 (30分)

◎答えは解答用紙に書きなさい。

1　問題は1から4までで、10ページあります。もし、ページが抜《ぬ》けていたり、同じページがある場合は、手を挙げて先生に知らせてください。

2　解答用紙には受験番号を忘れないように書いてください。名前を書く必要はありません。

3　解答用紙だけを集めます。

1 次の文章A、Bを読み、各問いに答えなさい。

A 太陽がしずむ位置と時間は変化していきます。下の図は本校で観察した3月20日と6月20日の日没《にちぼつ》の様子を表しています。これについて各問いに答えなさい。

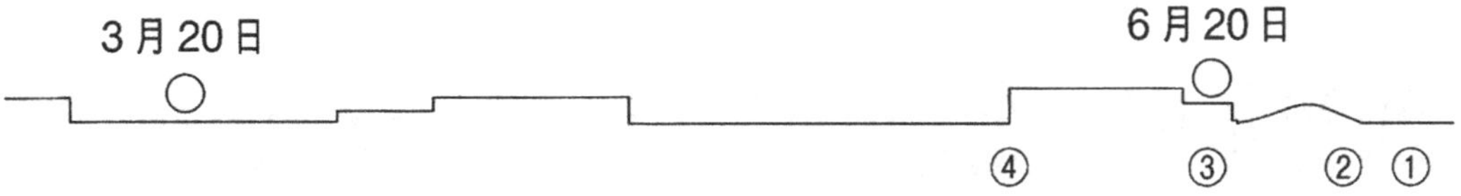

(1) 7月20日の日没の位置はどこでしょうか。図の①～④から1つ選びなさい。

(2) 6月20日の日没は午後7時10分ごろでした。7月20日の日没は何時ごろでしょうか。下のア～エから正しいと思われるものを1つ選び、記号で答えなさい。

ア 午後7時5分
イ 午後7時10分
ウ 午後7時15分
エ 午後7時20分

(3) 3月20日の日没は午後6時ごろでした。この日は満月でした。翌日に月が西の空にしずむのは何時ごろですか。下のア～エから正しいと思われるものを1つ選び、記号で答えなさい。

ア 午前0時
イ 午前6時
ウ 午後6時
エ 午後9時

B　下の図のように、九州地方で降り始めた雨は翌日には関西地方や中部地方に移り、その次の日には関東地方に移るというように、日本付近の天気はおおよそ西から東へと変わっていきます。

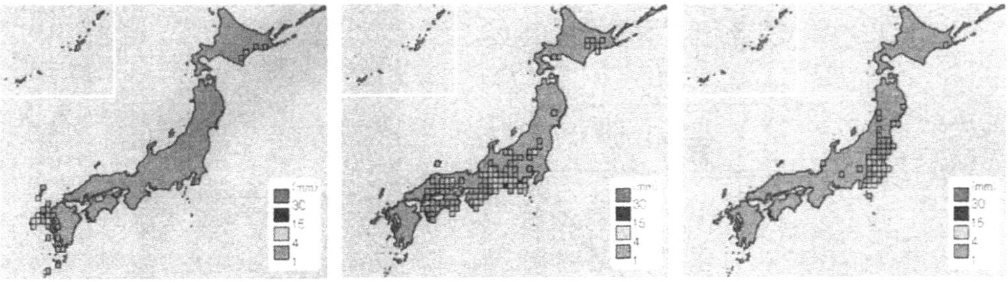

虹《にじ》は空気中に浮かんでいる水滴《すいてき》（雨つぶ）に当たった太陽の光が、水滴の中で下の図のように屈折《くっせつ》・反射しておこる現象で、太陽を背にした方向に見えます。

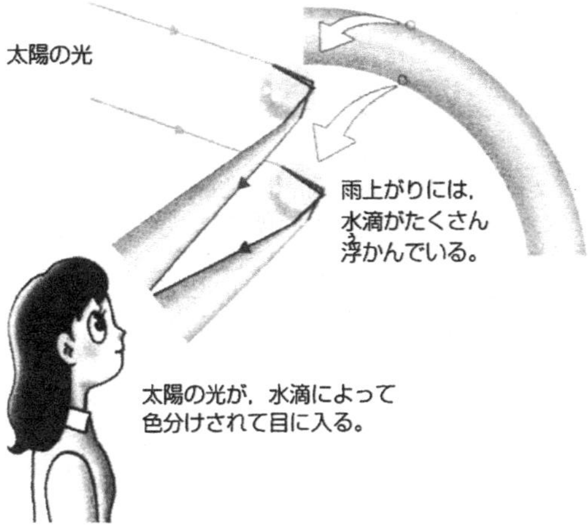

⑷　虹ができるには、ななめから太陽の光が当たることと、空気中に水滴があることが必要なので、虹が見える時間帯や方角はおおよそ決まっています。下から、虹が見える時間帯と方角と条件の組み合わせを２つ、例のように答えなさい。

例　　エ・４・え

時間帯	方角	条件
ア　朝の早い時間	１　南	あ　雨がふっている間
イ　正午ごろ	２　西	い　雨がふる前
ウ　午後の遅《おそ》い時間	３　東	う　雨がやんだあと

2 ある夏の晴れた昼下がりに、ゆりさんは図1のように、家のリビングで南向きの窓ぎわに降ろしてあるシェード（布製で上に巻き取る日よけ）が窓側に引きよせられていることを不思議に思いました。そこで、次のような実験をして、その理由を考えてみました。

これについて、各問いに答えなさい。

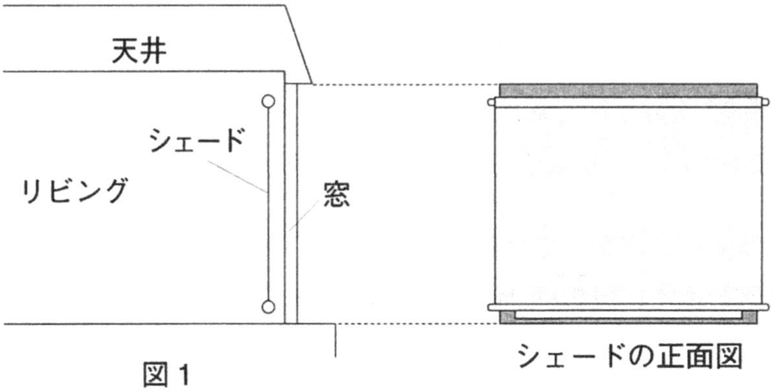

図1

(1) 図2のように、窓ぎわで線香に火をつけ煙《けむり》を発生させてみると、煙は天井のほうへと勢いよくのぼっていきました。

次に、別の部屋で窓から十分に離《はな》れた所で、風船を1つふくらませ、図3のようにつり下げました。さらに、風船の下から風を送ると風船の周りには図3のように風船をまわりこむ空気の流れが発生して、風船が浮《う》き上がることがわかりました。続いて、風船に代えてシェードをつり下げましたが、シェードは浮き上がりませんでした。それはなぜですか。図3も参考にして、35字以内で答えなさい。

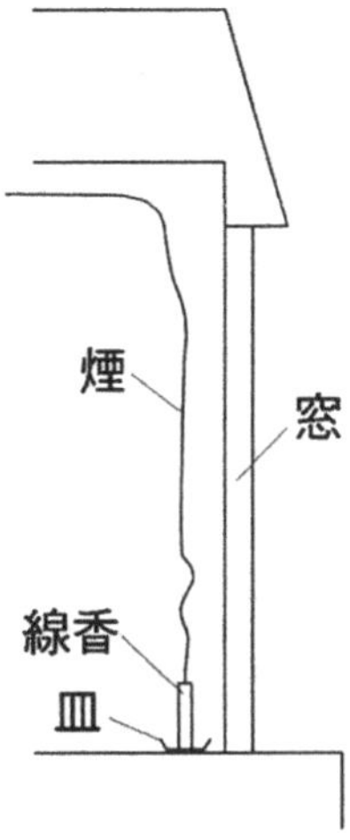

図2

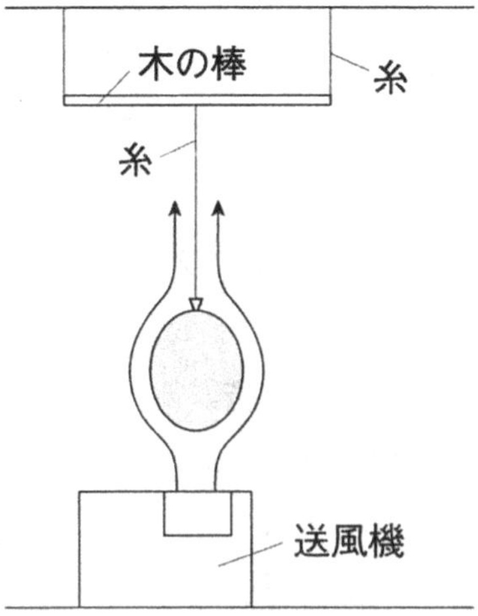

図3

(2) 次に、図４のようにシェードの代わりに２つの風船をつり下げ、風船の間に風を送ったところ、２つの風船は互いに引きよせられました。ただし、図では空気の流れは示していません。これについて次の文の（　　）から適当な言葉を１つずつ選びなさい。

「２つの風船の間の空気の流れが周りより ①（遅《おそ》く・同じに・速く）なり、その間に働く圧力が周りより ②（大きく・同じに・小さく）なったため。」

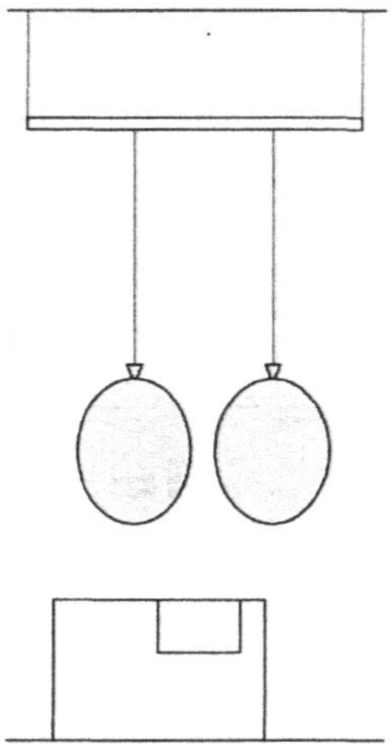

図４

(3) (1)、(2)の結果より、次の文の（　　）に入る適当な文を答えなさい。ただし、「空気の流れ」、および「圧力」という語は文中で必ず用いること。

「シェードが窓に引きよせられたのは、（　　　　　　　　　）から。」

(4)　最後に、図５のようにボール紙の両端《りょうたん》を折り曲げたものを机の上に置きました。この紙の正面から矢印のように息を吹きかけるとどうなりますか。下の①～④から１つ選び、記号で答えなさい。ただし、(あ)と(い)は同じものをひっくり返して置いたものです。折り曲げていないボール紙は息を吹きかけると飛ばされます。

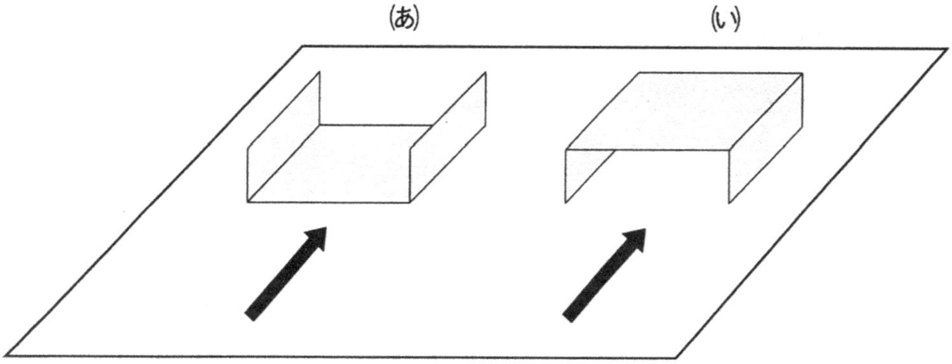

図５

①　(あ)は(い)よりも 遠くに飛ばされる。
②　(い)は(あ)よりも 遠くに飛ばされる。
③　(あ)も(い)も 同じように飛ばされる。
④　(あ)も(い)も 飛ばされない。

〔 メモ用スペース 〕

3 ゆりさんのクラスでは理科の実験で食塩とホウ酸が水に溶ける量について調べました。

実験Ⅰ　水100gに溶ける食塩とホウ酸の量〔g〕を水の温度を20℃ごとに変えて調べ、表にまとめました。

水の温度〔℃〕	20	40	60	80
A〔g〕	35.8	36.3	37.1	38.0
B〔g〕	4.80	8.80	14.9	23.5

実験Ⅱ　ふたつきの容器ア～ウを3つ用意し、すべての容器に60℃の水を100g入れ、アにはAを14g、イにはBを14g、ウにはAとBを4gずつ入れ、十分にかき混ぜすべて溶かしました。その後、水の温度を20℃まで下げて観察しました。

(1) 実験Ⅰを行ったときに表に食塩とホウ酸を書くのを忘れてしまいました。A、Bはそれぞれ食塩またはホウ酸です。食塩にあたるものはA、Bのどちらか答えなさい。

(2) 実験Ⅱで水の温度を20℃まで下げたとき、白いつぶが観察された容器がありました。このつぶを取りだすためにろ過を行いました。すると、白いつぶが容器の底に残ってしまいました。この残ったつぶを変化させずに流しだすのにもっともよいやり方を、下の(あ)～(お)から1つ選び、記号で答えなさい。

(あ) 容器に20℃の冷水を加えて流しだす。
(い) 容器に60℃の温水を加えて流しだす。
(う) 容器に20℃の食塩水を加えて流しだす。
(え) 容器に20℃のホウ酸水を加えて流しだす。
(お) 容器に20℃のろ過した液を加えて流しだす。

(3) 下の文の（　　）に入る適当な数値を答えなさい。ただし、（ ② ）の数値は小数第1位を四捨五入して求めなさい。

実験Ⅰの表を使って、いろいろな水の量、温度に溶けるAの量について計算してみることにしました。まず、80℃で250 gの水に溶けるAの量を計算すると（ ① ）gでした。次に、家の浴そうにAがどれだけ溶けるか調べようと考え、浴そうの大きさを測定したところ縦50 cm、横150 cm、高さは40 cmでした。また、浴そうの水の温度は40℃でした。1Lの水の重さを1kgとして計算したところ溶けるAの量は（ ② ）kgとなりました。

(4) 次の先生とゆりさんの会話について（ ① ）に入る適当な記号、（ ② ）に入る10字以内の文を答えなさい。

先生　　実験Ⅱで白いつぶが見られたビーカーはア～ウのうちどれでしたか。複数あったらすべて答えてください。

ゆりさん　（ ① ）です。

先生　　次の質問です。実験Ⅰの結果を使って答えてください。80℃の水にBを溶けるだけ溶かして100 gの水よう液を作り、この水よう液を20℃まで冷したら、白いつぶがでてきました。同じことをAで行ってもつぶはほとんどでてきません。どうしたらより多くのAのつぶを取りだせると思いますか。

ゆりさん　（ ② ）と取りだせると思います。

4 自然界の生物どうしの関係についての次の文A、Bを読み、各問いに答えなさい。

A 日本の草原には、ススキ・スズメノテッポウなどのイネ科の植物が生えています。そこにはバッタなどの草食性昆虫《こんちゅう》、カマキリなどの肉食性昆虫、さらに大型なモズなどの肉食性鳥類なども生活しています。これらの生物は、他の生物との間で様々な関係を持って生活しています。
その関係の1つに「食う・食われる」の関係がみられ、この関係を「食物連鎖《しょくもつれんさ》」と呼んでいます。「食物連鎖」の中で、生物は自分が食べられずに生きのびるため様々な工夫をしています。例えば、「擬態《ぎたい》」といって自分の姿を他のものに似せるといった工夫をするものもいます。沖縄に生息しているコノハチョウは翅《はね》の裏側が茶色なので、翅を閉じて地面にいるときは、枯葉《かれは》に似せるという「擬態」を行っています。

(1) 下線を引いた4種類の生物について、例のように→の左側に「食われる」生物を、右側に「食う」生物を書いて、「食物連鎖」の関係を示しなさい。

例　　ウサギ　→　キツネ

(2) 草原で生活する日本のカマキリの行っている「擬態」について、どんな姿・形・様子で、何に似せているか説明しなさい。

(3) また、(2)の「擬態」の目的を、上の文中の下線を引いた動物の名前も使って説明しなさい。

B 東南アジアや南アメリカの、赤道に近い熱帯・亜熱帯のジャングルは、高温・多湿の気候で、植物の生育に適しています。そのため、日本よりもずっと多種多様な植物がみられ、数十mにも達する樹木（高木）がうっそうと生《お》い茂《しげ》っています。スコールと呼ばれる雨が朝や夕方に降り、水分が豊富なので、高木の幹や枝には、ランやシダといった植物（着生《ちゃくせい》植物）がくっついて生育しています。また、フジのようにツルをのばして高木の幹に巻きつき、上のほうに登っていく植物もみられます。

K 教英出版

(4) ジャングルで生活する植物の間では、生活に必要なもの（資源）をめぐる競争がみられます。文Bと関連して、植物の生活に必要で競争がみられる資源を１つあげなさい。

(5) ジャングルでは、植物以外の動物も多種多様で、変わった特徴《とくちょう》を持つ生物が多く見られます。下の図は、東南アジアのジャングルで生活するカマキリの一種を写したものです。このカマキリの「擬態」について、どんな姿・形で、何に似せているか説明しなさい。

(6) 上の図のような「擬態」を行うカマキリの、主なエサとなると思われる昆虫の名前を２つ答えなさい。たとえば、バッタとカマキリのように異なる種類で答えなさい。

(7) 上の図のカマキリは「擬態」以外にも、さらに上手にエサとなる昆虫を捕《と》らえる工夫をしています。どんな工夫をしていると考えられますか。

2020年度　金城学院中学校入学試験問題

〔社　会〕 (30分)

◎答えは解答用紙に書きなさい。

1　問題は[1]から[7]までで、13ページあります。もし、ページが抜《ぬ》けていたり、同じページがある場合は、手を挙げて先生に知らせてください。

2　解答用紙には受験番号を忘れないように書いてください。名前を書く必要はありません。

3　解答用紙だけを集めます。

1 次の文を読み、あとの問いに答えなさい。

今年は2020年、これは西暦を用いた数え方です。西暦はイエス・キリストが生まれたと考えられた年を１年として数えられています。また、100年ごとにひとまとまりとして「世紀」と呼びます。西暦1年から100年までが１世紀となります。

問１　2020年は、21世紀です。701年は何世紀ですか。

問２　問１で答えた世紀のできごとを次のア～キの中からすべて選び、古い順に記号を並べなさい。

ア．中大兄皇子らが蘇我氏をたおした。

イ．都が平安京に移された。

ウ．小野妹子が隋に派遣された。

エ．都が平城京に移された。

オ．聖武天皇が大仏をつくる詔《みことのり》を出した。

カ．藤原道長が摂政になった。

キ．十七条の憲法が定められた。

2 次の新聞記事を読み、あとの問いに答えなさい。

全国最大規模の［　＊　］時代の集落「朝日遺跡」（愛知県清須市、名古屋市西区）の出土物を展示する県立ミュージアムが2020年11月、オープンする。約２千点の国重要文化財を含む膨大な出土物を保管・公開するほか、［　＊　］時代の高床倉庫や環濠《かんごう》などを復元展示する。愛知県教育委員会は、課題の知名度不足を補う体験型の情報発信施設にする方針だ。（略）

勾玉《まがたま》や円窓《まるまど》付土器、銅鐸《どうたく》など重文を中心とした出土物の展示のほか、当時の衣服「貫頭衣《かんとうい》」の試着や農具体験コーナーなどを設ける。屋外には竪穴住居や高床倉庫、環濠や方形周溝墓などを復元展示する。

県教委は教育の場としても活用する方針だ。古代米を使った田植えや稲刈り、火おこしといった体験ができるようにする。

朝日遺跡は、吉野ヶ里遺跡に匹敵する国内有数規模の［　＊　］時代の集落とされる一方、知名度の低さが悩みだった。愛知県が2015年９月に実施した県民調査では、84.2％もの人が知らなかった。

（朝日新聞　2019年７月29日　書き直し）

問１　記事中の［　＊　］にあてはまる語句として正しいものを、次のア～エから記号で１つ選びなさい。

ア．古墳　　イ．旧石器　　ウ．縄文　　エ．弥生

問２　記事中の下線部の遺跡がある都道府県名を漢字で答えなさい。

3 江戸時代の鎖国について、次の問いに答えなさい。

問１　次の年表は、鎖国にいたる経過を示しています。年表の期間、将軍の位にあった人物の名前を漢字４字で答えなさい。また、この将軍が年表の期間中に行ったこととして正しいものを、あとのア～エから記号で１つ選びなさい。

1624	スペイン船の来航を禁止する　…………	A
1635	日本人の海外渡航・帰国を禁止する　…	B
1639	ポルトガル船の来航を禁止する　………	C
1641	平戸のオランダ商館を出島に移す　……	D

ア．御成敗式目をつくり、武士の裁判の基準を定めた。

イ．刀狩令を出して、百姓たちから武器をとりあげた。

ウ．一国一城令を出して、大名が住む城以外の城の破壊を命じた。

エ．武家諸法度を改め、参勤交代の制度を定めた。

問２　次の文が示すできごとは、問１の年表中のどの時期におきましたか。あとのア～オから記号で１つ選びなさい。また、下線部の地方が含まれる都道府県名を漢字で答えなさい。

九州の島原や天草地方で、キリスト教の信者を中心に３万数千人もの人々が重い年貢の取り立てに反対して一揆をおこしました。幕府は大軍を送ってこの一揆をおさえました。

ア．Aよりも前　　イ．AとBの間　　ウ．BとCの間

エ．CとDの間　　オ．Dよりもあと

問３　江戸幕府は鎖国のもとにあっても、外国との交渉にあたるために「四つの口（窓口）」を設けました。あとの地図中の４か所は、この窓口を示しています。

地図中ａの［　①　］藩は、当時「蝦夷地《えぞち》」と呼ばれた北海道との窓口でした。蝦夷地では、アイヌの人々が、狩りや漁で得た産物を、［　①　］藩と取り引きしていました。それらの産物の中でも特に［　②　］は、［　①　］藩に買い取られたあと、日本海の航路を通って九州に運ばれ、さらに琉球にまで渡りました。「［　②　］ロード」とも名づけられたこの流通ルートを通って、遠い北国からはるばる琉球にまで運ばれた［　②　］は、写真が示すように、現在の沖縄料理に欠かせない食材となっています。

空らん［　①　］と［　②　］に入る適当な語句を、いずれも漢字２字で答えなさい。

［地図］

［写真］

問4　問3の地図中の対馬藩・長崎・薩摩藩についてのべた次のア～ウについて、正しいものには○、誤っているものには×を記しなさい。

ア．対馬藩を通して、朝鮮との貿易や外交が行われ、将軍がかわったときには、お祝いと友好を目的に朝鮮通信使が江戸をおとずれた。

イ．長崎は、他の3か所の窓口とちがって、幕府が直接支配するところであり、オランダ以外に中国とも貿易を行った。

ウ．薩摩藩は、江戸時代の初めに琉球王国を武力で征服して、年貢米を取り立てるなどきびしく監督し、中国との貿易も禁止した。

問5　約200年にわたる鎖国の間、外国の産物の輸入が限られていたため、それを補うように国内の経済が発達しました。例えば、江戸時代のはじめに最大の輸入品だった［　＊　］は、その後、各地でさかんにつくられるようになり、江戸時代の終わりにヨーロッパやアメリカの国々と貿易を始めると、最大の輸出品になりました。

空らん［　＊　］にあてはまる適当な語句を漢字2字で答えなさい。

4　近代以降の経済の歴史について、次の問いに答えなさい。

問1　次の文中の下線部の政策を何といいますか、漢字4字で答えなさい。また、文中の日記が書かれたころの社会についてのべたあとのア～エのうち、誤っているものを記号で1つ選びなさい。

> 「富岡製糸場の門の前に来たときは、夢かと思うほどおどろきました。生まれてから、れんがづくりの建物など、錦絵で見ただけで、それを目の前に見るのですから、無理もないことです。」
>
> これは、政府が、<u>外国から機械を買い、技師を招いて近代的な工業をさかんにする</u>ために設立した官営の製糸工場で働いていた女性の日記の一部です。

ア．東京や横浜では，人力車や馬車が走り、道路にランプやガス灯がつけられた。

イ．活字印刷の普及によって、日刊新聞や雑誌が発行されるようになった。

ウ．都市を中心に生活の洋風化が進み、ラジオ放送がはじまった。

エ．太陽暦が採用され、１日が24時間、日曜日が休日と定められた。

問２　次の写真が示す官営工場は、ある戦争の賠償金の一部をつかって建設されました。この戦争についてのべたあとのア～オのうち、正しいものを記号で２つ選びなさい。

ア．戦争にそなえて、日本はイギリスと同盟を結んだ。

イ．戦争が始まるのと同年、日本は領事裁判権の廃止に成功した。

ウ．朝鮮で起きた内乱をきっかけに、戦争が始まった。

エ．与謝野晶子が、戦争に反対する気持ちを表す詩を発表した。

オ．戦後に結ばれた条約で、日本は朝鮮を植民地にした。

問３　次の文を読み、あとの問いに答えなさい。

　明治時代の中ごろから、［　＊　］の工場から出る有毒なけむりや廃水が、山林をからし、田畑や川の魚に大きな被害をもたらしました。周辺の農民の生活にも深刻な影響が目立ち始めたため、衆議院議員の田中正造は、［　＊　］の仕事をやめるように政府に何度もうったえ、農民の生活を守るために献身的な努力をしました。

(1)　［　＊　］に入る適当な語句を、漢字４字で答えなさい。また、その位置を次の地図中のア～エから記号で１つ選びなさい。

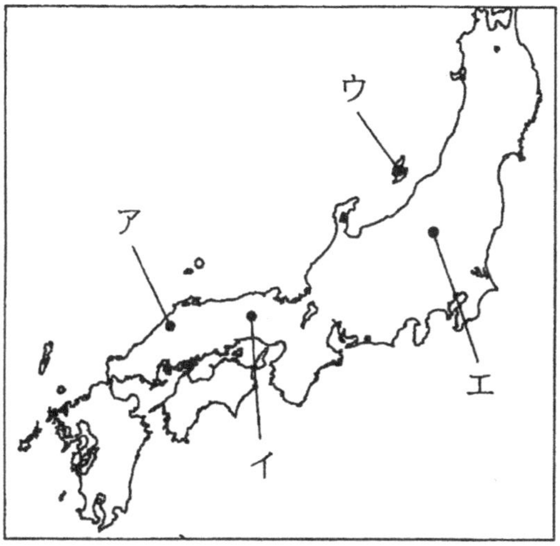

(2)　文中の下線部についてのべた次のアとイについて、正しいものには○、誤っているものには×を記しなさい。

ア．帝国議会は、貴族院と衆議院の二院からなり、どちらの議員も国民の選挙によって選ばれた。

イ．選挙権をもつ者は一定の税金を納めた25才以上の男女で、当時の国民の約１％にすぎなかった。

二〇二〇年度〔国語〕解答用紙

【一】

1

2

から。

3

②

い

⑧

④

よみ

4

5

6

7

ことを願った。

8

9

10

11

。

12

13

14

受験番号

点数

※100点満点
（配点非公表）

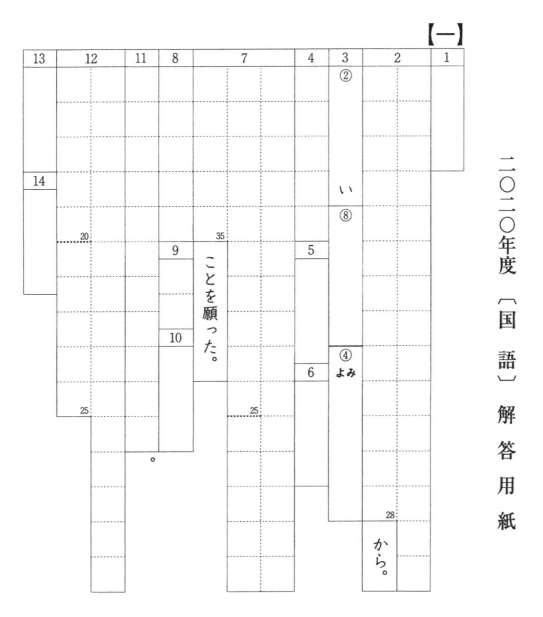

4		
	(1) 秒後	(2) cm^2

5		
	倍	理 由（以下に続けて書きなさい。） 円柱㋐は円柱㋑に対して，

6		
	(1)	(2) と

受 験 番 号

点 数
※100点満点 （配点非公表）

4

(1)			
(2)			
(3)			
(4)			
(5)			
(6)			
(7)			

受験番号

点 数		
		※50点満点 (配点非公表)

5

問1

問2 のために、環境を大切にし、資源を使い切ってしまわない社会。

問3 北海道 宮城県

問4 (　　　　)や熱帯低気圧の影響を受けるため。

問5 静岡県 宮城県

6

問1

問2

問3 (1) A B (2)

問4

7

受験番号	点数
	※50点満点 (配点非公表)

2020年度〔社　会〕解　答　用　紙

1

問1	世紀	問2	

2

問1		問2	

3

問1	名前	記号

問2	記号	都道府県

問3	①	②

問4	ア	イ	ウ	問5	

4

問1	政策	記号	問2	

問3	(1)	語句	記号
	(2)	ア	イ

【解答用

２０２０年度〔理　科〕解　答　用　紙

1

(1)		(2)	
(3)		(4)	

2

(1)	
(2)	①　　②
(3)	
(4)	

3

(1)		(2)	
(3)	①	②	

【解答用

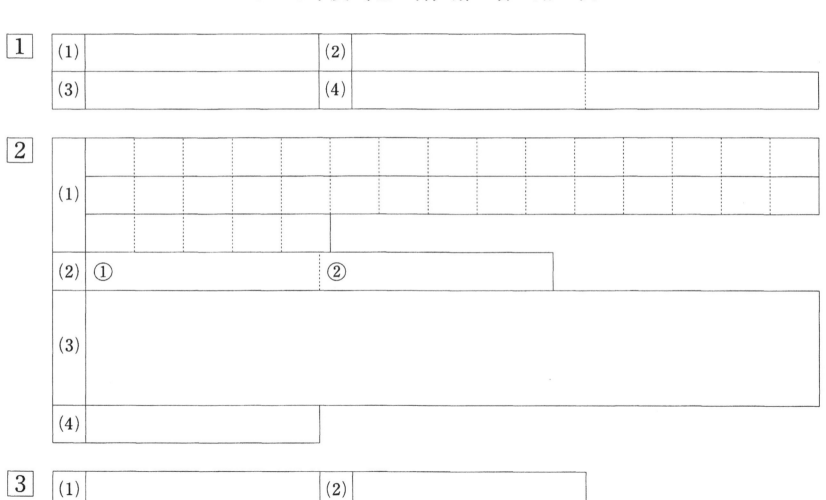

２０２０年度〔算　数〕解　答　用　紙

1

(1)	(2)	(3)
(4)		(5) 才
(6) cm^3	(7) 度	(8) cm^2
(9) 度	(10) cm	

2

(1)	(2)	(3) 度
(4)	(5) 通り	(6)

3

1 年生	2 年生	3 年生	4 年生	5 年生	6 年生

2

26

こと

3

③

④

4

5

6

7

8

9

10

11

12

25

30

こと

13

14

15

（　）者《しゃ》択《たく》（　）

16

17

60

70

基準だ。

18

19

20

【三】

1

2

3

4

5

6

7

8

1

2

問４　次の文中の [＊] に入る適当な語句を漢字で答えなさい。また、下線部についてのべたあとのア～エのうち、誤っているものを記号で１つ選びなさい。

> [＊] は、日本のみならず、海外でも知られている非常に大きな公害のひとつです。原因は、化学工場（チッソ）からの廃水に含まれる有毒な水銀でした。1956（昭和31）年に最初の患者が確認されましたが、会社側は工場廃水が原因であることを長い間認めず、その結果、多くの患者を出し続けることになりました。ようやく1968年（昭和43）年になって、工場廃水が原因であることを正式に認め、その後の裁判では会社側に責任があるという判決が出されました。
>
> [＊] のほかにも、この時期に各地で発生した公害は、被害の原因はちがうものの、日本が高度経済成長をとげて繁栄していく時期に、公害への対策がおろそかになったことでおこったものです。

ア．政府が国民所得倍増計画を発表し、産業を急速に発展させる政策を進めた。

イ．製鉄・石油精製などの重化学コンビナートがつくられ、各地の港が整備された。

ウ．自動車などの輸出が拡大したため、アメリカとの間で貿易摩《ま》擦《さつ》がおきた。

エ．国民総生産額がアメリカに次いで世界第２位になった。

5　はな子さんたちは、2020年に東京でオリンピックが開催されることを受けて、社会の授業で、会場となる都道府県を調査し、発表することになりました。これについて、次の問いに答えなさい。

問１　はな子さんは、オリンピックの歴史を調べてみると、東京でオリンピックが開催されるのは1964年以来であることがわかりました。加えて、調査の段階でそれ以前の1940年にも東京でのオリンピックが計画されていたことを知りました。しかし、［　＊　］が長期化したため、このオリンピックは開催されませんでした。

［　＊　］に当てはまる語句として正しいものを、次のア～エから記号で１つ選びなさい。

ア．日露戦争　　イ．日中戦争　　ウ．太平洋戦争　　エ．朝鮮戦争

問２　右図は東京オリンピックの「持続可能性コンセプト」です。日本は、持続可能な社会の実現に向け、課題解決のモデルを国内外に示すことが求められています。この、持続可能な社会とはどのような社会を指していますか。解答らんに合うように10字以上15字以内で説明しなさい。

東京 2020 大会の持続可能性コンセプト
Be better, together
より良い未来へ、ともに進もう。

問３　次の雨温図は、東京オリンピックの開催都道県である静岡県、東京都、北海道、宮城県の都道県庁所在地のものです。北海道と宮城県に当たるものを、次のア～エから記号で１つずつ選びなさい。

ア.
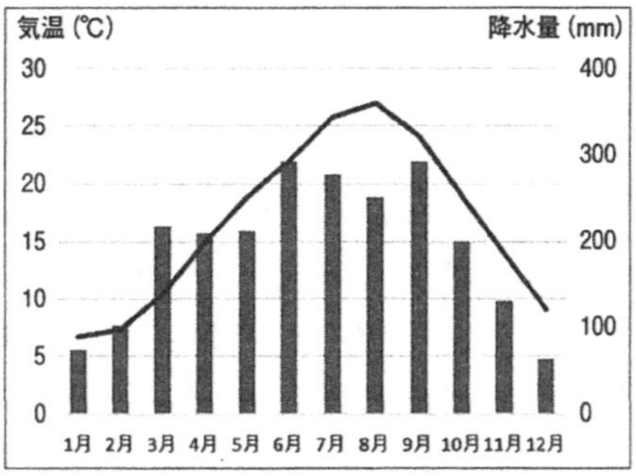

イ.
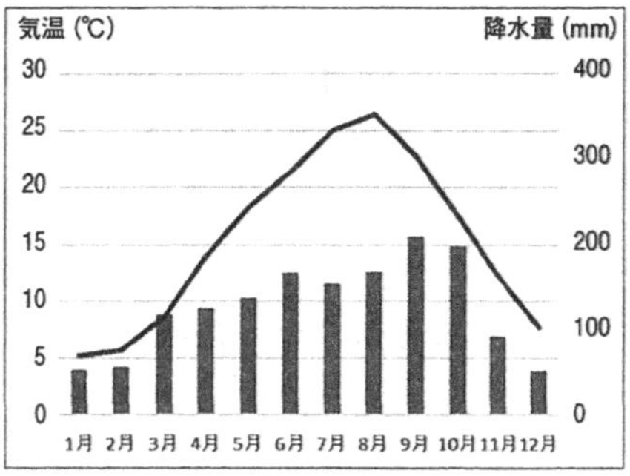

ウ.
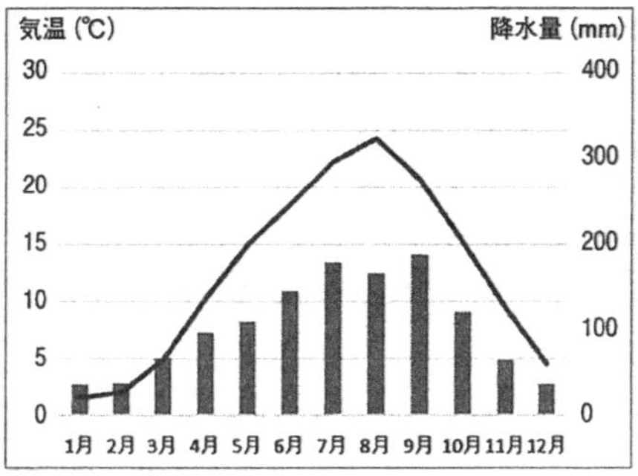

エ.
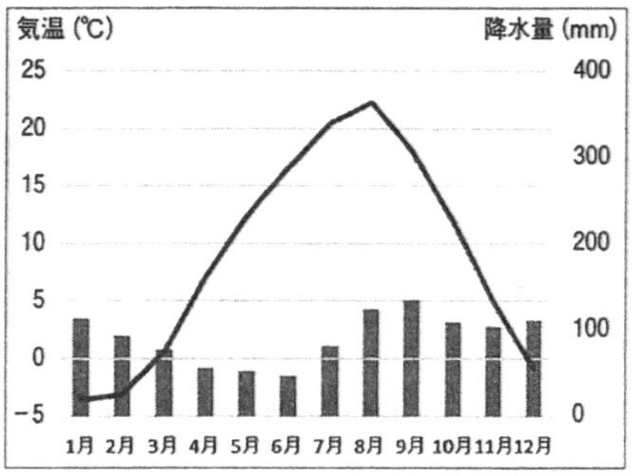

（『理科年表2019』より作成）

問４　はな子さんは、雨温図を比較してみると、東京など東日本の太平洋側において、梅雨の時期よりも秋雨の時期の方が、降水量が多いことを見つけました。この理由を解答らんに合うように漢字２字で答えなさい。

問５　次の表は、静岡県、東京都、北海道、宮城県の情報をまとめたものです。静岡県と宮城県に当たるものを、表中のア～エから記号で１つずつ選びなさい。

	人口（千人）	人口密度（人/km²）	農業				製造業
			農業産出額（億円）	米（億円）	果実（億円）	畜産（億円）	製造業合計（百万円）
ア	5,286	67	12,115	1,167	61	6,986	6,130,693
イ	2,316	318	1,843	712	22	773	4,469,649
ウ	13,822	6,300	286	1	30	21	7,628,318
エ	3,659	471	2,266	196	331	490	16,787,113

（『日本国勢図会2019/20』などより作成）

6 日本の政治の仕組みについて、次の問いに答えなさい。

問１　次の文中の【☆】の中には同じ言葉が入ります。漢字２字で答えなさい。

「【☆】を持つものはすべて、それを乱用する傾向があることは、永遠の体験である。…人が【☆】を乱用しないためには、…【☆】が【☆】を阻止するのでなければならぬ。…もしも、同一の人間、または、貴族もしくは人民の有力者の同一の団体がこれらの三つの【☆】、すなわち法律を作る【☆】、公的な決定を執行する【☆】、犯罪や個人間の紛争を裁判する【☆】を行使するならばすべて失われるだろう。」

これは、フランスの哲学者モンテスキューの著書『法の精神』の一部であり、今日の政治制度に大きな影響を与えています。このように、特定の人物や機関が【☆】を持ってしまえば、国民の自由や権利が保障されないため、【☆】を分散させ、互いに【☆】を抑えるような仕組みが必要であると説いています。日本の政治制度も、国会・内閣・裁判所にそれぞれの【☆】を受け持たせ､互いを監視する仕組みになっています。

問２　刑罰が重い犯罪の裁判に限って、国民が裁判に参加し、国民の感覚や視点を裁判にいかすことを目的として、2009年より導入された制度を漢字で答えなさい。

問３　次の文を読み、あとの問いに答えなさい。

国会で決められた予算や法律にもとづいて国民全体のために政治を行う機関が内閣です。あとの図１と図２は2018年度一般会計歳出・歳入の構成です。近年、少子高齢化が急速に進み、社会保障費は増え続けており、歳出の大きな割合を占めています。しかし、この費用をまかなうために、税金や借金に頼る部分も増えています。そのため、安定的な財源を確保し、社会保障制度を次世代に引き継ぎ、全世代型に転換する必要があります。こうした背景の下、2019年の10月より、消費税率は［ A ］％から［ B ］％に引き上げられました。

(1) 空らんの A と B に入る適当な数字を答えなさい。

(2) 今回の消費税率引き上げの特徴として、低所得者にとって負担感が多いことがあげられます。そのため、図３のレシートのように、食料品などの生活必需品に対しては A %が適用されることになりました。この制度を漢字で答えなさい。

図1

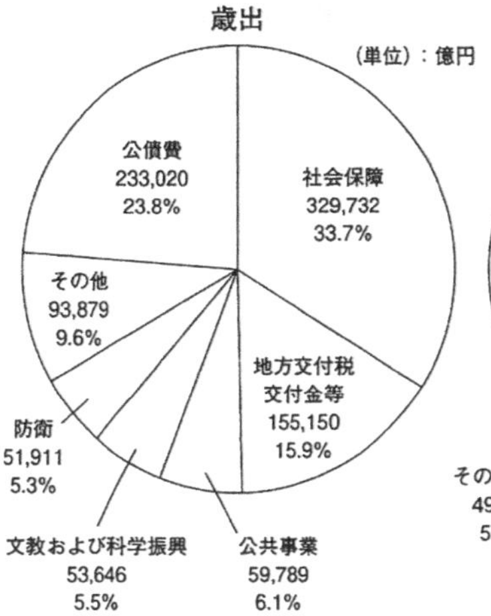

図2

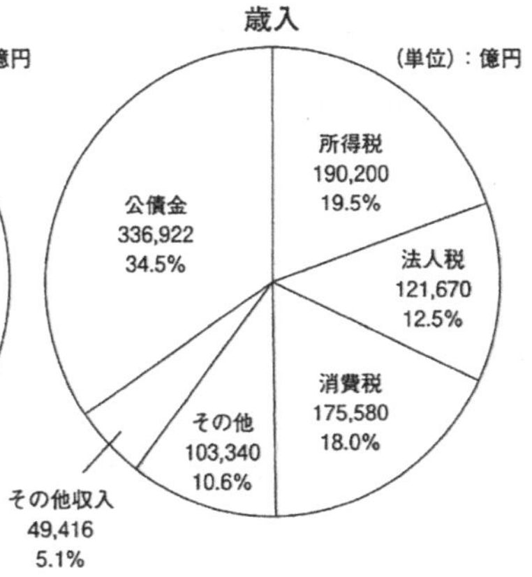

(財政金融統計月報第792号より作成)

図3

●●スーパー
領収書
2019年10月26日

＊ネギ	¥172
＊とり肉	¥270
ビール	¥286
本みりん	¥261
A %対象	¥442
B %対象	¥547
合計	¥989
お預かり	¥1000
おつり	¥11

＊印は A %対象品目

問４ 日本では二院制を採用しており、国会には衆議院と参議院が存在しています。しかし、衆議院と参議院の議決が異なったときには、衆議院の議決が優先される場合があります。これを「衆議院の優越」とよびます。「衆議院の優越」が認められている理由として正しいものを、次のア～エから記号で１つ選びなさい。

ア. 衆議院は、「良識の府」とよばれ、参議院よりも慎重に議論することができるから。

イ. 衆議院は、任期が短く、解散の制度が存在し、国民の意見をより反映することができるから。

ウ. 衆議院の方が、参議院よりも議員数が多いため、適切な議論をすることができるから。

エ. 衆議院の方が、参議院よりも長い歴史を持ち伝統があるから。

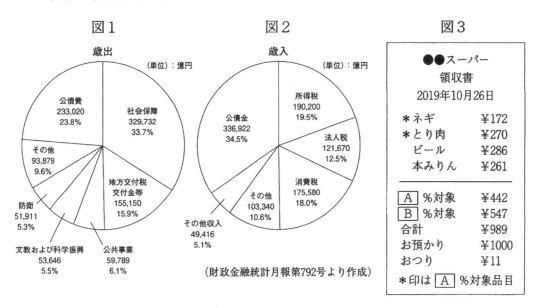

7 次の問いに答えなさい。

2019年12月、スペインの首都マドリードで国際会議が開かれました。この会議では図が示す目標を達成するために、ルールを作る話し合いが行われました。しかし、ヨーロッパなどの先進国と、ブラジルや中国、インドなどの新興国の間で意見が対立したため、ルールを作ることができませんでした。話し合いは来年の会議で引き続き行うことになりました。

日本は図が示す目標を達成することに消極的であると、世界の国ぐにからみられています。会議の開催中には、世界の環境団体でつくる「気候行動ネットワーク」から「化石賞」に選ばれてしまいました。日本が消極的だとみられる理由は、[　＊　]発電所を利用し続けていることにあります。

[　＊　]に入る語句を漢字４字で答えなさい。

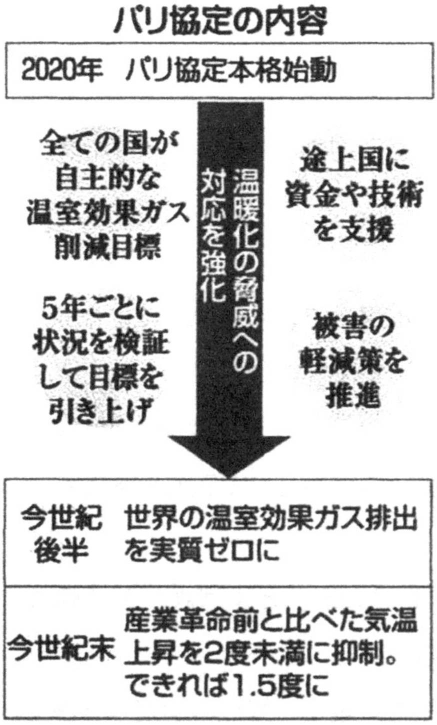
パリ協定の内容
2020年　パリ協定本格始動
全ての国が自主的な温室効果ガス削減目標
5年ごとに状況を検証して目標を引き上げ
温暖化の脅威への対応を強化
途上国に資金や技術を支援
被害の軽減策を推進
今世紀後半　世界の温室効果ガス排出を実質ゼロに
今世紀末　産業革命前と比べた気温上昇を2度未満に抑制。できれば1.5度に

（中日新聞　2019年12月６日より）

2020(R2) 金城学院中
K 教英出版

2020(R2) 金城学院中
K 教英出版